Fünf vor zwölf war gestern

Guido Wenski

Fünf vor zwölf war gestern

Status-quo-Verzerrung und schleichende Veränderungen bedrohen unsere Zukunft

bookmundo

Guido Wenski Consulting
Burghausen, Bayern, Deutschland

ISBN 978-9-403-67483-4

Die Deutsche Nationalbibliothek verzeichnet diese Publikation in der Deutschen Nationalbibliografie; detaillierte bibliografische Daten sind im Internet über http://dnb.d-nb.de abrufbar.

Druck und Distribution im Auftrag des Autors durch Bookmundo, ein Service von Mijnbestseller Nederland B.V., Delftestraat 33, 3013AE Rotterdam

Lektorat: Thomas Zeller, Karola Wenski
Umschlaggestaltung: Guido Wenski Consulting (mit Grafiken von Gerd Altmann, Pixabay)

Der Bewegung Fridays for Future *gewidmet. Zwar haben Politik, Wirtschaft und Lobbys die jungen Leute mit ihren Zielen bisher weitgehend auflaufen lassen – doch es gilt zu bedenken, dass neben Artenschwund und Klimawandel unsere aktuellen Probleme eher nebensächlich sind.*

Ebenso zur Würdigung der visionären Gründer und aller Autor(inn)en der freien Internet-Enzyklopädie Wikipedia, *wertvolle Wissensdatenbank für alle und einzige nicht-kommerzielle Plattform unter den meistaufgerufenen Websites.*

Vorwort

Als ich im Spätherbst 2021 mit der Konzeption und dem Schreiben dieses Buchs begann, konnte ich natürlich nicht ahnen, dass am 24. Februar 2022 ein brandaktuelles Thema auf die Tagesordnung nahezu der gesamten Welt geschleudert werden sollte: der russische Überfall auf die Ukraine. Manch einer hatte es vorhergesehen, viele andere jedoch nicht und sind dementsprechend kalt erwischt worden – was angesichts der drohenden Gasknappheit im kommenden Winter als durchaus richtungsweisend zu verstehen ist. Zu diesem Zeitpunkt hatte ich die ersten beiden Kapitel in der Rohfassung fertig. Nach inzwischen mehr als sieben Monaten Krieg ist nicht abzusehen, wie die weitere Entwicklung verlaufen wird: Es könnte aus heutiger Sicht in Form eines Stellungs- und Abnutzungskriegs möglicherweise noch Jahre lang regional weitergekämpft werden, wie seit 2014 in der Ostukraine. Russland zieht seine Truppen zurück, und/oder die Ukraine gibt zumindest Teile des Staatsgebiets auf. Das primäre Ziel des Aggressors, die Ukraine als Staat zu zerschlagen, wurde bisher verfehlt. Im schlimmsten Fall findet eine Eskalation unter Einbezug weiterer Staaten statt. Die Zeit wird es zeigen.

Ich erkannte bei den weiteren Arbeiten am Buch schnell, dass dieser scheinbar absurde und völkerrechtswidrige Angriffskrieg viel mit der hier behandelten Thematik zu tun hat und adäquat ins Konzept einzubauen war. Deutschland hat sich bei der Energieversorgung an den Status quo gewöhnt und durch fehlende Nutzung regenerativer Energien allmählich in eine gefährliche Abhängigkeit von Russland begeben und dazu die rechtzeitige, konsequente Einführung wirksamer Maßnahmen gegen den Klimawandel verschlafen. Doch ist es inzwischen später als fünf vor zwölf – um den Buchtitel aufzugreifen und eine erste Art der Erläuterung anzubringen. Dies ist ein eindrucksvolles Beispiel für das Kleben am gegenwärtigen Zustand durch Mangel an Veränderungsbereitschaft, der kognitive Irrtum, der als *Status-quo-Verzerrung* bezeichnet wird. Dabei werden schleichende Veränderungen vor allem zum Negativen hin gerne übersehen, etwa die jahrelange russische Vorbereitung dieses imperialistischen Akts oder die bereits vor 250 Jahren mit der industriellen Revolution in die Wege geleitete Erderwärmung.

Reicht die Status-quo-Verzerrung, um ein ganzes Buch zu füllen? Ja, das tut sie (auch ohne den russischen Überfall) – insbesondere, wenn man in konsequenter Weiterentwicklung des Themas noch das „Boiling-Frog-Syndrom" mit betrachtet. Dies ist der gängige kognitive Irrtum, schleichende Veränderungen zu ignorieren oder schlichtweg zu übersehen. Schon lange vor dem Erscheinen meines letzten Buchs im Juni 2022, das *Kleine Handbuch kognitiver Irrtümer*, hatte ich mir zunächst vorgenommen, einen ausführlicheren Artikel mit verhaltensökonomischen Aspekten zu Status-quo-Verzerrung, Boiling-Frog-Syndrom & Co. zu schreiben. Doch während der Recherche gesellte sich immer mehr Material hinzu, das förmlich danach rief, mit lebensnahen Beispielen unterfüttert und auf aktuelle Probleme angewendet zu werden.

Psychologie und die relativ neue Wissenschaftsdisziplin der Verhaltensökonomik verstehen unter dem Phänomen der Status-quo-Verzerrung die starke Neigung von Menschen (aber genauso von Kollektiven und Organisationen), den gegenwärtigen Zustand jeglicher Veränderung vorzuziehen. Andererseits sind dieselben Gruppen und Individuen – und damit auch Sie und ich – vielfach mit Blindheit geschlagen, wenn es um das Erkennen und Berücksichtigen schleichender, jedoch signifikanter Veränderungen mit negativen Konsequenzen geht, sodass gar nicht oder zumindest nicht angemessen und konsequent gehandelt wird. Das Boiling-Frog-Syndrom, das Verkennen solcher allmählichen Verschlechterungen, als zweiter Eckpfeiler dieser Darstellung ist eine bildliche Umschreibung für diesen psychologischen Effekt, der ebenfalls Unternehmen und Staaten betrifft, wie das Ukraine-Beispiel eindrucksvoll zeigt.

Beide genannten Phänomene zählen zu den kognitiven Irrtümern oder Denkfehlern. Sie waren in prähistorischer Vergangenheit zum Überleben der menschlichen Art von Bedeutung, sind jedoch heute in den meisten Fällen dem Erfolg eher abträglich, da sie die rationale Einschätzung von

Situationen behindern. Der Begriff der Status-quo-Verzerrung ist selbsterklärend. Das Bild vom Frosch resultiert daher, dass dieser, wenn er in heißes Wasser fällt, sofort wieder herausspringt, während sein Leidensgenosse in einem Topf mit langsam erhitztem Wasser die Erwärmung nicht registriert und somit den Absprung (hier im wörtlichen Sinne gemeint) verpasst. Beides ist physiologischer Unsinn, wie noch berichtet wird, und somit stellt die Bezeichnung *Boiling-Frog-Syndrom* lediglich eine Metapher für die fehlende psychologische Reaktanz dar. Damit in Zusammenhang steht das Bild der schiefen Ebene, auf der wir stehen und langsam, aber sicher abrutschen, ohne uns dessen zunächst bewusst zu sein.

Zwischen beiden Denkfehlern besteht ein nur scheinbarer Widerspruch. Menschen kämpfen für den Status quo, verdrängen allerdings, dass sich viele Dinge auch ohne ihr Zutun verschlechtern – doch die Zukunft wird in den meisten Fällen bereits in der Gegenwart bestimmt. Was wir heute in die Versorgungskasse einzahlen, ist mitentscheidend für unsere Rentenhöhe im Ruhestand. Und wer sich heute fit hält, Sport treibt und sich einigermaßen gesund ernährt, dessen Körper und Wohlbefinden wird es ihm morgen danken. Denn älter werden wir von ganz allein, und spätestens ab 30 treten die ersten Abbauvorgänge auf. Besser wird's ab dann nicht mehr, wie jeder Leistungssportler bestätigen kann.

Und damit sind wir bei einem zentralen Begriff der Verhaltensökonomik: dem *Referenzpunkt*. Dieser kennzeichnet einen bestimmten Zustand, von dem aus spätere Unterschiede bei bestimmten Parametern gemessen werden. In der Mathematik und Physik ist der Referenzpunkt für ein Koordinatensystem meist sein Nullpunkt; daran werden Abweichungen in zwei, drei oder mehr Dimensionen festgemacht. Auf historischen Zeitskalen kennzeichnet zumindest im abendländischen Kulturgebiet Christi Geburt (oder ohne religiösen Bezug der „Beginn unserer Zeitrechnung") das Bezugsjahr. Bei einem Stellenwechsel bildet die Höhe des vorherigen Gehalts gewöhnlich den Referenzpunkt.

Doch was ist, wenn der Bezugspunkt kein Fixpunkt ist, sondern sich sukzessive, peu à peu, verschiebt? Kein laufender, sondern ein dahinschleichender Keiler, ein *Moving Target*? Wenn der Kaufkraftverlust die Kapitalrücklagen auf dem Konto langsam, aber sicher reduziert oder die Schneckenplage im Garten den Salat? Genau darum geht es in diesem

Buch: Menschen entscheiden sich bewusst oder unbewusst dagegen, in bestimmten Situationen zu handeln, weil sie den gegenwärtigen Zustand intuitiv besser finden als einen möglicherweise unklaren neuen Zustand. Obwohl das geänderte Setting deutlich besser sein könnte oder das alte sich seltsam unauffällig, doch definitiv nachteilig entwickelt. Berücksichtigen Sie daher bei allem, was Sie denken, entscheiden und letztlich tun, dass sich Referenzpunkte oft zunächst unmerklich verschieben. Dies weist den Weg zum Leitgedanken, der die Ausführungen prägen wird: *Der Status quo lässt sich auf Dauer nicht aufrechterhalten.* Und diese Feststellung hat Folgen, die im Buch mit Blick auf verschiedene Lebenslagen analysiert werden. Verbindendes Element ist die Tatsache, dass dabei etwas vor allem durch schleichende Veränderungen gravierend schief läuft und es allerhöchste Zeit zum Handeln ist.

Es scheint sinnvoll, zunächst einen knappen Überblick zu geben, was Sie in den einzelnen Kapiteln erwartet. Dabei bleibt es Ihnen vorbehalten, chronologisch vorzugehen oder zwischen für Sie interessanten Teilen zu springen – der Text ist modular aufgebaut und wurde auch nicht in einem Rutsch geschrieben. Allerdings empfiehlt es sich, die beiden Basisteile Kap. 1 (*Status-quo-Verzerrung* & Co.) sowie Kap. 2 (*Boiling-Frog-Syndrom* und verwandte Effekte) zunächst zumindest diagonal zu lesen, um für die spätere Argumentation gerüstet zu sein. Das darin herausgearbeitete Muster, dass systematische Denkfehler zum Verharren in der Gegenwart verleiten und notwendige korrektive Maßnahmen verhindern können, wird in den weiteren fünf Kapiteln auf aktuelle Problemfelder des Zeitgeschehens angewendet.

Kap. 3 blickt auf eine scheinbar neuartige Entwicklung, die bei näherem Hinsehen doch gar nicht so neu ist: das Phänomen der *Wutbürger*. Was in Form von gut gemeinten Bürgerinitiativen noch durch breite Teile der Bevölkerung gutgeheißen wurde, hat inzwischen mit protestierenden Krawallmachern und Demokratiefeinden Dimensionen angenommen, denen die Ordnungskräfte – und die Gesellschaft – vielfach machtlos gegenüberstehen. Darauf basiert der Erfolg extremistischer Parteien wie der AfD. Und nicht zuletzt nach dem Wahlerfolg eines rechtspopulistisch-faschistischen Bündnisses in Italien bei der Wahl am 27. September 2022 sollte klar geworden sein, wohin die Reise gehen kann.

Kap. 4 befasst sich mit *Verschwörungstheorien* und ihren Folgen. Während über viele Jahrhunderte hinweg weitgehend nur Menschen jüdischen Glaubens das Ziel bewusst in die Welt gesetzter Falschnachrichten und bösartigen Legenden waren, helfen heute technologischer Fortschritt und vor allem die umfassenden Möglichkeiten des Internets, Fake News und Verschwörungsmythen etwa zu Corona oder zur Strategie Russlands rasch und flächendeckend zu verbreiten.

Kap. 5 analysiert Status-quo-Veränderungen in und durch *Sprache,* dem Alleinstellungsmerkmal des Homo sapiens. Unsere Sprache hat sich über eine lange Zeit entwickelt und diversifiziert. Und sie besitzt Power: Radikale Kreise versuchen gezielt, mit systematischen Tabubrüchen die Grenzen des Sagbaren zu verschieben. Die Folge ist eine permanente Gefährdung von liberalen Demokratien als Regierungsform, indem die Propagandamaschinerie angeworfen und die Freiheitsrechte sukzessive abgeschafft werden. Religiöser Fanatismus tut dabei sein Übriges.

Kap. 6 ist dem *technischen Fortschritt* gewidmet, und hier gilt meine Aufmerksamkeit der Halbleiterindustrie, in der ich lange Zeit tätig war. Uns werden Aspekte beschäftigen wie die schrittweise Verlagerung der Kompetenzen nach Asien, die Grenzen von Miniaturisierung und Digitalisierung oder die Arbeitswelt von morgen. Letztlich lässt der sich immer rascher verändernde technische Status quo zahlreiche Menschen hilflos und überfordert zurück.

Kap. 7 richtet den Fokus schlussendlich auf die entscheidenden Themen für das *Überleben* der gesamten Menschheit – ja, so ernst wird es! Das exponentielle Bevölkerungswachstum hat dazu geführt, dass es auf der Erde keine räumlichen Ausweichmöglichkeiten mehr gibt. Weltweite Wanderungsbewegungen sind nicht aufhaltbar und führen zur Vermischung von Kulturen. Ob wir unseren durch Zerstörung der Ressourcen selbst verschuldeten Untergang langfristig werden aufhalten können, bleibt mangels individuellen und politischen Willens fraglich.

Bei der Behandlung der einzelnen Themen, die über den roten Faden der Status-quo-Verzerrung und des Boiling-Frog-Syndroms inhaltlich verknüpft sind, habe ich mich wie in meinen bisherigen Werken um eine lebendige Darstellung bemüht; der Text ist durch Abbildungen, Beispiele, Hervorhebungen und Tipps aufgelockert. Bei einigen Ratschlägen mögen

Rezensenten einwerfen: „Wenig überraschend.“ Dennoch erscheint es mir angebracht, auch solche einfachen Hinweise im jeweiligen Kontext aufzuführen – denn sie sind wichtig, auch wenn sie naheliegend sein sollten. Beispiel: Es gibt keine Wunder; also sollte man auch nicht daran glauben oder darauf hoffen. Andere Tipps dürften manchen Leser sehr wohl überraschen oder zum Nachdenken anregen. So weise ich darauf hin, dass mit der Stimmabgabe bei einer Parlamentswahl über viel, viel mehr entschieden wird als über ein Tempolimit auf Autobahnen. Oder dass es nicht ratsam ist, nach negativen Äußerungen in sozialen Netzwerken über Präsident Erdoğan einen Urlaub in der Türkei zu buchen. Auch um solche Themen geht es im Buch.

Allerdings ist es mir natürlich in vielen Fällen nicht möglich, wirksame Problemlösungen und Turbotipps für die immensen Herausforderungen der Gesellschaft oder jedes Einzelnen zur Verfügung zu stellen – allein der Versuch wäre vermessen. Sie lernen hier keine umfassenden praktikablen Lösungen zur Überwindung der massiven resultierenden Probleme kennen – bestenfalls theoretische Ansätze und Denkanstöße. Aber das ist ja auch schon etwas. Es wäre bereits ein Erfolg, wenn es mir gelänge, Ihnen für die jeweilige Probleme die Augen zu öffnen und für eine gewisse Sensibilität zu werben – den die schleichende Verschiebung des Status quo wird vielen Menschen zunächst gar nicht bewusst.

Ein Wort noch zur sprachlichen Gestaltung des Texts: Mit Blick auf die Übersichtlichkeit der Ausführungen verzichte ich in gewohnter Weise auf die gleichzeitige Verwendung geschlechtsspezifischer Sprachformen. Sämtliche Personenbezeichnungen („der Leser“, „der Einzelne“ usw.) beziehen sich auf alle Geschlechter.

im September 2022 Dr. Guido Wenski

Inhaltsverzeichnis

Über den Autor

Guido Wenski, promovierter Chemiker, machte sich nach technologisch und kaufmännisch geprägten Funktionen in der Industrie als Verhandlungstrainer, Berater und Autor selbstständig. Psychologische und verhaltensökonomische Erkenntnisse konnte er bereits als aktiver Verhandler für vorteilhafte Geschäftsabschlüsse nutzen. Dies ist sein zweites Buch über die Auswirkungen typischer Denkfehler und kognitiver Irrtümer. Er wohnt in Burghausen.

Kontakt:
guido@wenski-consulting.com
www.wenski-consulting.com

Vom selben Autor sind folgende Bücher im Springer-Verlag erschienen:

Lösungsorientiert verhandeln im Technischen Vertrieb.
Grundlagen, Strategien und Tipps für faire Geschäfte (2019).
Softcover: ISBN 978-3-658-27447-4; E-Book: ISBN 978-3-658-27448-1

Beraterverkauf im globalen B2B-Equipmentgeschäft.
Anleitung für professionelle Verhandlungen im In- und Ausland (2020).
Softcover: ISBN 978-3-658-27449-8; E-Book: ISBN 978-3-658-27450-4

Nachhaltig verhandeln im Technischen Einkauf.
So erzielen Sie Win-Win-Lösungen im Beschaffungsmanagement (2020).
Softcover: ISBN 978-3-658-30438-6; E-Book: ISBN 978-3-658-30439-3

Selbstmanagement im Beruf.
Gestalten Sie Ihr Arbeitsleben selbst – sonst tun es andere (2021).
Softcover: ISBN 978-3-658-33248-8; E-Book: ISBN 978-3-658-33249-5

Das kleine Handbuch kognitiver Irrtümer.
Denkfehler vermeiden mit Psychologie & Verhaltensökonomik (2022).
Softcover: ISBN 978-3-662-64775-2; E-Book: ISBN 978-3-662-64776-9

1 Status-quo-Verzerrung – mehr Fluch als Segen

▶ Unter der **Status-quo-Verzerrung** versteht man die starke Neigung von Menschen und Organisationen, den gegenwärtigen Zustand jeglicher Veränderung vorzuziehen. Glücklicherweise betrifft dieser kognitive Irrtum nicht jeden, und der Fortschritt hat sich noch immer Bann gebrochen. Trotz Unsicherheiten bei Entscheidungen und archaischen Ängsten vor dem Neuem.

1.1 Gestern, heute und morgen

Wenn wir uns mit zeitlichen Abfolgen – und insbesondere mit der Bewertung bestimmter Zeitabschnitte – beschäftigen, hat unser Blick drei mögliche Richtungen zur Auswahl: auf das Jetzt, in die Vergangenheit und nach vorne, in die Zukunft. Es gibt Menschen, die leben im Hier und Jetzt, was an und für sich ja nicht unvernünftig ist, jedoch mit Blick auf den Titel dieses Buchs nicht zum Selbstzweck werden sollte, dem alles andere untergeordnet wird. Nostalgiker lassen gerne Vergangenes wieder aufleben und malen es sich in schönen Farben aus – weit Zurückliegendes ebenso wie erst kurz zuvor Geschehenes. Dies kann zu Identitätsstiftung etwa durch Folklore führen, jedoch auch in negativer Ausprägung zur Verklärung der Vergangenheit und vor allem Geschichtsklitterung bis hin zum Revisionismus der ewig Gestrigen.

Beim Blick nach vorne tun sich die Visionäre und Utopisten, die Abenteurer, Forscher und Denker hervor. Sie brechen zu neuen Horizonten auf und lassen den Status quo hinter sich. Entdecker, Forscher, Wissenschaftler.

Ihnen – und dem Zufall – hat die Menschheit ihre Fortschritte und Entwicklungen zu verdanken, um die es hier ebenfalls gehen soll.

Und dann gibt es am anderen Ende der Innovationsskala letztlich noch eine Gruppe von „bedingt zukunftsorientierten" Zeitgenossen: diejenigen, die die Hände in den Schoß legen und „Der Mensch denkt, Gott lenkt" oder „In'ch Allah" sagen und vielleicht nur noch auf die Segnungen des Ewigen Reichs im Jenseits warten. Wie der Protagonist im folgenden Einführungsbeispiel.

Beispiel: Ein Blick auf die Straße

Als ich vor langer Zeit die Unterstufe des Gymnasiums besuchte, unterwies uns ein sehr freundlicher, etwas korpulenter Pater des Spiritanerordens in katholischer Religionslehre, Pater Plümper. (Selten hatte ich im Nachhinein der Eindruck, dass ein Name für eine Person passender war.) Zwar fehlte mir die innige Beziehung zu den Feinheiten des Katechismus (was sich später nie geändert hat), doch denke ich gerne an die entspannte Atmosphäre in diesen Unterrichtsstunden zurück – ebenso wie an den überwiegenden Teil der neun Gymnasialjahre.

Wie dem auch sei: Eine Ausführung des Paters ist mir bis heute lebhaft in Erinnerung geblieben. Eines Morgens erzählte er, warum auch immer, von einem Mitbruder eines anderen Klosters, der seinen achtzigsten Geburtstag gefeiert hatte. Der Pater, selbst auch nicht mehr ganz der Jüngste, hatte den Jubilar aus diesem Anlass gefragt, wie dieser denn sein Leben erlebt hätte und ob acht Jahrzehnte nicht eine ziemlich lange Zeit seien. „80 Jahre", antwortete der Ältere und blickte aus dem Fenster, „ein Blick auf die Straße."

Mich als etwa Zehnjährigen hat diese scheinbar widersinnige Kurzerzählung und Nebensächlichkeit so beeindruckt, dass ich sie auch ein halbes Jahrhundert später noch parat habe. Sie eignet sich als kleiner Aufhänger für das Thema dieses einleitenden Kapitels (und damit des ganzen Buchs), denn was symbolisiert den Status quo besser als das geregelte, gottgefällige Ordensleben hinter dicken Klostermauern. ◀

▶ **Tipp** Das Leben besteht aus einer unüberschaubaren Vielzahl von Anekdoten, die wir Menschen erleben, an die wir uns mehr oder weniger verzerrt erinnern und von denen der größte Teil später vergessen wird. Bewahren Sie solche wertvollen persönlichen Begebenheiten für sich auf: in Ihrem Tagebuch (durch Notieren), Ihrem Gedächtnis (abgespeichert durch Weitererzählen) oder Ihrem Herzen.

Was mich gleich zu einem anderen Aspekt bringt: den Unterschieden zwischen Mann und Frau (die in Abschn. 5.2 in Zusammenhang mit dem „Gendern" nochmals zur Sprache kommen). In Bezug auf das monastische Leben geht es mir an dieser Stelle jedoch vielmehr um die anscheinend unterschiedliche Lebenserwartung der beiden Geschlechter. Die *Klosterstudie* (siehe z. B. Wikipedia 2022d) ist eine Metastudie zu den Einflussfaktoren für die Übersterblichkeit von Männern, bei der seit 1996 regelmäßig Daten aus dem Status-quo-orientierten Klosterleben mit nur marginalen Unterschieden im Verhalten von Nonnen und Mönchen mit der Lebenserwartung der Gesamtbevölkerung verglichen wird.

Nach den Ergebnissen leben Nonnen und Frauen der Allgemeinbevölkerung annähernd gleich lang, dicht gefolgt von Mönchen, die eine im Schnitt ein bis zwei Jahre kürzere Lebenserwartung haben als beide Frauengruppen. Deutlich abgeschlagen sind Männer der Allgemeinbevölkerung, die im Schnitt sechs Jahre weniger leben als Nonnen und Frauen der Allgemeinbevölkerung und bis zu viereinhalb Jahre weniger als Mönche. Es existiert somit also eine Disparität in der Lebenserwartung der beiden Geschlechter (Männer sterben früher), die jedoch auf Basis rein biologischer Faktoren (was man bei den Ordensleuten sieht) deutlich geringer ausfällt als bei den Männern außerhalb des Klosters mit ihrem erhöhten Risikoverhalten. (Man kann sich jedoch als Mann auch außerhalb von Klöstern gesünder und stressärmer verhalten ...)

1.2 Drei Beispiele für konservative Einstellungen

Auf die Gefahr hin, dass ich mich gleich zu Beginn bei manchen Lesern unbeliebt mache, möchte ich auf Folgendes hinweisen:

- In Bayern macht immer noch ein knappes Drittel der wahlberechtigten Bevölkerung sein Kreuz bei der CSU – trotz Blockade der Energiewende, Selbstbereicherung von Abgeordneten und teilweise problematischem Führungspersonal.
- Ein gutes Viertel der Deutschen ist zahlendes Mitglied in der katholischen Kirche – ungeachtet des gezielt vertuschten oder bagatellisierten systematischen Missbrauchs von Kindern sowie zahlreichen weiteren anachronistischen Ansichten und Dogmen.
- Und ein generelles Tempolimit von 130 km/h auf Autobahnen war bei den Verhandlungen zur Ampelkoalition Ende 2021 dank der FDP schnell vom Tisch – obwohl es gute Gründe dafür gibt und die Mehrzahl der Autofahrer die Maßnahme befürwortet.

Drei willkürlich ausgewählte Beispiele, über die in den Medien regelmäßig berichtet wird und die als Indiz für eine weitverbreitete konservative Einstellung sprechen könnten. Von diesen drei Modellfällen stellt der Kindesmissbrauch zweifelsohne das mit Abstand schwerwiegendste Problem dar.

Status-quo-Erhalt 1: CSU für Bayern

Das publizistisch relativ gut analysierte regionale Phänomen CSU (z. B. Hopp et al. 2010) mit ihrem Alleinvertretungsanspruch für Bayern muss aus heutiger Einschätzung fürchten, sich selbst bei der nächsten Landtagswahl 2023 – zum ersten Mal seit 1957 – in der Opposition wiederzufinden. Das „C" für christlich wird inzwischen angesichts der rigiden Flüchtlingspolitik und unangemessener Wortwahl offen in Frage gestellt (z. B. Auer et al. 2016). Wer wie CSU-geführte Landratsämter schutzbedürftige Geflüchtete schikaniert, hat sich ebenfalls kein originäres Recht auf das „S" für sozial verdient. Und nach der öffentlichen Demontage des Kanzlerkandidaten der Union 2021, Armin Laschet, durch CSU-Chef Markus Söder kann man sich vom „U" inzwischen wohl auch verabschieden.

Insofern dürfte wieder ein Aufatmen durch die Republik gegangen sein, dass – nach Strauß und Stoiber – mit Söder auch im dritten Versuch (diesmal bereits in der Vorauswahl) ein CSU-Bundeskanzler mit einer (wie man seit Trump sagen würde) *Bayern first*-Haltung verhindert wurde. In der Vergangenheit waren Bundesminister der Regionalpartei CSU meist nicht die spitzesten Bleistifte im Federmäppchen des Bundeskabinetts. Hinzu kommt die Tatsache, dass CSU-Mitglieder – wie auch Mandatsträger ihrer Schwesterpartei – häufig in Korruptionsaffären verwickelt sind, zuletzt im Rahmen der FFP2-Maskenbeschaffung (Wikipedia 2022e). Dabei ist, wie in Abschn. 5.4 noch klar aufgezeigt wird, Korruption oft der Anfang vom Ende von Demokratie, Stabilität und Wohlstand (vgl. auch Wenski 2020b, S. 56–63).

> „Geht's noch?! Lieber Markus Söder, wie wär's endlich mit Windkraft in Bayern?"
>
> *Der niedersächsische Ministerpräsident Stephan Weil via Twitter an seinen bayerischen Amtskollegen am 30. Juni 2022 auf dessen Vorschlag, die Nutzung des bisher in Deutschland verbotenen Frackings in Niedersachsen zu prüfen*

Status-quo-Erhalt 2: Missbrauch in der katholischen Kirche

Über Klöster sprachen wir bereits; diese von weiblichen oder männlichen religiösen Ordensgemeinschaften bewohnten und bewirtschafteten Liegenschaften gehören größtenteils der katholischen Kirche und den orthodoxen Glaubensgemeinschaften. Zu den katholischen Kirchenfürsten, die wie viele CSU-Granden die christliche Ausrichtung ebenfalls vermissen lassen, zählt der Kölner Kardinal Rainer Maria Woelki. Der ist (das muss ich als gebürtiger Kölner leider zugeben) auf diesem Bischofstuhl der erste echte Rheinländer seit dem legendären und beliebten Kardinal Josef Frings[1] (1887–1978) – mit Frings' Nachfolgern im Amt hatte das Erzbistum Köln eher Pech. Woelki ist vor allem im Rahmen der Aufarbeitung von Missbrauchsfällen in seinem Amtsbereich negativ aufgefallen (Gercke et al. 2021) und erhielt von Oktober 2021 bis März 2022 nach einer apostolischen Visitation vom Papst eine „geistliche Auszeit" verordnet (Wikipedia 2022g). Ein Rücktrittsgesuch des unbeliebten Kirchenfürsten wurde von Papst Franziskus nicht beantwortet und ist inzwischen kirchenrechtlich abgelaufen.

---

[1] Dieser wurde allerdings in Neuss geboren. Frings erteilte der notleidenden Kölner Bevölkerung in seiner Silvesterpredigt 1946 die moralische Erlaubnis zum Mundraub. Mit dem Verb „fringsen" besonders für den Kohlenklau ging er damit in die deutsche Sprache ein.

Abb. 1.1 Köln mit Dom, Rhein und Hohenzollernbrücke

Inzwischen sind mehrere Studien zum Missbrauch in der katholischen Kirche veröffentlicht worden, die teilweise von den Bistümern in Auftrag gegeben wurden. Die bekannten Fälle dürften allerdings bei weitem nicht das Ende der Fahnenstange sein. Die Ergebnisse lassen Katholiken und alle anderen fassungslos zurück. Eine im Juni 2022 publizierte wissenschaftliche Untersuchung des Historischen Seminars der Westfälischen Wilhelms-Universität Münster zählte 610 Betroffene seit 1945. Tatsächlich könnten es zehnmal so viele sein, so die Autoren. Die meisten Opfer waren jünger als 14 Jahre, viele davon später suizidgefährdet. Aus den Akten des Bistums ergebe sich eine Zahl von 196 beschuldigten Klerikern – über ein Drittel mehr, als in der 2018 präsentierten MHG-Studie der Deutschen Bischofskonferenz erfasst wurde. Maßgeblich 1962–1969 an der Vertuschung beteiligt: Kardinal Joseph Höffner, der damalige Bischof von Münster und spätere Erzbischof von Köln. (Frings et al. 2022)

Eine im Januar 2022 veröffentlichte Missbrauchsstudie für das katholische Erzbistum München und Freising belastet die ehemaligen Kardinäle Josef Ratzinger und Friedrich Wetter schwer (Westpfahl et al. 2022). Der Missbrauchsbeauftragte sprach von „kaltem Pragmatismus" und „Institutionenschutz" in der katholischen Kirche, Kommentatoren von einem „Blick in den Abgrund". Ratzinger aka Benedikt XVI. musste kurz darauf seine Stellungnahme zum Missbrauchsgutachten des Erzbistums München und Freising korrigieren: Er habe entgegen ersten Angaben sehr wohl im Jahr 1980 an einer Sitzung teilgenommen, bei der es um einen auffällig gewordenen Priester ging. Dass der Papst demnach also doch nicht unfehlbar zu sein scheint, wie es dogmatisch festgelegt ist, bietet die Steilvorlage für einen Blick in den Vatikan. Die erste Reaktion dieser in Stein gemeißelten Manifestation des Status quo auf das genannte Gutachten war ablehnend und relativierend – wie es gewöhnlich totalitäre Staaten auf Vorwürfe und Anschuldigungen hin tun.

Nicht vergessen werden soll ein weiteres nach oben gelobtes Negativbeispiel in der Institution: der erzkonservative Kardinal und Papstgegner Gerhard Ludwig Müller, nach wie vor einer der glühendsten Fürsprecher des emeritierten Benedikts XVI. Er war bis 2012 Bischof von Regensburg und 2017 Präfekt der Kongregation für die Glaubenslehre in Rom. Im Zusammenhang mit Berichten über Missbrauchsfälle in katholischen Einrichtungen warf er den Medien bereits 2010 eine „Kampagne gegen die Kirche" vor, die ihn an die Kirchenfeindlichkeit der NS-Zeit erinnere. Zugleich bat Müller die Gläubigen, der Kirche treu zu bleiben, „so wie auch damals die Katholiken und Katholikinnen treu gewesen sind". Daneben ist er wiederholt mit antisemitischen Thesen und zuletzt Verschwörungstheorien zur Corona-Pandemie aufgefallen. Treppenwitz der Geschichte: Im Juni 2021 ernannte Papst Franziskus den 73-jährigen Kardinal für eine fünfjährige Amtszeit zum Mitglied des *Supremo Tribunale* der Apostolischen Signatur, also zum Richter am höchsten Kirchengericht. (siehe z. B. Wikipedia 2022b und dort aufgeführte Quellen)

Vor dem Hintergrund, dass die internen Angelegenheiten der Kirchen vom Kirchenrecht geregelt werden, ist die Ernennung eines geistlichen Irrlichts wie Müller zum obersten Kirchenrichter, der über die schweren Verfehlungen seiner Mitbrüder urteilen soll, nur schwer nachvollziehbar.

Missbrauchstäter in der katholischen Kirche konnten sich bislang auf milde Strafen und sogar Bagatellisierung und Vertuschung verlassen. Erst Ende 2021 stellte das Kirchenrecht den Missbrauch Minderjähriger explizit unter Strafe – allerdings sind unzählige Fälle juristisch längst verjährt. Kritiker erkennen dennoch Lücken. (Kleinjung 2021) Wie auch immer, der Exodus von Kirchenmitgliedern geht weiter. Folgendes Zitat sollte den Weg weisen, sich nicht an Ex-Bischöfen Mitte 90 abzuarbeiten, sondern in der katholischen Kirche systematisch top-down aufzuräumen.

> „Es gibt keine Zukunft des Christentums in unserem Land ohne eine Erneuerung der Kirche."
> *Der Erzbischof von München und Freising, Kardinal Reinhard Marx, am 27. Januar 2022 zum aktuellen Missbrauchsgutachten* (nach SZ 2022)

Dabei wird die Entpflichtung katholischer Würdenträger vom Zölibat wohl kaum ausreichen, wie die Missbrauchsfälle auch in der evangelischen Kirche, in Internaten oder Sportvereinen verdeutlichen.

Status-quo-Erhalt 3: Freie Fahrt für freie Bürger

Da kommen einem die Diskussionen über Tempo 130 auf Autobahnen mit Blick auf die gesamtgesellschaftliche Bedeutung eher nebensächlich vor. Deutschland ist das einzige Land, in dem kein allgemeines Tempolimit auf Autobahnen besteht *und* die Straßen eine solche Geschwindigkeit überhaupt zulassen. Im Juli 2021 filmte ein tschechischer Sportwagenfahrer, wie er mit 417 km/h über die A2 zwischen Berlin und Magdeburg bretterte und dabei andere Autos überholte, und stellte das Video ins Internet – nach objektiven Maßstäben unverantwortlich, allerdings legal und vermutlich inoffizieller Weltrekord. Polizei und Staatsanwaltschaft ermittelten zwar nach einem öffentlichen Aufschrei wegen „illegalem Autorennen", stellten das Verfahren jedoch kurze Zeit später ein.

Neben der Verhinderung von Geschwindigkeitstourismus sind Umwelt- und Lärmschutz, Verkehrssicherheit und Stauvermeidung weitere gute Gründe für eine Begrenzung. Allerdings haben die Autofahrer- und Autoherstellerlobbys mit Hilfe ihrer Klientelpartei ein allgemeines Tempolimit bis heute verhindert. Anders als bei der Ölpreiskrise 1973 steht das Thema selbst während des Ukraine-Kriegs und der damit verbundenen massiven Verteuerung und Verknappung von Kraftstoff nicht auf der Agenda der Ampelkoalition.[1]

Eine Datenanalyse des Navigationsgeräteherstellers TomTom hat für den Mai 2022 gezeigt, dass die Durchschnittsgeschwindigkeit auf Deutschlands Autobahnen auch nach dem deutlichen Anstieg der Spritpreise auf weit über 2 €/l nahezu unverändert geblieben ist. Die Deutschen fahren trotz der riesigen Sparpotentials wie früher, und Geld scheint keine Rolle zu spielen. Für dieses paradoxe Verhalten der Autofahrer, die gleichzeitig über hohe Benzinpreise stöhnen, lassen sich gleich mehrere Gründe anführen: Zeitdruck durch volle Terminkalender, Mitziehen durch andere schnell fahrende Autofahrer oder ein Arbeitgeber, der die Tankkosten bezahlt.

Darüber hinaus wissen Verkehrspsychologen, dass Rasen irrational macht: Dabei produziert der Körper Adrenalin und Endorphine, körpereigene Drogen, die den Betreffenden euphorisch machen. Weil es hier um Emotionen gehe und nicht um bewusste Entscheidungen, seien Appelle an die Vernunft der Autofahrer meistens sinnlos. (Schwarz 2022) Wer soll also eine Geschwindigkeitsbegrenzung von 130 km/h oder sogar 100 km/h auf Autobahnen durchsetzen, wenn dies als weitere Beschneidung der Freiheit aufgefasst werden könnte? Ein FDP-Verkehrsminister sicherlich nicht. Dies ist ein Paradebeispiel für den kognitiven Denkfehler des defensiven Entscheidens, indem nicht beschlossen wird, was für Verkehr und Umwelt am besten ist, sondern was man vor seinen Wählern am einfachsten rechtfertigen kann.

Im Jahr 2020 sind in Deutschland Corona-bedingt „nur" 2.719 Menschen bei Verkehrsunfällen ums Leben gekommen und 2021 2.562; in den Jahren davor waren es im Schnitt etwa 3.000 Todesopfer. Diese Zahl wird als gesellschaftlicher Kollateralschaden und Preis für die Freiheit zu rasen (und zu trinken) hingenommen und von den entsprechenden Interessenvertretern bagatellisiert. Dabei gäbe es einfache und durchgreifende Maßnahmen, welche die Anzahl der Verkehrstoten schnell senken könnten (Wenski 2022b).

---

[1] zu den diesbezüglichen Fakten und aktuellen Zahlen siehe z. B. Auto-Zeitung 2022

Tipps

- Führen Sie Ihr Leben nachhaltig und behalten Sie neben Ihrem eigenen immer auch das Wohl Ihrer Mitmenschen und der Gesellschaft im Auge.
- Lassen Sie sich jedoch nicht von Parteien, Vereinen und Unternehmen für dumm verkaufen – überwinden Sie den Status quo und ergreifen die Initiative, wenn Ihnen zu viel zugemutet wird.

Die drei genannten Beispiele führen exemplarisch in die Tücken der Status-quo-Verzerrung ein, wonach der gegenwärtige Zustand erhalten bleibt, komme, was da mag. Verbindendes Glied ist ein historisch bedingter Konservatismus, der eine zukunftsorientierte Weiterentwicklung der betroffenen Organisationen behindert oder gar unmöglich macht – bei der CSU das traditionelle Familien- und Bayernbild, beim Klerus der Zölibat und die Kultur des Wegschauens und bei den Rasern die freie Fahrt für freie Bürger. Für viele katholisch Getaufte ist ihre Kirche der Referenzpunkt, traditionellen Bayern wird ein Alleinvertretungsanspruch der CSU eingeredet, und für den ambitionierten Vielfahrer geht das Leben erst bei Tempo 180 auf der Überholspur los. An der einen oder anderen Stelle werde ich im Buch nochmals auf diese Themenkomplexe zurückkommen. In allen Fällen ist es der Leitungszirkel, der an Macht, Pfründen und Privilegien klebt und ein „Weiter so" verordnet. Der Fisch stinkt vom Kopf her, wie der Volksmund weiß. Anders wäre es kaum erklärbar, dass die CSU populistische Politiker wie Viktor Orbán oder Silvio Berlusconi unterstützt.

Viele Autofahrer halten sich auf Autobahnen bereits heute an die Richtgeschwindigkeit von 130 km/h, aus Vernunft- und Kostengründen. Leidtun können einem die vielen Bürger, Wähler und Gläubigen in den genannten Organisationen, die konstruktive Arbeit leisten, Gutes tun und die Kirche sowie die ganze Welt im Tagesgeschäft mit ihrem Verhalten auch ohne radikale Veränderungen ein bisschen besser machen wollen, ohne zu den konservativen Spießern zu gehören – vermutlich die Majorität. Mir erscheint dazu folgender Spruch passend:

> „Wer am Status quo festhalten will, der trägt üblicherweise nicht die Beweislast." (Mukerji 2017, S. 68)

Und genau da liegt der Haken: Das ist zwar zweifellos so, jedoch längst nicht in allen Fällen optimal. Menschen scheuen als Gewohnheitstiere Veränderung und sind daher vielfach skeptisch gegenüber Neuerungen. Mit Floskeln und rhetorischen Tricks versuchen sie zu vertuschen, dass sie keine stichhaltigen Argumente für die eigene Position haben. Manchmal gibt es gute Gründe, am Status quo festzuhalten. Meistens jedoch nicht, und diesen Fällen werde ich in den folgenden Abschnitten und Kapiteln auf den Grund gehen.

1.3 Erklärungen durch die Verhaltensökonomik

Mit dem Effekt des Konservatismus, der als Bindeglied zwischen den drei in Abschn. 1.2 aufgeführten Beispielen genannt wurde, sind wir bereits auf einen weiteren kognitiven Denkfehler in Zusammenhang mit der Status-quo-Verzerrung gestoßen. Zur Präzisierung hier zunächst seine Definition:

▶ Unter dem **Konservatismus-Fehlschluss** (Edwards 1968, S. 17–52) versteht man die Tendenz, bei Vorliegen neuer Erkenntnisse die eigene Position und Sichtweise nur unzureichend daran anzupassen. Er ist eine Folge der in Abschn. 1.4 erläuterten Verlustaversion und steht in enger Verbindung zum **Backlash-Effekt** (Rudman und Phelan 2008), der Rückkehr zu konservativen Werten und damit weg von fortschrittlichen Idealen.

Menschen kleben also gerne am Status quo und bleiben bei dem, was sie kennen. „Das haben wir immer schon so gemacht", ist dann von den Betroffenen oft zu hören. Zur Illustration des Effekts noch ein paar Beispiele aus dem täglichen Leben. Vielleicht erkennen Sie sich in dem einen oder anderen Punkt wieder und nehmen dies als Anlass, Ihr Vorgehen (oder besser dessen Fehlen) kritisch zu überdenken.

- *Anlageverhalten:* Verfügbare Geldmittel bleiben – trotz niedriger Renditen und in der Vergangenheit sogar Negativzinsen – auf Sparbüchern und Festgeldkonten und verlieren durch die oft nicht berücksichtigte (und daher im Endeffekt überraschende) Inflation ständig an Wert.

Oder Sie vertrauen in althergebrachter Manier auf den Ankauf von Gold und entziehen so das Kapital dem Wirtschaftskreislauf. (vgl. Wenski 2022a, S. 123–148)

- *Freizeitverhalten:* Sie pflegen immer nur dieselben Hobbys, treiben dieselbe Sportart, fahren wiederholt an denselben Urlaubsort.
- *Sozialverhalten:* Es besteht eine lebenslange persönliche Prägung durch die Beeinflussung im Elternhaus.
- *Wahlverhalten:* Der Amtsbonus selbst mittelmäßiger Politiker bei Wahlen lässt sich nicht wegdiskutieren – man bleibt halt beim Gewohnten.

Punkt 1b (die Vorliebe für Gold im Schließfach) führt uns direkt hinein in die Welt der kognitiven Verzerrungen. Gerade Privatanleger investieren trotz der im Vergleich zu Aktienanlagen schlechten Performance in diesen Rohstoff. Der profane Grund: Sie treffen ihre Entscheidungen auf Basis von Informationen, die am einfachsten verfügbar sind. Dieser Denkfehler wird als Verfügbarkeitsverzerrung *(Availability Bias)* bezeichnet. (Göpfert 2022) Es handelt sich um einen systematischen Urteilsfehler, der nach Tversky und Kahneman (1972) entsteht, wenn die Bewertung der Wahrscheinlichkeit eines Ereignisses von präsenten Beispielen geprägt ist – in diesem Fall die permanente Berichterstattung in den Medien über den Goldpreis und die Inflationsgefahr.

Ich lade Sie ein, mit mir die Hintergründe für die genannten und viele weitere Beispiele aus Vergangenheit und Gegenwart zu analysieren und Gemeinsamkeiten herauszuarbeiten. Dabei unterstützt uns eine relativ neue Wissenschaftsdisziplin auf der Nahtstelle zwischen Psychologie und Wirtschaft: die *Verhaltensökonomik.*

▶ Die (Moderne oder Neue) **Verhaltensökonomik** (*Behavio[u]ral Economics* in amerikanischem bzw. britischem Englisch) beschäftigt sich mit menschlichem Verhalten in wirtschaftlichen Situationen und wendet die Erkenntnisse aus experimentellen Labor- und Feldstudien, insbesondere aus der Psychologie und anderen Sozialwissenschaften, in der Ökonomie an.

Der relativ neue Zweig wurde de facto mit dem bahnbrechenden Science-Artikel *Judgment under Uncertainty: Heuristics and Biases* begründet, der das

Verhalten von Menschen bei Entscheidungen unter Unsicherheit bzw. unter Risiko systematisch untersuchte (Tversky und Kahneman 1974). Wir treffen in der Praxis keineswegs die rationale Wahl auf der Grundlage von Wahrscheinlichkeiten, sondern suchen ständig nach Kausalverknüpfungen; Abschätzungen und Überschläge führen zu reproduzierbaren Fehlern. Ein weiterer Meilenstein wurde fünf Jahre später gesetzt: Die *Prospect Theory* (deutsch „Neue Erwartungstheorie"; Kahneman und Tversky 1979) beruht auf dem Verständnis, dass das individuelle Risikoverhalten je nach eingeschätzter Sicherheit eines auftretenden Ereignisses variiert und somit eine Brücke zwischen rein intuitivem Verhalten und völliger Rationalität bildet. Zur Einführung in die Materie empfiehlt sich das Übersichtswerk *Schnelles Denken, langsames Denken* von Nobelpreisträger Daniel Kahneman (2012).

Die Verhaltensökonomik demonstriert auf Basis vieler experimenteller Studien eindrucksvoll, dass der Mensch keineswegs nur als kompromissloser „Wirtschaftsmensch" und Nutzenmaximierer, als *Homo oeconomicus,* gesehen werden kann, sondern sein Handeln ebenso von Emotionen und der Bereitschaft zu Kooperation oder Ablehnung bestimmt ist. Sie bietet wertvolle Hinweise und gibt Hilfestellung, wie Sie mit kognitiven Irrtümern aller Art (auch nicht unmittelbar monetärer Natur) sinnvoll umgehen können. Zum Themenbereich Kognitionswissenschaft und Verhaltensökonomik existiert eine sehr umfangreiche Literatur, die vorwiegend auf Englisch verfasst ist – weshalb sich in deutschsprachigen Darstellungen bei einigen Fachbegriffen das berüchtigte *Denglisch* selbst bei gutem Willen nicht ganz vermeiden lässt, will man nicht fahrlässig die Klarheit der Aussagen gefährden. Viele der teilweise brillanten Fachartikel sind als PDF frei im Internet verfügbar.

Das neue Dorf

In diesem Zusammenhang sind hunderte von kognitiven Irrtümern bekannt und hinlänglich analysiert, denen der Mensch tagtäglich unterliegt: vorhersagbare Denkfehler, Trugschlüsse, Verzerrungen, Täuschungen und Anomalien, die ich an anderer Stelle systematisch beschrieben habe (Wenski 2022a). Es handelt sich oft nicht um allgemeingültige Gesetze, sondern eher um *Präferenzen* im Denken und Agieren, die wir Menschen besitzen oder zeigen. Die Grundlagen für die meisten Effekte liegen in unserer prähistorischen Vergangenheit und haben letztlich der Erhaltung der Art gedient. In der heutigen modernen und technologieorientierten Welt sind sie jedoch vielfach irreführend und eher hinderlich für sowohl für den Erfolg als auch die Lebensbewältigung. Eine Auswahl kognitiver Effekte, die für das in diesem Buch behandelte Thema relevant sind, finden Sie im Anhang (Abschn. 8.2).

Status-quo-Verzerrung – kurzgefasst

Die Status-quo-Verzerrung (auch „Tendenz zum Status quo"; ebenfalls im Deutschen verbreitet ist die englischsprachige Bezeichnung *Status quo Bias*) beschreibt das Phänomen, dass sich Menschen, aber auch Kollektive, Unternehmen und ganze Staaten und Gesellschaften hinsichtlich notwendiger Weiterentwicklungen selbst im Weg stehen, indem sie den gegenwärtigen Zustand jeglicher Veränderung vorziehen. Das Hemd ist uns eben näher als die Jacke, der Spatz in der Hand wertvoller als die Taube auf dem Dach usw. Um sprachliche Bilder zur Selbstbestätigung sind wir nicht verlegen.

Sie ist einer der wichtigsten und besterforschten kognitiven Fehlschlüsse. In einem vielbeachteten 52-seitigen Fachartikel beschrieben Harvard-Professor Richard Jay Zeckhauser und Boston-Hochschullehrer William Samuelson in der Erstausgabe der Zeitschrift *Journal of Risk and Uncertainty* im März 1988 erstmal den „Status Quo Bias in Decision Making", so der Titel ihrer Veröffentlichung (Samuelson und Zeckhauser 1988): den Einfluss dieses Denkfehlers auf Entscheidungsfindungen. Der Effekt, der von Kahneman et al. 1991 bewiesen wurde, fehlt heute in keinem Lehrbuch und kaum einer ausführlichen populärwissenschaftlichen Darstellung zur Verhaltensökonomik (z. B. Bazerman und Moore 2009, S. 76–78, 142–144; Beck 2014, S. 163–170; Dobelli 2013, Kap. 81; Glaser 2019, 138–140; Wikipedia 2022j).

Die Status-quo-Verzerrung beschreibt den Umstand, dass Entscheider dazu tendieren, bei der Wahl zwischen Veränderungen und der Ausgangssituation Letztere zu bevorzugen. Dies gilt bis zu einem gewissen Grad sogar dann, wenn die neue Situation einen Gewinn mit sich bringen würde. (Jung und Krebs 216, S. 357) Sie wird in der Literatur oft in Zusammenhang mit der vom US-amerikanischen Sozialpsychologen John T. Jost entwickelten *System Justification Theory* (SJC) genannt, wonach die Bürger bevorzugt davon ausgehen, dass die bestehenden Sozialsysteme adäquat und fair gestaltet sind, und sich tiefgreifenden Reformen widersetzen, selbst wenn diese bestehende Ungerechtigkeiten korrigieren würden. (siehe z. B. Blasi und Jost 2006, Jost 2020, Wikipedia 2022k und dort aufgeführte Quellen)

Im Originalartikel von Samuelson und Zeckhauser ist eine Anekdote zur Verdeutlichung der Status-quo-Präferenz enthalten, die sich in einem westdeutschen Braunkohlerevier zutrug. Ein Dorf musste dem Tagebau weichen, und die Bewohner sollten in ein nahegelegenes Areal umgesiedelt werden. Die Spezialisten der Öffentlichen Hand machten gut durchdachte Vorschläge, wie Häuser und Straßen im „neuen" Dorf angelegt werden sollten. Die Bewohner stimmten jedoch mehrheitlich für eine 1:1-Kopie des bisherigen Plans mit den gebogenen und verwinkelten Straßen und Gassen, der sich über Jahrhunderte ohne gezielte Planung (*„without [continous] rhyme or reason"*, heißt es recht blumig in der Originalpublikation) ergeben hatte.

Samuelson und Zeckhauser ließen darüber hinaus Probanden im Rahmen einer systematischen Untersuchung Fragebögen zu verschiedenen Themengebieten ausfüllen und fanden so heraus, dass Menschen gerne wollen, dass die Dinge ungefähr so bleiben, wie sie sind – und zwar viel öfter, als theoretisch zu erwarten gewesen wäre. Es ging um Finanzinvestitionen, Wasser- und Gesundheitsversorgung, Rentenpläne, Leasingmodelle und mehr. Die Wortwahl der Fragen, das „Narrativ" (siehe Abschn. 5.1), war entscheidend für das Ergebnis, und die Forscher stellten fest, dass der Status quo umso stärker bevorzugt wurde, je mehr Optionen zur Verfügung standen.

1.4 Verlustaversion und weitere kognitive Effekte

In Abschn. 1.1 habe ich erwähnt, dass es neben den zukunftsorientierten Visionären und den Jetztzeitmenschen eine dritte Gruppe gibt, welche nostalgisch in die Vergangenheit blickt, die manch einer diese gerne zurückhaben möchte. Fans der Militärmusik denken dabei vielleicht an den *Fehrbelliner Reitermarsch* („Wir wollen unseren alten Kaiser Wilhelm wiederhaben"), einem um 1890 von einem unbekannten Verfasser geschriebenen und 1893 vom königlich-preußischen Musikdirektor Richard Henrion vertonten Fanfarenmarsch. Es ging um Kaiser Wilhelm I. (1797–1888), der im jungen Nationalstaat Deutschland als Symbol Preußens bis ins hohe Alter große Popularität genoss – ganz im Gegensatz zum (nach Kissel 2019) Antisemiten, späteren Kriegstreiber und Nazi-Unterstützer Wilhelm II. Nach dessen Abdankung 1918 grölten rechte kaisertreue Anhänger das Lied mit Bezug auf Willem-zwo allerdings wieder in den Straßen.

Das Problem mit der Erinnerung

Die Vergangenheit erscheint vielen Menschen in einem falschen – durch die „Rosige-Vergangenheit-Verzerrung" meist zu positiven – Licht. Die Erinnerung ist immer subjektiv und nie in der Lage, die Vergangenheit korrekt abzubilden. Wie in Wenski 2022a, S. 47–64 dargestellt, ist dafür eine Fülle kognitiver Irrtümer verantwortlich. Man unterscheidet zwischen *Erinnerungsverfälschung* (dem unabsichtlichen Verfälschen bestehender eigener Gedächtnisinhalte) und *falscher Erinnerung* (der fantasierenden Einbildung neuer persönliche Erinnerungen). Letztere ist auf das False-Memory-Syndrom zurückzuführen: Etwas muss nicht zwingend auch wahr sein, selbst wenn man davon zutiefst überzeugt ist. Im Extremfall liegt eine psychische Störung vor, die Paramnesie genannt wird: Dabei hat die betroffene Person Erinnerungen an Ereignisse, die überhaupt nicht stattfanden.

▶ **Tipp** Betrachten Sie nie Ihre Erinnerungen an Vergangenes als etwas Absolutes, in Stein Gemeißeltes. Selbst die realen Ereignisse und Befindlichkeiten, an die man sich erinnert und die nicht falsch sind, sind dennoch subjektiv und somit verfälscht.

Negative Erinnerungen fallen einem deutlich leichter wieder ein als positive (Negativitätsverzerrung). Andererseits tritt der Fehlschluss auf, dass mit negativen Emotionen belastete Erinnerungen schneller verblassen als solche mit positiven Eindrücken (Fading-Affect-Bias). Ältere Personen bevorzugen wiederum positive Erinnerungen, besonders aus Jugend und Jungerwachsenenalter, in ihrem Gedächtnis – die „gute alte Zeit" (die es in den meisten Fällen nie gegeben hat; man nennt das Phänomen Positivitätseffekt).

Travis-Syndrom

Dieser kognitive Effekt ist kein Klassiker aus dem Baukasten der Verhaltensökonomen, sondern eher ein Produkt des jüngeren Zeitgeistes. Darunter versteht man die Tendenz, die Bedeutung der Gegenwart überzubewerten. Es handelt sich damit also um ein für unsere Argumentationskette passendes Bindeglied zwischen einer kognitiv verzerrten Vergangenheitsbetrachtung und einer gleichermaßen fehlinterpretierten Gegenwart, was wieder zur Status-quo-Verzerrung führt.

Das Travis-Syndrom ist von der Londoner Tageszeitung *Evening Standard* (2012) nach der Rockband Travis aus Glasgow benannt: Zum Millenniumswechsel wurde das schottische Quartett nach Veröffentlichung des zweiten Albums als eine der größten Bands aller Zeiten gefeiert – in Verkennung der Kurzlebigkeit ihres Erfolgs und Missachtung der musikalischen Leistung etablierter Konkurrenten wie Miles Davis und Bob Dylan.

Doch machen wir zunächst noch einmal einen zeitlichen Sprung zurück. Das nächste Mal taucht die Status-quo-Verzerrung in der Literatur erst drei Jahre nach Erscheinen des Artikels von Samuelson und Zeckhauser auf. Daniel Kahneman, Jack Knetsch und der spätere Nobelpreisträger Richard Thaler stellten eine Verbindung her zwischen *Besitztumseffekt* sowie *Verlustaversion* – zwei für die Prospect Theory maßgebliche Ideen – und der Präferenz für den Status quo (Kahneman et al. 1991)[1]. Grund genug, dass wir uns diese und einige andere wichtige kognitive Effekte, die für rückwärtsgerichtete Denk- und Handlungsweisen verantwortlich sein können und die in diesem Zusammenhang von Bedeutung sind, etwas näher ansehen.

Verlustaversion

Es geht los mit der Verlustaversion *(Loss Aversion)*. Obwohl Daniel Bernoulli und Adam Smith grundlegende Betrachtungen bereits im 18. Jahrhundert anstellten (siehe z. B. Latzel 2020, S. 50–51), wurde dieses

---

[1] Zu beiden Stichwörtern finden sich – ebenso wie zu nahezu allen anderen der hier diskutierten kognitiven Effekte – umfangreiche Beiträge mit zahlreichen Quellenangaben im englischsprachigen Wikipedia (2022a, 2022f). Durch die Zusammenarbeit zahlreicher Autoren und die damit verbundene kritische Prüfung gelten die meisten Sachartikel in Wikipedia inzwischen hinsichtlich der Genauigkeit als mindestens ebenbürtig mit denen in etablierten Lexika, sind jedoch aktueller.

kognitive Phänomen zum ersten Mal in Zusammenhang mit der Prospect Theory systematisch beschrieben (Kahneman und Tversky 1979) und mit dem bereits länger bekannten Phänomen der Risikoscheu *(Risk Aversion)* begründet (vgl. Pratt 1964, Kahneman und Tversky 1984). Diese Verzerrung bedingt nun wieder in der Entscheidungstheorie, dass Menschen – beispielsweise Kapitalanleger – nicht gerne bereit sind, für eine bestimmte Belohnung das entsprechende Wagnis einzugehen. Wir bevorzugen weniger Risiko, auch wenn der Ertrag damit überproportional geringer ausfällt, und sind so programmiert, dass wir uns eher risikoscheu verhalten, wenn Gewinne winken, jedoch risikofreudiger angesichts von Verlusten. Die Versuche an den Instituten wurden mit (fiktiven) Lotterien durchgeführt; vor allem in der Wirtschaftswelt als Reallabor lassen sich die Auswirkungen tagtäglich beobachten.

▶ Die **Verlustaversion** ist eine der am stärksten ausgeprägten kognitiven Verzerrungen und besagt, dass Menschen – ausgehend von einem bestimmten individuellen Referenzpunkt – Verluste höher gewichten (meist um einen Faktor von etwa zwei) als Gewinne. Wir gewinnen gerne, verlieren aber sehr ungern. Den Referenzpunkt (vgl. Abschn. 1.6) stellt entweder der Istzustand (der Status quo) oder ein Sollzustand *(Aspiration Level)* dar.

Weil wir Verluste also gefühlsmäßig doppelt so stark bewerten wie Gewinne, begeben wir uns ungern auf neue Wege und damit ins Risiko, sondern verteidigen lieber den gegenwärtigen Zustand. Die hohe Gewichtung von Verlusten hat zur Folge, dass wir Veränderungen erst dann bevorzugen, wenn der Verlust durch einen signifikanten Gewinn überkompensiert wird. Dies lässt sich evolutionsgeschichtlich betrachtet leicht nachvollziehen: Lebewesen, die Bedrohungen (etwa durch Reviereindringlinge oder Fresskonkurrenten) vordringlicher behandeln als Chancen (z. B. auf ein besseres Nahrungsangebot), hatten immer schon eine höhere Überlebens- und Fortpflanzungswahrscheinlichkeit.

Der für die Status-quo-Verzerrung ebenfalls mitverantwortliche Besitztumseffekt *(Endowment Effect)* wurde ein Jahr nach Veröffentlichung der Prospect Theory erstmals von Richard Thaler 1980 im Artikel *Toward a Positive Theory of Consumer Choice* beschrieben. Dieser Denkfehler äußert sich in höheren „gefühlten" Werten für Dinge, die man besitzt, im Vergleich zu denselben Dingen, falls man sie nicht besitzt. Der Denkfehler wurde in vielen Experimenten z. B. mit Alltagsgegenständen wie Tassen oder Weinflaschen nachgewiesen. Er macht sich dadurch bemerkbar, dass Menschen für den Verkauf eines Guts (insbesondere Genuss- und Vergnügungsgüter) wesentlich höhere Preise *verlangen*, als sie für den Einkauf des gleichen Guts zu *zahlen* bereit sind. Von Versuchsteilnehmern, deren eine Hälfte während einer Fragebogenaktion einen Kaffeebecher und deren andere Hälfte Schokolade erhalten hatten, wurde berichtet, dass 90 % es anschließend ablehnten, ihre Geschenke zu tauschen. (Kahneman 2012, S. 356–368)

Weitere Denkfehler

Inzwischen haben Wissenschaftler festgestellt, dass die Status-quo-Verzerrung bei Entscheidungen unter Untersicherheit keineswegs immer und in allen Konstellationen auftritt. Maltz und Romagnoli (2017) fanden heraus, dass der Irrtum dann nicht stattfindet, wenn sowohl die Status-quo-Option als auch die verfügbaren Alternativen des Handelns riskant sind oder die Erfolgsaussichten für beide Fälle gleichermaßen unklar. Diese Beobachtung unterscheidet sich von den Ergebnissen von Kahneman und Tversky (1979). Erst wenn sich die Alternativen in Risiko und Klarheit deutlich unterscheiden, konnten diese Autoren den Effekt in simulierten Glücksspielen nachweisen.

Einige zusätzliche aus der Verhaltensökonomik bekannte Denkfehler sind in diesem Zusammenhang von Bedeutung. Ein weiterer Effekt, der mit Ablehnung und Nichtstun verbunden ist, wird in Abschn. 1.5 separat behandelt.

- Als Vermeidung von Entscheidungen *(Decision Avoidance)* bezeichnet man die vielfach beobachtbare Tendenz, Entscheidungen aufzuschieben oder ihnen aus dem Weg gehen (Anderson 2003). Der Grund kann sowohl in der bereits erwähnten Risikoaversion als auch in den ebenfalls gut untersuchten Phänomenen Überforderung *(Decision Fatigue)* bzw. Auswahlparadox *(Paradox of Choice)* liegen, wenn zusätzliche Optionen die Wahl erschweren (siehe z. B. Dobelli 2013, Kap. 53, Kap. 21).

- Ein nahestehender, sehr ähnlicher Denkfehler ist der Default-Effekt (Goldstein et al. 2008, Jachimowicz et al. 2019). Dieser führt zur übermäßigen Bevorzugung derjenigen Option, die in Kraft tritt, wenn ein Akteur *keine* aktive Entscheidung trifft; es liegt auf der Hand, dass somit bereits durch die Auswahl von Vorgaben eine gezielte Beeinflussung möglich ist. Dies wird beim Nudging („Anstupsen“) ausgenutzt, wodurch Verhalten ohne den Einsatz von Geboten und Verboten sanft in die richtigen Bahnen gelenkt wird (Sunstein und Thaler 2003, Thaler und Sunstein 2011).
- Unter dem Vogel-Strauß-Effekt (*Ostrich Effect*; siehe Abb. 1.2) versteht man eine Allegorie, die ausdrückt, eine drohende Gefahr nicht sehen zu wollen, die Augen vor unangenehmen Realitäten zu verschließen oder bestimmte Tatsachen einfach nicht zur Kenntnis zu nehmen (Galai und Sade 2006, Karlsson et al. 2009).

Abb. 1.2 Afrikanischer Strauß, der den Boden prüft (aber nicht wirklich den Kopf in den Sand steckt). Foto: Axel Tschentscher (Wikipedia; CC BY-SA 4.0)

- Semmelweis-Reflex wird unter Bezug auf den Chirurgen und Geburtshelfer das Vorgehen des wissenschaftlichen Establishments genannt, eine neue Entdeckung ohne ausreichende Überprüfung erst einmal abzulehnen und den Urheber eher zu bekämpfen als zu unterstützen, wenn sie weit verbreiteten Normen oder Überzeugungen widerspricht. Die Begriffsbildung wird den amerikanischen Autoren Timothy Leary und Robert Anton Wilson zugeschrieben (Leary und Wilson 1991, S. 43), die ihre jeweils anarchistischen und unkonventionellen Biografien verbinden.

1.5 Omission-Bias und Reversal-Test

Im Leben sind oft Weichenstellungen mit teilweise gravierenden Auswirkungen zu treffen. Dabei kann die Entscheidungstheorie helfen; sie ist in der angewandten Wahrscheinlichkeitstheorie ein Zweig zur Evaluation der Konsequenzen von Wahlmöglichkeiten und wird vielfach als betriebswirtschaftliches Instrument benutzt. Soweit die Lehrbuchinhalte. In der Praxis jedoch verharren wir bei einer anstehenden wichtigen Entscheidung fast unter Schockstarre und lassen alles beim Alten, bleiben lieber beim bekannten (keineswegs optimalen) Status quo – statt das Heft des Handelns in die Hand zu nehmen und etwas zu tun (z. B. einen Befreiungsschlag auszuführen). Aussitzen als passive Entscheidungswahl ist nicht immer die beste Option, wie sich ab Kap. 2 deutlich zeigen wird.

Der Omission-Bias

Und damit bleiben wir noch für ein paar Zeilen beim Nichtentscheiden und Nichtstun im Sinne von Abschn. 1.4, was uns weiter scheinbar bequem im Fahrwasser des Status quo gleiten lässt. Auch diese Verzerrung hat einen Namen:

▶ Unter dem mit Besitztumseffekt und Status-quo-Verzerrung verwandten **Omission-Bias** („Unterlassungsfehler“) versteht man die Überschätzung der Risiken bei Handlungen im Vergleich zu Nicht-Handlungen; das Gegenstück „operative Hektik“ nennt sich **Action-Bias**.

Der Omission-Bias wird vor allem vom US-amerikanischen Psychologen Jonathan Baron seit über drei Jahrzehnten systematisch erforscht (z. B. Ritov und Baron 1990, 1992; Baron und Ritov 1994; Baron und Goodwin 2020). In vielen Literaturbeispielen geht es um moralische Dilemmata: Es ist eine Entscheidung zwischen nutzenethischen („utilitaristischen“) und pflichtethischen („deontologischen") Gesichtspunkten zu treffen. Dabei geht es um das bewusste Einschreiten, wenn andere Menschen (die etwa mit uns im Wettbewerb stehen) Gefahr laufen, sich selbst versehentlich zu schaden.

Andere Untersuchungsfelder betreffen medizinische Themen wie Medikamentenforschung und Organspende oder auch das Agieren am Aktienmarkt. In letztgenanntem Fall sollte der Anleger vielfach am Besten überhaupt nichts tun, da dies seine Gewinnchancen eher erhöht – während dem Broker oder Bankmitarbeiter mit Blick auf dessen Provisionen und Gebühren an einer häufigen Umschichtung gelegen wäre. (siehe hierzu auch Bazerman und Moore 2009, S. 76–78, 142–144)

Ein Griff in die entwicklungsgeschichtliche Trickkiste hilft zu verstehen, warum das so ist. Unseren Vorfahren ging es wie allen Tier- und Pflanzenarten besonders um eines: die Erhaltung der Art – ich erwähnte dies bereits in Abschn. 1.3. Die Ausbildung der meisten kognitiven Effekte, die auch den modernen Menschen noch beschäftigen und oftmals vom rationalen Fokus ablenken, liegt in unserer prähistorischen Vergangenheit. Ein Spruch passt gleichermaßen früher wie heute: *Fight, Flight or Freeze*, auf Deutsch etwa „Kämpfen, fliehen oder in Schockstarre fallen". Dies stellt eine Erweiterung der „Kampf-oder-Flucht-Reaktion" dar, die 1988 geprägt wurde und gut zum Omission-Bias passt. Der Grund für das Erstarren, einer Phase erhöhter Aufmerksamkeit und Bewegungslosigkeit, findet sich in der Chance, von einem Raubtier übersehen zu werden, da dessen Augen am ehesten auf Bewegung ansprechen. (Wikipedia 2022c)

In Zusammenhang mit dem Omission-Bias taucht im Fachjargon häufig der englische Begriff *Procrastination* auf, der soviel wie Verzögerung im Sinne von Verschleppung bedeutet. In der heute meist durchorganisierten westlichen Arbeitswelt kann sich eine solche Verschleppung beispielsweise von Projekten recht kostspielig auswirken. Die Beteiligten behindern sich dabei gegenseitig und schaden ihren Auftraggebern. Nicht umsonst lautet Parkinsons Trägheitsgesetz: „Verzögerung ist die tödlichste Form der Ablehnung." Hier kommt ein als Trägheitseffekt *(Inertia Effect)* bezeichnetes psychologisches Phänomen zum tragen, wonach einmal getroffene Entscheidungen auch gegen widersprechende Informationen weitgehend unverändert bleiben.

Reversal-Test

Unter einer *Heuristik* versteht man die Kunst, mit begrenztem Wissen und wenig Zeit dennoch zu wahrscheinlichen Aussagen oder praktikablen Lösungen zu gelangen. Die Lösungen, die über solche Schnellschüsse und Faustregeln zustande kommen, sind angesichts der Umstände meist erstaunlich gut – jedoch nicht immer. Und sie sind keineswegs optimal, was die Vielzahl an darauf beruhenden kognitiven Irrtümern belegt. Um diesen bewusst entgegentreten zu können, bedarf es systematischen Nachdenkens und adäquater argumentativer Werkzeuge.

Der Reversal-Test – Maßnahme gegen die Status-quo-Verzerrung?

Der sogenannte *Reversal-Test* („Umkehrtest) scheint nach Bostrom und Ord (2006) eine einfache Heuristik zu sein, um die Status-quo-Verzerrung und die weiteren in diesem Zusammenhang diskutierten Denkfehler aufzuspüren und zu eliminieren – ist jedoch nicht ganz unumstritten (Wikipedia 2022h). Der aus dem Umfeld der Bioethik stammende Test lässt sich gemäß den Autoren auf nahezu jede Situation anwenden, in der Alternativen zur Fortführung des Status quo vorliegen. Sie schlagen bei der Betrachtung eines bestimmten Parameters vor, zunächst dessen Veränderung in eine bestimmte Richtung zu betrachten. Der Betrachter, quasi der Advocatus Diaboli, sollte insbesondere im professionellen Umfeld kritisch sein und sich gut auskennen, um eventuelle Vorwände und Scheinargumente schnell zu entlarven, und auf eine präzise und korrekte Argumentationskette achten. Die Transaktionskosten für die Einleitung bestimmter Veränderungen sind ebenfalls zu berücksichtigen. (siehe auch Glaser 2019, S. 138–140)

Wenn dies von Nachteil ist, wird eine Verschiebung in die gegenüberliegende Richtung analysiert. Wären dafür ebenfalls negative Konsequenzen zu erwarten, so läge es an den Betrachtern zu erklären, warum dieser Parameter nicht zum Positiven verändert werden könne, das heißt zumindest ein lokales Optimum darstellt. Wären sie dazu nicht in der Lage, bestünde eine Anfälligkeit für die Status-quo-Verzerrung: Wenn ein Parameter kontinuierliche Werte annehmen kann und nur eine kleine Teilmenge davon optimal ist, dann ist es sehr unwahrscheinlich, dass der aktuelle Wert zufälligerweise ein solches Maximum beschreibt.

Ein Beispiel: Im Jahr 2012 haben sich die Schweizer Bürger in einer Volksabstimmung gegen eine Erhöhung der Feriendauer von vier auf sechs Wochen entschieden. Als Argument wurde angeführt, die Initiative gefährde

Arbeitsplätze und Wohlstand, weil sie die Wirtschaft schwäche. Nach dem Reversal-Test wäre zu prüfen, ob eine weitere *Reduktion* der Feriendauer ebenfalls negative Konsequenzen hätte. Da dies vermutlich der Fall wäre, scheinen die vier Wochen bereits optimal zu sein und ein lokales Maximum darzustellen: Es liegt keine Status-quo-Verzerrung vor. (Caviola 2012)

Mit dem *Double-Reversal-Test* bieten Bostrom und Ord (2006) gleichzeitig eine alternative Betrachtungsweise: Für den Fall eines lokalen Optimums – es wird also vom Status quo aus betrachtet in beide Handlungsrichtungen schlechter – schlagen sie zusätzlich vor anzunehmen, dass eine äußere Kraft (etwa eine Krise, Naturkatastrophe oder ein größeres Unglück) zum Erhalt des Status quo eine kurzfristige Aktion erforderlich macht: Wäre es sinnvoll, diese Intervention rückgängig zu machen, nachdem die Störung verschwunden ist? Mit dem russischen Aggressionskrieg gegen die Ukraine und der deutschen Abhängigkeit von russischen Energielieferungen sind derartige Betrachtungen inzwischen wieder hochaktuell.

Allein die Tatsache, dass der Reversal-Test nur relativ umständlich zu erklären ist, stützt meine Auffassung, wonach es sich dabei keinesfalls um eine einfache Faustregel handelt, mit der Status-quo-Bias und verwandte Effekte in allen Lebenslagen gebändigt werden können. Bei zahlreichen hier im Buch unter dem Status-quo-Aspekt diskutierten Parametern handelt es sich nicht um Größen, die mal in die eine und komplementär in die um 180° gedrehte Richtung variiert werden können. Einige Beispiele:

- Eine Ehe kann gut oder schlecht sein – oder irgendetwas dazwischen. Viele unzufriedene Ehepartner sind daher früher oder später mit der Entscheidung konfrontiert, sich scheiden zu lassen. Sie sollten dazu emotionale, finanzielle und sonstige Transaktionskosten sorgfältig prüfen, bevor sie voreilig hinschmeißen. Die Möglichkeit zur Prüfung der Veränderung in gegenteiliger Richtung ist nicht möglich.
- Die mit viel Tamtam und falschen Zahlen durchgeführte Brexit-Kampagne führte jenseits des Kanals dazu, dass die Jungen nicht zur Abstimmung gegangen sind (Omission-Bias!) und die Älteren die verbreiteten Halb- und Unwahrheiten vor allem der Tories geglaubt haben. *Yes or No.* Hätten die Abstimmungsberechtigten am 23. Juni 2016 vor dem Hintergrund des Reversal-Tests die Transaktionskosten des *Leave* seriös abgeschätzt und entsprechend abgestimmt, wäre das Votum

vermutlich anders ausgefallen. Allerdings fehlt mir die Fantasie dafür, wie zwecks Überprüfung das Gegenteil ausgesehen hätte.

- Bei den Xenophoben und Demokratiefeinden, zu denen im Buch noch ausgiebig Stellung bezogen wird, sieht es ähnlich aus: Es lässt sich mit Blick auf die Zuwanderung ein Vorwärts argumentativ überprüfen, aber kein Zurück. Im ersten Fall würde Deutschland gnadenlos die Grenzen für Zuwanderung schließen. (In Großbritannien kann man bereits jetzt sehen, wohin das z. B. im Dienstleistungssektor führt.) Jedoch lässt sich nicht ernsthaft annehmen, der Migrationsanteil in Deutschland von über einem Viertel sei reversibel. Die Reichsbürger werden ihr „1000-jähriges" deutsches Reich und die Querdenker[1] ihre Corona-freie Gesellschaft auf absehbare Zeit ebenso nicht zurückerhalten.

Abb. 1.3 Brexit: Status quo überwunden – doch der Schuss ist vermutlich nach hinten losgegangen. Foto: Mtaylor848 (Wikipedia; CC BY-SA 4.0)

[1] Ins kollektive Bewusstsein gelangte das Wort, nachdem in Stuttgart im Frühjahr 2020 unter dem Schlagwort „Querdenken 711" wöchentlich gegen die Corona-Regeln und für Grundrechte demonstriert wurde; leider ist „Querdenker" seitdem negativ belegt (siehe dazu Abschn. 3.2).

Alternativer Reversal-Test

Zielführender als das eher philosophische Gedankenexperiment des Reversal-Tests ist in diesen Fällen das vereinfachte Vorgehen eines *alternativen Reversal-Tests,* wenn die Veränderung ausgehend vom Status quo lediglich in eine Richtung führt (EAF o. J.). Vereinfacht gesagt besteht diese Heuristik darin, sich ausgehend vom aktuellen Zustand vorzustellen, die Veränderung, um die es geht, sei bereits eingetreten. Diese wird pro forma als neuer Status quo definiert, und es wäre nun zu beurteilen, ob die Änderung zum vorhergehenden Status quo mit Vorteilen verbunden ist. Eine Person, die darüber sinniert, ob sie in eine andere Stadt umziehen oder eine andere Stelle antreten sollte, hat zu entscheiden, ob sie von der neuen Stadt oder Stelle wieder in die ursprüngliche Umgebung zurückkehren würde. Ist dies nicht der Fall, liegt bei Ablehnung der ursprünglichen Umzugsoption der Verdacht einer Status-quo-Verzerrung nahe – ganz im Gegensatz etwa zum erwähnten Brexit. Nach konsequenter Anwendung des alternativen Reversal-Tests wären die kruden Thesen von Wutbürgern, Völkischen und religiösen Eiferern meist schnell vom Tisch; auf diese Thematiken muss ich in verschiedenen Kapiteln leider nochmals zurückkommen.

Beispiel: Kleine Hilfsmittel

Die klassische Rock&Pop-Musik ist voll von Songs über Drogen; denken Sie an *Mother's Little Helper* von den Rolling Stones über Tranquilizer, *Lucy in the Sky with Diamonds* (Beatles) über LSD und neueren Datums *Snow (Hey Oh)* (Red Hot Chili Peppers) zu Kokain und Heroin. Mit der Blütezeit des *Psychedelic Rock* („Acid Rock" in Anspielung auf LSD) in der zweiten Hälfte der 1960er-Jahre erhielt der Drogenkonsum in diesem Milieu Auftrieb. Doch trotz aller scheinbaren zusätzlichen Kreativität: Bereits an anderer Stelle habe ich die gravierenden gesundheitlichen Nachteile des Drogenkonsums zusammengefasst (Wenski 2021, S. 151–158). Darüber hinaus verweigern sich benebelte Gehirne sämtlicher Rationalität und verhaltensökonomischer Logik, wie leicht einzusehen ist.

Dies bringt mich zu der aktuellen Diskussion über die begrenzte Cannabis-Freigabe, die durch die neue Bundesregierung angestoßen worden ist. Belastbare Argumente dafür und dagegen sind z. B. bei Thomas (2022) zusammengefasst. Das Beispiel eignet sich hervorragend, um die Systematik des Double-Reversal-Tests zwecks Prüfung auf die Status-quo-Verzerrung anschaulich darzustellen.

1. Nehmen wir an, der Cannabis-Verkauf wird in lizenzierten Geschäften freigegeben, wie es in einigen US-Bundesstaaten wie Oregon, Washington und Colorado bereits geschehen ist. So ließe sich der Markt für leichtere („Einstiegs-")Drogen etwas entkriminalisieren, und der Staat würde teilweise die Kontrolle zurückerlangen und darüber hinaus zusätzliche Steuereinnahmen verbuchen. Vergessen wird bei dieser Betrachtung allerdings, dass für die zwei Suchtfelder Alkohol- und Tabakkonsum wesentlich laschere Vorschriften gelten, obwohl diese zusammengenommen in Deutschland jährlich für rund 200.000 zusätzliche Todesfälle verantwortlich sind. Dazu käme mit den zu legalisierenden *Softdrugs* eine weitere Säule verbreiteter Suchtprodukte, die für zahlreiche psychische und physische Erkrankungen verantwortlich wären – die möglichen Kollateralschäden sind kaum abschätzbar. Die UN warnen vor Folgen von Cannabiskonsum, da das Auftreten damit in Zusammenhang stehender psychischer Erkrankungen bereits heute signifikant zugenommen hat. Außerdem wäre zu erwarten, dass sich Druck dahingehend aufbaut, auch härtere Drogen zu legalisieren (vgl. Dammbruchargument in Abschn. 2.4). Die Problematik, wie Cannabis-Grenzwerte im Blut für die Teilnahme am Straßenverkehr festzulegen sind, erscheint da eher nebensächlich.
2. Blicken wir gemäß Testvorschrift argumentativ in die entgegengesetzte Richtung: absolut Null Toleranz für harte wie weiche Drogen. In diesem Zusammenhang kann man aus der Corona-Pandemie einiges lernen – China ist dafür ein passendes Beispiel: Obligatorische flächendeckende Drogentests an Arbeitsstätten, in Lehranstalten und bei Freizeitaktivitäten. Willkürliche Kontrollen selbst ohne vorliegende Verdachtsmomente. Drakonische Strafen für Drogen-

vergehen, angefangen bei Geldbußen über Haftstrafen bis hin zu Todesurteilen, wie sie bereits heute in Singapur und anderen asiatischen Urlaubsländern bei Drogenhandel verhängt werden können. Mit anderen Worten, die für uns Deutsche selbstverständlichen Bürgerrechte müssten extrem beschnitten werden. Ich brauche sicherlich nicht zu begründen, warum dies mit unserer freiheitlich-demokratischen Grundordnung nicht vereinbar wäre.

3. Der – zugegeben subjektive – Blick in beide Richtungen ist gemäß den vermerkten Argumenten anscheinend nicht vorteilhaft; es besteht Grund zu der Annahme, dass der gegenwärtige Umgang mit Cannabis zumindest ein lokales Optimum darstellt. Eine Status-quo-Verzerrung wäre demnach ausgeschlossen, und ein akuter Handlungsbedarf besteht nicht. ◀

An dieser Stelle ist es jedoch erstmal geboten, dass wir uns mit weiteren Aspekten zur Status-quo-Verzerrung beschäftigen, um der Problematik dieses tückischen Denkfehlers genauer auf den Grund zu gehen. Dazu müssen wir zunächst noch einen Anker auswerfen.

1.6 Anker und Referenzpunkte

Fazit: Die Status-quo-Verzerrung bedingt, den gegenwärtigen Zustand jeglicher Veränderung vorzuziehen; sie ist eine Folge von Verlustaversion sowie Besitztumseffekt und begünstigt Risikoaversion. Dabei stellt der Status quo de facto einen Referenzpunkt dar, der somit als *Anker* wirken kann. Die in Abschn. 1.4 eingeführten Referenzpunkte sind sozusagen Fixpunkte, um die sich das Drumherum gruppiert und an deren präziser Lage orientiert, etwa Koordinatensysteme oder Landkarten. In der Verhaltensökonomik markiert der Referenzpunkt den Übergang zwischen Gewinnen und Verlusten, also den Wendepunkt der hypothetischen Wertefunktion aus der Prospect Theory (Fig. 3 in Kahneman und Tversky 1979; vgl. Abb. 4.3 in Wenski 2020a).

Ankerung

Der Ankereffekt *(Anchoring Bias)*, eine der robustesten kognitiven Heuristiken, wurde 1974 von Tversky und Kahneman in ihrer Veröffentlichung *Judgment under Uncertainty: Heuristics and Biases* nachgewiesen. Einen Überblick über die umfangreiche Basisliteratur dazu geben Furnham und Boo (2011). Inzwischen sind zahlreiche Publikationen erschienen, in denen die hier thematisierte Status-quo-Verzerrung nicht nur – wie in Abschn. 1.4 erläutert – mit der Verlustaversion in Verbindung gebracht und erklärt wird, sondern parallel dazu ebenso mit dem kognitiven Effekt der Ankerung. Für einen aktuellen Einblick in den Stand der Forschung zu Status-quo-Verzerrung und Ankerung empfehle ich Bernecker (2014), der nachweist, dass der Ankereffekt bereits die halbe Miete bei deren Begründung darstellt.

Beispiel: Ankereffekt

Ankerung im kognitiven Sinn bedeutet, dass sich Menschen bei Entscheidungen von teilweise auch irrelevanten Umgebungsinformationen („Ankern") unbewusst beeinflussen lassen, indem ihre Präferenzen in Richtung des jeweiligen Ankers verzerrt werden. Diesem systematischen Denkfehler fallen wir in allen Lebenslagen mehr oder weniger deutlich zum Opfer, ohne dies grundlegend verhindern zu können. Die klassischen Studien arbeiten mit Zahlenschätzungen, wobei die Probanden während der Durchführung mit anderen, irrelevanten Zahlen konfrontiert und so manipuliert wurden.

Doch auch im täglichen Leben findet sich eine Fülle von Beispielen gezielter Ankersetzung. In Einkaufsverhandlungen – insbesondere im gewerblichen Bereich – ist es so, dass das erste Angebot des Anbieters einen Anker darstellt, an dem sich der Kunde orientiert. Im Konsumentenbereich gibt es (außer bei Investitionsgütern) für den Käufer meist nicht viel zu verhandeln; hier wird er durch abstrakte „Listenpreise" und Ähnliches dazu verleitet zu glauben, dass der letztlich angebotene Preis vorteilhaft ist. Auf der Speisekarte eines Restaurants stellt das teuerste Gericht ebenfalls einen Anker dar, an dem gemessen die übrigen Menus eher günstig erscheinen; ein solches Vorgehen mittels Preistreiber basiert auf dem Köder-Effekt *(Decoy Effect)*. ◀

▶ **Tipp** Als Verbraucher dienen Sie als Zielscheibe für eine Fülle derartiger psychologischer Tricks und Manipulationen. Seien Sie sich dessen bewusst und wappnen sich dagegen.

Stabiler Status quo?

Wir reden nun schon eine ganze Weile vom Status quo als eine Art Referenzpunkt – doch was bedeutet der Begriff überhaupt genau?

Der Status quo

Unter dem *Status quo* versteht man gewöhnlich den bestehenden Zustand, etwa den Ist-Zustand in Betriebswirtschaftslehre und Projektmanagement. Die Formulierung kommt aus dem Lateinischen und ist eigentlich unvollständig; übersetzt heißt es etwa „Zustand, in welchem ...". Die Formel der lateinischen Rechtssprache heißt komplett *in statu quo ante* – „im vorherigen Zustand". Heute haben Status quo und Status quo ante entsprechend dem realen Wortsinn eine unterschiedliche Bedeutung. (Wikipedia 2022j)

Zur Status-quo-Verzerrung sind in den letzten gut drei Jahrzehnten vermutlich hunderte hochwertige Forschungsartikel mit psychologischem, soziologischem und verhaltensökonomischem Fokus entstanden. Die Themenschwerpunkte decken dabei einen breiten Bereich ab, vom Kapitalanlageverhalten über das Versicherungswesen bis zur Energieversorgung, von der Informationstechnik bis hin zu Umweltthemen (vgl. Kap. 7). Selbst die Corona-Pandemie (Abschn. 4.4) bietet ein willkommenes Untersuchungsfeld (z. B. Chappell 2021). Noch heute versuchen Forscher, die Ergebnisse von Samuelson und Zeckhauser (1988) durch zur Manipulationsvermeidung vorregistrierte Versuchsdesigns zu bestätigen, was weitgehend gelingt (z. B. Xiao et al. 2021). Im Strategischen Entscheidungsprozess (SEP) führt die Status-quo-Verzerrung ebenso wie andere kognitive Fehleinschätzungen mitunter zu schweren Missgriffen; Grund ist die verzerrte Wahrnehmung von Problemstellungen gepaart mit unzureichender Anpassung, was zur fälschlichen Entscheidungsoption „Status quo" und deren unreflektierter Verteidigung führen kann (Mantke 2017).

Wie hier dargestellt, ist die Gegenwartsverhaftung gemäß Status-quo-Verzerrung alles andere als optimal, sondern schreit geradezu nach einer

Auflösung mit Blick in Richtung Zukunft. „Morgen ist heute schon wieder gestern", lautet eine bekannte Redensart, die hier den Nagel auf den Kopf trifft: Die Zukunft ist nicht aufzuhalten – und ebenso wenig lässt sich der Status quo konservieren. Dadurch verändern sich die Rahmenbedingungen stetig. Unsere Haare wachsen ständig, werden später kontinuierlich grauer und weniger. Berücksichtigen Sie bei allem, was Sie denken, entscheiden und tun, dass sich Referenzpunkte oft zunächst unmerklich verschieben.

► Der Leitgedanke dieses Buchs lautet: *Der Status quo lässt sich auf Dauer nicht aufrechterhalten.*

Sie merken also: Mit der Analyse der Status-quo-Verzerrung alleine ist es noch nicht getan. Vielmehr führen Wege zur Vermeidung dieses Denkfehlers über eben diese Erkenntnis, dass es sich dabei nicht um etwas Statisches handelt. Ob es uns gefällt oder nicht: Die meisten Referenzpunkte, an denen sich der jeweilige Status quo orientiert, verändern sich mit der Zeit mehr oder weniger schnell – oft so langsam, dass wir es bei flüchtigem Hinsehen überhaupt nicht bemerken und dadurch auch Gefahren übersehen. Darum soll es in Kap. 2 gehen.

1.7 Literatur

Anderson CJ (2003) The Psychology of Doing Nothing: Forms of Decision Avoidance Result from Reason and Emotion. Psychological Bulletin 129–1, 139–167. https://doi.org/10.1037/0033-2909.129.1.139

Auer K, Mittler D, Wittl W (2016) Asylpolitik: Wie christlich ist die CSU noch? Süddeutsche Zeitung, Internet-Veröffentlichung 28. September. https://www.sueddeutsche.de/bayern/asylpolitik-wie-christlich-ist-die-csu-noch-1.3182434-0#seite-2. Zugegriffen: 18. Januar 2022

Auto-Zeitung (2022) Tempolimit (Deutschland): Aktuelle News. Generalstaatsanwaltschaft schlägt Tempolimit 200 km/h vor. Internet-Veröffentlichung 30. August. https://www.autozeitung.de/tempolimit-120-autobahn-195623.html. Zugegriffen: 04. September

Baron J, Ritov I (1994) Reference Points and Omission Bias. Organizational Behavior and Human Decision Processes 59–3, 475–498. https://doi.org/10.1006/obhd.1994.1070

Baron J, Goodwin GP (2020) Consequences, norms, and inaction: A critical analysis. Judgment and Decision Making 15–3, 421–442. https://psycnet.apa.org/record/2020-40390-010

Bazerman MH, Moore DA (2009) Judgment in Managerial Decision Making. 7. Aufl. Wiley, Hoboken, NJ. http://people.unica.it/vittoriopelligra/files/2015/11/Judgment_in_Managerial_Decision_Making.pdf. Zugegriffen: 30. Dezember 2021

Beck H (2014) Behavioral Economics. Eine Einführung. Springer Gabler, Wiesbaden. https://doi.org/10.1007/978-3-658-03367-5

Bernecker A (2014) Is Status Quo Bias Explained by Anchoring? Evidence from Survey Experiments. Universität Mannheim. https://www.vwl.uni-mannheim.de/media/Lehrstuehle/vwl/Gruener/StatusQuoBiasAnchoring.pdf. Zugegriffen: 10. Januar 2022

Blasi G, Jost JT (2006) System Justification Theory and Reserach: Implications for Law, Legal Advocacy, and Social Justice. California Law Review 94–4, 1119–1168. https://doi.org/10.2307/20439060

Bostrom N, Ord T (2006) The reversal test: Eliminating status quo bias in applied ethics. Ethics 116–4, 656–679. https://doi.org/10.1086/505233

Caviola L (2012) Status Quo Bias und Reversal Test. Internet-Veröffentlichung 04. Dezember. https://gbs-schweiz.org/blog/status-quo-bias-und-reversal-test/index.html. Zugegriffen: 31. Januar 2022

Chappell RY (2021) Pandemic Ethics and Status Quo Risk. Public Health Ethics, phab031, 1–38. https://doi.org/10.1093/phe/phab031

Dobelli R (2013) The Art of Thinking Clearly: Better Thinking, Better Decisions. Hodder Stoughton, London. http://xqdoc.imedao.com/166eb7278f3556e3fe9dc3ef.pdf. Zugegriffen: 30. August 2021

Edwards W (1968) Conservatism in Human Information Processing. In: Kleinmuntz B (Hrsg), Formal Representation of Human Judgment. Wiley, New York

Evening Standard (2012) Not everyone is in such awe of the internet. Evening Standard, London, Internet-Veröffentlichung 12. April. https://www.standard.co.uk/hp/front/not-everyone-is-in-such-awe-of-the-internet-6383970.html. Zugegriffen: 28. Januar 2022

Frings B, Großbölting T, Große Kracht K, Powroznik N, Rüschenschmidt D (2022) Macht und sexueller Missbrauch in der katholischen Kirche. Betroffene, Beschuldigte und Vertuscher im Bistum Münster seit 1945. Redaktionsstand 08. Juni. Herder, Freiburg im Breisgau. https://www.uni-muenster.de/imperia

/md/content/wwu/journalisten/macht_und_sexueller_missbrauch_im_bistum_muenster.pdf. Zugegriffen: 14. Juni 2022

Furnham A, Boo HC (2011) A literature review of the anchoring effect. J Socio-Economics 40–1, 35–42. https://doi.org/10.1016/j.socec.2010.10.008

Galai D, Sade O (2006) The "Ostrich Effect" and the Relationship between the Liquidity and the Yields of Financial Assets. J Business 79–5, 2741–2759. https://doi.org/10.1086/505250

Gercke B, Stirner K, Reckmann C, Nosthoff-Horstmann M, Pree H, Korta F (2021) Gutachten: Pflichtverletzungen von Diözesanverantwortlichen des Erzbistums Köln im Umgang mit Fällen sexuellen Missbrauchs von Minderjährigen und Schutzbefohlenen durch Kleriker oder sonstige pastorale Mitarbeitende des Erzbistums Köln im Zeitraum von 1975 bis 2018. Gercke | Wollschläger, Köln, Internet-Veröffentlichung vom 18. März. https://www.zeit.de/2021/23/erzbistum-koeln-bjoerngercke-gutachten-missbrauch-kardinal-woelki. Zugegriffen: 20. Januar 2022

Glaser C (2019) Risiko im Management. 100 Fehler, Irrtümer, Verzerrungen und wie man sie vermeidet. Springer Gabler, Wiesbaden. https://doi.org/10.1007/978-3-658-25835-1

Goldstein DG, Johnson EJ, Herrmann A, Heitmann M (2008) Decision making: Nudge Your Customers Toward Better Choices. Harvard Business Review, Internet-Veröffentlichung Dezember. https://hbr.org/2008/12/nudge-your-customers-toward-better-choices. Zugegriffen: 22. August 2021

Göpfert A (2022) Wertentwicklung 2021: Warum Gold als Inflationsschutz versagt. tagesschau.de, Internet-Veröffentlichung 07. Januar. https://www.tagesschau.de/wirtschaft/finanzen/warum-gold-als-inflations-hedge-versagt-und-aktien-besser-sind-101.html. Zugegriffen: 07. Januar 2022

Hopp G, Sebaldt M, Zeitler B (Hrsg) (2010) Die CSU. Strukturwandel, Modernisierung und Herausforderungen einer Volkspartei. VS Verlag für Sozialwissenschaften, Wiesbaden. https://doi.org/10.1007/978-3-531-92521-9

Jachimowicz JM, Duncan S, Weber EU, Johnson EJ (2019) When and why defaults influence decisions: a meta-analysis of default effects. Behavioural Public Policy 2019 3–2, 159–186. https://doi.org/10.1017/bpp.2018.43

Jost JT (2020) Theory of System Justification. Harvard University Press

Jung S, Krebs P (2016) Die Vertragsverhandlung: Taktische, strategische und rechtliche Elemente. Springer Gabler, Wiesbaden. https://doi.org/10.1007/978-3-658-11204-2

Kahneman D, Tversky A (1979) Prospect Theory: An Analysis of Decision under Risk. Econometrica 47–2, 263–292. https://doi.org/10.2307/1914185

Kahneman D, Tversky A (1984) Choices, Values, and Frames. 1983 APA Award Addresses, American Psychologist 39–4, 341–350. https://doi.org/10.1037/0003-066X.39.4.341 (Deutsche Übersetzung des Artikels in Kahneman 2012, 545–568)

Kahneman D, Knetsch JL, Thaler RH (1991) Anomalies: The Endowment Effect, Loss Aversion, and Status Quo Bias. J Economic Perspectives 5–1, 193–206. https://doi.org/10.1257/jep.5.1.193

Kahneman D (2012) Schnelles Denken, langsames Denken. Penguin, München

Karlsson N, Loewenstein G, Seppi D (2009) The ostrich effect: Selective attention to information. J Risk and Uncertainty 38–2, 95–115. https://doi.org/10.1007/s11166-009-9060-6

Kissel T (2019) Kaiser Wilhelm II. im Exil: Der schrille Zwangspensionär. Spektrum.de, Internet-Veröffentlichung 27. Januar. https://www.spektrum.de/news/der-schrille-zwangspensionaer-kaiser-wilhelm-ii-im-exil/1620228. Zugegriffen: 27. Januar 2022

Kleinjung T (2021) Umgang mit Missbrauchsfällen: Strengeres Kirchenrecht – mit Lücken. tagesschau.de, Internet-Veröffentlichung 08. Dezember. https://www.tagesschau.de/ausland/europa/vatikan-kirchenrecht-101.html. Zugegriffen: 18. Januar 2022

Latzel C (2020) Verhaltenssteuerung, Recht und Privatautonomie. Springer, Berlin, Heidelberg. https://doi.org/10.1007/978-3-662-60315-4

Leary T, Wilson RA (1991) The Game of Life. New Falcon Publications, Phoenix, AZ. https://3white5star2.files.wordpress.com/2009/05/13077663-timothy-leary-with-robert-anton-wilson-the-game-of-life.pdf. Zugegriffen: 14. Februar 2022

Maltz A, Romagnoli G (2017) Status Quo Bias under Uncertainty: An Experimental Study. No WP2017/6, Working Papers from University of Haifa, Department of Economics. Haifa, Israel. https://EconPapers.repec.org/RePEc:haf:huedwp:wp201706. Zugegriffen: 14. Februar 2022

Mantke L (2017) Kognitive Verzerrungen im strategischen Entscheidungsprozess. Junior Management Science 2–1, 117–135. https://doi.org/10.5282/jums/v2i1pp117-135

Mukerji N (2017) Die 10 Gebote des gesunden Menschenverstands. Springer, Berlin, Heidelberg. https://doi.org/10.1007/978-3-662-50339-3

Pratt JW (1964) Risk Aversion in the Small and in the Large. Econometrica 32–1/2, 122–136. https://doi.org/10.2307/1913738

Ritov I, Baron J (1992) Status-quo and omission biases. J Risk and Uncertainty 5–1, 49–61. http://dx.doi.org/10.1007/BF00208786

Ritov I, Baron J (1990). Reluctance to vaccinate: omission bias and ambiguity. J Behavioral Decision Making 3, 263–277. https://doi.org/10.1002/bdm.3960030404

Rudman LA, Phelan JE (2008) Backlash effects for disconfirming gender stereotypes in organizations. Research in Organizational Behavior 28, 61–79. https://doi.org/10.1016/j.riob.2008.04.003

Samuelson W, Zeckhauser R (1988) Status quo bias in decision making. J Risk and Uncertainty 1, 7–59. https://doi.org/10.1007/bf00055564

Schwarz S (2022) Tempo auf Autobahnen: Trotz teurem Sprit gibt Deutschland Gas. tagesschau.de, Internet-Veröffentlichung 15. Juni. https://www.tagesschau.de/wirtschaft/verbraucher/autobahnen-benzinpreise-tempo-101.html. Zugegriffen: 15. Juni 2022

SZ (2022) „Ich klebe nicht an meinem Amt". Auffallend viele Ich-Botschaften: Marx wichtigste Äußerungen im Wortlaut. Süddeutsche Zeitung, Internet-Veröffentlichung 27. Januar. https://www.sueddeutsche.de/muenchen/missbrauch-kirche-muenchen-kardinal-marx-1.5516620. Zugegriffen: 28. Januar 2022

Sunstein CR, Thaler RH (2003) Libertarian paternalism is not an oxymoron. The University of Chicago Law Review 70–4, 1159–1202. https://dx.doi.org/10.2139/ssrn.405940

Thaler R (1980) Toward a positive theory of consumer choice. J Economic Behavior and Organization 1, 1980, S. 39-60. https://doi.org/10.1016/0167-2681(80)90051-7

Thaler RH, Sunstein CR (2011) Nudge: Wie man kluge Entscheidungen anstößt. Ullstein, Berlin

Thomas F (2022) Rausch und Vorteil. Ein Pharmakologe, ein Psychiater und ein Ökonom über eine alte Frage und immer neue Antworten. Süddeutsche Zeitung, 01. Februar

Tversky A, Kahneman D (1972) Availability: A heuristic for judging frequency and probability. Cognitive Psychology 5–2, 207–232. https://doi.org/10.1016/0010-0285(73)90033-9

Tversky A, Kahneman D (1974) Judgment under Uncertainty: Heuristics and Biases. Science, New Series 185 (4157), 1124–1131. https://www.jstor.org/stable/1738360 (Deutsche Übersetzung des Artikels in Kahneman 2012, 521–544)

Wenski G (2020a) Beraterverkauf im globalen B2B-Equipmentgeschäft. Springer Gabler, Wiesbaden. https://doi.org/10.1007/978-3-658-27450-4

Wenski G (2020b) Nachhaltig verhandeln im Technischen Einkauf. Springer Gabler, Wiesbaden. https://doi.org/10.1007/978-3-658-30439-3

Wenski G (2021) Selbstmanagement im Beruf. Springer, Wiesbaden. https://doi.org/10.1007/978-3-658-33249-5

Wenski G (2022a) Das kleine Handbuch kognitiver Irrtümer. Denkfehler vermeiden – mit Psychologie & Verhaltensökonomik. Springer, Berlin, Heidelberg. https://doi.org/10.1007/978-3-662-64776-9

Wenski G (2022b) Unfälle und Katastrophen. Internet-Veröffentlichung 01. März. http://wenski-consulting.com/.cm4all/uproc.php/0/Wenski_Kognitive_Effekte_Unfälle_und_Katastrophen.pdf?cdp=a&_=17fe3e775be. Zugegriffen: 01. März 2022

Westpfahl M, Wastl U, Pusch M, Gladstein N, Schenke P (2022) Sexueller Missbrauch Minderjähriger und erwachsener Schutzbefohlener durch Kleriker sowie hauptamtliche Bedienstete im Bereich der Erzdiözese München und Freising von 1945 bis 2019. Westpfahl, Spilker, Wastl Rechtsanwälte, München Internet-Veröffentlichung. https://www.tagesschau.de/gutachten-sexueller-missbrauch-101.pdf. Zugegriffen: 20. Januar 2022

Wikipedia (2022a) Endowment effect. https://en.wikipedia.org/wiki/Endowment_effect. Zugegriffen: 28. Januar 2022

Wikipedia (2022b) Gerhard Ludwig Müller. https://de.wikipedia.org/wiki/Gerhard_Ludwig_Müller. Zugegriffen: 18. Januar 2022

Wikipedia (2022c) Kampf-oder-Flucht-Reaktion. https://de.wikipedia.org/wiki/Kampf-oder-Flucht-Reaktion. Zugegriffen: 30. Januar 2022

Wikipedia (2022d) Klosterstudie. https://de.wikipedia.org/wiki/Klosterstudie. Zugegriffen: 22. Januar 2022

Wikipedia (2022e) Liste von Korruptionsaffären um Politiker in der Bundesrepublik Deutschland. https://de.wikipedia.org/wiki/Liste_von_Korruptionsaffären_um_Politiker_in_der_Bundesrepublik_Deutschland. Zugegriffen: 13. Februar 2022

Wikipedia (2022f) Loss aversion. https://en.wikipedia.org/wiki/Loss_aversion. Zugegriffen: 28. Januar 2022

Wikipedia (2022g) Rainer Maria Woelki. https://de.wikipedia.org/wiki/Rainer_Maria_Woelki. Zugegriffen: 18. Januar 2022

Wikipedia (2022h) Reversal test. https://en.wikipedia.org/wiki/Reversal_test. Zugegriffen: 30. Januar 2022

Wikipedia (2022i) Status quo. https://de.wikipedia.org/wiki/Status_quo. Zugegriffen: 28. Januar 2022

Wikipedia (2022j) Status quo bias. https://en.wikipedia.org/wiki/Status_quo_bias. Zugegriffen: 22. Januar 2022

Wikipedia (2022k) System justification. https://en.wikipedia.org/wiki/System_justification. Zugegriffen: 28. Januar 2022

Xiao Q, Lam CS, Piara M, Feldman G (2021) Revisiting the status quo bias: Replication of Samuelson and Zeckhauser (1988). Meta-Psychology 5, MP.2020.2470, 1–21. https://doi.org/10.15626/MP.2020.2470

2 Boiling-Frog-Syndrom – die Erklärung für viele Probleme

- Status-quo-Fans (und Opfer dieser Verzerrung) sollten bedenken, dass sich die meisten Umstände und Dinge auch ohne ihr Zutun verändern – teils schlagartig, teilweise aber auch so allmählich, dass man es kaum mitbekommt. Und in diesen sukzessiven Entwicklungen, die sich ebenfalls verhaltensökonomisch erfassen lassen, steckt ein hohes Gefahrenpotenzial.

2.1 Nachbarn und Nadelhölzer

Die uns umgebende Fauna, sofern wir beispielsweise als Hobbygärtner unseren grünen Daumen daran erproben wollen, nötigt uns mitunter Geduld ab, nicht nur bei der Pflege von Bonsais. Vor allem die Aufzucht von Nutzpflanzen, die letztlich verzehrbares Obst und Gemüse produzieren, braucht Vorbereitung und erfordert eine längere Wachstums- und Reifeperiode sowie auch Verteidigungsaktionen gegen widrige Witterungsbedingungen wie Frost oder Dürre und Schädlinge wie Raupen und Schnecken. Es lohnt sich nicht, selbst relativ rasch gedeihendem einjährigem Gemüse beim Wachsen zuzusehen (subjektiv betrachtet gedeiht es immer deutlich zögerlicher als die ungebetenen Wildkräuter im Biogarten) – und noch viel langsamer wachsenden Bäumen aller Art. Wobei letztere um Größenordnungen höher und breiter werden als Stangenbohnen- und Tomatenpflanzen oder Bonsais.

Zunächst ein Einführungsbeispiel, geeignet nicht nur für stolze neue Immobilienbesitzer.

Beispiel: Fichten in Nachbars Garten

Wer in einer Mietwohnung lebt, hat den Vorteil, dass er sich – außer den in der Hausordnung definierten Pflichten – um kaum etwas kümmern muss. Dafür ist er rechtlich und finanziell mehr oder weniger dem Vermieter ausgeliefert.

Die glücklichen Besitzer einer selbst bewohnten Eigentumswohnung tilgen zwar in den meisten Fällen anstelle der Mietabgaben mit diesen Finanzmitteln nach und nach ihre Hypothek. Doch sie sind mit einem deutschen Phänomen konfrontiert, das sich „Eigentümergemeinschaft" nennt und für Fragestellungen aller Art rund ums Haus zuständig ist. Dabei fühlt sich mancher Wohnungsbesitzer gemüßigt, sein Redeprivileg, seine Pseudoargumente und sein Vetorecht weidlich auszunutzen und die anwesenden Mitbewohner gehörig zu nerven.

Die dritte Gruppe bilden die Hausbesitzer – die, die es geschafft haben und machen können, was sie wollen. (Oder auch nicht ...) Doch was Mieter kaum und Eigentümer von Etagenwohnungen eher weniger umtreibt, bewegt insbesondere den Häuslebauer in besonderem Maße: der in Abschn. 1.4 erläuterte Besitztumseffekt. Sobald die eigene Scholle bebaut ist, ändern sich die gesellschaftlichen Spielregeln und ihr Verhalten. Sie hüten Haus und Grund wie ihren Augapfel – und dies schließt natürlich die Bepflanzung an der Grundstücksgrenze zum Nachbarn mit ein. Wobei viele Pflanzenarten (z. B. Nadelhölzer, Laubbäume, Bambus und Thujen) eine äußerst ungeeignete Flora für urbane Kleingärten darstellen.

Als Folge des kognitiven Irrtums, der in diesem Kapitel formell eingeführt und näher untersucht wird, bekommt man als Nachbar zunächst gar nicht so richtig mit, welche Gefahr droht, nachdem im Neubaugebiet der Mutterboden verteilt und vom Bewohner oder Gärtner erste kleine Gewächse eingepflanzt werden. (Dies kann ich aus eigener Erfahrung bestätigen.)

Nicht umsonst haben die einzelnen Bundesländer im jeweiligen Nachbarrecht Abstandsregeln für die Grundstücksbepflanzung erlassen; so schreibt in Bayern der Art. 47 der BayAGBGB („Grenzabstand von Pflanzen") vor, dass bei Pflanzen, die kleiner als 2 Meter bleiben, mindestens 50 cm Abstand zur Grundstücksgrenze einzuhalten sind, bei Gewächsen über 2 Metern Höhe mindestens 2 Meter.

Doch wer liest schon als frischgebackener Hausbesitzer im Gesetz, misst die Position der Pflanzen mit dem Meterstab nach und riskiert die zarte Hoffnung auf ein gutnachbarschaftliches Verhältnis, indem er die neuen Anrainer erst einmal fristgerecht und rechtskräftig in ihre Schranken weist. Die wenigsten – ich auch nicht – leider. Sollten sie aber. Denn ein Baum, der zu nah an der Grundstücksgrenze gepflanzt worden ist, hat in der Regel nach fünf Jahren einen Bestandsschutz. ◀

Ach ja, es gibt verschiedene Möglichkeiten, mit dem Problem an der Grundstücksgrenze umzugehen. Das Einfachste ist, mit den Nachbarn zu reden und mit plausiblen Gründen formlos um Rückschnitt oder Beseitigung der kritischen Pflanzen zu bitten. (Angesichts verschiedener nun greifender kognitiver Effekte verfängt diese Argumentation allerdings nicht zwingend.) Der nächste Eskalationsschritt wäre eine formelle Aufforderung zu handeln, eventuell gefolgt von ordnungsrechtlichen und/oder juristischen Schritten. Da die Gerichte chronisch überlastet sind und sich heute in Zeiten der Pandemie noch mit zusätzlichen Herausforderungen konfrontiert sehen, kümmern sich in der Regel Schiedsstellen um derartige Angelegenheiten. (Vergessen Sie's, wenn die Bäume Bestandsschutz erlangt haben.)

Es ist auch schon vorgekommen, dass frustrierte Nachbarn randnahen Bäume mit Giftstoffen zu Leibe gerückt sind. (Dies ist nun wieder Sachbeschädigung und somit illegal. Es stimmt übrigens entgegen weitverbreiteter Meinung nicht, dass man Bäume mit Kupfernägeln töten kann.) Bleibt meist nur noch die Möglichkeit, die Sache auszusitzen, die Nachbarn regelmäßig an ihre Verpflichtungen zu erinnern, sich nicht mit einem Kleinkrieg die Nerven zu ruinieren und auf bessere Zeiten zu hoffen.[1] Wenn man nicht von Anfang an der schleichenden Gefahr begegnet ist …

[1] Immerhin erlaubt der Bundesgerichtshof inzwischen unter gewissen Umständen Selbstvornahme durch Rückschnitt über die Grundstücksgrenze ragenden Bewuchses, selbst wenn die Pflanzen dadurch Schaden erleiden (BGH 2021).

Abb. 2.1 Fichten: begehrtes Bauholz, aber für Kleingärten ungeeignet

▶ **Tipp** Falls Ihr Nachbar beispielsweise Fichten oder Weiden an der Grundstücksgrenze pflanzt, sollten Sie sofort den Kontakt suchen und nachdrücklich um Entfernung bitten. Derartige Gehölze nehmen innerhalb von Jahren oder wenigen Jahrzehnten beachtliche Dimensionen an, richten mit ihren Wurzeln auch auf Ihrem Grundstück möglicherweise erhebliche Schäden an und werden durch Abdunklung und Laubwurf mehr als lästig. Und je nach räumlichen Gegebenheiten kann es sein, dass darüber hinaus in einigen Jahren Ihre Solaranlage verschattet wird.

Schleichende Veränderungen

Wir sind tagtäglich mit einer Fülle von Dingen konfrontiert, die sich kontinuierlich, aber kaum merkbar verändern (was für vieles zutrifft) *und* gleichzeitig mit negativen Folgen behaftet sein können. Einige Beispiele:

- Menschen in den Industrienationen werden durch bessere Versorgung und fehlende Kriege immer älter. Allerdings können die Möglichkeiten zur Seniorenbetreuung dabei nicht mithalten, und eine Reform der Sozialsysteme erscheint dringend notwendig.
- Das System der Marktwirtschaft basiert vereinfacht gesagt auf stetigem Wachstum – und schleichender Geldentwertung durch Kaufkraftverlust. Ohne aktives Zutun und Investieren führt die Inflation dazu, dass das Vermögen von Sparern automatisch kleiner wird: Sparbücher, Bundespapiere oder die lukrative Anlage in das „Krisenmetall" Gold haben in den letzten Jahren an Attraktivität verloren. (vgl. Abschn. 1.3 und Wenski 2022, S. 123–147)
- Die SPD hat die Bundestagswahl im Herbst 2021 gewonnen, weil der Status quo einer konservativen Dominanz, nach der es monatelang aussah, doch nicht so stabil war, wie es die Union gedacht hatte. Während alle anderen Parteien im Wahlkampf Fehler machten, reichte es für Olaf Scholz zum Bundeskanzler.
- Die Spitzengehälter in Wirtschaftsunternehmen wachsen auch inflationskorrigiert immer weiter; ebenso steigen die Vergütungen und Ablösesummen von Spitzenfußballspielern kontinuierlich an. Die jeweiligen Gehaltsregime sind Normalverdienern und vor allem bedürftigen Mitmenschen kaum zu erklären.
- Bleiben wir noch beim Fußball: Bekanntlich stieg das deutsche Selbstbewusstsein nach NS-Diktatur und verlorenem Krieg mit dem unerwarteten Gewinn der WM 1954 der Männer wieder an. Ein Grund waren die neu entwickelten Schraubstollen, ein anderer vermutlich auch Doping. Für Endspielgegner Ungarn schlug jedoch die Selbstüberschätzung zu, der *Overconfidence Effect*: Seit 1950 war die Mannschaft um ihren Spitzenspieler Ferenc Puskás in 32 aufeinanderfolgenden Spielen unbesiegt und glaubte, der Status quo wäre dauerhaft – was sich bekanntermaßen rächte.
- Die Modeindustrie sorgt gezielt dafür, dass sich Trends ständig verändern, um den Absatz von Kleidung, Schuhen etc. mindesten auf dem bestehenden Niveau zu halten. Wer nicht als völlig aus der Zeit gefallen wirken will, ist gezwungen, seine Garderobe von Zeit zu Zeit zu erneuern.

- Ab einem gewissen Lebensalter hat der Körper gelernt, die durch Nahrung zugeführten Kalorien effizienter zu nutzen. Pflegt man weiterhin dieselben Ess- und Trinkgewohnheiten wie in jüngeren Jahren, ist die stetige Zunahme an Körpergewicht vorprogrammiert. Sie wissen ja: Kalorien sind die kleinen Männchen, die nachts die Kleidung enger nähen.

Beispiel: *Blootwoosch, Kölsch …*

In meiner Jungend war ein Onkel von mir in meinem Geburtsort Prinz Karneval – für viele der Aktiven ein Lebenstraum. Sowohl der Name der Karnevalsgesellschaft („Immerfroh") als auch das damalige Motto („Freud un Humor es de beste Kur") dürften auch heute noch in vielen Fällen weiterhelfen. Weil der regnerische Rosenmontag erst auf den 5. März fiel, war die Session relativ lang, und es gab für den Prinzen bis dahin zahlreiche Veranstaltungen zu bestreiten – mit leckerem Essen und viel schmackhaftem Kölsch. Die Folge war – Sie ahnen es bereits: Der Bauch wuchs, und das Festgewand passte an den drei tollen Tagen nicht mehr und musste von der Schneiderin geweitet werden. Das Boiling-Frog-Syndrom schlägt eben auch im Kölner Karneval zu. (Überschrift: nach Horn-Peters 1979) ◀

2.2 Wertvolle Metapher, aber physiologischer Unsinn

Harter Themenwechsel: Rechtsnationalistische Tendenzen sind in der Bundesrepublik Deutschland seit Kriegsende unterschätzt und verharmlost worden (vgl. Abschn. 3.6). So hätte es eigentlich niemanden verwundern sollen, dass Anti-Corona-Demos zunächst in Sachsen und dann im ganzen Land systematisch von entsprechenden demokratiefeindlichen Kräften unterwandert worden sind – und die „normalen" Impfgegner und besorgten Bürger schien dies nicht zu stören. Diese und weitere gravierende Auswirkungen schleichender negativer Veränderungen werden wir uns später ansehen, etwa die schrittweise Ausweitung des sprachlich noch Tolerablen oder der graduelle Verlust von Bürgerrechten und Redefreiheit. Besonders gefährlich ist es, wenn exponentielles Wachstum im Spiel ist; Paradebeispiele sind die einzelnen Wellen der Corona-Pandemie (Abschn. 4.4) sowie die Klimaerwärmung (Abschn. 7.4).

Sei kein Frosch!

Doch zunächst soll die psychologische und verhaltensökonomische Linie fortgeführt werden, die Grundlagen zu klären, bevor es in die einzelnen Anwendungsfelder geht. In Kap. 1 habe ich dargestellt, was es mit der wissenschaftlich gut untersuchten Status-quo-Verzerrung und ihren verschiedenen Spielarten und verhaltensökonomischen Verwandten auf sich hat. Doch bereits die wenigen Beispiele in Abschn. 2.1 scheinen zu suggerieren, dass dies nicht alles sein kann – sonst wären meine Ausführungen an dieser Stelle bereits annähernd abgeschlossen. Im Sinne des in Abschn. 1.6 etablierten Leitgedankens, dass sich der Status quo auf Dauer nicht aufrechterhalten lässt, fehlt noch ein Irrtum, der sich mit besagten schleichenden Veränderungen vor allem zum Nachteil der Betroffenen auseinandersetzt und ein weiteres kognitives Themengebiet definiert:

► Das **Boiling-Frog-Syndrom** ist eine Metapher für die Unfähigkeit von Menschen, auf signifikante Veränderungen, die allmählich auftreten, richtig zu reagieren. Die bildliche Beschreibung dieses Denkfehlers wird auch als „lehrreiche Fabel" bezeichnet, als *Apolog*.

Das „Krankheitsbild des gekochten Froschs"[1] findet in der Fachliteratur längst nicht dieselbe Aufmerksamkeit wie die Status-quo-Verzerrung, und der zugehörige Wikipedia-Eintrag (Wikipedia 2022b) ist bisher nicht einmal ins Deutsche übersetzt. Dabei wird es hier – mit Blick auf die Dynamik unserer Umwelt – erst so richtig interessant und spannend. Eine im Vergleich zum Status-quo-Bias insgesamt überschaubare Anzahl an Publikationen betrifft verschiedenste Lebensbereiche wie Klimawandel (Tickell

---

[1] Es ist, glaube ich, anhand solcher Übersetzungen nachvollziehbar, warum ich bei bestimmten kognitiven Effekten einer griffigen englischsprachigen Bezeichnung den Vorzug gebe.

1990) und Biogefahren (Sandilyan 2020), Finanzbetrug im Management (Suh et al. 2020) und den Untergang von Unternehmen (Ozcan 2018) sowie die sukzessive russische Vorbereitung des kriegerischen Überfalls auf die Ukraine (wovon man seit dem 24. Februar 2022 allerdings im Gegensatz dazu häufig in der Tagespresse liest; siehe hierzu Abschn. 4.5).

Wie bereits im Vorwort erwähnt, ist das gewählte Bild im übertragenen Sinn sehr wertvoll, wörtlich ausgelegt jedoch unzutreffend. Das hat der Frosch mit dem Vogel Strauß in Abschn. 1.4 gemein, der seinen Kopf auch nicht wirklich in den Sand steckt, sondern nur unter die Sichtebene des Betrachters bewegt.

Woher stammt das Bild? In der zweiten Hälfte des 19. Jahrhunderts befassten sich mehrere Wissenschaftler mit der Reizleitung in Fröschen. Einige ihrer Ergebnisse, für die zahllose Amphibien unter Schmerzen ihr Leben ließen, werden auch heute noch im Zusammenhang mit besagtem Effekt zitiert (z. B. Goltz 1869, S. 127–130; Sedgwick 1888, S. 385–410 und dort aufgeführte Quellen). Im Prinzip ging es darum herauszufinden, wie sich Frösche mit bzw. ohne Gehirn oder Rückenmark in langsam erwärmtem Wasser verhalten im Vergleich dazu, wenn sie in heißes Wasser geworfen werden. Kurzfassung: Bei intakten Fröschen hingen die Resultate von den exakten Versuchsbedingungen ab und widersprachen sich teilweise. Bei gehirnamputierten oder geköpften Fröschen war es so, dass bei langsam erwärmtem Wasser keine Reaktion des schwerverletzten Frosches zu beobachten war, bei einem Hitzeschock jedoch sehr wohl.

Nun kann und sollte man die Sinnhaftigkeit derartiger Forschungsaufbauten heute in Zweifel ziehen; ein Teilergebnis hat jedoch die letzten anderthalb Jahrhunderte im kollektiven Bewusstsein überdauert: Der Frosch merkt nicht, wie er in langsam erhitztem Wasser ebenso langsam, aber sicher zugrunde geht, während er sich bei einer schlagartigen Exposition wehrt.

▶ Die dem Boiling-Frog-Begriff zugrunde liegende Geschichte hat somit zwar einen historischen wissenschaftlichen Hintergrund, mit der Zeit wurde aber vergessen oder unterschlagen, dass es sich um enthirnte Frösche handelte, die sich so verhielten. (vgl. Fallows 2009)

Ein gesunder Frosch hüpft natürlich irgendwann aus dem Wasser hinaus, oder er versucht es zumindest. Hätten Frösche kein Empfinden dafür, wann es für sie zu kalt, zu heiß oder zu trocken wird, dann gäbe es vermutlich keine Frösche mehr: Sie wären dann alle bereits vertrocknet, erfroren oder gekocht. Gerne wird der „dumme Frosch" immer wieder als Beispiel für die Trägheit von Individuen oder Gesellschaften verwendet, die schleichende Veränderungen durchmachen, ohne es zu bemerken. Erderwärmung und Klimawandel sind dafür das gravierendste (und passendste) Beispiel – nicht nur im übertragenen Sinn. Doch scheint mancher Mensch wesentlich einfältiger zu sein als ein Frosch; der weiß nämlich, was gut für ihn ist – und was nicht. (Maysenhölder 2009)

Erosion des Status quo

Der Mythos des gekochten Froschs wird in der Gegenwart auch außerhalb der Umweltdebatte vielfach aufgegriffen, sei es im Roman, Film oder in der Comedy, in der Politik ebenso wie angesichts von Übergriffen und familiärer Gewalt. Einigen dieser Aspekte widmen sich die nächsten Kapitel. Psychologisch und verhaltensökonomisch geprägte Publikationen sind im Gegensatz zur Status-quo-Verzerrung, wie schon angedeutet, Mangelware. Dennoch leiten sich vom Boiling-Frog-Syndrom inhaltlich noch weitere Denkfehler und Phänomene ab, die in Abschn. 2.3 bis 2.5 erläutert werden. Doch zuvor noch dies:

Paradoxie des Haufens

In der Philosophie hat das Boiling-Frog-Syndrom dazu gedient, die *Paradoxie des Haufens* (Sorites-Paradoxie) zu erklären, ein Phänomen, das bei vagen Begriffen auftritt. Das Paradox zeigt sich, wenn versucht wird, etwas als Haufen zu bestimmen: Es lässt sich keine konkrete, nicht willkürlich beschlossene Anzahl von Elementen angeben, aus denen ein Haufen mindestens bestehen müsste. Denn der Begriff des Haufens beinhaltet, dass etwas, das ein Haufen ist, auch ein Haufen bleibt, wenn ein Teil seiner Elemente entfernt wird. Kehrt man diesen Gedanken um, so wird es schwierig zu sagen, ab wann eine Ansammlung von Elementen als Haufen gelten kann. Der Begriff „Haufen", verstanden als Anhäufung gleichartiger Teile, lässt sich anscheinend nicht klar definieren. Klar? (Wikipedia 2022i)

Noch ein weiteres anschauliches Beispiel für das Boiling-Frog-Syndrom:

Beispiel: Umwelteinflüsse

Ende 2020 sind die Dombauhütten UNESCO-Weltkulturerbe geworden. Als Freund und Förderer des Kölner Doms, der Hohen Domkirche St. Petrus (Abb. 1.1 auf S. 6), der 1996 zum Kulturerbe erklärt wurde, hat mich dies natürlich gefreut. Die Kölner Dombauhütte kümmert sich mit ihren Mitarbeitern um die Erhaltung und Weiterentwicklung der Kathedrale. Und da gibt es auch im zweiten Jahrhundert nach Beendigung der Bauarbeiten jede Menge Arbeit – „der Dom wird nie fertig“, heißt es im Volksmund.

Eines der Hauptprobleme nach der inzwischen weitgehend abgeschlossenen Behebung der Kriegsschäden ist die Steinzersetzung am Dom, die permanente Ausbesserungen und Ergänzungen durch die Steinmetze erfordert; das Kölner Domblatt berichtet jährlich über die Arbeiten. Nicht nur Abgase, Taubenkot und Witterung sowie vor allem der Qualm der Dampfloks, Hausbrand und saurer Regen in vergangenen Zeiten setzen dem Weltkulturerbe zu, sondern auch die Tatsache, dass ganz unterschiedliche Baustoffe verwendet wurden. Der im Mittelalter verbaute Trachyt stammt aus einem Steinbruch am Drachenfels. Um 1560 kam der Dombau dann ganz zum Erliegen, und als er 1842 wieder aufgenommen wurde, stand der Drachenfels unter Naturschutz und der Trachyt von dort nicht mehr zur Verfügung.

Besonders anfällig für Verwitterung und Umwelteinflüsse sind die später verbauten kalkhaltigen Sandsteine und der Muschelkalk; dazu kommen Steinunverträglichkeiten. Ausbesserungsarbeiten erfolgen heute mit Trachyten aus dem Ausland. (KDH o. J.) Abb. 2.2 zeigt einen beschädigten Bauabschnitt aus Schlaitdorfer Sandstein, der unter anderem zur Errichtung der Querhausfassaden verwendet wurde. Dieser Sandstein zeigt heute die größte Verwitterung und muss daher nach und nach ausgetauscht werden, um langfristig nicht das gesamte Bauwerk zu gefährden. ◀

Abb. 2.2 Kölner Dom: Verwitterungsspuren an einem Strebebogen (Südquerhaus) aus Schlaitdorfer Sandstein. Foto: Jennifer Rumbach. Mit freundlicher Genehmigung © Hohe Domkirche Köln, Dombauhütte

2.3 Creeping Normalcy und weitere verwandte Effekte

Wenden wir uns im Zusammenhang mit schleichenden Veränderungen weiteren kognitiven Irrtümern zu, für die man bisher vergeblich nach etablierten deutschsprachigen Übersetzungen sucht. Der Einstieg in die Diskussion dieser Spielarten des Boiling-Frog-Syndroms mag über eine

Kombination von zwei bereits angesprochenen Aspekten gelingen: den Fichten in Nachbars Garten (Abschn. 2.1) und der Paradoxie des Haufens (Abschn. 2.2). Stellen Sie sich vor, Sie sind Waldbesitzer und fällen einen Baum – kein Thema. Auch die Entnahme von zehn oder fünfzig Stämmen sollte das Erscheinungsbild Ihres Hains nicht entscheidend verändern, wenn dieser eine entsprechende Größe hat. Doch wie viele Bäume müssten gefällt werden, damit die Bezeichnung „Wald" nicht mehr gerechtfertigt wäre?

Falls Sie diese Betrachtung als zu akademisch oder zu weit hergeholt betrachten, darf ich Ihnen nachfolgend eine Buchempfehlung geben – und bei begrenztem Zeitbudget auf Wikipedia 2022e und 2022g verweisen.

Drohender Kollaps

Um die isoliert im Südostpazifik gelegene Osterinsel ranken sich viele Geheimnisse (Wikipedia 2022h). Man geht heute davon aus, dass die polynesische Besiedlung in mehreren Wellen ab dem 5. oder 6. Jahrhundert n. Chr. erfolgt sein könnte. Die ersten Europäer betraten das Eiland erst Ende des 18. Jahrhunderts.

Dazwischen scheint in diesem Mikrokosmos allerlei passiert zu sein. Von den weltbekannten, kolossalen Steinstatuen, den *Moai* (siehe Abb. 2.3), existieren heute noch fast 900; eigentlicher Zweck und die genaue Zeit ihrer Errichtung sind unter den Experten immer noch umstritten. Die heute vorherrschende Vegetation entspricht nicht der ursprünglichen, sondern ist das Ergebnis massiver menschlicher Eingriffe in das Ökosystem. Die Insel war vor der ersten Besiedlung dicht mit Palmwäldern bedeckt, und ab der ersten Jahrtausendwende fand über einen längeren Zeitraum eine Entwaldung statt. Man schätzt, dass in dieser Zeit mehr als zehn Millionen Palmen gefällt wurden. Der Verlust des Palmenwaldes führte zu einer umfangreichen Bodenerosion, die vermutlich eine entscheidende Beeinträchtigung der Nahrungsmittelversorgung bewirkte und damit wohl den rapiden Rückgang der Bevölkerung beschleunigte. Die Bewohner hatten zu viele Bäume gefällt – es gab keinen Wald mehr. Die Folge waren kriegerische Stammesstreitigkeiten und vermutlich sogar Kannibalismus. Mitte des 17. Jahrhunderts kam der Bau der Moai komplett zum Erliegen; kurze Zeit später verliert sich die Spur der Polynesier.

Der US-amerikanische Evolutionsbiologe Jared M. Diamond hat den Untergang von Zivilisationen in den letzten 13.000 Jahren der Menschheitsgeschichte untersucht und in seinem lesenswerten Buch *Kollaps: Warum Gesellschaften überleben oder untergehen* beschrieben (Diamond 2005). Danach sei die Osterinsel das beste historische Beispiel für einen Gesellschaftszusammenbruch in Isolation. Die kulturell begründete verheerende Entwaldung hätte zu einer rapiden Verschlechterung der Gesamtlage geführt und zu einem Bürgerkrieg, der möglicherweise den Großteil der Bevölkerung vernichtete. (Allerdings ist diese Theorie laut den Kieler Ökosystemforschern Hans-Rudolf Bork und Andreas Mieth wissenschaftlich umstritten; vgl. z. B. Holzhaider 2022.) Diamond analysiert außerdem unter anderem die Wikinger in Grönland, die Anasazi in Nordamerika und die Maya in Mittelamerika. Darüber hinaus behandelt er aber auch Beispiele von Kulturen, die trotz ungünstiger Voraussetzungen durch Anpassung überleben konnten. Sein Werk hat trotz der wissenschaftlichen Kritik richtungsweisenden Charakter auch für das vorliegende Buch.

Abb. 2.3 Moai auf der Osterinsel: in Stein gemeißelter Status quo.
Foto: Rivi (Wikipedia, CC BY-SA 3.0)

Diamond (2005, S. 425–426) führt zwei kognitive Phänomene ein, die als Spielart des Boiling-Frog-Syndroms zu sehen sind und daher an dieser

Stelle nicht fehlen dürfen. Er schreibt, Politiker verwenden den Begriff *Creeping Normalcy* (deutsch etwa „kriechender Normalzustand" oder „sich schleichend verändernde Normalität") für derartige kaum spürbare Trends, die sich hinter einem lautstarken Umfeld verbergen. Der Forscher bezeichnet das Phänomen auch als *Landscape Amnesia*, Landschaftsamnesie. Als Beispiel führt er dafür das Montana seiner Jugend an; für Mitteleuropäer scheint ein Blick auf den Rückgang der Alpengletscher indessen besser geeignet. Ein Blick auf die Definitionen:

- Unter **Creeping Normalcy** (oder Normality) versteht man einen Prozess, durch den anfänglich nicht akzeptable gravierende Veränderungen in der Lebensweise der Menschen dann toleriert werden, wenn ihre Einführung graduell in inkrementalen, also in oft zunächst unmerklichen Schritten erfolgt.
- **Landscape Amnesia** („Störung des Landschaftsgedächtnisses") beschreibt das Vergessen darüber, wie eine Landschaft eine Lebensspanne zuvor aussah, da die Veränderungen von Jahr zu Jahr so gering ausgefallen sind.
- **Gradualism** („allmähliche Entwicklung") ist ein Synonym für beide kognitiven Verzerrungen – und nicht nur für Amphibien relevant.

Jared Diamond hat den Begriff *Creeping Normalcy* zwar nicht kreiert, jedoch ins allgemeine Bewusstsein gerückt. Er lässt sich sowohl im übertragenen Sinn zur Charakterisierung des moralischen Niedergangs von Gesellschaften als auch zur Beschreibung verschiedenster konkreter Bedrohungen und Entwicklungen nutzen. Fogg und LaBolle (2006, Nr. 17) wandten die Bezeichnung *Landscape Amnesia* auf die Qualität des Grundwassers in ihrer nordamerikanischen Heimat an. Verschiedene Studien und Artikel diskutieren Creeping Normalcy als Ursache für Umweltzerstörung und Klimaerwärmung (z. B. Tracy et al. 2007); wir kommen darauf noch genauer zu sprechen. Bei Kovács (2013) stand die Finanzwelt im Vordergrund. Das Palästina-Problem, das in Abschn. 7.3 thematisiert wird, ist in AMP (2016) ebenfalls als Folge einer Creeping Normalcy eingeordnet.

In enger Verbindung mit dem „kriechenden Normalzustand" sollen gleich noch zwei weitere kognitive Irrtümer erwähnt werden.

- *Camel's Nose:* Eigentlich heißt es *Camel's Nose under the Tent* („Kamelnase im Zelt"). Dabei handelt es sich um eine Metapher für Situationen, in denen kleine, scheinbar harmlose Aktionen die Tür für größere, klar schädliche Folgeaktionen öffnen. Dafür existieren in vielen Sprachen analoge Umschreibungen, im Deutschen etwa: „Gib jemandem den kleinen Finger, und er nimmt gleich die ganze Hand." Die zugrunde liegende Fabel aus dem 19. Jahrhundert handelt von einem arabischen Müller, der einem Kamel erlaubte, die Nase in sein Schlafzimmer zu stecken und danach andere Körperteile, bis das Höckertier vollständig drin war und sich weigerte zu gehen. Ein Synonym dafür ist auch der „Fuß in der Türe" *(Foot in the Door)*. (Wikipedia 2022d)
- *Shifting Baseline* („sich ändernde Basislinie"): Auf Deutsch nennt sich dieser Denkfehler analog Shifting-Baseline-Syndrom. Es geht also um sich schleichend verändernde, fast unmerklich verschiebende Referenzpunkte. Der Begriff stammt ursprünglich aus der Umweltforschung, steht für ein Phänomen verzerrter und eingeschränkter Wahrnehmung von Veränderung und bezieht sich auf unterschiedliche Vergleichsmaßstäbe dafür. Historisches Beispiel: 1933 wäre es noch undenkbar gewesen, jüdische Menschen zusammenzutreiben, zu deportieren und in großer Zahl zu vernichten, da die meisten Menschen ungeachtet ihrer politischen Zugehörigkeit noch humanistischen Werten und Maßstäben verpflichtet waren. Acht Jahre später hatten sich die Standards in kleinen Schritten weit verschoben. (Vernunftpraxis o. J.)

In diesem Zusammenhang sei nochmals an den Leitgedanken dieses Buchs erinnert: *Der Status quo lässt sich auf Dauer nicht aufrechterhalten.* Die Normalität bewegt sich schleichend: Landschaften verändern sich graduell, Kamele, Armgreifer und Hausnachbarn weiten ihre Spielräume klammheimlich, aber gnadenlos aus. Und mit der Basislinie verschiebt sich auch der Referenzpunkt für unsere Wahrnehmung: Der Anker wird zum *Moving Target*, zum beweglichen Ziel.

▶ **Tipp** Lassen Sie es nicht zu, dass Ihre Mitmenschen nach und nach immer mehr von Ihnen fordern – zeitlich, materiell, jedoch auch emotional –, und schieben Sie der Ausnutzung Ihres guten Willens rechtzeitig einen Riegel vor.

2.4 Dammbruchargumente und schiefe Ebenen

Mittlerweile habe ich, primär der Arbeit geschuldet, mehr als die Hälfte meines Lebens in Bayern verbracht – ein attraktives Bundesland mit vielen Vorzügen. Entspricht es einer Status-quo-Verzerrung, auch als nicht ortsgebundener Freiberufler oder Ruheständler hier wohnen zu bleiben und nicht zurück in sein Herkunftsgebiet zu gehen, sofern man aus einem anderen Bundesland oder Staat irgendwann hierhergezogen ist? Eine Frage, die viele meiner ebenfalls zugereisten Kollegen beschäftigt hat – und die individuell unterschiedlich beantwortet wurde. Wobei sich nach Jahrzehnten die Frage stellt, was unter „zurück" genau zu verstehen ist. Der alternative Reversal-Test (Abschn. 1.5) könnte hier sicherlich gute Dienste leisten: Wenn jemand in einer bestimmten Lebensphase überlegt, ob er beispielsweise aus Bayern wegziehen sollte, mag er sich fragen, wie er die Situation aus dem Blickwinkel des neuen Wohnorts beurteilen würde.

Worauf ich hinaus will: Ich habe auch nach langer Zeit weder Bayerisch gelernt (vgl. Abschn. 5.1) noch Skifahren oder Schlittschuhlaufen. Und damit bin ich endlich bei der Grundidee dieses Abschnitts angelangt: des Manövrierens auf einer schiefen Ebene oder rutschigem Untergrund. Haben Sie schon einmal versucht, bei Glatteis ohne Hilfsmittel einen auch nur ganz leicht geneigten Weg zu begehen?

> ▶ „Heute, am Tag des Grundgesetzes, wird uns bewusst, wie zerbrechlich und wie wenig selbstverständlich die Demokratie ist. [...] Wir alle spüren, dass etwas ins Rutschen geraten ist in den liberalen Demokratien."
>
> *Bundespräsident Frank-Walter Steinmeier am 23. Mai 2018*

Das deutsche Staatsoberhaupt hat angesichts der anhaltenden Querelen, Proteste und antidemokratischen Gedanken und Taten zu Recht darauf hingewiesen, dass sich (nicht nur) unsere demokratische Grundordnung und pluralistische Gesellschaft auf einer schiefen Ebene befindet und jederzeit Gefahr läuft, darauf abwärtszugleiten. Dämme könnten brechen, die extremistischen Kräften bisher Einhalt geboten haben. Dies sind zwei wirkmächtige sprachliche Bilder, die zunächst nur wenig miteinander zu tun haben, jedoch als Metaphern für denselben Sachverhalt dienen. Es handelt sich dabei um einen weiteren kognitiven Effekt, der inhaltlich dem Boiling-Frog-Syndrom zuzuordnen ist und mit unterschiedlichen Bezeichnungen versehen wird.

▶ Das **Dammbruchargument** ist die Argumentationsweise gegen bestimmte Schritte oder Handlungen, mit der geltend gemacht wird, dass durch diese Handlung „ein Damm bricht" und sie zwangsläufig weitere negative Konsequenzen zur Folge habe.

▶ Ein Synonym dafür ist das **Argument der schiefen Ebene**. Dieses Bild des „rutschigen Abhangs" steht für die entsprechende Warnung davor, dass mit einem ersten kleinen Schritt untrennbar eine Serie negativer Konsequenzen verbunden ist, die im Desaster enden.

▶ Im Folgenden wird der Begriff **Slippery-Slope-Argument** verwendet, der in der englischsprachigen Literatur gängige Begriff.

Schiefe Ebenen in der Argumentation erkennen

Typisch für das Slippery-Slope-Argument ist ein scheinbar harmloser Ausgangspunkt, der sich durch eine Vielzahl kleiner Schritte und Ereignisse zu einem unwahrscheinlichen Extremereignis entwickeln könnte. Einige Kausalketten sind dabei durchaus sinnvoll, und auch die Reihe von Ursachen ist zumindest theoretisch denkbar: Eine solche Abfolge von sehr vielen Einzelschritten, die allesamt oder zumindest teilweise relativ weit hergeholt sind, ist zwar in Kombination nicht gänzlich unmöglich, aber auf Grundlage stochastischer Berechnungen dann doch wieder sehr wirklichkeitsfern und mit erheblichen Unschärfen belegt. (siehe auch Glaser 2019, S. 178–180)

Die Vorgehensweise suggeriert somit, dass selbst extrem überzeichnete oder sogar lächerliche Ereignisse durchaus zu erwarten sind, obwohl es hierfür keinerlei objektive Beweise gibt – dies schließt die gerne genannten, doch äußerst unwahrscheinlichen *Black-Swan*-Ereignisse (nach Taleb 2008) als potenzielle Gefahrenquelle mit ein. Zudem existiert kein Beleg dafür, dass das prognostizierte Schreckensszenario wirklich so eintritt, selbst wenn es hypothetisch möglich ist.[1] Weitere Begriffe für das Slippery-Slope-Argument sind Domino- bzw. Lawinen-/Schneeballeffekt, Öffnen der Büchse der Pandora, Spirale der Gewalt und Abstumpfungs- bzw. Gewöhnungseffekt. Auch die Salamitaktik, eine in Politik und Verhandlungstechnik gängige, jedoch unsaubere Vorgehensweise (vgl. Wenski 2019, S. 175), passt in diese Aufzählung artverwandter, negativ konnotierter Begriffe. Die Camel's Nose (Abschn. 2.4) ließe sich hier ebenso einordnen.

Ergebnisse von Douglas Neil Walton

Die heutigen Untersuchungen und Publikationen zu diesem Themenfeld basieren auf Forschungsergebnissen des kanadischen Argumentationstheoretikers Douglas Walton, der einflussreiche Beiträge zur informellen Logik, zu logischen Fehlschlüssen und zur Argumentation erarbeitet hat. Das vielzitierte Basiswerk *Slippery Slope Arguments* (Walton 1992) ist nur ein Titel aus seiner umfangreichen Bibliografie. Während die Lehrbuchmeinung bis zu dieser Zeit war, dass es sich beim Slippery-Slope-Argument um einen Trugschluss handelt, stellte Walton klar, dass dabei – je nach Einzelfall – ein korrekter logischer Schluss oder aber eine Fehlinduktion vorliegen kann.

Dazu hat er fünfzig Fallstudien zu kontroversen Themen untersucht, darunter Abtreibung, Embryonenforschung, Euthanasie, die Freigabe von Marihuana (vgl. Abschn. 1.5), Pornografie, Medienzensur sowie das Verbrennen der US-Flagge. So konnte Walton Handlungsrichtlinien erarbeiten, wie man mit Slippery-Slope-Argumenten umgehen sollte. Dazu müssen sie zunächst als solche erkannt werden; sie zeichnen sich durch sechs verschiedene Eigenschaften aus (nach Wikipedia 2022f):

1. Gebrauch in konkreten Entscheidungssituationen
2. Nutzung in einem Dialog mit Überzeugungscharakter
3. Hinweis auf schlimme Folgen
4. Die Argumente sind auf Vermutungen und Hypothesen gestützt und daher widerlegbar.
5. Ihre Überzeugungskraft variiert, sie stellen aber nur selten Trug- oder Fehlschlüsse dar.

---

[1] Allerdings gilt die Formel *Risiko = Auftrittswahrscheinlichkeit × Schadenshöhe*. Das heißt auch Black-Swan-Ereignisse wie ein Kernkraftwerks-GAU oder Angriffskrieg müssen wegen ihrer immensen Schadenshöhe in der Planung berücksichtigt werden.

6. Ihre Anwendung führt häufig dazu, die Beweislast auf das Gegenüber umzukehren.

Beispiele für Slippery-Slope-Argumentation

Der Begriff spielt gegenwärtig insbesondere in Auseinandersetzungen über medizinethische sowie juristische Themen eine große Rolle (z. B. den Hartogh 1998, Lode 1999; für einen aktuellen Literaturüberblick siehe Wikipedia 2022k). Kennzeichnend in allen Fällen echter Dammbruchgefahr und realem Abrutschen auf schiefen Ebenen ist der *Kontrollverlust*, auf den bereits Walton hingewiesen hat. Weitere Beispiele für berechtigte Slippery-Slope-Argumente sind nicht nur immer weiter reichende Forderungen von Kollegen, „Freunden" und Verwandten, sondern auch diese durchweg ernsten Gefahren:

- Die Kultur der Fehlervertuschung kann besonders im professionellen Umfeld zu äußerst negativen Folgen führen. Was im Sketch *Zimmerverwüstung* (Loriot 1976) noch sehr amüsant anzusehen war, hatte bei gescheiterten Finanzgeschäften im Investmentbankbereich oder der Kernkraftwerkshavarie in Tschernobyl die denkbar schlechteste Auswirkung und beschäftigt die Gesellschaft in Teilaspekten noch heute.
- So wie die Zockerei am Kapitalmarkt süchtig machen und zur Verletzung legaler Normen führen kann, wie prominente Fälle zeigen, führt auch jede andere Art von Abhängigkeit mit einer gewissen Wahrscheinlichkeit zu einer Kaskade mit katastrophalem Ausgang. Langsam steigender Alkoholkonsum sowie der Genuss weicher und dann harter Drogen plus Beschaffungskriminalität sind nur zwei Beispiele.
- Auch in der Politik findet man ausreichend Diskussionsmaterial, etwa was Tendenzen einer Expansionspolitik angeht, die bei anderen Staaten zunächst noch „durchgehen". Die Nazis hatten sich zunächst 1936 das bis dahin entmilitarisierte Rheinland und 1938 Österreich einverleibt, bevor international klarwurde, dass die *Appeasement*-Politik des Auslands gescheitert war. China schüttet völkerrechtswidrig künstliche Atolle im Chinesischen Meer auf, um sein Hoheitsgebiet zu erweitern. Auf Russlands neoimperialistische Politik kommen wir später noch zu sprechen (Abschn. 4.5).

- Die Anwendung von Folter durch eine Amtsperson im Rahmen der Gefahrenabwehr („Rettungsfolter") verstößt gegen die grundgesetzlich geschützte Menschenwürde und gegen Menschenrechte. Dennoch wenden die USA als größte Wirtschaftsmacht und Demokratie diese in Guantanamo und anderen extraterritorialen CIA-Geheimgefängnissen *(Black Sites)* regelmäßig gegen vermeintliche Terroristen an – als barbarisches, jetzt wissenschaftlich begleitetes mittelalterliches Relikt und obwohl Foltergeständnisse in der Regel nicht belastbar sind. (Wikipedia 2022a)
- Insbesondere öffentliche Vertreter des Rechtsextremismus und Populismus versuchen immer wieder, gezielt die Grenzen des Sagbaren auszudehnen, und führen damit eine schrittweise Etablierung sprachlicher Tabus herbei. Dieses Thema ist vor allem in und für Deutschland so wichtig, dass ich in Kap. 3 und Abschn. 5.3 gezielter darauf eingehe.

In anderen Fällen liegen nur scheinbar schlüssige und zwingende Dammbruchargumente vor. So wurde und wird in Deutschland und anderen Industrieländern vor einem Abschalten von Kohle- und Kernkraftwerken mit den Szenarien von Strompreisverteuerungen, Blackouts und einer mittelfristigen Deindustrialisierung zugunsten von Staaten gewarnt, die so weiter machen wie bisher. Deutschland blockierte nach dem Überfall auf die Ukraine frühzeitig ein komplettes Embargo russischer Energieerträge mit dem Hinweis auf die befürchteten Nachteile für die eigene Industrie.[1] Derartige Argumentationsketten unterliegen der Gefahr, stark von involvierten Lobbys gesteuert zu sein. Auch bei weiteren aktuellen Themen sperren sich Interessenvertreter mit Slippery-Slope-Argumenten vehement gegen notwendige Veränderungen: vertraglich geregelte konventionelle und nukleare Abrüstung, konsequente Einhaltung der Menschenrechte und Achtung der Würde aller Menschen, Tier- und Umweltschutz, wirksame Lieferkettengesetze usw.

[1] Die Süddeutsche Zeitung (Beise 2022) kommentiert dieses Verhalten als „bedingte" oder auch „falsche Solidarität" mit den Ukrainern und kritisiert zu Recht das Vorgehen der Bundesregierung. Inzwischen hat Russland den Spieß umgedreht und über den Staatskonzern Gazprom den Gashahn Stück für Stück weiter zugedreht. Die Folgen besonders im kommenden Winter sind zurzeit noch unklar.

- Es gibt immer jemanden, der an den gegenwärtigen Zuständen verdient und/oder etwas zu vertuschen hat und daher systematisch blockiert oder verwässert.

Einige der genannten Problemfelder werden in diesem Buch auf Grundlage von Status-quo-Verzerrung (aufgrund der Angst vor Verlusten) und Boiling-Frog-Syndrom (durch Übersehen schleichender Veränderungen) kritisch beleuchtet. Mit *Verzerrung* (= Denkfehler) und *Syndrom* (einer Krankheit) wird bereits klar ausgedrückt, dass in beiden Fällen etwas falsch läuft: Falls nicht der seltene Fall eines lokalen Optimums vorliegt, ist das Kleben am Status quo in der Regel eher mit Nachteilen behaftet. Und das ungewollte sukzessive Abdriften der Basislinie bedeutet in den meisten Fällen eine Verschlechterung.

Die Slippery-Slope-Argumentation ist artverwandt, jedoch hinsichtlich Prüfung und Ergebnis deutlich ambivalenter geprägt: Die Warnung vor einer katastrophalen Sequenz von Entwicklungen und Ereignissen kann berechtigt sein – dann liegt ein echtes Dammbruchargument vor – oder auch nicht (wenn bewusst oder unbewusst in einer Weise argumentiert wird, die Logik und Wahrscheinlichkeit widerspricht). Für beide Fälle lasen Sie oben Beispiele.

- Bei der Prüfung, ob ein Slippery-Slope-Argument stichhaltig ist, bewegen wir uns somit im kognitiven Bereich, der von Status-quo-Verzerrung und Boiling-Frog-Syndrom aufgespannt wird.

Der letztgenannte Punkt der Aufzählung berechtigter Slippery-Slope-Warnungen (zu den Rechtspopulisten) lässt sich mit „Wehre den Anfängen" (lateinisch: *Principiis obsta* des römischen Dichters Ovid) plakativ zusammenfassen – der Spruch wird in Kap. 3 nochmals aufgegriffen, wenn es um das Wiedererstarken nationalsozialistischer Tendenzen in Deutschland geht. Die Verschiebung von Referenzpunkten über die Grenzen bestehender Tabus hinaus und die langsame Aushöhlung der Demokratie (Abschn. 5.4) spiegeln genau den Zustand wider, in dem das Dammbruchargument im engeren Sinne wie in einigen weiteren der genannten Themenfelder seine volle Berechtigung hat. Außerdem sollte auf technische Entwicklungen aller Art ein wachsames Auge gehalten werden, denn was technisch möglich wird, wird der Mensch auch jenseits ethisch-moralischer oder legaler Restriktionen irgendwann einführen (siehe Kap. 6). Die Stammzellenforschung ist ein gutes Beispiel, wie sich die Grenzen des Erlaubten langsam, aber sicher verschieben. Die großen amerikanischen Internet-Konzerne leben eindrucksvoll vor, wie mit dem Besitz von *Big Data* die Deutungshoheit zielstrebig vom Staat auf die Privatwirtschaft übergeht.

2.5 Zerbrochene Fenster und kleine Entscheidungen

Zwei weitere kognitive Beobachtungen sollen an dieser Stelle noch erwähnt werden: die Broken-Windows-Theorie und die Tyrannei kleiner Entscheidungen. Beide stehen mit der Slippery-Slope-Argumentation und der Salamitaktik in inhaltlicher Verbindung und sind unter Angabe zahlreicher Originalquellen in Wikipedia (2022c, 2022l) für den interessierten Leser detailliert beschrieben. An dieser Stelle mag eine Erläuterung des Prinzips genügen.

Broken-Windows-Theorie

Laut Broken-Windows-Theorie („Theorie der zerbrochenen Scheiben") besteht ein Zusammenhang zwischen dem Verfall von Stadtgebieten und Kriminalität. Die US-amerikanischen Sozialforscher James Q. Wilson und George L. Kelling illustrierten diese Theorie mit der Aussage, dass eine zerbrochene Fensterscheibe schnell repariert werden müsse, damit weitere Zerstörungen im Stadtteil und damit vermehrte Delinquenz verhindert werden können (Wilson und Kelling 1982). Die Theorie bildet das Fundament der polizeilichen Nulltoleranzstrategie, mit der in vielen Teilen der Welt versucht wird, dem Entstehen rechtsfreier Räume zu begegnen.

Die Autoren begründen ihre Schlüsse mit der damaligen Situation in zahlreichen US-Großstädten, in denen sogenannte *Ganglands* („Bandengebiete") bestanden, die in vernachlässigten Stadtteilen (Abbruchhäuser, Sanierungsgebiete) mit arbeitslosen, armen und bedürftigen Bewohnern lagen. Sie konnten damit ältere Studien bestätigen und weiterentwickeln. So hatte Zimbardo bereits 1969 festgestellt, dass ein älteres Auto ohne

Kennzeichen, das mit offener Motorhaube in der Bronx abgestellt wurde, innerhalb eines Tages komplett ausgeschlachtet war, während im kalifornischen Palo Alto lediglich ein besorgter Bürger die Haube vorsorglich geschlossen hatte.

Abb. 2.4 *Broken Window:* erster Schritt zum Verfall ganzer Stadtviertel. Foto: Niteshift (Wikipedia, CC BY-SA 3.0)

> **Tipp** Wird eine zerbrochene Fensterscheibe nicht schnell repariert, sind im Haus bald alle Scheiben eingeschlagen. Wird in einem Stadtviertel nichts gegen Verfall und Verwahrlosung getan, geht es systematisch vor die Hunde.

Diese These wandelte Rudolph Giuliani, der von 1994 bis 2001 Bürgermeister von New York war und als Anwalt von Donald Trump inzwischen selbst mit dem Gesetz in Konflikt gekommen ist, in die Tat um und begründete seine Null-Toleranz-Politik mit der Broken-Windows-Theorie. Infolgedessen griff die Polizei bei kleineren Verbrechen wie Graffiti, Schwarzfahren oder Ruhestörung genauso hart durch wie bei Gewaltverbrechen, Diebstahl oder Drogendelikten. Tatsächlich ging die Kriminalitätsrate Mitte der 1990er-Jahre in New York zurück – für Befürworter der Broken-

Windows-Theorie ein klares Zeichen für ihre Richtigkeit. Bewiesen ist der Zusammenhang jedoch nicht. (Loi 2017)

Auch in Europa haben Feldversuche gezeigt, dass die Umgebung tatsächlich das Verhalten von Menschen beeinflussen kann. Regelverstöße anderer begünstigen weitere Regelverstöße, Müll führt zu mehr Müll. Es lässt sich eine Abwärtsspirale beobachten, die sehr gut in die kognitive Familie von Boiling Frog & Co. passt. Mein Opa hat, wie ich mich sehr gut erinnere, in den 1960er-Jahren bereits gesagt: Eine saubere Toilette bleibt in der Regel auch eine Weile sauber, während ein schmutziger Abort in kürzester Zeit nicht mehr benutzbar sein wird. Pragmatismus dieser Art hat es ihm vermutlich ermöglicht, Ostfront und dreijährige sowjetische Kriegsgefangenschaft zu überleben.

Tyrannei der kleinen Entscheidungen

Der zweite kognitive Effekt, den ich Ihnen noch vorstellen möchte, bevor es an die Anwendung der Theorie geht, nennt sich „Tyrannei der kleinen Entscheidungen" *(Tyranny of Small Decisions)*. Das Konzept geht auf den US-Wirtschaftswissenschaftler Alfred E. Kahn zurück. Dieser beschreibt eine Situation, in der eine Reihe von Entscheidungen, individuell klein und unbedeutend in Größe und Zeitperspektive, kumulativ zu einem größeren und signifikanten Ergebnis führen, das weder optimal noch erwünscht ist (Kahn 1966). Danach kann eine Reihe kleiner, individuell rationaler Entscheidungen den Kontext nachfolgender Entscheidungen negativ verändern, sogar bis zu dem Punkt, an dem gewünschte Alternativen irreversibel zerstört werden. Kahn bezeichnete diese Entwicklung als ein gemeinsames Problem in der Marktwirtschaft, das zu Marktversagen führen kann. Das Konzept wurde seither auf nichtwirtschaftliche Bereiche wie Umweltzerstörung (z. B. in den Everglades in Florida; vgl. Odum 1982) und politische Wahlen (etwa in Sambia 2001; Burnell 2002) ausgedehnt.

Dem US-Biologen und -Umweltökologen William Eugene Odum zufolge lässt sich ein Großteil der gegenwärtigen Verwirrung und Not im Umfeld von Umweltproblemen auf Entscheidungen zurückführen, die nie bewusst getroffen wurden. Stattdessen resultieren sie aus einer Reihe kleinerer Weichenstellungen. Mit wenigen Ausnahmen verdanken bedrohte Arten – Eisbären, Orang-Utans, Wale, Koalas und sehr viele weniger spektakuläre Spezies – ihre Gefährdung einer ganzen Reihe kleiner, unabhängiger Entscheidungen, die zur Umwandlung oder gar Vernichtung ihrer Lebensräume geführt haben. Letztlich könnte ein Schutz vor der Tyrannei der kleinen Entscheidungen nur durch eine geeignete obere Entscheidungsebene stattfinden – was in demokratischen Staaten vielfach einer wenig wünschenswerten Utopie entspricht. In zentralistisch und diktatorisch regierten Ländern wie China gelingt dies (etwa bei der technologischen Entwicklung, bei Umweltschutzbestrebungen oder den Lockdowns während der Pandemie) mit brachialer Entscheidungsgewalt.

▶ Die meisten Wissenschaftler arbeiten lieber an Detailproblemen als an übergeordneten Systemen – eine Tendenz, die durch die Art der Verteilung von Fördergeldern noch verstärkt wird.

2.6 Zeit, Pech und Werkzeug: eine Zwischenbilanz

Abschn. 1.1 hat das Feld zur Analyse der Status-quo-Verzerrung mit einer Betrachtung zum Vergehen der Zeit eröffnet (der Blick auf die Straße des 80-Jährigen). An dieser Stelle möchte ich zur Abrundung der Palette kognitiver Effekte zu Status quo und dessen Veränderung nochmals auf chronologische Abläufe zu sprechen kommen und ein weiteres Beispiel mit Symbolkraft anführen: Nachdem über Sand*haufen* bereits in Abschn. 2.2 berichtet wurde, soll es dabei um das leicht zweckentfremdete Prinzip der Sand*uhr* gehen.

In der Wirtschaft gilt der Satz „Stillstand ist Rückschritt“: Nur wer sich weiterentwickelt, kann langfristig am Markt bestehen. Diese Feststellung wird allgemein dem ehemaligen VEBA-Vorstandsvorsitzenden Rudolf von Bennigsen-Foerder (1926–1989) zugeschrieben, trifft jedoch auf die wirtschaftliche Entwicklung seit der industriellen Revolution zu. Die drei Worte, auch in der Prägung „Stagnation bedeutet Rückschritt“, bilden das Rückgrat des betrieblichen Veränderungsmanagements (Abschn. 6.5; vgl. auch Wenski 2021, S. 205–232) und fehlen daher auf kaum einer Webseite von Schulungsanbietern und Change Management-Beratern. Die Grundthese ist immer wieder: Wer nicht mit der Zeit geht und sich den sich ändernden Herausforderungen stellt, hat Pech gehabt.

Zeit und Pech

Die Zeit vergeht ständig und stellt eine Ressource dar, die sich definitiv nicht speichern und wiederbringen lässt. Allein damit wäre bereits alles gesagt, was die theoretischen Möglichkeiten zum Status-quo-Erhalt angeht. Zeitmaschinen existieren nur in der Science-Fiction-Literatur (vgl. Abschn. 7.1), und jeder rational denkende Mensch wird davon ausgehen, dass die Gesetze der Physik auch weiterhin gelten werden.

Allerdings kann Zeit *subjektiv empfunden* durchaus schneller oder langsamer vergehen. Wenn man Spaß hat oder im Flow ist, vergeht sie wie im Flug; im Verkehrsstau, in Warteschlangen oder auf einer harten Kirchenbank kniend sieht das dagegen meist anders aus. Für ein Kind, das Informationen und Erlebnisse noch aufsaugt wie ein Schwamm, erscheint ein Jahr extrem lang – während der Senior denkt: „Wie, schon wieder Weihnachten?!" (Denken Sie an den Mönch.) Die erste Zeile des Pink-Floyd-Songs *Time* (1973) drückt den zähen Fluss der Zeit treffend aus: *„Ticking away the moments that make up a dull day …"* (Tickend verrinnen die Momente, die einen öden Tag ausmachen.) In dem Stück geht es darum, dass man als junge Person die Zeit nicht richtig wertschätzt und sie verschwendet, bis man es später merkt, diese dann jedoch um ist.

Das Leitmotiv der Uhr in *Time* versucht, Zeit anschaulich und greifbar zu machen. Der Vorgänger der analogen Zeitmesser war seit Anfang des 14. Jahrhunderts die Sanduhr, auch Stundenglas genannt. Dieses war ein wichtiges Instrument z. B. in der Seefahrt, wo „Glasen" eine Sanduhrfüllung von 30 Minuten bedeutet. Doch kann, wer die nötige Geduld aufbringt, den Gang der Zeit auch in wesentlich längeren Intervallen begleiten. Und damit komme ich zum Pech.

Der Fluss der Zeit – zäh wie Pech

Unter *Pech* versteht man gemäß den gängigen Bedeutungswörterbüchern zum einen den zähflüssigen Rückstand bei der Teerherstellung (und im süddeutsch-österreichischen Sprachraum generell ein Harz) sowie zum anderen im übertragenen Sinne ein Missgeschick oder Unglück – abgeleitet vom Vogelfang mit Pechruten („Pechvogel") und/oder der Assoziation mit der Hölle. (Zu letzterer darf ich auf Abschn. 5.5 und 5.6 verweisen.) Im Rahmen der stofflichen Bedeutung sei hier das „Pechtropfenexperiment" kurz beschrieben, das die Wirkungsweise einer Sanduhr wie in einem extremen Zeitraffer wahrnehmen lässt (siehe Abb. 2.5).

Es handelt sich dabei um einen Langzeitversuch zur Beobachtung des Tropfverhaltens von Pech, einem bei Zimmertemperatur superzähen Stoff, der augenscheinlich ein Feststoff ist. 1927 begann Thomas Parnell, Professor an der Universität von Queensland in Brisbane (Australien), mit den Vorbereitungen zum Experiment. Er goss erwärmtes Pech in einen unten verschlossenen Trichter und ließ dem Stoff drei Jahre Zeit, sich zu setzen. 1930 wurde der Trichter geöffnet, und das Pech begann zu fließen. Das Experiment fand damals wie heute nicht unter kontrollierten Bedingungen statt. Insbesondere Temperaturschwankungen über die Jahrzehnte haben Einfluss auf die Tropfenfolge; die Installation einer Klimaanlage brachte das Experiment sogar nur noch weiter durcheinander.

Abb. 2.5 Pechtropfenexperiment November 2012. Foto: University of Queensland (Wikipedia, CC BY-SA 3.0)

Der erste Tropfen fiel im Jahr 1938, weitere folgten 1947, 1954, 1962, 1970, 1979, 1988, 2000 und 2014. Bis zum neunten Tropfen, der sich im April 2014 bildete, konnte kein sich separierender Tropfen beobachtet werden, da zu den entsprechenden Zeitpunkten nie ein Auge auf das Experiment gerichtet war und die Webcam, die seit den 1990er-Jahren zur Beobachtung des Experiments installiert war, beim Fall des vorletzten Tropfens im November 2000 versagte. Die sich ablösenden Tropfen bleiben noch jahrelang mit dem Trichter verbunden; der 2000er Tropfen hatte sich selbst bis zur nächsten Ablösung 2014 nicht vollständig getrennt. (Edgeworth et al. 1984, UQ 2014, Wikipedia 2022j) Man muss als Beobachter also schon etwas Geduld mitbringen.

Inzwischen sind frühere wissenschaftliche Versionen des Experiments in Glasgow und Wales gefunden worden. Die Boiling-Frog-Analogie des sich äußerst langsam ablösenden Pechtropfens liegt auf der Hand. Allerdings läuft die Geschichte in diesem Fall periodisch ab und beginnt wieder von vorne – bis eines fernen Tages, soweit bis dahin alle glattgeht, der Trichter leer sein wird.

Wie viele andere fasziniert mich die Zeitachse des Experiments. Was ist in dem knappen Jahrhundert seiner bisherigen Dauer nicht alles passiert – man weiß überhaupt nicht, wo man mit dem Erzählen anfangen sollte. Und gleichzeitig löst sich etwa einmal pro Dekade in Australien ein Pechtropfen aus einem Trichter. Der Nutzeffekt erschließt sich längst nicht jedem, und erstaunlich ist, dass bisher noch niemand auf die Idee gekommen ist, den Versuchsaufbau zu entsorgen – was bereits einigen Objekten moderner Kunst widerfahren ist (z. B. Beckhoff 2016).

Doch das Experiment zeigt deutlich auf, dass auch dann etwas passieren kann – schleichend –, wenn man als Beobachter nicht unmittelbar den entsprechenden Eindruck gewinnt. Besser lässt sich das Boiling-Frog-Syndrom kaum illustrieren. Die Wissenschaft kann solche langsam wirkenden Effekte nachweisen und messen, auch wenn sie dem subjektiven Betrachter zunächst entgehen oder nicht in dessen Weltbild passen. Doch wer auf die genannten kognitiven Irrtümer rund um diesen Trugschluss hereinfällt, hat im übertragenen Sinn Pech gehabt. Jeder Einzelne, aber auch die gesamte Menschheit.

Denkfehler kurzgefasst

So wie das Festhalten am Status quo auf Dauer unbefriedigend sein kann, weil man Chancen auslässt – die Kernaussage jeglichen Veränderungsmanagements –, so ist ein Übersehen und Ignorieren gradueller Verschlechterungen ebenso kontraproduktiv und kann geradezu gefährliche Folgen haben. (Gegen langsam auftretende Verbesserungen hätte man ja gar nichts, aber das meiste in diesem Kontext ist nun mal von Nachteil.) Dabei spielt es zunächst primär keine Rolle, wer oder was für die jeweilige Veränderung verantwortlich ist: Wenn beispielsweise mein körperlicher Zustand einen Abwärtstrend zeigt, sollte ich etwas dagegen unternehmen – ganz gleich, ob die Gründe verhaltens- oder schlicht altersbedingt sind. Und da sich die Erdatmosphäre messbar und unbestreitbar nun einmal erwärmt, hat es für die Etablierung von Gegenmaßnahmen wenig Sinn zu hinterfragen, ob die Gründe menschengemacht sind (was wissenschaftlich ebenfalls erwiesen ist) oder Auswirkung eines natürlichen Zyklus ist (woran eine ganz spezielle Klientel der Status-quo-Fans glaubt).

Damit liegen die psychologischen und verhaltensökonomischen Grundlagen zu Status-quo-Verzerrung (Kap. 1) und Boiling-Frog-Syndrom (Kap. 2) ausgebreitet auf dem Tisch und warten darauf, in den nachfolgenden Kapiteln auf die Entwicklungen und Probleme der Gegenwart angewendet zu werden. Die Sammlung kognitiver Effekte hat mit der Diskussion von Abkömmlingen der Grundtypen dabei bereits einen gewissen Umfang erreicht, sodass es an der Zeit ist, eine Übersicht einzuflechten. Diese stellt im Prinzip den Werkzeugkasten für Reparaturarbeiten in den entsprechenden Problemfeldern dar.

Kognitiver Status-quo-Werkzeugkasten

Sie haben eine Reihe von Denkfehlern und Irrtümern kennengelernt, die ein Verharren im gegenwärtigen Zustand befördern und Aktivitäten behindern, selbst dann, wenn diese durch eine allmähliche Verschlechterung der Situation ohne Zutun dringend geboten wären. Doch glücklicherweise steht uns eine bedarfsorientierte kognitive Toolbox zur Verfügung. Diese kann Sie im Prinzip durch alle Lebenslagen begleiten und Ihnen Hilfestellung leisten. Einige Praxisbeispiele, bei denen es bereits später als fünf vor zwölf zu sein scheint, habe ich bereits erläutert. Viele weitere, die uns als Individuen, Gruppen, Gesellschaften, Staaten oder sogar als gesamte Menschheit betreffen, werden – nach Themen geordnet – folgen. Der übersichtliche Werkzeugkasten hat zwei Fächer; in Abschn. 8.2 sind die Definitionen für die genannten kognitiven Effekte gebündelt aufgeführt.

Fach 1: rund um die **Status-quo-Verzerrung** *(Status quo Bias)*

- Basis: **Ankereffekt** *(Anchoring Bias)*; Status quo = Referenzpunkt = Anker
- Basis auch: **Besitztumseffekt** *(Endowment Effect)*
- Basis vor allem: **Verlustaversion** *(Loss Aversion)*
- verwandt mit: **Risikoaversion** *(Risk Aversion)*
- Grundlage für: **Konservatismus-Fehlschluss**
- der verwandt ist mit: **Backlash-Effekt** („Gegenbewegung")
- Folge: **Default-Effekt** („Auswirkung der Vorgabe")
- Folge ebenfalls: **Omission-Bias** („Unterlassungsfehler")
- Gegenteil: **Action-Bias** („Fehleinschätzung zu handeln")
- weitere Folge: **Semmelweis-Reflex** (neue Entdeckungen ablehnen)
- Folge: **System Justification** („Rechtfertigung des Systems")
- Folge: **Travis-Syndrom** (Überbewertung der Gegenwart)
- Folge: **Vogel-Strauß-Effekt** *(Ostrich Effect)* („Kopf in den Sand stecken")

Fach 2: zum **Boiling-Frog-Syndrom** („Syndrom des gekochten Froschs")

- Spielart: **Creeping Normalcy** („sich schleichend verändernde Normalität")
- Folge: **Landscape Amnesia** („Landschaftsamnesie")
- Synonym: **Gradualism** („allmähliche Entwicklung")
- Variante: **Camel's Nose** („Jemandem den kleinen Finger reichen …")
- Variante: **Broken-Windows-Theorie** („Theorie der zerbrochenen Scheiben")
- Variante: **Tyrannei der kleinen Entscheidungen** *(Tyranny of Small Decisions)*
- Variante: **Shifting-Baseline-Syndrom** („Syndrom der langsam wegdriftenden Basislinie")
- richtig oder falsch? **Slippery-Slope-Argument** (Dammbruchargument, Argument der schiefen Ebene)
- sehr unwahrscheinlich, dennoch möglich: **Black-Swan-Ereignis**

▶ Tipps

- Lassen Sie sich nicht von der Vielzahl der Effekte verwirren, aber wenden Sie die grundlegenden Erkenntnisse in der täglichen Praxis an.
- Nehmen Sie den Status quo nicht als gegeben hin und beobachten Sie aufmerksam, wie er sich allmählich verändert.
- Ergreifen Sie die Initiative da, wo es notwendig ist, auch wenn es zunächst wehtut.

2.7 Literatur

AMP (2016) Creeping Normalcy a.k.a Faithwashing. American Muslims for Palestine. Internet-Veröffentlichung. https://www.ampalestine.org/sites/default/files/2021-11/AMP Report on Working with Zionist Organizations.pdf. Zugegriffen: 05. Februar 2022

Beckhoff O (2016) Das ist Kunst, das kann weg. Süddeutsche Zeitung Magazin, Internet-Veröffentlichung 15. Februar. https://sz-magazin.sueddeutsche.de/kunst/das-ist-kunst-das-kann-weg-82191. Zugegriffen: 01. April 2022

Beise M (2022) Sanktionen: Nicht erst sagen, was nicht geht. Süddeutsche Zeitung, 22. März

BGH (2021) Urteil des V. Zivilsenats. BGH V ZR 234/19 vom 11. Juni. http://juris.bundesgerichtshof.de/cgi-bin/rechtsprechung/document.py?Gericht=bgh&Art=en&az=V ZR 234/19&nr=119869. Zugegriffen: 20. Juni 2022

Burnell P (2002) Zambia's 2001 elections: The tyranny of small decisions, 'non-decisions' and 'not decisions'. Third World Quarterly 23–6, 1103–1120. https://.doi.org/10.1080/0143659022000036630

den Hartogh GA (1998) The slippery slope argument. In: Kuhse H (Hrsg), Companion to bioethics, 280–290. Blackwell companions to philosophy 15. https://pure.uva.nl/ws/files/1964247/28071_60._Slippery_Slope.pdf. Zugegriffen: 03. Januar 2022

Diamond J (2005) Collapse: How Societies Choose to Fail or Succeed. Viking, New York. http://cpor.org/ce/Diamond(2005)Collapse-HowSocietiesChooseFailureSuccess.pdf. Zugegriffen: 24. Januar 2022. Deutscher Titel: Kollaps: Warum Gesellschaften überleben oder untergehen. S. Fischer, Frankfurt a. M. 2005

Edgeworth R, Dalton BJ, Parnell T (1984) The pitch drop experiment. European J Physics 5–4, 198–200. https://doi.org/10.1088/0143-0807/5/4/003

Fallows J (2009) Technology: Guest-post wisdom on frogs. The Atlantic, Internet-Veröffentlichung 22. Juli. https://www.theatlantic.com/technology/archive/2009/07/guest-post-wisdom-on-frogs/21789/. Zugegriffen: 02. Februar 2022

Fogg GE, LaBolle EM (2006) Motivation of synthesis, with an example on groundwater quality sustainability. Water Resources Research 42–3, W03S05, 1–5. https://doi.org/10.1029/2005WR004372

Glaser C (2019) Risiko im Management. 100 Fehler, Irrtümer, Verzerrungen und wie man sie vermeidet. Springer Gabler, Wiesbaden. https://doi.org/10.1007/978-3-658-25835-1

Goltz F (1869) Beiträge zur Lehre von den Functionen der Nervencentren des Frosches. August Hirschwald, Berlin. https://books.google.de/books?id=kIoZAA

AAIAAJ&pg=PA128&redir_esc=y&hl=de#v=onepage&q&f=false. Zugegriffen: 02. Februar 2022

Holzhaider H (2022) Prügel im Paradies. Süddeutsche Zeitung, 16./17./18. April

Horn-Peters P (1979) Blootwoosch, Kölsch un e lecker Mädche. Lied der Kölner Mundartgruppe De Höhner. https://hoehner.com/songtexte/blootwoosch-koelsch-un-e-lecker-maedche/. Zugegriffen: 02. Februar 2022

Kahn AE (1966). The Tyranny of Small Decisions: Market Failures, Imperfections, and the Limits of Economics. Kyklos 19, 23–47. https://doi.org/10.1111/j.1467-6435.1966.tb02491.x

KDH (o. J.) „Stein". Kölner Dombauhütte, Internet-Veröffentlichung. https://www.koelner-dombauhuette.de/bauerhalt/gewerke/stein. Zugegriffen: 02. Februar 2022

Kovács O (2013) Black swans or creeping normalcy? – An attempt to a holistic crisis analysis. Eastern J European Studies 4–1, 127–143. http://ejes.uaic.ro/articles/EJES2013_0401_KOV.pdf. Zugegriffen: 05. Februar 2022

Lode E (1999) Slippery Slope Arguments and Legal Reasoning. California Law Review 87, 1469–1544. https://lawcat.berkeley.edu/record/1116798/files/fulltext.pdf. Zugegriffen: 03. Januar 2022

Loi S (2017) Die Broken-Windows-Theorie. planet wissen, ARD, Internet-Veröffentlichung. https://www.planet-wissen.de/gesellschaft/wohnen/nachbarschaft/nachbarschaft-broken-windows-100.html. Zugegriffen: 10. Februar 2022

Loriot (1976) „Zimmerverwüstung" (auch: „Das Bild hängt schief"). YouTube, Internet-Veröffentlichung. https://www.youtube.com/watch?v=KYaToR9XlXk. Zugegriffen: 09. Februar 2022

Maysenhölder F (2009) Frage & Antwort, Nr. 80: Hält ein Frosch beim Erhitzen still? ntv, Internet-Veröffentlichung 04. August. https://www.n-tv.de/wissen/frage-antwort/Haelt-ein-Frosch-beim-Erhitzen-still-article445899.html. Zugegriffen: 02. Februar 2022

Odum WE (1982). Environmental Degradation and the Tyranny of Small Decisions. BioScience 32–9, 728–729. https://doi.org/10.2307/1308718

Ozcan R (2018) Why Companies Fail? The Boiling Frog Syndrome. MPRA Paper No. 85413, Internet-Veröffentlichung 25. März. https://mpra.ub.uni-muenchen.de/85413/1/MPRA_paper_85413.pdf. Zugegriffen: 10. Februar 2022

Sandilyan S (2020) TR4 and COVID-19 are two sides of the same coin. Current Science 119–12, 1892–1893. https://www.currentscience.ac.in/Volumes/119/12/1892.pdf. Zugegriffen: 10. Februar 2022

Sedgwick W (1888) On the variation of reflex excitability in the frog induced by changes of temperature. Studies from the Biological Laboratory of the Johns

Hopkins University. Baltimore, Maryland. https://archive.org/details/studiesfrombiol00martgoog/page/408/mode/2up. Zugegriffen: 02. Februar 2022

Suh I, Sweeney JT, Linke K, Wall JM (2020) Boiling the Frog Slowly: The Immersion of C-Suite Financial Executives into Fraud. J Bus Ethics 162, 645–673. https://doi.org/10.1007/s10551-018-3982-3

Taleb NN (2008) Der Schwarze Schwan: Die Macht höchst unwahrscheinlicher Ereignisse. Hanser, München

Tickell C (1990) Human Effects of Climate Change: Excerpts from a Lecture Given to the Society on 26 March. Geographical J 156–3, 325–329. https://doi.org/10.2307/635534

Tracy A, Trumbull K, Loh C (2007) The Impact of Climate Change in Hong Kong and the Pearl River Delta. China Perspectives, Internet-Veröffentlichung 2007/1. https://doi.org/10.4000/chinaperspectives.1173

UQ (2014) Pitch drop touches down – oh so gently. UQ News, University of Queensland, Australien. http://www.uq.edu.au/news/article/2014/04/pitch-drop-touches-down-—oh-so-gently. Zugegriffen: 24. Januar 2022

Vernunftpraxis (o. J.) Was ist: Shifting Baseline. Wie das Unsägliche sagbar wird. Internet-Veröffentlichung. https://vernunftpraxis.de/was-ist-shifting-baseline/. Zugegriffen: 07. Februar 2022

Walton D (1992) Slippery Slope Arguments. Oxford, Clarendon Press. https://philpapers.org/rec/WALSSA-2. Zugegriffen: 08. Februar 2022

Wenski G (2019) Lösungsorientiert verhandeln im Technischen Vertrieb. Springer Gabler, Wiesbaden. https://doi.org/10.1007/978-3-658-27448-1

Wenski G (2021) Selbstmanagement im Beruf. Springer, Wiesbaden. https://doi.org/10.1007/978-3-658-33249-5

Wenski G (2022) Das kleine Handbuch kognitiver Irrtümer. Denkfehler vermeiden – mit Psychologie & Verhaltensökonomik. Springer, Berlin, Heidelberg. https://doi.org/10.1007/978-3-662-64776-9

Wikipedia (2022a) Black Site. https://en.wikipedia.org/wiki/Boiling_frog. Zugegriffen: 04. September 2022

Wikipedia (2022b) Boiling frog. https://en.wikipedia.org/wiki/Boiling_frog. Zugegriffen: 24. Januar 2022

Wikipedia (2022c) Broken windows theory. https://en.wikipedia.org/wiki/Broken_windows_theory. Zugegriffen: 10. Februar 2022

Wikipedia (2022d) Camel's nose. https://en.wikipedia.org/wiki/Camel's_nose. Zugegriffen: 04. Februar 2022

Wikipedia (2022e) Collapse: How Societies Choose to Fail or Succeed. https://en.wikipedia.org/wiki/Collapse:_How_Societies_Choose_to_Fail_or_Succeed. Zugegriffen: 02. Februar 2022

Wikipedia (2022f) Dammbruchargument. https://de.wikipedia.org/wiki/Dammbruchargument. Zugegriffen: 04. Februar 2022

Wikipedia (2022g) Kollaps (Buch). https://de.wikipedia.org/wiki/Kollaps_(Buch). Zugegriffen: 02. Februar 2022

Wikipedia (2022h) Osterinsel. https://de.wikipedia.org/wiki/Osterinsel. Zugegriffen: 04. Februar 2022

Wikipedia (2022i) Paradoxie des Haufens. https://de.wikipedia.org/wiki/Paradoxie_des_Haufens. Zugegriffen: 02. Februar 2022

Wikipedia (2022j) Pechtropfenexperiment. https://de.wikipedia.org/wiki/Pechtropfenexperiment. Zugegriffen: 24. Januar 2022

Wikipedia (2022k) Slippery slope. https://en.wikipedia.org/wiki/Slippery_slope. Zugegriffen: 04. Februar 2022

Wikipedia (2022l) Tyranny of small decisions. https://en.wikipedia.org/wiki/Tyranny_of_small_decisions. Zugegriffen: 10. Februar 2022

Wilson JQ, Kelling, GE (1982) Broken Windows. The Police and Neighborhood Safety. The Atlantic Monthly, März. http://manhattan-institute.org/pdf/_atlantic_monthly-broken_windows.pdf. Zugegriffen: 03. Januar 2022

Zimbardo PG (1969) The human choice: Individuation, reason, and order versus deindividuation, impulse, and chaos. Nebraska Symposium on Motivation 17, 237–307. https://psycnet.apa.org/record/1971-08069-001

3 Überfordert mit Veränderungen – Wutbürger auf dem Vormarsch

▶ **Wutbürger** ist eine sprachliche Neuprägung und wurde zum Wort des Jahres 2010 gewählt – und gleichzeitig fast zum Unwort desselben. Wutbürger (und ihr Vorbild „Bürger in Wut") verkennen die Weiterentwicklung der Gesellschaft und unterliegen der Status-quo-Verzerrung; immer stärker beeinflussen nationalistische und rechtspopulistische Ideen und Haltungen ihr Auftreten.

3.1 Fremde in Freiberg

Viele Menschen in der modernen Gesellschaft sind mit der Fülle der Veränderungen überfordert, die den Status quo bedrohen. In den Nachkriegs-Jahrzehnten der Bundesrepublik Deutschland, der sogenannten Wirtschaftswunderzeit, ging es für die meisten immer nur weiter aufwärts. Diese Zeit war jedoch kein „Wunder" im eigentlichen Sinn, sondern ein natürlicher Anpassungsprozess, also ein positives Boiling-Frog-Phänomen. Davon konnten die Bürger der ehemaligen DDR nur träumen, die von dieser Entwicklung über bundesdeutsche Verwandte und vor allem das Westfernsehen in mehr oder weniger objektiver Form Kenntnis erhielten. Vom stetigen Wohlstandszuwachs profitieren heute, im dritten Jahrzehnt des zweiten Jahrtausends unserer Zeitrechnung, im vereinigten Deutschland jedoch längst nicht mehr alle. Vor diesem Hintergrund sollte es leichter fallen, die Gemütslage und Gesinnung in den östlichen Bundesländern etwas besser zu verstehen.

Zunächst ein paar Hintergrundinformationen zur Selbstauflösung des Ostblocks, die viele von uns noch bewusst erlebt haben.

Aufbegehren in der DDR

Nachdem das menschenverachtende Nazi-Regime und der Zweite Weltkrieg überwunden waren, gingen die Bürger in der sowjetisch besetzten Zone Deutschlands 1953 erneut auf die Straße. Die SED-Regierung hatte die Arbeitsnormen wegen der desolaten Wirtschaftslage der DDR deutlich erhöht. Diese Anordnung betrachteten die Werktätigen jedoch als Provokation und lehnten sich offen dagegen auf. (Mein Vater setzte sich als junger Erwachsener ein Jahr später in den Westen ab.) Den Protest des 17. Juni – ein erstes Aufbegehren wütender Bürger in Deutschland nach dem Krieg – schlug die Staatsführung der DDR mit Hilfe der Sowjetarmee gewaltsam nieder. Weitere Aufstände und Demokratisierungsbewegungen in sozialistischen Bruderländern (1956 in Ungarn und 1968 in der Tschechoslowakei) wurden ebenfalls mit Hilfe der Schutzmacht UdSSR im Keim erstickt.

Der gesamte Ostblock geriet erst in den 1980er-Jahren, ausgelöst letztlich durch die polnische Werftarbeitergewerkschaft Solidarność, ins Wanken. 1989 sprangen auch die Ostdeutschen mit den Montagsdemonstrationen auf diesen Zug auf, was das – glücklicherweise friedliche – Ende der sozialistischen deutschen Teilrepublik letztlich besiegelte. Die Montagsdemonstrationen 1989 in der Endphase der DDR verliefen im Gegensatz zu zahlreichen anderen (oft gescheiterten) Aufständen der Vergangenheit und Gegenwart völlig gewaltfrei ab; der Arbeiter- und Bauernstaat war ebenso wie seine Schutzmacht abgewirtschaftet und finanziell sowie politisch am Ende. Diese von Leipzig ausgehenden Massenproteste waren ein bedeutender Bestandteil der Friedlichen Revolution. Mit dem Ruf „Wir sind das Volk" meldeten sich Woche für Woche Hunderttausende DDR-Bürger im ganzen Land zu Wort und demonstrierten gegen die politischen Verhältnisse. Ziel war eine friedliche, demokratische Neuordnung und insbesondere das Ende der SED-Herrschaft. Zudem wurden Reisefreiheit und die Abschaffung des Ministeriums für Staatssicherheit gefordert.

Glückliches Deutschland: Die Ostdeutschen blieben von der drohenden Gefahr eines Bürgerkriegs wie in Maghreb und Levante als Folge des Arabischen Frühlings verschont. Doch wenn's dem Esel zu wohl wird, lässt er sich wieder aufs dünne Eis locken. Wir erleben das aktuell in Form von Sirenenrufen, mit der anti-demokratische Bewegungen derzeit vermeintlich Schuldige für eine angebliche Misere präsentieren und mit gnadenlos plumper Rhetorik auf Stimmenfang gehen. Leider sind sie damit besonders in den drei südlichen Bundesländern auf Ex-DDR-Gebiet sehr erfolgreich.

Dabei wird die Symbolik der Montagsdemonstrationen für populistische Forderungen instrumentalisiert – ein Schlag ins Gesicht all derjenigen die sich 1989 unter großer Gefahr auf die Straße getraut haben.

Inzwischen ist historisch belegt, dass es unterhalb der Antifaschismus-Doktrin der DDR immer schon rechtsnationale Tendenzen gegeben hat. Antisemitismus und Rassismus wurden als nicht-existent erklärt – was natürlich nicht stimmte. An Schulen war es Volkssport, Hakenkreuze in die Tische zu ritzen. In den Fußballstadien beispielsweise konnte sich dieser jahrzehntelang versteckte Hass unbehelligt öffentlich austoben. Als die Mauer fiel, fielen im Osten auch alle Tabus, weil es keine akzeptierten Autoritäten mehr gab. Aber eine funktionierende Demokratie benötigt nun mal Geländer der Meinungsfreiheit. (nach Raack 2021)

Lassen Sie mich das heikle Thema der Radikalisierung von Teilen der Bevölkerung mit einer Geschichte aus Freiberg, der Silberstadt in Sachsen, beginnen. Es handelt sich um eine reale Begebenheit, lediglich Name und Branche sind geändert. Mir gefällt Freiberg, das ich aus meiner Zeit in der Halbleiterindustrie sehr gut kenne: eine stilvoll (mit Bundesmitteln) restaurierte Altstadt mit gemütlichen Gaststätten, zwei Silbermannorgeln in den Kirchen, ein sehenswertes Besucherbergwerk – und die bekannteste DDR-Rockband, die Puhdys, hatte am 19. November 1969 im Tivoli in Freiberg ihren allerersten öffentlichen Auftritt.

Beispiel: Fremdenfeindlichkeit im Osten (1)

Der gebürtige Kalifornier Roderick Snyder (der als Vielflieger und Downshifter bereits in meinem Buch *Selbstmanagement im Beruf* einen Auftritt hatte; siehe Wenski 2021, S. 144–145) gehörte zum oberen Management des US-Unternehmens CaustChem Inc. Nach der Übernahme durch den deutschen Chemiekonzern Bavaria SE nach der Jahrtausendwende folgte die Ernennung zum Sales- und Marketingchef für Nordamerika. Da er bald auch im Gesamtunternehmen gut vernetzt war, erhielt Snyder die Zusatzaufgabe, als Mitglied des Führungskreises den Aufbau einer neuen Produktionsstätte im sächsischen Freiberg zu begleiten. Bei den monatlichen Steuerungssitzungen war er meist persönlich vor Ort. Er liebte die nach dem Ende des real existierenden

Sozialismus hübsch herausgeputzte Kreisstadt und kam mit den Vertretern vor Ort ebenso gut zurecht wie mit dem Projektteam aus dem Mutterkonzern.

An einem dunklen Spätherbstabend war er mit zwei deutschen Kollegen nach dem Essen auf dem Fußweg zurück zum Hotel, und sie unterhielten sich wie in dieser Runde üblich zwanglos auf Englisch. Außerhalb der Fußgängerzone begegneten sie einer Gruppe junger Männer, die mitbekamen, dass in einer Fremdsprache geredet wurde. Diesen schien das nicht zu gefallen, und es kam zu Pöbeleien, „Ausländerpack"- sowie schließlich *„Ami go home"*-Rufen und auch Schubsereien. Roderick Snyder fiel auf, dass einige der Leute weiße Schnürsenkel in ihren Boots hatten. Und da die drei Chemievertreter in der Minderzahl und sonst keine Passanten oder Ordnungskräfte sichtbar waren, wurde ihm ganz anders.

Sicherlich wäre der Vorfall schlimmer ausgegangen, wenn sich Snyder und die Bavaria-Mitarbeiter zu Widerworten hätten provozieren lassen – doch man sollte in der Lage sein, seine Chancen realistisch einzuschätzen. (Das wusste er aus seiner Zeit bei der US Army.) Einer der beiden Deutschen stammte wie die rechtsnationalen Störenfriede ebenfalls aus Sachsen, und er redete beruhigend und im Dialekt auf die (etwas verdutzte) Gruppe ein. Die drei konnten zügig und unbehelligt weitergehen. Noch mal gutgegangen! ◄

Fremdenfeindlichkeit (= Xenophobie) ist eine Ausprägung von Diskriminierung, basiert heute vielfach auf Unkenntnis der Fremden und lässt sich als Resultat verzerrter Einschätzungen bewerten. Die Krawallmacher im Beispiel kennen keine Amerikaner und haben übersehen, dass die wirtschaftliche Investition möglicherweise auch ihnen eine Arbeitsplatzchance und der Kommune zusätzliche Steuereinnahmen zur Sanierung der Straßen bietet. Vielleicht wirkte auch die 40-jährige antiimperialistische Propaganda des DDR-Regimes nach, die sich in manchen Fällen von den Eltern auf ihre Kinder überträgt. Immerhin waren DDR-Bürger angehalten, außerhalb der Arbeit keine Kontakte zu ausländischen Vertragsarbeitern z. B. aus Vietnam, Kuba oder Angola zu pflegen; dieser war von den zuständigen Behörden zu genehmigen und berichtspflichtig. Wir wissen es nicht. Zudem sei darauf hingewiesen, dass sich die geschilderte Begebenheit nicht nur deutlich vor Ausbruch der Corona-Pandemie, sondern ebenfalls lange vor der Flüchtlings-„Krise“ 2015 und Angela Merkels „Wir schaffen das!“ ereignet hatte.

Immer wieder Sachsen

Vor allem die Behörden im Bundesland Sachsen stehen schon länger in dem Ruf, auf dem rechten Auge blind zu sein (vgl. Abschn. 3.6). Als ich die oben geschilderte Begebenheit im zweiten Jahr der Pandemie in eine erste Textfassung goss, war schon zu erkennen, dass die Impfquote der Bürger in Sachsen, aber auch Thüringen und Sachsen-Anhalt deutlich unter dem Durchschnitt lag und die Quote der Impfverweigerer mit dem AfD-Resultat der letzten Bundestagswahl korrelierte. In anderen Worten: Fans der Rechtspopulisten misstrauen dem Staat und den von ihm für alle Bürger bereitgestellten Impfstoffen, reden die gesundheitlichen Auswirkungen von COVID-19 klein und/oder halten sich für immun gegen CoV-SARS-2 und seine Mutationen.

Allerdings konnte ich während der Niederschrift noch nicht ahnen, welche Entwicklung sich in der ersten Dezemberwoche 2021 abzuzeichnen begann. Die Polizei stoppte Corona-Demonstrationen in mehreren sächsischen Städten, darunter Freiberg (MDR 2021a). Zur Verwirrung und Zersplitterung der Kräfte hatten die rechtsnationalen Demonstranten bis zu 80 Veranstaltungen parallel angemeldet, ein Vorgehen, das später auch in München und anderswo Schule machte. Bereits zwei Tage zuvor sind Gegner der Corona-Politik mit Fackeln vor das Haus von Sachsens Gesundheitsministerin Köpping gezogen, was als „Angriff auf die Demokratie“ bezeichnet wurde (ARD 2021). In beiden Fällen verletzten die Protestbeteiligten bewusst die gültigen Anti-Corona-Vorschriften. Zudem erhielten der sächsische Ministerpräsident Kretschmer, Bundeskanzler Scholz und viele andere Politiker und Fachleute Morddrohungen bevorzugt über das Netzwerk *Telegram* (Wiebe 2022). Bezeichnend erscheint, dass der Baubürgermeister von Freiberg, Holger Reuter (CDU), den Umgang mit Ungeimpften mit dem Genozid von Armeniern in Zusammenhang brachte (MDR 2021b).

Längst aus der Tagespresse verschwunden sind die Aktivitäten der „Gruppe Freital" aus dem gleichnamigen knapp 30 km entfernten Ort, deren Mitglieder 2015 Sprengstoffanschläge auf Asylunterkünfte und Übergriffe auf Flüchtlingsunterstützer nachgewiesen wurden. Immerhin hat sich auch in Freiberg mit dem Bündnis „Freiberg für alle" mit über 5.300 Unterstützern – darunter der Autor dieser Zeilen – gegen die montäglichen „Corona-Spaziergänge" inzwischen eine Gegenbewegung zu den selbsterklärten Wutbürgern formiert (FFA 2022).

> „Die größte Gefahr der Demokratie sind nicht zu viele Feinde, sondern zu wenige Freunde."
> *Aktionsnetzwerk* Freiberg für alle, *frei nach dem Philosophen Karl Popper*

Was wollen diese Leute, die teils gewalttätig und unter Missachtung behördlicher Auflagen auf die Straße gehen, um gegen dieses oder jenes zu demonstrieren? Eine homogene deutschstämmige Gesellschaft ohne fremdländische Elemente? Das DDR-Regime zurück – oder sogar die Nazi-Diktatur? Eine Welt ohne Corona-Pandemie? Oder etwas mehr persönlichen Wohlstand und etwas weniger soziale Ungleichheit? Im Lichte des hier vertretenen Leitgedankens *(Der Status quo lässt sich auf Dauer nicht aufrechterhalten)* soll angesichts der jüngeren Entwicklung in Deutschland eine kurze Ursachenforschung folgen.

> **Tipp** „Jetzt sind wir in einer Situation, in der wieder zusammenwächst, was zusammengehört", sagte Willy Brandt nach dem Mauerfall 1989. Dies stellt für Ost- und Westdeutsche auch heute noch eine gewisse Herausforderung dar, an deren Bewältigung wir alle vorurteilsfrei und gesinnungsoffen arbeiten sollten.

3.2 Wutbürger 2010: Sarrazin und Stuttgart 21

Dass Bürger auf die Straße gehen und demonstrieren bzw. protestieren, wenn ihnen das Vorgehen der Obrigkeit nicht gefällt, hat es in vielen Staaten und zu allen Zeiten gegeben – ein wichtiges Recht in einer liberalen

Demokratie. In Deutschland forderten Demonstranten Anfang des 20. Jahrhunderts bessere Arbeitsbedingungen und das Frauenwahlrecht, und im Ersten Weltkrieg richteten sich die Proteste gegen die Versorgungssituation. In den USA waren es vor allem die Demonstrationen gegen Rassentrennung und den Vietnamkrieg, die in den 1960er-Jahren für weltweites Aufsehen sorgten.

In Diktaturen und unter Militärregimen werden bis heute Protestkundgebungen gegen die Staatsgewalt in der Regel schnell niedergeknüppelt, und die Mutigen, die auf die Straße gehen, haben weit Schlimmeres als nur die Aufnahme der Personalien zu befürchten. Beispiele sind neben den „üblichen Verdächtigen" Russland und China zahlreiche weitere Länder wie Belarus, Myanmar, Thailand oder Ägypten – die Liste der untereinander politisch oft nahestehenden Nationen ist lang. Den Arabischen Frühling mit langanhaltenden Bürgerkriegen unter anderem in Syrien, Libyen und im Jemen mit vielen Toten und Millionen Geflüchteter habe ich bereits erwähnt. In Deutschland stellt das Demonstrationsrecht ein Grundrecht dar, das im Artikel 8 des Grundgesetzes (Versammlungsfreiheit) verankert ist.

Ein neuer Begriff im Duden

Nicht nur in der DDR, sondern auch im Westen des geteilten Deutschlands, der „alten" Bundesrepublik[1], gab es auch vor der Vereinigung regelmäßig Großdemonstrationen zu brisanten Gegenwartsthemen: 1952 in Essen gegen die bundesdeutsche Wiederbewaffnung, 1967 in Berlin anlässlich des Schahbesuchs (gefolgt von den 1968er Studentenunruhen), 1980 in Bonn gegen den NATO-Doppelbeschluss. In ganz Deutschland richteten sich 1991 Proteste gegen den Irakkrieg und 1992 gegen Fremdenhass. Danach wird die Liste der Großdemonstrationen und Widerstandsaktionen

[1] Ich habe es an anderer Stelle (Wenski 2022, S. 53) bereits erwähnt und wiederhole es hier gerne noch einmal: „BRD" als Bezeichnung für den westdeutschen bzw. gesamtdeutschen Staat ist im Gegensatz zum Akronym DDR (welches die Axel-Springer-Presse bis 1989 in Anführungszeichen geschrieben hatte) keine offizielle Abkürzung und sollte vor dem Hintergrund der damit verbundenen Kontroversen seit den 1970er Jahren nicht verwendet werden. Leider findet man diese Abkürzung heute auch in renommierten Medien wie der Süddeutschen Zeitung.

etwas unübersichtlich, und nicht immer standen und stehen die Versammlungen für Ziele, die von der Mehrheit der Bürger getragen werden. Rechte Aufmärsche gegen Flüchtlingsunterkünfte und gegen Corona-Schutzmaßnahmen sind dabei ein Fanal (siehe Abschn. 5.3). Dies bringt uns zwanglos zum Begriff „Wutbürger".

Wutbürger

Klickt man vom Stichwort *Wutbürger* in Wikipedia (2022s) weiter auf den zughörigen englischsprachigen Artikel, so landet man überraschenderweise bei einem Beitrag mit dem Titel *Disgusted of Tunbridge Wells*. Der Hintergrund ist folgender: Royal Tunbridge Wells ist eine stereotyp-konservative englische Stadt 50 km südöstlich von London mit knapp 60.000 Einwohnern, und unter dem Pseudonym *Disgusted* („der Angewiderte") hat im frühen 20. Jahrhundert ein stockkonservativer anonymer Leserbriefschreiber die *London Times* regelmäßig mit seinen kruden Ansichten bombardiert. Der Begriff „Disgusted of Tunbridge" wurde 1944 in einem BBC-Radioprogramm bekanntgemacht und steht seitdem für stark aufgebrachte Bürger mit deutlich konservativen bis reaktionären Ansichten. Also Wutbürger.

Richtig los ging es mit den aktuellen deutschen Bürgerprotesten erst 2010 mit Thilo Sarrazin und Stuttgart 21. Wutbürger ist ein mediales Schlagwort, das im selben Jahr als Neologismus (= sprachliche Neuprägung) in Deutschland aufkam. Der zuvor kaum verwendete Begriff wurde durch das Essay *Der Wutbürger* des Journalisten Dirk Kurbjuweit im Spiegel geprägt; Untertitel „Stuttgart 21 und Sarrazin-Debatte: Warum die Deutschen so viel protestieren" (Kurbjuweit 2010). Er schreibt dazu: „Selbstverständlich gibt es Unterschiede zwischen den beiden Beispielen. Aber es gibt Parallelen, es geht jeweils um Zukunftsvergessenheit. Der Wutbürger wehrt sich gegen den Wandel, und er mag nicht Weltbürger sein. Beide Proteste sind Ausdruck einer skeptischen Mitte, die bewahren will, was sie hat und kennt, zu Lasten einer guten Zukunft des Landes." Da ist sie wieder, die Status-quo-Verzerrung.

Wutbürger wurde im selben Jahr zum deutschen „Wort des Jahres" 2010 gewählt, gefolgt von hier ebenso relevanten Begriffen wie Stuttgart 21, Sarrazin-Gen, Cyberkrieg und WikiLeaks; inzwischen fand es Aufnahme in den Duden. Dem sogenannten Wutbürger wurden in der Presse negative Eigenschaften wie „renitent", „egoistisch" und „spießbürgerlich" zugeschrieben. Der Ausdruck lässt sich in einigen Medien bereits seit 2007 als

Bezeichnung für Mitglieder der sogenannten *Bürger in Wut* nachweisen (eine 2004 gegründete rechtspopulistische Wählervereinigung), seit 2014 auch für PEGIDA-Anhänger (Abschn. 3.3) und einige AfD-Mitglieder.

Abb. 3.1 Abriss des Nordflügels und Bürgerproteste gegen Stuttgart 21 am 26. August 2010. Foto: Mussklprozz (Wikipedia; CC BY-SA 3.0)

Brandstifter Thilo Sarrazin

Man kann für oder gegen den Bahnhof Stuttgart 21 sein, die Globalisierung oder Windräder und Stromtrassen – letztlich kämpft doch jeder Bürger und jede Gemeinde primär für die eigenen Interessen und weniger für das Gemeinwohl (vgl. Abschn. 7.4). Doch derart verblendeten Zeitgenossen wie Thilo Sarrazin sollten Moral und Anstand in einer offenen pluralistischen Gesellschaft Einhalt gebieten. Leider kann man sich darauf aber nicht verlassen, und die Lunte, die dieser „Brandstifter" (Fahrenholz 2011) angezündet hat, brennt unvermindert weiter.

Sarrazin (geb. 1945) ist ein deutscher Volkswirt und Buchautor und war SPD-Politiker. Nach Tätigkeiten im Öffentlichen Dienst und bei der

Deutschen Bahn wirkte er 2002–2009 als Finanzsenator im Berliner Senat und anschließend für kurze Zeit als Mitglied des Vorstands der Deutschen Bundesbank. Nachdem Sarrazin mit Ratschlägen an Hartz-IV-Empfänger überregional bekannt geworden war und mit *Deutschland schafft sich ab* einen umstrittenen Bestseller geschrieben hatte, schied er dort aus. 2020 folgte der Ausschluss aus der SPD, ein Schritt, zu dem sich die CDU bei ihren Ultrarechtsauslegern Hans-Georg Maaßen und Max Otte von der hoch umstrittenen Werteunion bisher nicht entschließen konnte.

Der Autor beschreibt in seinem am 30. August 2010 erschienenen Buch die Folgen, die sich seiner Ansicht nach für Deutschland aus der Kombination von Geburtenrückgang, wachsender Unterschicht und Zuwanderung aus überwiegend islamisch geprägten Ländern ergeben würden. Sarrazins Thesen erzeugten ein erhebliches Echo in den Medien und der Politik und waren ein Schlag ins Gesicht jeglicher Integrationsbemühungen. Weitere Hetzbücher folgten, die auf Platz eins der Spiegel-Bestsellerliste landeten. Doch seien wir mal ehrlich: Eigentlich bedürfen die ausländerfeindlichen Krawalle vor allem im Osten gar keines Thilo Sarrazins, sondern dieser hat sich umgekehrt mit seinen an der Zeitströmung orientierten Pamphleten lediglich eine goldene Nase verdient.

Beispiel: Fremdenfeindlichkeit im Osten (2)

Hoyerswerda ist eine Große Kreisstadt im Freistaat Sachsen, mit heute 32.000 Einwohnern die drittgrößte Stadt der Oberlausitz, und liegt 55 km nordöstlich von Dresden im sorbischen Siedlungsgebiet. Bundesweiten Bekanntheitsgrad erreichte sie 1991. Die „Ausschreitungen von Hoyerswerda" waren mehrere rassistisch motivierte Übergriffe in der sächsischen Stadt zwischen dem 17. und 23. September. Dabei wurden ein Wohnheim für ehemalige DDR-Vertragsarbeiter sowie ein Flüchtlingswohnheim attackiert. Teilweise standen bis zu 500 Personen vor den Heimen und beteiligten sich an der Aggression. Die Polizei zeigte sich nicht willens, die Angriffe zu stoppen. Es war damit losgegangen, dass mindestens acht überwiegend jugendliche Neonazis auf dem Marktplatz von Hoyerswerda vietnamesische Händler angriffen, die sich daraufhin in das Wohnheim flüchteten.

Diese Randale des Mobs bildete den Auftakt zu einer Serie ausländerfeindlicher Ausschreitungen Anfang der 1990er-Jahre in Deutschland. Bei den Ausschreitungen von Hoyerswerda wurden 32 Menschen verletzt. Es gab 82 vorläufige Festnahmen von Verdächtigen, jedoch folgten nur vier Verurteilungen. Im Anschluss an die Ausschreitungen wurde die Kommune – in Anlehnung an den NS-Begriff „judenfrei" – von Neonazis als „erste ausländerfreie Stadt" bezeichnet. Am darauffolgenden Wochenende kam es zu 78 rassistischen Überfällen im gesamten Bundesgebiet. (Wikipedia 2022c)

Die Ausschreitungen in Rostock-Lichtenhagen zwischen dem 22. und 26. August 1992 richteten sich gegen die Zentrale Aufnahmestelle für Asylbewerber und ebenfalls gegen ein Wohnheim für ehemalige vietnamesische Vertragsarbeiter, das „Sonnenblumenhaus". Es handelte sich um die bislang massivsten rassistisch motivierten Angriffe in Deutschland nach Ende des Zweiten Weltkrieges. An den Ausschreitungen beteiligten sich mehrere hundert teilweise rechtsextreme Randalierer und bis zu 3.000 applaudierende Zuschauer, die zudem den Einsatz von Polizei und Feuerwehr behinderten. Nachdem die Aufnahmestelle evakuiert worden war, wurde das angrenzende Wohnheim, in dem sich noch über 100 Vietnamesen und ein Fernsehteam des ZDF aufhielten, mit Molotowcocktails in Brand gesteckt. Auf dem Höhepunkt der Auseinandersetzungen zog sich die Polizei zeitweise völlig zurück, und die im brennenden Haus Eingeschlossenen waren schutzlos sich selbst überlassen. „Pogrom" bezeichnet die Übergriffe in Lichtenhagen recht gut. Den deutschen Nachbarn wurde ein Monat mietfreies Wohnen zugestanden. Die Angegriffenen erhielten keinerlei Kompensationsleistungen; nicht einmal eine offizielle Entschuldigung gab es. (Wikipedia 2022d; NDR 2022) Einem Spötter mag sich die Frage stellen, wie die Ordnungsmacht reagiert hätte, wenn die Randale von einer linksorientierten Gruppe ausgegangen wäre (vgl. Abschn. 3.6). ◄

Wehre den Anfängen!

Sie verstehen also, worauf ich in diesem Kapitel hinauswill. Neonazistisches, völkisches und ultrarechtes Gedankengut steckt in gewissen Teilen der deutschen Gesellschaft drin, ist fest in den Köpfen verankert – im West-

genauso wie im Ostteil der Republik, früher wie heute. Seine Anhänger möchten den Status quo erhalten: das bundesdeutsche Wirtschaftswunder, die D-Mark, die DDR und/oder die homogene weiße Gesellschaft – ein durch die Status-quo-Verzerrung beflügelter Irrglaube. Einige misstrauen dem Staat und der Verwaltung grundsätzlich und fordern einen Wechsel an der Spitze und gar eine Revolution, möglicherweise wieder mit einem starken Mann, der das alleinige Sagen hat. Aber das hatten wir ja alles schon, und viele glücklose und teilweise gescheiterte Staaten *(Failed States)* sind leider heute in genau solch einer Situation (Beispiele in Abschn. 5.4).

Natürlich gehören nicht alle sogenannten Wutbürger dazu und betätigen sich als Demonstranten und Populisten. Dafür treiben andere ihre faschistoiden Ideen in aller Heimlichkeit voran, was in der Konsequenz möglicherweise viel schlimmer ist. Sei es, wie es sei: Das Boiling-Frog-Syndrom lässt grüßen, wenn man die Rechtsradikalen gewähren lässt. „Wehre den Anfängen", lasen Sie in Abschn. 2.4 bereits. Erweitert heißt es: *Principiis obsta. Sero medicina parata, cum mala per longas convaluere moras.* („Wehre den Anfängen! Zu spät wird die Medizin bereitet, wenn die Übel durch langes Zögern erstarkt sind.") Das Zitat wird heute zumeist im Plural des Verbs gebraucht, um vor verderblichen Entwicklungen zu warnen – freilich ohne den Ursprung und Ovids ironisch gemeintes Pathos zu kennen. (Wikipedia 2022m)

Noch ein Zitat aus Kurbjuweits Essay: „Fast jedes neue Kraftwerk, fast jede Hochspannungsleitung, fast jedes Windrad, fast jede Straße ist umstritten, weil sie nicht in Lebensgefühle passen oder Lebenslagen verändern. Deutschland wird erstarren, wenn sich allerorten die Wutbürger durchsetzen. Die nächste Moderne wird von chinesischem Tempo und chinesischen Dimensionen bestimmt werden. Deutschland muss und sollte das nicht alles mitmachen, aber es muss und sollte Anschluss halten und nicht wütend das Überkommene verteidigen."

Tipp Liebe „Wutbürger": Benutzt zunächst einmal euren Verstand, bevor Ihr zum Randalieren auf die Straße geht, und besinnt Euch auf die Werte, welche die liberale Demokratie darstellt. Erinnert euch an einen Ausspruch der US-Präsidenten John F. Kennedy bei seiner Antrittsrede am 20. Januar 1961: „Frage nicht, was dein Land für dich tun kann – frage, was du für dein Land tun kannst."

3.3 2015: Radikalisierung der politischen Auseinandersetzung

Die Wutbürger mit ihrem Groll, der inzwischen immer breitere Kreise erfasst, lassen sich als lautstarke Bannerträger des Status quo einordnen. Machen wir einen kleinen zeitlichen Sprung, um sie im gesellschaftspolitischen Kontext weiter zu begleiten. Dazu wird es notwendig sein, die zunehmenden Tabubrüche durch diese allmählich radikaler werdenden Minderheiten aufzuspüren und zu thematisieren. Und Sie merken vermutlich schon: Wenn Adverbien wie „allmählich" im Text auftauchen, geht es neben der Status-quo-Verzerrung auch um das Boiling-Frog-Syndrom. Und der oben wiederholten Warnung vor den Anfängen.

Neben den zuvor genannten Spannungsfeldern *Ausländer* und *umstrittene Bauvorhaben* dominiert bei den Wutbürgern – die damals noch nicht so hießen, sich jedoch bereits so verhielten – schon seit 2002 ein Reizthema, das unterschiedlichste Gesellschaftsschichten verbindet: der Euro, der als Gemeinschaftswährung die liebgewonnene und für Stabilität stehende Deutsche Mark ersetzt hat. 2002 waren die Euro-Befürworter (39 %) noch in der Minderheit gegenüber den Euroskeptikern (52 %). 2014 befürworteten mittlerweile drei Viertel der Deutschen den Euro; eine Minderheit von 22 % lehnte ihn ab, obwohl die Vorteile erwiesenermaßen die Nachteile deutlich überwiegen (Wikipedia 2022g). Die Euroskepsis wurde von der Wirtschaftspresse teilweise noch gefördert (z. B. Fischer 2011). Und natürlich hat auch Thilo Sarrazin dazu eine Meinung, die er im Buch *Europa braucht den Euro nicht. Wie uns politisches Wunschdenken in die Krise geführt hat* (2012) seinen Fans kundgetan hat.

Viel älter als die Skepsis gegen die Euro-Währung ist die Kritik an der Europäischen Union und ihren Vorgängerorganisationen Europäische Gemeinschaft für Kohle und Stahl (EGKS, „Montanunion"), EWG und EG. Seit Bestehen der Gemeinschaft aus zunächst nur Deutschland, Frankreich, Italien und den Benelux-Staaten ist Kritik aus der einen oder anderen Richtung zu hören und war bereits früh ein Bestandteil der Geschichte des europäischen Integrationsprozesses. (Heute mit – nach dem Brexit – 27 EU-Staaten, darunter ein paar notorische Quertreiber, und zahlreichen weiteren

Interessenten auf dem Balkan und in Osteuropa ist sie nicht gerade kleiner geworden.) So fürchtete etwa die deutsche SPD in den fünfziger Jahren, die europäische Integration könnte ein Hindernis für die deutsche Wiedervereinigung werden; später betrieb sie dann eine integrationsfreundliche EU-Politik. Der französische Staatspräsident Charles de Gaulle vertrat in den 1960er-Jahren eine Position, die auf die Schwächung der Kommission und eine Umwandlung der Europäischen Gemeinschaften in einen Staatenbund abzielte. Am deutlichsten war die Ablehnung einer supranationalen Integration in Großbritannien, das fürchtete, auf diese Weise seine – tatsächliche oder gefühlte – politische Großmachtstellung zu verlieren. (Wikipedia 2022h)

AfD und PEGIDA

Und damit nähern wir uns dem Jahr 2015 – und den weiteren Entwicklungen im rechten Spektrum der politischen Orientierung. Diese hatten Deutschland eine neue Partei beschert, um die es in Abschn. 3.4 dann noch ausführlicher gehen soll. Daneben bildeten sich extremistische „Bürger"-Bewegungen, die der neuen Partei inhaltlich sehr nahestehen.

Die *Alternative für Deutschland* (Kurzbezeichnung: AfD) ist eine rechtspopulistische und rechtsextreme politische Partei. Sie wurde 2013 im gesellschaftlichen Klima des Wutbürgertums als EU-skeptische und rechtsliberale Partei gegründet. Im Juli 2015 spaltete sich unter Bernd Lucke ein wirtschaftsliberaler Flügel ab, während sich der überwiegende Rest der Partei deutlich nach rechts entwickelte. Politikwissenschaftler sehen Antisemitismus auf allen Ebenen der Partei stark ausgeprägt. (Wikipedia 2022a) Bereits im Europaprogramm 2014 heißt es: „Die AfD wird die deutschen Wähler aufrütteln angesichts des drohenden Verlusts unserer Souveränität an ein unausgegorenes Konstrukt der Vereinigten Staaten von Europa."

Einen europäischen Bundesstaat nach dem Vorbild der Vereinigten Staaten von Amerika lehnt die AfD ab, da es „keine europäische Nation und kein europäisches Staatsvolk" gibt. Das Souveränitätsverständnis der AfD stützt sich hier auf ein homogenes Volk, ein Begriff, der in Verbindung mit dem Staat eine wesentliche Rolle im konservativen Denken spielt und Grundlage von Identität, Staatszugehörigkeit und Souveränität ist. (Bebnowski 2015, S. 6–7)

Beispiel: Montags nie

Neben regelmäßigen dienstlichen Aufenthalten im sächsischen Freiberg (siehe Abschn. 3.1) bin ich ebenfalls des Öfteren nach Dresden gefahren, um mich mit Geschäftspartnern zu treffen, an Veranstaltungen teilzunehmen oder Seminare abzuhalten. Dabei habe ich mir, sofern ich die Wahl hatte, seit Herbst 2014 verkniffen, den Montagabend in dieser schönen Stadt zu verbringen. Angesichts des hier behandelten Themas mögen Sie ahnen, warum.

PEGIDA (ein Akronym für „Patriotische Europäer gegen die Islamisierung des Abendlandes") ist eine islam- und fremdenfeindliche, völkische, rassistische und rechtsextreme Organisation. Seit Oktober 2014 veranstaltet die Vereinigung in Dresden Demonstrationen gegen eine von ihr behauptete Islamisierung und die Einwanderungs- und Asylpolitik Deutschlands und Europas, bei der neurechte und rechtspopulistische Akteure aus Deutschland und anderen Staaten Europas auftreten. Um den Jahreswechsel 2014/2015 demonstrierten immer montags (der ebenfalls in Abschn. 3.1 erwähnte Schlag ins Gesicht der Montagsdemonstranten von 1989) rund 20.000 Menschen gegen die Islamisierung Deutschlands – während in ganz Sachsen nicht einmal 4.000 Moslems leben. Eine Abgrenzung von teilnehmenden Neonazis und Hooligans fand und findet nicht statt. Gegen mehrere PEGIDA-Organisatoren und -Redner sind Strafverfahren anhängig bzw. Verurteilungen erfolgt.

Verfassungsschutzbehörden der Länder weisen auf rechtsextreme Tendenzen bei PEGIDA selbst und ihren Ablegern in anderen Städten auch in Westdeutschland hin. Insgesamt radikalisiere sich die Bewegung seit 2015 immer mehr; allerdings verkleinert sie sich seit Ende desselben Jahres hinsichtlich der Teilnehmerzahlen an Demonstrationen inzwischen kontinuierlich. Ob mit PEGIDA-Organisatoren oder Demonstranten ein Dialog geführt werden kann und soll, ist von Anfang an Gegenstand kontroverser Diskussionen. Seit Mai 2021 wird die Bewegung durch das Landesamt für Verfassungsschutz Sachsen als „erwiesene extremistische Bestrebung" eingestuft und beobachtet. (siehe auch Götzke 2015, Wikipedia 2022o) ◀

„Wir schaffen das!" und die Leitkultur der CSU

In den Jahren 2015 und 2016 sind über eine Million Geflüchtete, Migranten und andere Schutzsuchende nach Deutschland eingereist. Der starke Zustrom innerhalb kurzer Zeit löste in unserem Land eine gesellschaftliche Debatte über die Ausrichtung der Asyl- und Flüchtlingspolitik der Europäischen Union und der Einwanderungs- und Flüchtlingspolitik Deutschlands aus. Bei der Aufnahme der Migranten durch die Bevölkerung in Deutschland und beim Umgang mit ihnen gibt es zwischen Willkommenskultur und Fremdenfeindlichkeit ein breites Spektrum an Einstellungen und Verhaltensweisen. Der Begriff „Flüchtlingskrise" ist umstritten (Wikipedia 2022j). Aus meiner Sicht handelte es sich um eine essenzielle Krise für die betroffenen Geflüchteten, jedoch keineswegs für uns überwiegend vom Wohlstand verwöhnte Deutsche.

Der später vielfach kritisierte Ausspruch „Wir schaffen das!", den Angela Merkel in der Bundespressekonferenz am 31. August 2015 machte und in den Folgemonaten mehrfach wiederholte, dürfte das bekannteste Statement der damaligen Bundeskanzlerin sein, und die negativen und teilweise hasserfüllten Reaktionen stellten eine Zäsur in der Bewertung der christlichen Nächstenliebe in Deutschland dar. Noch 2021 warnte der glücklose CDU-Kanzlerkandidat Armin Laschet im Wahlkampf: „2015 darf sich nicht wiederholen."

Die CSU (vgl. Abschn. 1.2) beklagt sich seit Jahren über den damaligen scheinbaren Rechtsbruch der Bundesregierung, die 2015 die Grenze zu Österreich geöffnet hat – allerdings erhebt sie diesen Vorwurf zu Unrecht (siehe Braun 2018). Das reiche Bundesland Bayern sieht sich als Opfer der Flüchtlingspolitik und macht sich seitdem für Ab- und Ausweisung sowie Rückführung und Obergrenze stark. „Wer bei uns bleiben will, muss die deutsche Leitkultur anerkennen und leben", heißt es bei der CSU (2015); „Multikulti ist gescheitert" ist noch ein harmloserer von zahlreichen markigen Sprüchen. Für eine kritische Betrachtung vgl. z. B. Geuther und Watzke 2016, wo Sie auch nachfolgende sich gegenseitig ausschließende Zitate finden:

- „Wer unsere Leitkultur nicht akzeptiert, der muss ganz einfach mit Sanktionen rechnen." *Emilia Müller (CSU)*

▶ „Leitkultur ist ein unbestimmter Begriff, und das ist auch gut so."
Markus Blume (CSU)

Entsprechend massiv waren und sind die Vorstöße der CSU, dass sich Geflüchtete in Bayern nicht wohlfühlen sollen und bis zur möglichen Abschiebung konsequent isoliert werden müssen (Pro Asyl 2015, 2017; Wikipedia 2022b und dort aufgeführte Quellen). Dies deckt sich mit meiner eigenen Erfahrung in dem oberbayerischen Landkreis, in dem ich wohne. Mit dem Begriff „Asyltourismus" haben Bayerns Ministerpräsident Markus Söder und Innenminister Joachim Herrmann die Flucht vor Gewalt, Krieg, Folter, Verfolgung, Hunger oder Armut zur Urlaubsreise umgedeutet (Biazza 2018). Und so wundert es nicht, dass man in den CSU-Ortsverbänden befürchtete, Bayern werde von Flüchtenden überrannt; Migranten etwa aus dem afrikanischen Eritrea[1] wurden als „Militärdienstflüchtlinge" bezeichnet, und das N-Wort fand Verwendung. Da auch mein eigener Vater Flüchtling war – zum Ende des Zweiten Weltkriegs aus den deutschen Ostgebieten (Wenski 2022a) und später aus der DDR –, finde ich derartige scheinheilige Arroganz zynisch und menschenverachtend.

Flüchtende zwischen Willkommenskultur und Ablehnung

Während Hoyerswerda und Rostock-Lichtenhagen noch als Einzelfälle abgetan wurden, ist ab 2015 eine deutliche Radikalisierung der politischen Auseinandersetzung besonders in der Flüchtlingsfrage zu beobachten, was wiederum an das Boiling-Frog-Syndrom denken lässt. Die sexuellen Übergriffe in der Silvesternacht 2015/16 auf dem Kölner Bahnhofsvorplatz und anderswo durch eine aus Nordafrika stammende Tätergruppe und vor allem der Anschlag auf den Berliner Weihnachtsmarkt an der Gedächtniskirche am 19. Dezember 2016 mit zwölf Toten durch den Tunesier Anis Amri

[1] Nur zur Erinnerung: Eritrea wird auch als „hermetischer Polizeistaat" und „Nordkorea Afrikas" bezeichnet; die besorgniserregende Menschenrechtssituation dort ist Wikipedia ein eigenes Stichwort wert (2022n). Das totalitär regierte Land hat bei der Abstimmung in der UN-Vollversammlung am 2. März 2022 zusammen mit Nordkorea, Syrien, Belarus und Russland gegen eine Resolution gestimmt, die den Angriff Russlands auf die Ukraine verurteilt hat. Eritreischen Flüchtenden droht in Libyen Entführung und Folter unter anderem durch eigene Landsleute, um weitere hohe Summen von ihren Angehörigen zu erpressen.

entfachten den fanatischen Widerstand bestimmter Kreise in der Bevölkerung gegen die Flüchtlingspolitik der Großen Koalition. Die Folge war ein Anstieg flüchtlingsfeindlicher Angriffe und eine sprachliche Verrohung (siehe Abschn. 5.3); rechtsextremistische Positionen stießen im bürgerlich-rechtspopulistischen Spektrum nicht mehr in allen Fällen auf Ablehnung.

Abb. 3.2 Flüchtende am 24. Oktober 2015 nachts auf der Innbrücke zwischen Braunau (Österreich) und Simbach (Niederbayern), ganz in der Nähe meines Wohnorts. Foto: Christian Michelides (Wikipedia; CC BY-SA 4.0)

Im genannten Wikipedia-Artikel (2022j) sind für den Dreijahreszeitraum ab 2016 neben dem Berliner Anschlag nur drei weitere größere islamistisch motivierte Vorfälle aufgelistet, allerdings 21 Polizeiaktionen wegen Terrorverdacht. Unbehagen und Ängste vieler Bürger hinsichtlich der möglichen, durch die hohe Zahl der Flüchtenden verursachten gesellschaftlichen und ökonomischen Konsequenzen hatten laut Verfassungsschutz zugenommen. Ein Viertel der in der Flüchtlingsarbeit engagierten Personen wurden wegen ihres Engagements angefeindet oder beleidigt. Das Bundeskriminalamt berichtete bereits Ende August 2015 von einer Verdopplung rechtsextremistisch motivierter Straftaten gegen Asylbewerberunterkünfte.

▶ **Tipp** Ist Ihnen schon einmal aufgefallen, dass hellhäutige blauäugige Flüchtende christlichen Glaubens (aktuell aus der Ukraine) anders bei uns aufgenommen werden als dunkle braunäugige Moslems? Behandeln Sie alle Fremden gleich, fair und mit Respekt, denn sie sind Gäste in unserem Land und vielfach nicht aus Jux und Tollerei migriert.

Und damit sind wir wieder zwanglos beim politischen Arm dieser Hetze. Rechte Parteien wie die AfD instrumentalisierten die vermeintliche Krise, indem sie sich als Beschützer jüdischen Lebens gegen die Islamisierung gerierten – was sich bis heute nicht geändert hat. Muslime, die seit Jahrzehnten in Deutschland leben, werden mit den Geflüchteten in einen Topf geworfen. Populisten verbreiten eine verschwörungstheoretische Deutung der Flüchtlingsbewegung: Sie sei nicht auf Push-Faktoren in den Herkunftsländern zurückzuführen, sondern auf das absichtsvolle Wirken geheimer Eliten, die eine Umvolkung oder eine Zerstörung der Werte des christlichen Abendlandes im Schilde führten.

▶ Die Selbstbehauptung, dass die AfD jüdisches Leben schütze, sollte man nicht allzu ernst nehmen. Die rechtsextreme Partei bemüht immer wieder antisemitische Stereotype – zu diesem Ergebnis kommt eine Analyse im Auftrag des *American Jewish Committee*. Solidarität mit Israel und der jüdischen Gemeinde zeige die Partei nur zwecks „migrationsfeindlicher Propaganda". Antisemitismus gehört zum programmatischen Kern der AfD. (Spiegel 2021)

3.4 2019: AfD – Alternative zur Demokratie?

Abschn. 3.3 hat bereits einen kleinen Vorgeschmack dessen geliefert, wohin ein gezielt angestacheltes Wutbürgertum führen kann. Trotz Pressefreiheit und Meinungspluralität in Deutschland – oder gerade deswegen? – fallen nicht unerhebliche Teile der Bevölkerung immer wieder auf Verführer und Demagogen aus der völkisch-rechten Schmuddelecke herein. Denn anscheinend hat nicht jeder im Geschichtsunterricht beim Kaiserreich Wilhelm II. (der in Abschn. 1.4 bereits einen Auftritt hatte) und besonders bei Weimar und dem 1000-jährigen Reich (das nur ganze zwölf Jahre bestand) aufgepasst. Inzwischen hatte der Hetzer Thilo Sarrazin mit seinem Buch *Feindliche Übernahme: Wie der Islam den Fortschritt behindert und die Gesellschaft bedroht* (2018) noch einmal agitatorisch nachgelegt.

Was waren wir alle 2019 noch naiv. Dass nach dem nächsten Jahreswechsel die COVID-19-Pandemie weltweit flächendeckend mit bisher mehr als sechs Millionen Todesopfern zuschlagen und die Funktionsträger und Menschen über Jahre hinaus beschäftigen würde, ahnte damals noch niemand. Jedoch hat es bereits lange vorher Warnungen vor einem solchen Szenario und entsprechende Übungen gegeben, z. B. LÜKEX 2007 in Deutschland (BBK o. J.) und SPARS 2017 in den USA (Wikipedia 2022r).

Biedermann und die Brandstifter

Zunächst zu 2019 also, und dem weiteren Fortschreiten von Wutbürgertum, Radikalisierung der AfD und Spaltung der Gesellschaft. Bei der sächsischen Landtagswahl 2019 erhielt die AfD 27,5 % der Zweitstimmen und errang fast ein Drittel der Parlamentssitze. In Brandenburg waren es im gleichen Jahr 23,5 %, in Thüringen 23,4 % der Zweitstimmen, in Sachsen-Anhalt 2021 20,8 %. (In den westdeutschen Bundesländern stimmten bei den letzten Wahlen im Schnitt „nur“ rund 6 % der Wähler für die AfD. Bei der Bundestagswahl 2021 erhielt die Partei 10,3 % der abgegebenen Stimmen – 2,3 % weniger als 2017.)

Ein ostdeutsches Problem also? Das Landesamt für Verfassungsschutz hat den Landesverband Sachsen im Januar 2021 als rechtsextremen Verdachtsfall eingestuft – bereits als viertes Landesamt neben Brandenburg, Thüringen und Sachsen-Anhalt, welche die jeweiligen AfD-Landesverbände ebenfalls als Verdachtsfall behandeln (ZEIT 2021). Inzwischen werden auch der AfD-Landesverbände Baden-Württemberg und Hessen wie auch die Gesamtpartei (letztere durch das Bundesamt für Verfassungsschutz, BfV) beobachtet – nicht zuletzt wegen einiger Führungsfiguren, die für faschistisches Gedankengut stehen und dieses wortgewaltig verbreiten. (bpb 2022) Für Beamte könnte eine AfD-Mitgliedschaft somit zu Problemen mit ihrem Dienstherrn führen. Bemerkenswert ist, dass ein beachtlicher Teil der AfD-Spitzenfunktionäre aus dem Westen kommt und in den östlichen Bundesländern sein Betätigungsfeld gefunden hat.

Bereits 2017, nachdem die rechtsextremistische Partei bei der Bundestagswahl in Sachsen stärkste Kraft geworden war, veröffentlichte Davide Cantoni, Professor für Wirtschaftsgeschichte an der LMU München, in einem ersten Entwurf die bemerkenswerten Ergebnisse einer Untersuchung zum Wählerverhalten. Danach besteht bei AfD-Wahlergebnissen eine starke Korrelation zwischen der Stimmabgabe in den Orten, in denen 1928–1933 verstärkt die NSDAP gewählt wurde, und Gemeinden, in denen heutzutage die AfD bei Wahlen erfolgreich gewesen ist. Einen direkten inhaltlichen Vergleich zwischen AfD und NSDAP lehnte Cantoni ab, betonte aber, dass beide Parteien offensichtlich Menschen mit relativ schnellen und national gefärbten Lösungen für Probleme und Krisen der Zeit, mit ihrem Insider-Outsider-Denken ansprechen. (Cantoni et al. 2019)

▶ „Politische Traditionen werden dann eher weitergegeben, wenn sich Menschen in einer Community bewegen, in der sie relativ wenig Kontakt zu anderen Leuten, anderen Denkweisen, anderen Lebensstilen haben. Deshalb sehen wir solche Kontinuität in der politischen Denkweise häufiger und stärker in kleineren Ortschaften im ländlichen Raum als in großen Städten. (...) Gut erforscht ist, dass es eine relativ hohe Korrelation gibt im Denken von Eltern und Kindern." (Cantoni 2019)

Zur Alternative für Deutschland ist in den letzten Jahren sehr viel diskutiert und veröffentlicht worden; eine Übersicht würde hier den Rahmen sprengen (für Detailinformationen siehe z. B. Wikipedia 2022a und dort aufgeführte Quellen). Der AfD-Ehrenvorsitzende Alexander Gauland bekannte sich im November 2021 in der *Welt* ganz offen dazu, Unfrieden in die CDU/CSU hineinzutragen, um später vielleicht mit diesen zu koalieren. In internen Chats faselten bayerische AfD-Funktionäre zwischen 2017 und 2021 davon, dass man in dem angeblich von „Verbrechern" regierten Deutschland „ohne Umsturz und Revolution keinen Kurswechsel" erreiche, wie ein Kreisvorsitzender der Partei schrieb. Welcher theateraffine Deutsche fühlt sich da nicht an Max Frischs Stück *Biedermann und die Brandstifter* erinnert, das unter dem Eindruck des kurz zuvor beendeten Zweiten Weltkriegs entstanden war? Es handelt von einem Bürger namens Biedermann, der zwei Brandstifter in sein Haus aufnimmt, obwohl sie von Anfang an erkennen lassen, dass sie es anzünden werden.

► **Tipp** Diesmal als Suggestivfrage formuliert: Wann wird es dem Frosch (dem Wähler) also endgültig zu heiß, und er springt aus dem Wasser (und der Bürger wählt eine Partei, die für freiheitlich-demokratische Grundwerte steht)?

Risse innerhalb der AfD

So wie die AFD-Wahlergebnisse in Ostdeutschland eine ernstzunehmende Bedrohung für Pluralismus und freiheitliche Demokratie darstellen, ist dies ebenso die innere Zerrissenheit in der AfD, bei der sich die radikalsten Kräfte am meisten Gehör verschaffen. Auf der Basis von EU-Skepsis und Nationalismus gibt es in der AfD verschiedene, teils widersprüchliche innerparteiliche Vereinigungen, informelle Parteiflügel und Einzelmeinungen. Nach diversen Spaltungen sind in der Partei nationalkonservative, wirtschaftsliberale, wertkonservative, christlich-fundamentalistische und direktdemokratische Kräfte verblieben. Daneben haben sich Mitglieder intern organisiert, die autoritäre, völkisch-nationalistische, homophobe, antifeministische, antisemitische und geschichtsrevisionistische Positionen vertreten. Es ist also für jeden etwas dabei, der meinungsmäßig in derartige Richtungen tendiert. Mehrere Landesverbände und andere Teile der AfD unterhalten Verbindungen zu neurechten Gruppierungen, beispielsweise zur rechtsextremen *Identitären Bewegung* und zu PEGIDA, was seit 2018 ebenfalls zur erwähnten Beobachtung durch verschiedene Landesämter für Verfassungsschutz geführt hat. Randnotiz mit Blick auf Kap. 7: Die AfD ist die einzige im deutschen Bundestag vertretene Partei, deren Umwelt- und Klimapolitik auf der Leugnung der menschengemachten globalen Erwärmung fußt.

Der Rechtsextremismus bekommt *Flügel*

Im März 2015 initiierte der faschistische Thüringer AfD-Vorsitzende Björn Höcke mit André Poggenburg gegen den Kurs des Parteivorstands die *Erfurter Resolution*, in der sie eine „konservativere" Ausrichtung der Partei fordern. Die informelle völkisch-nationalistische Strömung innerhalb der AfD nannte sich in der Folge *Der Flügel*. Dieser kritisierte unter anderem mit Blick auf PEGIDA, die Partei habe „sich von bürgerlichen Protestbewegungen ferngehalten" und sich „in vorauseilendem Gehorsam" von ihnen distanziert. Der *Flügel* konnte bei innerparteilichen Abstimmungen 2019 bis zu 40 % der Delegierten in Ostdeutschland hinter sich bringen. (Im Westen liegt die Zahl anscheinend deutlich niedriger.) Führungsleute dieses Parteiflügels knüpfen bewusst an rechtsextremistischen und nationalsozialistischen Sprachgebrauch an. Laut dem AfD-Bundestagsabgeordneten Jens Maier[1] bekannten sich im Jahr 2019 geschätzt 70 % der AfD Sachsen zum *Flügel*.

Im März 2020 wurde *Der Flügel* vom Bundesamt für Verfassungsschutz als „gesichert rechtsextremistische Bestrebung gegen die freiheitliche demokratische Grundordnung" eingestuft. Seitdem werden auch seine Vertreter nachrichtendienstlich beobachtet. Nach der Aufforderung des AfD-Bundesvorstands, den Zusammenschluss bis Ende April 2020 aufzulösen, gingen Online-Angebote der Gruppierung vom Netz. Über eine tatsächliche Auflösung liegen den Sicherheitsbehörden keine gesicherten Erkenntnisse vor. Der Verfassungsschutz Brandenburg etwa sprach von einer „Scheinauflösung": Man gehe davon aus, dass sich die Anhänger weiterhin treffen und vernetzen. Viele Experten nehmen an, dass die Strukturen inoffiziell weiter bestehen, denn durch die formale Auflösung ändere sich das radikale Gedankengut ja nicht. (Wikipedia 2022f; vgl. auch Abschn. 3.6)

Sozialwissenschaftler, Historiker und das BfV bezeichnen Höcke als Rechtsextremisten und stellen in seinen Äußerungen Faschismus, Rassismus, Geschichtsrevisionismus, teilweise Antisemitismus und die Übernahme von Sprache und Ideen des Nationalsozialismus fest. Seit Anfang 2020 überwacht der Verfassungsschutz Höcke mit nachrichtendienstlichen Mitteln. (Wikipedia 2022e)

Mit dem – vorzeitig abgebrochenen – AfD-Parteitag im Juni 2022 in Riesa (dem „Parteitag der fallenden Masken") hat Höcke die Partei letztlich voll unter seine Kontrolle gebracht und seinen Extremkurs klar abgesteckt: „Wir sind die Dissidenten-Partei" und „Wir bestimmen selbst, wer Extremist ist" sind nur zwei seiner vielen verstörenden Botschaften. (Küstner 2022)

[1] Maier (geb. 1962 in Bremen) war Richter mit NPD-freundlicher Rechtsprechung. Er kokettierte als AfD-Bundestagsabgeordneter und *Flügel*-Rechtsextremist offen mit Rassismus und prangerte die „Herstellung von Mischvölkern" an. Nachdem Maier 2021 aus dem Parlament ausschied, war es behördlicherseits recht aufwendig, dessen Rückkehr auf seine sächsische Richterstelle zu verhindern.

Und noch ein Umstand aus dem Jahr 2019, um das es in diesem Abschnitt geht, ist berichtenswert – und bedenklich: die erneute und stärker werdende Bezugnahme radikaler Kräfte auf die friedliche Revolution in der DDR 1989, diesmal durch die AfD in den Landtagswahlkämpfen in Sachsen, Brandenburg und Thüringen. Höcke etwa behauptete auf einem Treffen des *Flügels*, es fühle „sich wieder so an wie damals in der DDR".[1] Damit und mit Slogans wie „Vollende die Wende", „Wende 2.0" oder „DDR 2.0" setzte die AfD das politische System der Bundesrepublik mit dem SED-Staat gleich und rief zum Widerstand gegen politische Repräsentanten auf, die einen angeblich auf der Straße repräsentierten Volkswillen nicht umsetzen würden.

Eine derartige Umdeutung von „1989" war zuvor schon mehrfach zu beobachten, etwa bei den Montagsdemonstrationen gegen die Hartz-IV-Reformen im Sommer 2004 oder durch PEGIDA ab Herbst 2014 (Hartmann und Leistner 2019). Dies wurde von ehemaligen DDR-Bürgerrechtlern scharf kritisiert, die darin eine „Geschichtslüge" sehen. Historiker warfen der AfD bereits 2019 vor, mit solchen Sprüchen nicht nur die DDR-Diktatur zu verharmlosen, sondern darauf abzuzielen, das zu vernichten, wofür die Revolution und die Bürgerrechtler von 1989 stehen und angetreten waren: die Errichtung einer offenen Gesellschaft. (vgl. Fiedler 2019, Gensing und Kumpfmüller 2019)

Des Kaisers neue Kleider

Dann kam COVID-19 und hat den Wutbürgern im Verbund mit den Ultrarechten und Völkischen, die erneut friedliche Demonstrationen und Bewegungen gekapert und die Deutungshoheit übernommen haben, eine völlig unerwartete Projektionsfläche für ihr gefährliches Gedankengut präsentiert – ein Umstand, der ihnen quasi als *Windfall Profit* in den Schoß fiel und sie wieder auf die Straße trieb.

[1] Höcke (geb. 1972 in Lünen in Westfalen) dürfte die DDR herkunfts- und altersbedingt wohl kaum gekannt haben, was diesen Unfug erklären mag. Eltern haben heute Angst, dass dieser Faschist nach Scheitern seiner Führerfantasien und Rückkehr als Geschichtslehrer nach Hessen in Zukunft wieder ihre Kinder unterrichten darf – ebenso wie weiteren AfD-Radikalen der Rückweg ins Richteramt oder zur Polizei nur schwer verwehrt werden kann.

Der Politikwissenschaftler und Soziologe Floris Biskamp vertrat 2019 aufgrund von Daten aus Forschungsprojekten zur Verbreitung gruppenbezogen menschenfeindlicher und autoritärer Einstellungen die Ansicht, dass es in der Bundesrepublik „wohl immer ein Potenzial für eine im zweistelligen Bereich erfolgreiche rechtsradikale Partei" gegeben habe. Die AfD mobilisiere diese bestehende Bevölkerungsgruppe. Zu der Verschiebung der in Abschn. 2.4 erwähnten Grenzen des Sagbaren stellte er fest, dass es auch in den Jahrzehnten der Nachkriegsgeschichte „Relativierungen des Nationalsozialismus, (...) Rassismus, Antisemitismus, Sexismus, Heterosexismus wie heute bei der AfD" gegeben habe. Dazu nannte er die Namen Helmut Kohl, Alfred Dregger, Martin Hohmann und Franz-Josef Strauß.

Die alltäglichen Formen von Rassismus und Sexismus würden heutzutage sogar viel eher öffentlich problematisiert als in den 1990er-Jahren und könnten nicht mehr so unwidersprochen geäußert werden. Die radikale und extreme Rechte ist laut Biskamp zwar eine reale Gefahr; er sieht die Erfolge der AfD jedoch primär in der eingebüßten Bindungskraft der Volksparteien begründet. Die Gefahr für die Demokratie bestehe gegenwärtig vor allem darin, „dass andere Parteien rechtspopulistische Rhetorik und Politik kopieren und normalisieren". In diesem Zusammenhang sei noch angemerkt, dass die AfD keineswegs ein Monopol auf derartige sprachliche Entgleisungen und Tabubrüche besitzt. Andere radikale Organisationen und auch Parteien, etwa die *Basisdemokratische Partei Deutschland* („dieBasis" *[sic! – dies ist kein Tippfehler]*) als politischer Arm der Querdenkerszene, äußern sich noch viel unverhohlener judenfeindlich, ohne dafür angemessen juristisch belangt zu werden (Rohwedder 2021). Zur Erinnerung: Das sind diejenigen Kreise, die täglich Tötungsaufrufe auf *Telegram* verbreiten (Wiebe 2022).

Hier schlägt nach dem Märchen von Hans Christian Andersen das *Des-Kaisers-neue-Kleider-Syndrom* zu, ein weiterer kognitiver Irrtum (vgl. Abb. 3.3). Es beschreibt die Beobachtung, dass ein Denkmodell oder eine Glaubensstruktur ohne Grundlage und unterstützende Fakten nur dann bestehen und überleben kann, wenn jeder gewillt ist, daran zu glauben. Wie viele andere erkannte dies auch der damalige Bundesinnenminister Horst Seehofer (CSU), durfte aber die AfD im Interview mit der Nachrichtenagentur dpa 2018 nicht als „staatszersetzend" bezeichnen. Da er diese

Äußerung als Mitglied der Bundesregierung getätigt hatte – und damit zur politischen Neutralität verpflichtet gewesen wäre –, pfiff ihn das Bundesverfassungsgericht zurück. (Ein ähnliches Urteil richtete sich im Juni 2022 gegen Ex-Kanzlerin Angela Merkel.) Jeder demokratisch eingestellte Staatsbürger darf jedoch die AfD und weitere rechtsextremistische Parteien und Vereinigungen mit passenden Adjektiven beschreiben, von denen Sie oben Kenntnis erhalten haben – und sollte dies auch tun.

Abb. 3.3 Des Kaisers neue Kleider. Entwurf: Bläser (DDR-Briefmarke 1975)

▶ Dass die AfD bei den Wahlen 2021/22 rückläufige Stimmergebnisse zu verzeichnen hatte und bei der Landtagswahl am 8. Mai 2022 in Schleswig-Holstein erstmals aus einem Parlament geflogen ist, gibt Anlass zur Hoffnung, dass eine gute Urteilskraft bei den meisten Wählern nach wie vor vorhanden ist.

3.5 2022: Eskalierende Demonstrationen

„Doch die alles, wat anders ess, stührt (...) bruuchen wer, der se verführt" heißt es in einem dystopischen Song der Kölner Gruppe BAP, auf den wir in Abschn. 5.3 noch genauer zu sprechen kommen. Doch die alles, was anders ist, stört, brauchen nicht nur jemanden, der sie verführt, sondern finden ihn gewöhnlich auch. Anführer, Aufhetzer und Einpeitscher kommen – schon traditionell – meist aus dem rechtsextremistischen Lager. Wer denkt da nicht unmittelbar an den in Abschn. 3.4 erwähnten *Flügel*-Stürmer „Bernd" Höcke, Berufsfaschist und vielfach erwähnt in der ZDF-Satiresendung *heute-show* (siehe z. B. Mansholt 2018).

Derartige Agitatoren haben – knapp 100 Jahre nach Adolf Hitlers *Mein Kampf* und 90 Jahre nach der Machtergreifung durch die Nazis – heute in Deutschland anscheinend erneut Konjunktur. Und leider gibt es genügend Leute, die auch im Vollbesitz ihrer geistigen Kräfte wieder darauf hereinfallen. Demagogen und Volksverführer können sich in ihrer Vorgehensweise auf den Arzt und Psychologen Gustave Le Bon (1841–1931) berufen, der in seinem Hauptwerk *Psychologie der Massen* (1895) eben dieses Verhältnis zwischen Führer und Masse untersucht hatte und vor derartigen Verführern warnte. Er ging davon aus, dass die kopflose Masse ein destruktiver Organismus ist, der sich nach einer Führerfigur sehnt und dieser unreflektierte, teilweise bedingungslose Gefolgschaft leistet – die Einzelnen werden zu einem triebgesteuerten Kollektiv.

▶ „Wählermassen sind nicht zu überlegten Urteilen fähig, sondern nur zu eingeflößten. Dennoch ist das allgemeine Stimmrecht zu erhalten. Die Beschränkung des Stimmrechts auf besondere Personengruppen führt nicht zu besseren Entscheidungen."

Gustave Le Bon (zitiert nach Wikipedia 2022q*)*

Über die Corona-Pandemie ist in den letzten drei Jahren sehr viel berichtet worden, und auch Abschn. 4.4 geht in Zusammenhang mit Fake News nochmals näher darauf ein. Wenn diese Zeilen veröffentlicht werden, ist die Lage sicherlich schon wieder eine andere verglichen mit dem Zeitfenster, in dem ich sie in den Laptop getippt habe. Vermutlich ernster.

Querdenker, Coronaleugner und Impfgegner

Die Mehrheit der Deutschen sieht den gesellschaftlichen Zusammenhalt inzwischen noch weiter schwinden. Zwar scheint es nur eine kleine Minderheit zu sein, die nicht mehr gesprächsbereit ist, doch kann man die Polarisierung inzwischen stark in allen Bereichen des Alltags spüren. Aber wirklich neu ist die Sorge um das Miteinander nicht: Bereits früher standen sich die Menschen in Deutschland bei brisanten Fragestellungen teilweise feindlich gegenüber: Die Älteren denken dabei neben den in Abschn. 3.2 erwähnten Themen etwa an die Kontroversen zur Nachrüstung in den 1960ern, meine Generation an die Proteste gegen die Kernenergie in den 1980er-Jahren. (vgl. Schulte von Drach 2022)

In Abschn. 3.1 wurde das Phänomen am Beispiel des sächsischen Freibergs bereits angesprochen: Im Jahr 2021 richtet sich der Protest der Wutbürger auf der Straße – immer noch eine prozentual kleine, aber lautstarke Minderheit, die nun unter dem Begriff „Querdenker" operiert – gegen die Corona-Schutzmaßnahmen. Allerdings ist er derart umfangreich und radikal geworden, dass die öffentliche Ordnung teilweise gefährdet war und ist. Nun sollte das niemanden wirklich wundern, wenn man sich das Ergebnis einer Forsa-Umfrage zur Bundestagswahl 2021 vor Augen hält: Zwei von drei ungeimpften Erwachsenen wählen entweder AfD (50 %), die DieBasis (15 %) oder eine andere rechte Gruppierung (Hecking und Maxwill 2021). In den USA sind viele Anhänger von Trumps Republikanern ungeimpft.

In nahezu jeder großen Stadt haben umfangreiche und in Kleinstädten kleinere Protestveranstaltungen stattgefunden. Im Laufe des Jahres 2021 beobachteten verschiedene Experten sowie der Verfassungsschutz eine Radikalisierung der Querdenker-, Coronaleugner- und Impfgegner-Szene, die auch mit einer zunehmenden Gewaltbereitschaft einhergeht. Durch Querdenker, Maskenverweigerer und Impfgegner sind immer wieder

Gewalttaten gegen Mitbürger verübt und Bedrohungen ausgesprochen worden. Wiederholt griffen sie z. B. andere Menschen an, die sie aufforderten, im ÖPNV, Einkaufszentren, Arztpraxen usw. eine Maske zu tragen – trauriger Höhepunkt waren Mordfälle z. B. in Idar-Oberstein und Königs Wusterhausen. Zudem kam es bis September 2021 vielfach zu Attacken auf Impfzentren samt Sachbeschädigungen, darunter auch mindestens einem Brandanschlag. Darüber hinaus wurden – wie in Abschn. 3.1 erwähnt – Politiker und Ärzte immer hemmungsloser bedroht; auch dazu komme ich in Abschn. 4.4 noch. Viele Täter in diesem radikalen Protestumfeld waren bislang polizeilich unbekannt (Bongen et al. 2022). Auffällig ist, dass sich unter Impfgegnern und auch unter den Corona-Leugnern zahlreiche Beschäftigte des Gesundheitswesens finden.

Zusätzlich erfolgten regelmäßig Angriffe auf Journalisten, die von Demonstrationen berichteten. Dies führte 2021 zu einer Herabstufung Deutschlands bei der Pressefreiheit durch *Reporter ohne Grenzen*: vom „gut" auf „zufriedenstellend". Die Gewalttäter innerhalb der Querdenker-Bewegung begründen ihre Vergehen damit, dass die öffentlich-rechtlichen Medien „Hofberichterstatter" der Regierung seien, sofern sie nicht deren krude Narrative verbreiten. (Eine regelmäßig aktualisierte Darstellung der Entwicklungen findet sich etwa unter Wikipedia 2022p mit zahlreichen Quellenangaben.)

▶ Seit Anfang 2022 verabreden sich Corona-Leugner und Maßnahmengegner über Messengerdienste wie *Telegram* zu nicht genehmigten Corona-„Spaziergängen". Spazierengehen hat damit seine Unschuld verloren, und es wäre korrekter, in diesem Zusammenhang von *Flashmobs*[1] zu sprechen. Dabei gäbe es so viele gute Gründe für Demonstrationen.

Anfang 2022 hörte eine breite Öffentlichkeit vor allem in Süddeutschland erstmals von der Gruppierung „München steht auf". Diese Gegner der Pandemie-Maßnahmen trafen sich immer wieder mittwochs in der Münchner Innenstadt zu besagten Corona-„Spaziergängen". Nachdem die Stadt

[1] **Flashmob:** scheinbar spontane Menschenaufläufe auf öffentlichen oder halböffentlichen Plätzen; spezielle Ausprägungsform der Cybergesellschaft unter Nutzung von Mobiltelefonen und Internet, um kollektive direkte Aktionen zu organisieren (Wikipedia 2022i)

derartige spontane Versammlungen durch Allgemeinverfügung untersagt hatte, beschritt der Organisator Melchior Ibing – bisher ungestraft – neue Wege des Protests: Über den *Telegram*-Kanal der Gruppe rief er dazu auf, das Münchner Kreisverwaltungsreferat mit einer Flut von Versammlungsanzeigen gezielt lahmzulegen: das neue Hobby „Behörden nerven" (Mölter 2022). Freiberg (Abschn. 3.1) lässt grüßen!

Inzwischen hat sich der politische Druck auf den in Russland entwickelten Messengerdienst *Telegram*, eine in diesen Kreisen beliebte WhatsApp-Alternative, deutlich erhöht, nachdem dort nicht nur unverhohlen „Spaziergänge" und weitere Protestaktionen organisiert werden, sondern unverblümt auch in offen einsehbaren Gruppen Mordpläne artikuliert werden. Da sich *Telegram*-Gründer Pawel Durow und seine Mitarbeiter als digitale Nomaden sehen und kein Impressum angeben, ist es für die deutschen Behörden schwierig, im Unternehmen überhaupt einen Ansprechpartner zu finden, um derartige Tweets löschen zu lassen.

▶ **Tipp** Falls Sie gegen Ihren Willen in eine radikale Demonstration hineingeraten, suchen Sie schnell das Weite. Fangen Sie keinesfalls an, mit den Leuten zu diskutieren oder sogar zu filmen, denn sonst kann es Ihnen gehen wie einem Kamerateam der *heute-show*, das am 1. Mai 2020 auf einer Demonstration gegen Corona-Schutzmaßnahmen von einer Gruppe mit Metallstangen und Totschlägern gezielt angegriffen wurde. Das Resultat waren sechs verletzte Mitarbeiter, wovon vier Personen im Krankenhaus behandelt werden mussten.

Österreich, Kanada und Russland

Auch in anderen Ländern erreichten die Proteste rechter Mobs und Fanatiker gegen Anti-Corona-Maßnahmen eine beunruhigende Dimension. Die meisten Österreicher akzeptieren das Gesetz zur Impfpflicht (das ab März 2022 gelten sollte, dessen Umsetzung jedoch kurz vorher ausgesetzt wurde). Doch ein kleiner Teil der Gegner und Skeptiker widersetzt sich strikt den angeordneten Maßnahmen. Diese Menschen sind nicht mehr erreichbar, haben sich in ihre eigene Welt zurückgezogen, wo sie sich zunehmend radikalisieren. Auf Großdemonstrationen etwa in Wien mischten sich behördlich bekannte Neonazis und Identitäre unter die Demonstranten, und immer wieder kam es zu Eskalationen. Die Bedrohungen bis hin zu Mordaufrufen werden auch in Deutschland konkreter, und der Staatsschutz hat eine Liste mit Informationen zu möglichen Schutzmaßnahmen für Arztpraxen herausgegeben, in der auf das Installieren einer Alarmanlage hingewiesen wird sowie auf einen vorsichtigen Umgang mit Postsendungen. (siehe z. B. Tillack 2022)

Wo die Proteste hinführen können und welche auch wirtschaftlichen Folgen damit verbunden sein können, zeigten die Aktionen von Lkw-Fahrern Anfang 2022 in mehreren Teilen Kanadas. Diese hatten im Januar begonnen, gegen die Impfvorschriften beim Überqueren der Grenze zu den USA zu demonstrieren. Die *Ambassador Bridge* zwischen Windsor und Detroit wurde blockiert: die Hauptverkehrsader zwischen Kanada und den USA, über die 25 % des Handels zwischen beiden Ländern abgewickelt werden. Innerhalb kurzer Zeit waren die Demonstrationen zu einem allgemeinen Protest gegen die Regierung Trudeau und deren Corona-Politik angewachsen und entwickelten sich zum Teil zu Grillfesten mit viel Bier und lauter Rockmusik. Die Hauptstadt Ottawa rief den Notstand aus, nachdem die Trucker für fast zwei Wochen das öffentliche Leben lahmgelegt und die Anwohner zusätzlich durch ständiges Hupen entnervt hatten.

Der Überfall der russischen Armee auf die Ukraine wird in Abschn. 4.5 thematisiert. An diese Stelle passt allerdings im Vorgriff darauf, dass ich auf die Geistesverwandtschaft zwischen ultrarechten Gruppen in Deutschland und der menschenverachtenden und völkerrechtswidrigen Expansionspolitik von Machthaber Putin hinweise. So verteidigen verschiedene Querdenker und Rechtsradikale die Aggression Russlands nicht minder vehement als einige radikale Linke. Viele von ihnen sehen in Putin einen Widerstandskämpfer gegen die „westliche Elite". Der Tenor in bekannten *Telegram*-Gruppen der Szene: Russland müsse mit diesem „Präventivschlag" einen „Völkermord" im eigenen Land durch NATO und Ukraine verhindern. „Querdenken" folgt damit russischer Propaganda etwa des Senders *Russia Today* (RT); gleichzeitig wird Putin als „Heilsbringer" gegen Multi-Kulti und Gendern gesehen und verehrt. (Reveland und Siefert 2022)

Auch die AfD lässt eine klare Abgrenzung von Putin und eine Verurteilung des russischen Überfalls vermissen. So hat ihr Bundestagsabgeordneter Eugen Schmidt als gerngesehener Interviewpartner russischer Medien Deutschland wiederholt als Unrechtsstaat dargestellt, in dem Andersdenkenden durch „die regierende Elite" Zensur und körperliche Gewalt droht. Der ursprünglich aus Kasachstan stammende Schmidt leistet somit beim Aggressor für das Regime wertvolle Arbeit im Dienst russischer Staatspropaganda. (Becker und Heil 2022) Auch weitere AfD-Mandatsträger wie Rainer Rothfuß (stellvertretender Landesvorsitzender der AfD in Bayern) bewegen sich mit derartigen Äußerungen in einer Grauzone zwischen Meinungsäußerung und Einflussnahme. Die Osteuropa-Expertin Susanne Spahn beobachtet seit Jahren, dass die AfD „traditionell russische Narrative unterstützt". Sie seien „nützliche Idioten für die russische Führung" und die Propaganda-Zwecke des Kreml. (Halder 2022) Man könnte die AfD wohl zu Recht als Fünfte Kolonne Moskaus bezeichnen.

Doch die Bedrohung durch und der Kampf mit Extremisten wird weitergehen, und an Themen wird es auch nach den derzeit belegten Feldern nicht mangeln. Bereits heute ist abzusehen, dass die aktuell hohen Teuerungsraten das nächste Betätigungsfeld für Wutbürger und radikale Kräfte bilden. Vor allem Querdenker und Rechtsextreme versuchen, den Unmut für ihre Zwecke zu nutzen. Insbesondere Ostdeutschland droht ein „heißer Herbst", und die rechtsextremistischen „Freien Sachsen" bereiten inzwischen Aktionen vor (siehe z. B. Datt et al. 2022, Sundermeyer 2022).

Ein kognitiver Erklärungsversuch

Das ist also der aktuelle Stand. Haben Sie auch den Eindruck, dass uns hier etwas entgleitet? Ganz allmählich, nach der Systematik des Boiling-Frog-Syndroms? Dass etwas faul ist im Staate Deutschland?

Um die staatliche Ordnung mache ich mir bei uns – noch – keine Sorgen, denn rechtsfreie Räume darf und wird es in Deutschland nicht geben. Allerdings sieht es momentan so aus, dass mindestens 5 %, wenn nicht 10 % der Bevölkerung in ein Paralleluniversum entgleiten. Diese Menschen sind in ihrer gedanklichen Blase gefangen und dienen als dankbare Zielgruppe für Extremisten und radikale Verführer: aus dem ultrarechten Spektrum ebenso wie aus Moskau.

Derartige Volksverhetzer finden ihre Anhänger vor allem bei den Unzufriedenen, die sich gemäß Status-quo-Verzerrung nicht damit abfinden können und wollen, dass sich die Zeiten ändern. Neben einigen der in

Abschn. 2.6 zusammengefassten kognitiven Effekte lassen sich weitere Phänomene aus der Psychologie der Gruppendynamik anführen, die ein etwas besseres Verständnis der Motivation unserer Wutbürger erzeugen können (vgl. Wenski 2022b, S. 213–217):

- Mitläufereffekt *(Bandwagon Effect)*, der auch als Nachahmungseffekt bzw. Herdentrieb bezeichnet wird, und *Social Proof* („soziale Anerkennung"): Man orientiert sich im Verhalten an dem anderer.
- Anpassungsfähige Haltungen *(Adaptive Attitudes)*: Man nimmt dieselben Haltungen an wie die der Menschen, die einen umgeben.
- Eigengruppenbevorzugung und Fremdgruppenabwertung *(Ingroup / Outgroup Bias)*: Diese beiden Effekte stellen den Schlüssel zum Verständnis jeder Art von Diskriminierung anderer dar.
- Vorurteile *(Prejudice)* und Stereotype: Meist negativ belegte gedankliche Schnellschüsse führen ebenfalls zur Abwertung anderer und zur konsequenten Zurückweisung ihrer Ansichten und Überzeugungen.
- Daneben zeigen typische kognitive Effekte ihre Wirkung, die für die Entstehung, Verbreitung und Verfestigung von Falschnachrichten verantwortlich sind; dieser Themenkomplex wird in Kap. 4 näher beleuchtet.

3.6 Der deutsche Staat: auf dem rechten Auge blind?

Noch eine Nachbetrachtung zu den Corona-Protesten: Nach Erkenntnissen des Bundesamts für Verfassungsschutz von Anfang September 2020 waren Rechtsextreme die Wortführer auf zahlreichen Kundgebungen gegen die Corona-Maßnahmen. Dessen Präsident Thomas Haldenwang warnte bereits im Frühjahr 2020, dass die Gefahr bestehe, dass „Rechtsextremisten sich mit ihren Feindbildern und staatszersetzenden Zielen an die Spitze der Corona-Demonstrationen stellen, die aktuell mehrheitlich von verfassungstreuen Bürgern angeführt" würden. Extremisten nutzten jedoch „die aktuelle Lage genauso wie in der sogenannten Flüchtlingskrise". Was im Internet mit Propaganda, Verschwörungstheorien und Falschinformationen begonnen habe, werde nun in die reale Welt getragen. (Naber 2020)

Anfangs meinte die Politik noch, man müsse mit Wutbürgern, PEGIDA-Anhängern, AfDlern und radikalisierten Impfgegnern reden, um deren Beweggründe zu verstehen und sie zurück in den Schoß der bürgerlichen Gemeinschaft zu holen. (Bei Neonazis, Reichsbürgern und Identitären war die Aussichtslosigkeit eines solchen Unterfangens schon früh klar.) Bereits Anfang 2015 berichtete der *Spiegel* über den Politikerstreit zum Dialog mit PEGIDA: Während SPD und Grüne strikt dagegen waren, fanden sich bei der Union Befürworter. Der damalige CSU-Generalsekretär und spätere glücklose Verkehrsminister Andreas Scheuer sagt: „Die besorgten Normalbürger bei PEGIDA pauschal zu diffamieren wäre genauso falsch, wie PEGIDA kritiklos hinterherzulaufen. Demokratie immer Dialog.“ (Weiland 2015) Inzwischen setzt sich allgemein die Erkenntnis durch, dass die genannten 5–10 % der Bürger unbelehrbar sind und der Spruch „Wehre den Anfängen“ nach wie vor seine Berechtigung hat, wenn man auf rechtsunterwanderten Anti-Corona-Demos in Sachsen blickt (siehe hierzu z. B. MDR 2022a, 2022b).

> „Ein Land macht nicht nur aus, was es tut, sondern auch, was es toleriert.“
> *Kurt Tucholsky 1934*

Ökoaktivisten am Pranger, Rechtsextremisten außen vor

Anfang des Jahres hat mich besonders eine Zeitungsmeldung aufgeschreckt (und letztlich zum Titel des Abschnitts geführt): „Druck auf Klimaschützer: Staatsschutz geht gegen Fridays vor“, schrieb am 10. Januar 2022 unter anderem die *taz*. Es ging darum, dass im September 2021 Staatsschutz und Ordnungsamt vor der Tür einer Osnabrücker WG standen, in der ein Mitglied von *Fridays for Future* (FFF) wohnte, und eine Durchsuchung mit Beschlagnahme von Geräten und Material durchführten. Es ging um Sachbeschädigung.

Niedersachsens Verfassungsschutzbericht 2020 warnt, dass „Linksextremisten“ den Klimaschutz „für sich entdeckt haben und seitdem versuchen, die Klimaschutzbewegung für ihre Interessen zu vereinnahmen“. FFF kritisiert neben Polizei und Verfassungsschutz auch die Osnabrücker Stadtverwaltung, die die Gruppe nachteilig behandeln würde, und wirft ihr vor, mit zweierlei Maß zu messen bzw. zu handeln: „Die für uns geltenden Auflagen und Einschränkungen scheinen seit Monaten für Querdenker*innen nicht zu gelten." Mir drängt sich der Verdacht auf, dass FFF mit ihren Aktionen zum Klimaschutz inzwischen Establishment und Lobbys derart gegen sich aufgebracht hat, dass die Gruppe mit der Antifa als autonome Strömung der linksextremen Szene gleichgesetzt (und bekämpft) werden soll.

Der Mord an Walter Lübcke, die Anschläge von Halle und Hanau, Hass und Gewalt gegen Juden und Muslime – immer wieder erschüttert rechter Terror das Land. Die Bundesrepublik wird ihre Neonazis nicht los. Dazu gehört rassistische Gewalt zum Alltag in Deutschland: Auch heute noch aber werden in Deutschland im Schnitt statistisch gesehen zwei Asylbewerber pro Tag Opfer von Angriffen – und die Taten werden brutaler. Im ersten Halbjahr 2022 verzeichneten die Behörden insgesamt 424 solch überwiegend rechtsmotivierter Straftaten (TS 2022). Schaut der Staat scharf genug hin, um die Gefahr des Rechtsextremismus zu erkennen? Geht er effektiv dagegen vor? In jüngster Zeit mehren sich die Vorwürfe gegen Beamte, Polizisten, Soldaten und Behörden, selbst in radikale Umtriebe verstrickt zu sein. Ist der deutsche Staat also wie vielfach zu lesen auf dem rechten Auge blind? Neben der Erwähnung in zahlreichen Artikeln hat es dieses vereinfachte Bild inzwischen sogar auf ein Buchcover geschafft (Schultz 2021).

Abb. 3.4 Keine Wutbürger: *Fridays for Future*-Demonstration 2019 in Köln

Terroristisch und extremistisch motivierte Angriffe auf die Bundesrepublik Deutschland, ihre Institutionen und Bürger hat es immer schon gegeben – von Rechts- und Linksextremen sowie von Islamisten. Lange Zeit sah es so aus, dass der Staat mit seiner Exekutive und Judikative – sowohl vor als auch nach der Vereinigung – über rechte Unterwanderung und Agitation gerne hinwegsah und entsprechend motivierte Straftaten bagatellisierte. In der Anfangsphase der lange verschlafenen Aufklärung der Morde des NSU wurden gar die Angehörigen der Opfer mit Migrationshintergrund der Taten verdächtigt. Zwei betroffene Familien haben 2017 den Bund sowie die Freistaaten Bayern und Thüringen dahingehend verklagt. Nach ihrer Auffassung hätte die Mordserie des NSU-Trios ansonsten bereits im Jahr 2000 und nicht erst 2011 aufgeklärt werden können. (ZEIT 2017)

Deutsche Ermittlungsbehörden schienen in der Tat zu lange auf dem rechten Auge blind gewesen; deshalb würde (nach Werner 2020) rechtsextremistische Gewalt oft nicht als solche erkannt. Allerdings ist inzwischen ein Umdenken wahrzunehmen, insbesondere nachdem das Bundesinnenministerium von der CSU nach dem Gewinn der Wahl 2021 an die SPD gefallen ist: Ministerin Nancy Faeser will mit einem gezielten Aktionsplan gegen Rechtsextremisten vorgehen – mehr Prävention als bei ihrem Amtsvorgänger Horst Seehofer, aber auch mehr Repression durch Austrocknen von Finanzströmen und konsequente Verfolgung strafrechtlich relevanter Äußerungen in Chats und Foren (Stempfle 2022).

Über die Bedrohung von rechts informieren regelmäßig die Verfassungsschutzberichte, etwa des Bundes, und messen rechts-, links- und islamistischem Terror etwa dieselbe Aufmerksamkeit bei (BMI 2021). Pro Jahr wird von gut 20.000 rechtsextremistischen und aktuell 6.000–7.000 linksextremistischen Straftaten berichtet; davon sind in beiden Fällen gut 1.000 als Gewalttaten zu werten.

Rotes Jahrzehnt und braune Kontinuität

Erinnern Sie sich an Björn Höcke (faschistischer Geschichtslehrer) und Jens Maier (rassistischer und rechtsextremer Richter) – beide außerdem AfD-Politiker –, die in Abschn. 3.4 vorgestellt wurden und die Personifizierung dessen sind, wie der Staatsdienst unterwandert werden könnte? Ein Blick zurück in die Vergangenheit zeigt, wie deutlich unterschiedlich zwischen rechter und (vermeintlich) linker Subversion unterschieden wird. Ich denke dabei an die „roten Lehrer", die in Bremen oder an der erst 1974 gegründeten Reformuniversität Oldenburg studiert hatten und während meiner Gymnasialzeit in den 1970er-Jahren im Geschichts- oder Politikunterricht auch den Marxismus behandelten: Viele von ihnen sahen sich mit einem Berufsverbot konfrontiert.

Radikalenerlass

Ein Tiefpunkt in der Arbeit der sozial-liberalen Bundesregierung unter der Führung von Willy Brandt war der „Radikalenerlass" vom Februar 1972: Dieser Runderlass der Landesregierungen sollte die Beschäftigung sogenannter Verfassungsfeinde im öffentlichen Dienst verhindern. Beamte und Angestellte hatten sich zur freiheitlich-demokratischen Grundordnung zu bekennen und für diese einzutreten. Weil jeder Einzelfall geprüft und entschieden werden musste, gab es vor Einstellungen, aber auch zur Überprüfung bestehender Dienstverhältnisse eine Regelanfrage beim Verfassungsschutz. Ein Bewerber, dem der Geheimdienst verfassungsfeindliche Aktivitäten bescheinigte, wurde nicht eingestellt oder aus dem Dienst entfernt.

Der Erlass sollte sich zwar gegen Links- *und* Rechtsextremisten richten, betroffen waren aber vor allem Mitglieder kommunistischer und anderer linker Organisationen. 1979 kündigte die in Bonn regierende Koalition aus SPD und FDP den Radikalenerlass auf, in Bayern dauerte seine Abschaffung bis 1991. Bis dahin wurden in der Bundesrepublik insgesamt rund 3,5 Millionen Personen überprüft. Das hatte 11.000 Verfahren zur Folge. 1.250 Bewerber – Lehrer und Hochschullehrer, Lokomotivführer und Briefträger – wurden abgelehnt, 265 aus dem öffentlichen Dienst entlassen. Die staatliche Schnüffelei und Registrierung erstreckten sich auch auf Sticker, Aufkleber oder vermeintlich verfängliche Leserbriefe in Zeitungen. Sogar Familienanzeigen sind damals angeblich durchforstet worden. (siehe z. B. Paul 2018)

Der fehlgeleitete Radikalenerlass wurde inzwischen historisch und auch juristisch aufgearbeitet. Ein Urteil des Europäischen Gerichtshofs im Jahr 1996 fiel zugunsten seiner Opfer aus: Das Gericht sprach einer betroffenen Lehrerin für die „Verletzung der Menschenrechte" eine stattliche Entschädigung zu. Allerdings hat das Konzept „Radikalenerlass" mit Rechtsextremisten wie Höcke & Co. heutzutage wieder eine hohe Aktualität gewonnen: An einer Regelanfrage für Beamtenanwärter führt gerade mit Blick auf rassistisches, völkisches und faschistisches Gedankengut wohl kein Weg vorbei – 50 Jahre nach Geburt und parlamentarischer Umsetzung der Idee (Friedrich 2022).

Dramatisch geringer als gegen links wirkte seinerzeit – im „roten Jahrzehnt", das tatsächlich auch eines des sich entfaltenden braunen Terrors war – der Anti-Extremisten-Beschluss gegen rechts. In den Jahren vor 1969, als die NPD den Einzug in den Bundestag nur knapp verfehlte, waren hunderte ihrer Mitglieder in den Staatsdienst aufgenommen worden, wie der Historiker Norbert Frey (2022) berichtet. Dass es auf dieser Seite kaum Entlassungen gab, war Teil der Erbschaft des Dritten Reichs und Indiz für den immer noch hohen Anteil vormaliger NS-Parteigenossen in Justiz und Ministerialbürokratie. Dies stellte kein Problem selbst unter der Kanzlerschaft eines Willy Brandt dar.

Nach dem Krieg beließen die Alliierten NSDAP-Anhänger und Parteimitglieder in unteren Rängen weitgehend in ihren Funktionen in Verwaltung und Judikative – sie wollten keinen Zusammenbruch der Systeme riskieren, da einfach zu viele Menschen als Parteimitglieder belastet waren. Quasi der Weg des geringeren Widerstands also. In einer Liste ehemaliger NSDAP-Mitglieder, die nach Mai 1945 politisch tätig waren, finden sich zahlreiche Namen späterer prominenter Politiker (Wikipedia 2022l). Von der SPD waren Horst Ehmke, Erhard Eppler und Karl Schiller zumindest für kurze Zeit in der Partei, von der FDP Hans-Dietrich Genscher, Walter Scheel und Willi Weyer und von der CDU/CSU Hermann Höcherl, Alfred Dregger, Gerhard Schröder (Außenminister unter Adenauer), Richard Stücklen und Hans Filbinger.

Dass sich zahlreiche später geläuterte Volksvertreter auf der Liste finden, scheint kaum ein Wunder, denn unter dem Nazi-Regime erlebte zuvor die NSDAP einen explosionsartigen Mitgliederzuwachs: von 1,2 Millionen Ende 1932 auf 3,9 Millionen Ende 1933 und 7,7 Millionen im Mai 1943. 1943 waren immerhin 11 % der Bevölkerung Parteimitglied. Allerdings gilt es festzuhalten, dass etwa Kurt-Georg-Kiesinger (später Bundeskanzler), Karl Carstens (später Bundespräsident) und Alfons Goppel (später bayerischer Ministerpräsident) während der gesamten 12-jährigen Dauer des 1000-jährigen Reichs Mitglied in der NSDAP bzw. SA waren. Und ebenso Hans Globke.

Hans Globke – Symbolfigur für Kontinuität

Hans Josef Maria Globke (1898–1973; Abb. 3.5) war ein deutscher Verwaltungsjurist im preußischen und im Reichsinnenministerium, Mitverfasser und Kommentator der Nürnberger Rassengesetze und verantwortlicher Ministerialbeamter für die judenfeindliche Namensänderungsverordnung in der Zeit des Nationalsozialismus. Ungeachtet dessen wirkte er 1953–1963 als Chef des Bundeskanzleramts unter Bundeskanzler Konrad Adenauer. Der Nazi Hans Globke wurde von Zeugen als mitverantwortlich für den Holocaust in Griechenland schwer belastet. Ein dazu vom hessischen Generalstaatsanwalt Fritz Bauer in Frankfurt am Main begonnenes Ermittlungsverfahren wurde im Mai 1961 nach Intervention des Kanzlers an die Staatsanwaltschaft Bonn abgegeben und dort mangels hinreichenden Tatverdachts eingestellt.

Globke ist das prominenteste Beispiel für die Kontinuität der Verwaltungseliten vom Dritten Reich zur frühen Bundesrepublik Deutschland. In der Adenauer-Ära war er als „graue Eminenz" und engster Vertrauter des Kanzlers verantwortlich für Personalpolitik, Kabinettsarbeit, die Einrichtung und Kontrolle von Bundesnachrichtendienst und Verfassungsschutz sowie für Fragen der CDU-Parteiführung. Neben BND-Chef und Ex-Wehrmachtsoffizier Reinhard Gehlen war es Kanzleramtsleiter Globke, der den Regierungschef in dessen Ansicht, dass die Bevölkerung „dumm" sei, offensichtlich bestärkte und ihn bei Rechtsbrüchen unterstützte: Denn so verdient sich Adenauer um die deutsche Demokratie gemacht hat – er selbst ignorierte hin und wieder offenbar bewusst geltendes Recht, so geschehen etwa bei der geheimdienstlichen Bespitzelung politischer Gegner wie Willy Brandt, Gustav Heinemann und die SPD insgesamt oder im Rahmen der Spiegel-Affäre (Geyer 2017, Henke 2022). Als Vorgesetzter von Gehlen hatte Globke – neben den Amerikanern – maßgeblichen Anteil daran, dass der BND, die *Org* („Organisation Gehlen") in den Anfangsjahren der Bundesrepublik als Unterschlupf für ehemalige SS-und Gestapo-Mitarbeiter dienen konnte, etwa Klaus Barbie, Franz Mueller-Darß, Johannes Clemens und Carl Schütz – nur vier von Dutzenden Mördern des Zweiten Weltkriegs (Sälter 2022).

Zu Globkes Lebzeiten war sein Einsatz für die nationalsozialistische Diktatur nur teilweise bekannt. Im In- und Ausland wurde er deshalb immer wieder scharf angegriffen, von der Bundesregierung, dem BND und der CIA aber jedes Mal geschützt. Im Jahr 1963 erhielt er das Großkreuz des Verdienstordens der Bundesrepublik Deutschland. Im selben Jahr fand durch das Oberste Gericht der DDR in Berlin ein Schauprozess gegen Hans

Globke statt, in dem er in Abwesenheit „wegen in Mittäterschaft begangener fortgesetzter Kriegsverbrechen und Verbrechen gegen die Menschlichkeit in teilweiser Tateinheit mit Mord" zu lebenslangem Zuchthaus verurteilt wurde. (Wikipedia 2022k)

Abb. 3.5 Hans Globke 1963. Foto: Renate Patzek (Bundesarchiv; CC-BY-SA 3.0)

Rattenfänger am rechten Rand

Wie ernst ist die heutige Bedrohung unserer liberalen Demokratie durch rechtsextremistische Kräfte? Ist die Demokratie in der Krise und von einem Vertrauensverlust der Bürger geplagt? Wie leicht lassen sich die Wutbürger vor deren Karren spannen? Werden es irgendwann immer mehr, die dem Staat und seinen Institutionen misstrauen und sich gegen ihn wenden? Stehen Straßenschlachten zwischen rechten und linken Aktivisten zu befürchten, wie sie in den späten 1920er- und frühen 1930er-Jahren tagtäglich stattfanden (und bei denen sich die Nationalsozialisten mit ihren SA- und SS-Schlägertruppen letztlich durchsetzten)?

Nun ist die Situation in der heutigen Bundesrepublik Deutschland nach übereinstimmender Meinung von Experten eine ganz andere als zu Zeiten der Weimarer Republik. Unsere Demokratie ist deutlich wehrhafter als die seinerzeitige, und die Straßen sind keineswegs rechtsfreier Raum für rechte (und linke) Mobs und Gewalttrupps. Allerdings verfügen staatsfeindliche Kreise – wie zu den Hochzeiten der NPD – mit der AfD wieder über einen parlamentarischen Arm, der wie ein Wolf im Schafspelz unter dem Mantel scheinbar demokratischen Verhaltens die Gesinnung einer Klientel bedient und diese auch noch fördert, die für unser Land etwas ganz anderes plant. Der Faschist Björn Höcke, sein Vertrauter Hans-Thomas Tillschneider (Islam = „Baumpilz am Stamm der deutschen Eiche"), der EU-Abgeordnete Nicolaus Fest mit seinen Äußerungen zum Tod von EU-Parlamentspräsident Sassoli („Endlich ist dieses Dreckschwein weg"), Nazi-Verharmloser Alexander Gauland („Vogelschiss") und viele andere Hetzer sollten allerdings an den rechten Rand zurückgedrängt und offen als das bezeichnet werden, was sie letztlich sind: Populisten, Antidemokraten und Verführer.

▶ **Tipp** Gehen Sie solchen Rattenfängern nicht auf den Leim.

3.7 Literatur

ARD (2021) „Ein Angriff auf die Demokratie". Internet-Veröffentlichung 06. Dezember. https://www.tagesschau.de/inland/sachsen-corona-proteste-103.html. Zugegriffen: 07. Dezember 2021

Bebnowski D (2015) Die Alternative für Deutschland. Aufstieg und gesellschaftliche Repräsentanz einer rechten populistischen Partei. Springer, Wiesbaden. https://doi.org/10.1007/978-3-658-08286-4

Becker A, Heil G (2022) „Keine Demokratie in Deutschland" – Putins Propagandist im Bundestag. tagesschau.de, Internet-Veröffentlichung 10. März. https://www.tagesschau.de/investigativ/kontraste/afd-ukraine-russland-101.html. Zugegriffen: 13. März 2022

Biazza J (2018) Framing-Check: „Asyltourismus": Als wäre Flucht eine Kreuzfahrt mit Piña colada. Süddeutsche Zeitung, Internet-Veröffentlichung 5. Juli. https://

www.sueddeutsche.de/kultur/framing-check-asyltourismus-als-waere-flucht-eine-kreuzfahrt-mit-pina-colada-1.4038595. Zugegriffen: 28. Februar 2022

Biskamp F (2019) Wider die Mär vom Rechtsruck: Die AfD mobilisiert bestehendes Potenzial. Der Tagesspiegel, Internet-Veröffentlichung 15. November. https://www.tagesspiegel.de/politik/wider-die-maer-vom-rechtsruck-die-afd-mobilisiert-bestehendes-potenzial/25234450.html. Zugegriffen: 03. März 2022

BMI (2021) Verfassungsschutzbericht 2020. Bundesministerium des Inneren, für Bau und Heimat, Artikelnummer BMI21018, Berlin. Internet-Veröffentlichung. https://www.bmi.bund.de/SharedDocs/downloads/DE/publikationen/themen/sicherheit/vsb-2020-gesamt.pdf?__blob=publicationFile&v=6. Zugegriffen: 14. März 2022

Bongen R, Feldmann J, Seidel N (2022) Radikale Corona-Proteste: Viele Täter polizeilich unbekannt. tagesschau.de, Internet-Veröffentlichung 23. Februar. https://www.tagesschau.de/investigativ/panorama/radikale-corona-proteste-101.html. Zugegriffen: 23. Februar 2022

bpb (2022) AfD als Verdachtsfall eingestuft. Bundeszentrale für politische Bildung (bpb), Internet-Veröffentlichung 09. März. https://www.bpb.de/kurz-knapp/deine-taegliche-dosis-politik/505958/afd-als-verdachtsfall-eingestuft/ Zugegriffen: 14, März 2022

Braun S (2018) Asylstreit: Fehler, Mythen und Lügen in der Flüchtlingskrise. Süddeutsche Zeitung, Internet-Veröffentlichung 28. Juni. https://www.sueddeutsche.de/politik/asylstreit-fehler-mythen-und-luegen-in-der-fluechtlingskrise-1.4033214-0. Zugegriffen: 28. Februar 2022

Cantoni D, Hagemeister F, Westcott M (2019) Persistence and Activation of Right-Wing Political Ideology. Münchener Wirtschaftswissenschaftliche Beiträge (VWL) 2017-14 (14. September). https://doi.org/10.5282/ubm/epub.40424. Update: 25. Februar 2019. http://www.davidecantoni.net/pdfs/afd_draft_20190225.pdf. Zugegriffen: 03. März 2022

Cantoni D (2019) „Wo die NSDAP erfolgreich war, ist es heute die AfD". Interview mit Julia Friedrichs und Karsten Polke-Majewski. Zeit online, Internet-Veröffentlichung 25. Februar. https://www.zeit.de/politik/deutschland/2019-02/afd-waehler-rechtsextremismus-nsdap-gemeinden-milieu/komplettansicht. Zugegriffen: 03. März 2022

CSU (2015) Deutschland braucht das starke Bayern. Migration – Leitkultur – Integration. Leitantrag für den CSU-Parteitag am 20./21. November in München. https://www.csu.de/common/csu/content/csu/hauptnavigation/aktuell/meldungen/Veranstaltungen/Parteitag2015/PDFs/2015-11-20-Leitantrag-Migration.Leitkultur.Integration-beschlossen.pdf. Zugegriffen: 28. Februar 2022

Datt T, Merkel J, Pöls M (2022) Extremismus: Droht Ostdeutschland ein "heißer Herbst"? tagesschau.de, Internet-Veröffentlichung 23. August. https://www.tagesschau.de/inland/innenpolitik/herbst-proteste-103.html. Zugegriffen: 23. August 2022

Fahrenholz P (2011) Sarrazin: Wirbel um Auftritt in München. Therapeut und Brandstifter. Süddeutsche Zeitung, Internet-Veröffentlichung 14. März. https://www.sueddeutsche.de/muenchen/landkreismuenchen/sarrazin-wirbel-um-auftritt-in-muenchen-therapeut-und-brandstifter-1.1006734. Zugegriffen: 24.02.2022

FFA (2022) Internet-Seite des Bündnisses „Freiberg für alle“. https://freibergfuer-alle.de/offener-brief. Zugegriffen: 21. Januar 2022

Fiedler M (2019) Erklärung von DDR-Bürgerrechtlern: „AfD missbraucht friedliche Revolution“. Der Tagesspiegel, Internet-Veröffentlichung 20. August. https://www.tagesspiegel.de/politik/erklaerung-von-ddr-buergerrechtlern-afd-missbraucht-friedliche-revolution/24922434.html. Zugegriffen: 03. März 2022

Fischer M (2011) Euro-Austritt: Mit der D-Mark zurück zu alter Stärke. Wirtschaftswoche, Internet-Veröffentlichung 21. Juli. https://www.wiwo.de/politik/deutschland/euro-austritt-mit-der-d-mark-zurueck-zu-alter-staerke/5211948-all.html. Zugegriffen: 28. Februar 2022

Frey N (2022) Rechte Lehrer. Meinung, Süddeutsche Zeitung, 04. März

Friedrich S (2022) Rechtsextreme Beamte Ein neuer "Radikalenerlass"? tagesschau.de, Internet-Veröffentlichung 24. Februar. https://www.tagesschau.de/inland/gesellschaft/rechtsextremismus-staatsdienst-101.html. Zugegriffen: 24. Februar 2022

Gensing P, Kumpfmüller K (2019) Historische Vergleiche: Leben wir in einer „DDR 2.0“? Faktenfinder, tagesschau.de. Internet-Veröffentlichung 02. August. https://www.tagesschau.de/faktenfinder/ddr-vergleich-wende-101.html. Zugegriffen: 03. März 2022

Geuther G, Watzke M (2016) Integration von Flüchtlingen / Ein Gesetz im Fadenkreuz der Kritik. Deutschlandfunk, Internet-Veröffentlichung 14. Mai. https://www.deutschlandfunk.de/integration-von-fluechtlingen-ein-gesetz-im-fadenkreuz-der-100.html. Zugegriffen: 28. Februar 2022

Geyer S (2017) Spionage: Der undemokratische Adenauer. Frankfurter Rundschau, Internet-Veröffentlichung 09. April. https://www.fr.de/politik/undemokratische-adenauer-11048436.html. Zugegriffen: 28. Februar 2022

Götzke M (2015) Pegida-Anfeindung in Dresden: „Montags gehe ich nicht raus“. Deutschlandfunk, Internet-Veröffentlichung 23. Januar. https://www.deutschlandfunk.de/pegida-anfeindung-in-dresden-montags-gehe-ich-nicht-raus-100.html. Zugegriffen: 01. März 2022

Halder A (2022) AfD in Bayern: Zum Teil auf Moskaus Linie? tagesschau.de, Internet-Veröffentlichung 18. März. https://www.tagesschau.de/investigativ/br-recherche/afd-russland-109.html. Zugegriffen: 18. März 2022

Hartmann G, Leistner A (2019) Das letzte Jahr der DDR. Umkämpftes Erbe – Zur Aktualität von „1989" als Widerstandserzählung. Bundeszentrale für politische Bildung, Aus Politik und Zeitgeschichte. Internet-Veröffentlichung 23. August. https://www.bpb.de/shop/zeitschriften/apuz/295461/umkaempftes-erbe/#footnote-target-20. Zugegriffen: 03. März 2022

Hecking C, Maxwill P (2021) Umfrage zur Bundestagswahl: Ungeimpfte wählen vor allem AfD und „Die Basis". Der Spiegel, Internet-Veröffentlichung 11. November. https://www.spiegel.de/politik/deutschland/corona-und-die-afd-zwei-von-drei-ungeimpften-waehlen-rechte-parteien-a-da3157d2-c123-4796-898a-9f6bb35ee918. Zugegriffen: 03. März 2022

Henke K-D (2022) Geheime Dienste. Die politische Inlandsspionage des BND in der Ära Adenauer. Ch. Links, Berlin

Kurbjuweit D (2010) Der Wutbürger. Stuttgart 21 und Sarrazin-Debatte: Warum die Deutschen so viel protestieren. Der Spiegel 41/2010. http://magazin.spiegel.de/EpubDelivery/spiegel/pdf/74184564. Zugegriffen: 26. Februar 2022

Küstner K (2022) Abstimmungserfolge auf Parteitag: Höckes Machtdemonstration ohnegleichen. tagesschau.de, Internet-Veröffentlichung 19. Juni. https://www.tagesschau.de/kommentar/kommentar-afd-parteitag-101.html. Zugegriffen: 20. Juni 2022

Mansholt M (2018) Bernd statt Björn: So feiert die „Heute Show" die Höcke-Panne des Bundestags. stern.de, Internet-Veröffentlichung 27. Januar. https://www.stern.de/kultur/tv/bernd-statt-bjoern--so-feiert-die--heute-show--die-hoecke-panne-des-bundestags-7839714.html. Zugegriffen: 08. Februar 2022

MDR (2021a) Polizei stoppt Corona-Demonstrationen in mehreren sächsischen Städten. MDR Sachsen, Internet-Veröffentlichung 06. Dezember. https://www.mdr.de/nachrichten/sachsen/chemnitz/corona-demonstration-freiberg-chemnitz-bautzen-polizei-100.html. Zugegriffen: 07. Dezember 2021

MDR (2021b) Corona-Impfdebatte: Rücktrittsforderungen an Freiberger Vize-OB nach Völkermord-Aussage. MDR Sachsen, Internet-Veröffentlichung 12. Dezember. https://www.mdr.de/nachrichten/sachsen/chemnitz/freiberg/kritik-baubuergermeister-vergleich-armenier-ungeimpfte-100.html. Zugegriffen: 17. Dezember 2021

MDR (2022a) Menschenkette in Dresden sendet Friedensbotschaft in die Welt. MDR Sachsen, Internet-Veröffentlichung 13. Februar. https://www.mdr.de/nachrichten/sachsen/dresden/dresden-radebeul/dreizehnter-februar-gedenken-proteste-menschenkette-100.html. Zugegriffen: 14. März 2022

MDR (2022b) Betroffene Reporter entsetzt über Gewalt bei Corona-Protest in Dresden-Laubegast. MDR Sachsen, Internet-Veröffentlichung 14. Februar. https://www.mdr.de/nachrichten/sachsen/dresden/dresden-radebeul/corona-laubegast-angriff-100.html. Zugegriffen: 14. März 2022

Mölter J (2022) „Mir ringt das alles nur ein Kopfschütteln ab". Süddeutsche Zeitung, 11. Januar

Naber I (2020) Extremisten nutzen Corona-Lage wie in der Flüchtlingskrise. Die Welt, Internet-Veröffentlichung 17. Mai. https://www.welt.de/politik/deutschland/article208035007/BfV-Extremisten-nutzen-Corona-Proteste-wie-in-Fluechtlingskrise.html. Zugegriffen: 13. März 2022

NDR (2022) In Rostock-Lichtenhagen eskaliert vor 30 Jahren der Fremdenhass. Norddeutscher Rundfunk, Internet-Veröffentlichung 22. August. https://www.ndr.de/geschichte/schauplaetze/In-Rostock-Lichtenhagen-eskaliert-vor-30-Jahren-der-Fremdenhass,lichtenhagen159.html.

Paul R (2018) Aufarbeitung des Radikalenerlasses: Die Zeit der Berufsverbote. taz, Inter-Veröffentlichung 30. Januar. https://taz.de/Aufarbeitung-des-Radikalenerlasses/!5477908/. Zugegriffen: 15. März 2022

Pro Asyl (2015) Bayern setzt mit Arbeitsverboten auf eine neue Abschreckungspolitik. Pro Asyl, Internet-Veröffentlichung 28. Mai. https://www.proasyl.de/-news/bayern-setzt-mit-arbeitsverboten-auf-eine-neue-abschreckungspolitik/. Zugegriffen: 28. Februar 2022

Pro Asyl (2017) Lagerpflicht für alle: Bayern will Flüchtlinge isolieren. Pro Asyl, Internet-Veröffentlichung 12. Juli. https://www.proasyl.de/news/lagerpflicht-fuer-alle-bayern-will-fluechtlinge-isolieren/. Zugegriffen: 28. Februar 2022

Raack A (2021) „Alles war verrottet". Interview mit dem Historiker und DDR-Experten Ilko-Sascha Kowalczuk zur Situation des DDR-Fußballs nach der Wende. Süddeutsche Zeitung Magazin, 19. März, 28–33

Reveland C, Siefert V (2022) Russlands Krieg gegen die Ukraine: „Querdenker" für Putin. tagesschau.de, Internet-Veröffentlichung 04. März. https://www.tagesschau.de/investigativ/reaktionen-auf-putin-von-querdenkern-und-verschwoerungsideologen-101.html. Zugegriffen: 13. März 2022

Rohwedder W (2021) Antisemitische Aussagen: Wie das Unaussprechbare sagbar wird. tagesschau.de, Internet-Veröffentlichung 20. November. https://www.tagesschau.de/investigativ/bhakdi-antisemitismus-103.html. Zugegriffen: 21. November 2021

Sälter G (2022) NS-Kontinuitäten im BND. Rekrutierung, Diskurse, Vernetzungen. Christoph Links Verlag, Berlin. Rezensiert durch Winkler W, „Die Mörderbande von Pullach", Süddeutsche Zeitung, 30. September, 10–11

Schulte von Drach MC (2022) Die und wir – unversöhnlich. Süddeutsche Zeitung, 04. Februar

Schultz T (Hrsg) (2021) Auf dem rechten Auge blind? Rechtsextremismus in Deutschland. Kohlhammer, Stuttgart

Spiegel (2021) Analyse im Auftrag von jüdischer NGO: Antisemitismus gehört laut Studie zum „programmatischen Kern" der AfD. Der Spiegel, Internet-Veröffentlichung 17. Dezember. https://www.spiegel.de/politik/deutschland/afd-antisemitismus-gehoert-laut-studie-zum-programmatischen-kern-der-partei-a-ee57381b-a3c2-4910-a69e-d68e0bac8f73. Zugegriffen: 01. März 2022

Stempfle M (2022) Bundesinnenministerium: Was steckt in Faesers Plan gegen Rechts? tagesschau.de, Internet-Veröffentlichung 15. März. https://www.tagesschau.de/inland/innenpolitik/aktionsplan-rechtsextremismus-101.html. Zugegriffen: 15. März 2022

Sundermeyer O (2022) Proteste gegen hohe Energiepreise Auftakt für einen "heißen Herbst"? tagesschau.de, Internet-Veröffentlichung 06. September. https://www.tagesschau.de/inland/herbst-proteste-105.html. Zugegriffen: 06. September 2022

taz (2022) Druck auf Klimaschützer: Staatsschutz geht gegen Fridays vor. taz, Inter-Veröffentlichung 10. Januar. https://taz.de/Druck-auf-Klimaschuetzer/!5824934/. Zugegriffen: 14. März 2022

TS (2022) Fremdenfeindlichkeit: Jeden Tag zwei Angriffe auf Asylbewerber. tagesschau.de, Internet-Veröffentlichung 09. August. https://www.tagesschau.de/inland/asylbewerber-angriffe-101.html. Zugegriffen: 10. August 2022

Tillack A (2022) Impfgegner in Österreich: „Das ist nicht a bissl Shitstorm". tagesschau.de, Internet-Veröffentlichung 31. Januar. https://www.tagesschau.de/ausland/europa/oesterreich-impfgegner-101.html. Zugegriffen: 13. März 2022

Weiland S (2015) Politiker-Streit über Dialog mit Pegida: Ja, nein, vielleicht. Der Spiegel, Internet-Veröffentlichung 20. Januar. https://www.spiegel.de/politik/deutschland/pegida-mit-pegida-reden-ja-nein-vielleicht-a-1013943.html. Zugegriffen: 14. März 2022

Wenski G (2021) Selbstmanagement im Beruf. Springer, Wiesbaden. https://doi.org/10.1007/978-3-658-33249-5

Wenski G (2022a) Die Flucht aus Ostpreußen. Internet-Veröffentlichung 02. Januar. http://wenski-consulting.com/.cm4all/uproc.php/0/Wenski_Kognitive_Effekte_Flucht_aus_Ostpreußen.pdf?cdp=a&_=17e1ae44626. Zugegriffen: 01. März 2022

Wenski G (2022b) Das kleine Handbuch kognitiver Irrtümer. Denkfehler vermeiden – mit Psychologie & Verhaltensökonomik. Springer, Berlin, Heidelberg. https://doi.org/10.1007/978-3-662-64776-9

Werner N (2020) Strukturen des modernen Rechtsextremismus. Expertin: Staat auf rechtem Auge blind. MDR, Internet-Veröffentlichung 20. Februar. https://www.mdr.de/geschichte/ns-zeit/terror-von-rechts-deutschland-100.html. Zugegriffen: 14. März 2022

Wiebe J-H (2022) „Querdenker"-Szene: Täglich Tötungsaufrufe auf Telegram. tagesschau.de, Internet-Veröffentlichung vom 05. Januar 2022. https://www.tagesschau.de/investigativ/funk/todesdrohungen-telegram-101.html. Zugegriffen: 06. Januar 2022

Wikipedia (2022a) Alternative für Deutschland. https://de.wikipedia.org/wiki/Alternative_für_Deutschland. Zugegriffen: 28. Februar 2022

Wikipedia (2022b) Ankerzentrum. https://de.wikipedia.org/wiki/Ankerzentrum. Zugegriffen: 28. Februar 2022

Wikipedia (2022c) Ausschreitungen in Hoyerswerda. https://de.wikipedia.org/wiki/Ausschreitungen_in_Hoyerswerda. Zugegriffen: 25. Februar 2022

Wikipedia (2022d) Ausschreitungen in Rostock-Lichtenhagen. https://de.wikipedia.org/wiki/Ausschreitungen_in_Rostock-Lichtenhagen. Zugegriffen: 25. Februar 2022

Wikipedia (2022e) Björn Höcke. https://de.wikipedia.org/wiki/Björn_Höcke#" Bernd_Höcke". Zugegriffen: 14. März 2022

Wikipedia (2022f) Der Flügel. https://de.wikipedia.org/wiki/Der_Flügel. Zugegriffen: 01. März 2022

Wikipedia (2022g) Euro. https://de.wikipedia.org/wiki/Euro. Zugegriffen: 28. Februar 2022

Wikipedia (2022h) EU-Skepsis. https://de.wikipedia.org/wiki/EU-Skepsis. Zugegriffen: 28. Februar 2022

Wikipedia (2022i) Flashmob. https://de.wikipedia.org/wiki/Flashmob. Zugegriffen: 14. März 2022

Wikipedia (2022j) Flüchtlingskrise in Deutschland 2015/2016. https://de.wikipedia.org/wiki/Flüchtlingskrise_in_Deutschland_2015/2016. Zugegriffen: 28. Februar 2022

Wikipedia (2022k) Hans Globke. https://de.wikipedia.org/wiki/Hans_Globke. Zugegriffen: 14. März 2022

Wikipedia (2022l) Liste ehemaliger NSDAP-Mitglieder, die nach Mai 1945 politisch tätig waren. https://de.wikipedia.org/wiki/Liste_ehemaliger_NSDAP-Mitglieder,_die_nach_Mai_1945_politisch_tätig_waren. Zugegriffen: 14. März 2022

Wikipedia (2022m) Liste geflügelter Worte. https://de.wikipedia.org/wiki/Liste_geflügelter_Worte/W. Zugegriffen: 09. Juni 2022

Wikipedia (2022n) Menschenrechte in Eritrea. https://de.wikipedia.org/wiki/Menschenrechte_in_Eritrea. Zugegriffen: 31. März 2022

Wikipedia (2022o) Pegida. https://de.wikipedia.org/wiki/Pegida. Zugegriffen: 28. Februar 2022

Wikipedia (2022p) Proteste gegen Schutzmaßnahmen zur COVID-19-Pandemie in Deutschland. https://de.wikipedia.org/wiki/Proteste_gegen_Schutzmaßnahmen_zur_COVID-19-Pandemie_in_Deutschland. Zugegriffen: 13. März 2022

Wikipedia (2022q) Psychologie der Massen. https://de.wikipedia.org/wiki/Psychologie_der_Massen. Zugegriffen: 08. Februar 2022

Wikipedia (2022r) SPARS Pandemic 2025–2028. https://de.wikipedia.org/wiki/SPARS_Pandemic_2025–2028. Zugegriffen: 31. März 2022

Wikipedia (2022s) Wutbürger. https://de.wikipedia.org/wiki/Wutbürger. Zugegriffen: 25. Februar 2022

ZEIT (2017) Ermittlungspannen: Angehörige der NSU-Opfer verklagen den Staat. Zeit online, Internet-Veröffentlichung 18. Juni. https://www.zeit.de/gesellschaft/zeitgeschehen/2017-06/ermittlungspannen-nsu-opfer-familien-schadensersatz. Zugegriffen: 14. März 2022

ZEIT (2021) AfD Sachsen ist Verdachtsfall für Verfassungsschutz. Zeit online, Internet-Veröffentlichung 02. Februar. https://www.zeit.de/politik/deutschland/2021-02/adf-sachsen-verfassungsschutz-verdachtsfall-rechtsextremismus. Zugegriffen: 03. März 2022

4 Abschottung – früher im Dorf und heute in der Blase

▶ Bleiben wir noch einen Moment bei den Rechtsradikalen und Gefährdern der demokratischen Grundordnung: Sie wollen einerseits im Sinne unseres Themas die Tradition bewahren; zur Realisierung scheint ihnen andererseits (nahezu) jedes dazu Mittel recht. Ein äußerst effizientes Instrument für die Verbreitung ihrer Hasspropaganda und wirre Verschwörungstheorien ist das Internet.

4.1 Fake News in Internet-Zeiten: Es ist so einfach!

In früheren Zeiten war die Telekommunikation, also der Austausch von Nachrichten über eine gewisse Entfernung, gar nicht so einfach. Die in Kap. 6 betrachtete Halbleitertechnologie mit ihren Folgeprodukten wie Mobiltelefonen und Internetservern war noch lange nicht verfügbar. Der Aufbau elektrischer Versorgungsnetze begann mit der Erfindung einer wettbewerbsfähigen Glühbirne durch Thomas Alva Edison um 1880. In dieselbe Zeit fällt die Entwicklung des Telefons; Arbeiten an Funkverbindungen waren erst im neuen Jahrhundert erfolgreich.

Man machte sich bis dahin entweder persönlich auf den Weg oder verschickte Briefe und Depeschen, die auf dem Kontinent mit der Postkutsche einige Wochen, im Überseeverkehr jedoch teilweise viele Monate unterwegs waren. In Frankreich wurde gegen Ende des 18. Jahrhunderts ein System optisch-mechanischer Telegrafenlinien installiert, deren Masten und Türme bis zum Aufkommen der elektrischen Telegrafie über die Mitte des 19. Jahrhunderts hinaus in ganz Europa anzutreffen waren. Die indigenen Stämme Nordamerikas verwendeten stattdessen Rauchzeichen, und die katholische Kirche (Tradition oder Status-quo-Verzerrung?) pflegt dies bis heute bei der Papstwahl. Ein nachhaltiger Fortschritt zum Wohle der Menschheit kam 1837 mit dem von Samuel Morse konstruierten elektromagnetischen Schreibtelegrafen, der die drahtgebundene Telegrafie entscheidend voranbrachte. Und dem Internet. Oder etwa nicht?

► Das Internet begegnet uns im täglichen Leben permanent und auch an den unterschiedlichsten Stellen dieses Buchs. Es ist ein heute allgegenwärtiges Medium zur Kommunikation und zum Wissensaustausch der Menschheit und beherrscht in Kombination mit der Digitalisierung allmählich immer größere Bereiche des täglichen Lebens.

In der Gegenwart leistet das Internet einerseits bei Recherchen etwa zu den hier behandelten Themen wertvolle Dienste. Andererseits ist es jedoch mit Falschnachrichten – besser bekannt als *Fake News* – flächendeckend durchsetzt. Diese verbreiten sich teilweise wie Lauffeuer, viel schneller als die oft trockenen und weniger spektakulären wahren Inhalte. Es ist so einfach, Fake News zu verfassen! Und es finden sich garantiert jede Menge schlecht informierte Leser, die solch offensichtlichen Unfug in ihren Netzwerken nicht nur zur Kenntnis nehmen (und glauben), sondern ihn auch noch an zahlreiche Kontakte weiterleiten. Teilweise ist es so, dass die Texte einer solchen Meldung sehr wohl einen differenzierten Blick auf eine Thematik werfen, die Überschrift als Blickfang jedoch aus einer holzschnittartigen – und damit verfälschenden bzw. irreführenden – Formulierung besteht. Die Boulevardpresse beherrscht diese Praxis meisterlich.

Das Internet bringt uns wieder zum hier verfolgten Leitgedanken: *Der Status quo lässt sich auf Dauer nicht aufrechterhalten.* Auch wenn deutsche Verwaltungen und Schulen ihr Bestes geben, Digitalisierung und Internetnutzung solange wie möglich aus dem Weg zu gehen, lässt sich der Zug nicht aufhalten. Inzwischen wächst bereits die zweite Generation von *Digital Natives* heran, junge Leute, die mit den neuen Medien aufgewachsen sind und keine analoge Welt mehr kennen. Wer da nicht mitzieht, wird schnell abgehängt. So müssen – leider – vor allem Senioren immer wieder erfahren, dass sie mit der neuen Technologie nicht zurechtkommen. Daneben stellt das Thema *Cyberkriminalität* die User vor weitere Herausforderungen. Wer nicht aufpasst und eine wirksame Sicherheitsstrategie in der elektronischen

Korrespondenz und Internetnutzung konsequent befolgt, muss möglicherweise feststellen, dass sein Rechner (oder das gesamte Netzwerk seines Arbeitgebers) von einer Hackertruppe gekapert wurde.

Beispiel: Falsche Vögel

Im letzten Winter berichteten verschiedene Medien eine bemerkenswerte Geschichte, die bereits älteren Datums ist (siehe z. B. Mayer 2022, Wikipedia 2022a). Vögel gibt es danach nicht mehr, weil die US-Regierung sie durch Drohnen ersetzt habe, um die Bürger zu überwachen. Sie sitzen gerne auf Stromleitungen (die Drohnen-Vögel, nicht die Bürger), wie man bekanntlich allerorts sehen kann – allerdings nicht, weil es ihnen Spaß macht, sondern um ihre Akkus aufzuladen.

Was nach einer vollkommen verrückten Theorie klingt, soll genau das sein. Der 23-Jährige US-Amerikaner Peter McIndoe löste ihre Verbreitung 2017 mehr oder weniger unabsichtlich aus, als er Teilnehmer einer Pro-Trump-Demo in Memphis beobachtete, die gegen einen Marsch für Frauenrechte demonstrierten. Er fand diese Situation so absurd, dass er irgendetwas tun wollte. Also schnappte er sich ein Schild und schrieb auf die Rückseite die ersten drei Worte, die ihm einfielen: *Birds aren't real.* („Vögel sind nicht echt.") Als er diesen Spruch schrie, wurde einer der Pro-Trump-Demonstranten darauf aufmerksam, filmte ihn und fragte ihn, was er damit meine. McIndoe entgegnete: Jeder einzelne Vogel am Himmel ist eine Überwachungsdrohne, und er selbst sei Teil einer Gegenbewegung, die seit 50 Jahren existiere.

Das Video ging in den sozialen Netzwerken viral. Schnell wurden Lokalnachrichtensender aufmerksam und berichteten ernsthaft über die Verschwörungstheorie, dass alle echten Vögel in den USA zwischen 1959 und 2001 durch Drohnen ersetzt worden seien. McIndoe war fasziniert davon, wie sich seine Idee verbreitete und ständig größere Kreise zog, und er erzählte in Interviews immer absurdere Geschichten. Damit wolle er die Witzfiguren entlarven, die solchen Quatsch verfassen bzw. glauben. Dieses Vorgehen biete einen Weg, mit einer Welt klarzukommen, die dank des Internets zwar voller Informationen sei, Fake News und Verschwörungstheoretiker aber hinter jeder Ecke lauerten.

Die dadurch entstandene Bewegung ist dabei durchaus erfolgreich, wie die *New York Times* berichtet (Lorenz 2021; siehe auch Wikipedia 2022a). *Birds aren't real*-Demonstranten mischten sich unter eine Anti-Abtreibungsdemo vor der Universität von Cincinnati. Die Vogel-Verschwörer brüllten so absurde Behauptungen, dass sich die Anti-Abtreibungsdemo lieber auflöste, als mit *Birds aren't real* in Verbindung gebracht zu werden. ◀

In Deutschland drängt sich hier die Parallele zur *Bielefeld-Verschwörung* auf, einer satirischen Verschwörungstheorie im Usenet, die seit 1994 behauptet, die Stadt Bielefeld gebe es nicht, ihre Existenz werde lediglich überzeugend vorgetäuscht. Vor dem geschilderten Hintergrund bietet es sich an, ein oben bereits verwendetes Adverb genauer zu charakterisieren, das inzwischen eine zusätzliche Bedeutung erhalten hat und die Plattform für die Kombination von Boiling-Frog-Symptom und Fake-News-Verbreitung bildet:

▶ **Viral** bedeutet in der Medizin „von Viren verursacht" bzw. „ein Virus betreffend". Dies ist zwar ebenfalls aktuell, jedoch hier nicht gemeint. An dieser Stelle ist folgende Bedeutung relevant: „besonders durch Kontakte in den sozialen Medien schnell weite Verbreitung im Internet findend".

Auch Fake News und Verschwörungstheorien fußen wiederum auf verschiedenen kognitiven Effekten, die an anderer Stelle zusammengefasst sind (Wenski 2022, S. 228–236): Sie müssen ungewöhnlich und bizarr klingen, ins krude Weltbild der Zielgruppe passen und dürfen es mit der Wahrheit nicht allzu genau nehmen. Doch es gibt Mittel und Wege, wie man Fake News erkennt.

Beispiel: Erst nachdenken, dann teilen

Fake News begleiten und beeinflussen die politischen Entscheidungen unserer Zeit. Gerade in Ausnahmesituationen wie der Corona-Pandemie oder dem Ukraine-Krieg kursieren viele irreführende oder falsche Informationen. In nicht eindeutigen Situationen, in denen Menschen schnell nach Informationen und Orientierung suchen, gehören Falschmeldungen und in den sozialen Netzwerken gestreute Gerüchte mittlerweile zum Alltag. Bei Fake News handelt es sich um Fehlinformationen und bewusst irreführende Behauptungen, die gezielt verbreitet werden.

Viele Fachleute sprechen nicht von „Fake News“, da es sich um einen politischen Kampfbegriff handele, der zudem ungenau sei, sondern eher von *Desinformation* als gezieltes Propagandainstrument. (Gensing und Reveland 2022) Eine Studie des *Massachusetts Institute of Technology* (MIT) hat Twitter-Datensätze untersucht und herausgefunden, dass sich Falschmeldungen auf der Plattform sechsmal so schnell verbreiten wie echte Nachrichten und eine bis tausendfache Anzahl an Nutzern erreichen. Warum? Weil sie überraschend daherkommen und Aufmerksamkeit erregen (Schmieder 2022).

Es existiert kein Patentrezept, um Fake News zu entlarven, jedoch bietet sich eine Reihe von Punkten zur Überprüfung der Authentizität an:

- Ist die Quelle vertrauenswürdig? Große Nachrichtenagenturen (z. B. dpa, AFP, AP) prüfen ihr Material in der Regel ebenso sorgfältig wie überregionale unabhängige Zeitungen und Sender.
- Finden sich mindestens zwei voneinander unabhängige Quellen für die Nachricht?
- Mit der Bilderrückwärtssuche mittels Internet-Suchmaschine lassen sich viele gefälschte und im falschen Zusammenhang geteilte Inhalte aufdecken.
- Bei der Überprüfung, ob beispielsweise ein *Social Media*-Profil vertrauenswürdig ist, kann ein Blick auf die Details helfen. Wichtig ist es jedoch, sich einen Gesamteindruck zu verschaffen und dabei neben gesundem Menschenverstand bei außergewöhnlichen Inhalten stets Skepsis walten zu lassen.
- Fragen Sie sich: Wer erzählt mir was, und warum? Woher kommt die Information, und was verbreitet diese Quelle sonst? *Cui bono* – wer profitiert davon?
- Legen Sie sich Medienkompetenz zu, um Behauptungen in einen größeren Kontext einsortieren zu können. Oft ist es bereits die einfache Sprache, an der Desinformation erkennbar ist.
- Konsultieren Sie außerdem Faktenchecks, die inzwischen durch zahlreiche Sender, Zeitungen, Nachrichtenagenturen und Organisationen veröffentlicht werden. ◀

▶ **Tipp** Gefährlich kann es dann werden, wenn Sie auf „Nachrichten" und „Informationen" stoßen, deren Inhalte Ihre eigenen Ansichten unterstützen und gleichzeitig abseits des Mainstreams liegen. Indem Sie solche Botschaften ungeprüft weiterleiten, leisten Sie der Flut von Fake News im Internet weiter Vorschub und finden sich früher oder später selbst in einer Blase gefangen. Denken Sie erst nach, bevor Sie Feeds und Links teilen.

Doch wie hat man das früher gemacht mit der Desinformation? Vor den Zeiten des Internets?

4.2 Verschwörungsmythen früher und heute

Es gibt immer wieder Menschen, die allen möglichen Blödsinn glauben. Dafür lassen sich verschiedene Ursachen anführen. Machen wir eine kleine Anleihe bei der Verhaltensökonomik und sehen uns weitere kognitive Effekte an, welche die Verbreitung von Falschmeldungen und die Entstehung von Verschwörungsmythen fördern:

- Der *Belief Bias* (Überzeugungsirrtum) ist die Tendenz, glaubwürdige Schlussfolgerungen zu akzeptieren, unabhängig davon, ob sie logisch korrekt aus den Prämissen hergeleitet werden können.
- *Belief Perseverance* (Beharren auf Überzeugungen) bedeutet die Unfähigkeit, eine erste Hypothese anzupassen oder zu revidieren, obwohl neue Informationen vorliegen, die dieser Überzeugung widersprechen (können).
- Und letztlich versteht man unter *Belief Revision* (Ändern von Überzeugungen) die Änderung oder Anpassung von Einschätzungen und Glaubenssätzen auf der Basis neuer Informationen.
- Außerdem kennt die Psychologie noch den *Bizarreness Effect* (Bizarrheitseffekt), den Umstand, dass bizarre Sachverhalte und Objekte besser im Gedächtnis behalten werden als gewöhnliche.
- Der *Confirmation Bias* (Bestätigungsfehler) schließlich ist die Neigung, Informationen so auszuwählen, zu ermitteln und zu interpretieren, dass sie die eigenen Erwartungen bestätigen.

► **Verschwörung** ist ein negativ konnotierter Begriff für eine bewusst geheime, also nicht-öffentliche Vereinbarung zwischen zwei oder mehr Personen, um ein bestimmtes Ziel zu erreichen. Synonyme sind Intrige, Kabale, Komplott und Konspiration.

Von Desinformationen ist der argumentative Weg nicht mehr sehr weit zu Verschwörungstheorien. Diese unterstellen, dass eine im Geheimen operierende Gruppe flächendeckend und systematisch Fake News verbreitet und dadurch aus niederen Beweggründen versucht, eine Institution, ein Land oder gar die ganze Welt zu kontrollieren oder zu zerstören. Und wie „Fake News" ist auch dieser Begriff in Fachkreisen umstritten: Statt von Verschwörungstheorie, einem seit den 1860er-Jahren bekannten Begriff, sprechen Experten präziser von *Verschwörungshypothese* und *Verschwörungsideologie* sowie *Verschwörungsmythos*. (Pfahl-Traughber 2019)

► Die **Verschwörungshypothese** basiert auf Umständen und Tatsachen, die überprüfbar sind.

► Eine **Verschwörungsideologie** ist dadurch gekennzeichnet, dass mit der unterstellten Verschwörung eine einfache Erklärung für historisch-politische Entwicklungen gegeben wird, obwohl dafür keine empirischen Belege vorliegen. Verschwörungsideologien beziehen sich auf vorhandene reale Gruppen, denen ein mögliches konspiratives Handeln unterstellt werden kann.

► Bei **Verschwörungsmythen** hingegen ist dies nicht der Fall; sie erfinden mitunter angeblich bestehende konspirative Gruppen, die dann nur in der Gedankenwelt der Verschwörungsgläubigen ein Eigenleben führen.

Während es beispielsweise bei der Auffassung von einer „freimaurerischen Verschwörung" einen tatsächlich existenten Akteur in Gestalt von realen Logen gibt, ist bei der Behauptung von einer „jüdischen Verschwörung" die Vorstellung von einer Gruppe wie den *Weisen von Zion* reine Fiktion. Im ersten Fall würde man von einer Verschwörungsideologie, im zweiten Fall von einem Verschwörungsmythos sprechen.

Beurteilt anhand der Anzahl an wissenschaftlichen Publikationen, hat das Interesse an dieser Thematik in der letzten Dekade sprunghaft zugenommen. (zur Einführung siehe z. B. Körner 2020, Roose 2020, Endrass et al. 2021, Lamberty und Imhoff 2021, Wikipedia 2022e) Doch Verschwörungserzählungen haben immer schon die Welt strukturiert, gerade wenn es um unsichtbare Bedrohungen geht, die für viele Menschen schwer zu verstehen sind. Ob es allerdings Verschwörungstheorien zu allen Zeiten und in allen menschlichen Gesellschaften gab, ist in der Forschung umstritten.

► Im Mittelalter wurde den Juden unterstellt, insgeheim mit den Muslimen oder dem Antichristen im Bunde zu sein. Die Vermutung, Juden hätten durch Brunnenvergiftungen oder Ermordung christlicher Kinder die Pest heraufbeschworen, blieb bis zum Beginn der Neuzeit die einzige verbreitete und folgenreiche Verschwörungstheorie in Europa.

Körner (2020) merkt an, dass es im „dunklen" Mittelalter mit Ausnahme derjenigen zur Pest interessanterweise nur wenige Verschwörungstheorien gab; Naturkatastrophen oder Epidemien galten noch eher als Strafe Gottes oder zumindest als Folge eines göttlichen Ratschlusses, der von Menschen nicht infrage gestellt werden konnte. Diese kamen erst in der sich anschließenden Zeit der Aufklärung ab etwa 1700 auf, ein zunächst überraschender Befund für eine Zeit, in der die Menschen begannen, die Rätsel der Natur mit rationalen Mitteln zu lösen (vgl. Wikipedia 2022c). Stattdessen griffen sie auf primitive Erklärungen und einseitige Zuschreibungen feindseliger Motive für unerklärliche und belastende Vorgänge zurück. Die nachlassende Bedeutung von Glauben und Religionen nach der Aufklärung könnte ein Grund dafür sein.

Im 17. Jahrhundert bestimmte eine angeblich vom Ausland gesteuerte Jesuiten-Verschwörung das politische Geschehen in England. Das im Frankreich des Frühjahres 1789 massenhaft kolportierte Gerücht, Adel und König würden absichtlich die Getreideversorgung verknappen, führte letztlich zur Französischen Revolution. Antisemitische Verschwörungstheorien verbreiteten sich erst wieder zum Ende des 19. Jahrhunderts ausgehend vom Roman *Biarritz* mit einer Szene, die sich des nachts auf einem Friedhof in Prag zugetragen haben soll: Der „Hohe Rat" der Juden, die Vertreter der zwölf jüdischen Stämme, kam darin zusammen, um die Übernahme der Weltherrschaft zu planen. Plagiiert wurde diese antisemitische Verschwörungstheorie Anfang des 20. Jahrhunderts, als bis heute unbekannte Verfasser daraus die oben erwähnten *Protokolle der Weisen von Zion* fabrizierten, einer der Schlüsseltexte des Antisemitismus (vgl. Benz 2019).

In die so entstandene antisemitische Verschwörungstheorie, die im Kern immer noch starke Ähnlichkeit mit ihrem antijesuitischen Urbild hatte, wurden nach der Oktoberrevolution mit dem Schlagwort vom „jüdischen Bolschewismus“ zusätzlich antikommunistische Elemente eingefügt. In der Folge entstanden Dolchstoßlegende und Hitlers *Mein Kampf* – unter dem Nazi-Regime Grundlage und Rechtfertigung für die Shoah. Auch heute müssen die *Protokolle* noch für allerlei Unfug herhalten: Sie sind z. B. integraler Bestandteil der Ideologie der Hamas. Im Jahr 2003 behauptete der malaysische Premierminister Mahathir bin Mohamad auf einer Tagung der Organisation der Islamischen Konferenz allen Ernstes, „die Juden“ würden die Welt durch Stellvertreter regieren und hätten zu diesem Zweck den Sozialismus, den Kommunismus, die Demokratie und die Menschenrechte erfunden (Jacoby 2003).

Historisch und politisch bedeutsame Verschwörungstheorien richten sich neben den Juden meist gegen Freimaurer, Illuminaten, Kommunisten oder Kapitalisten. Lesenswert in diesem Zusammenhang sind die beiden spannenden Romane *Das Foucaultsche Pendel* (1989) und *Der Friedhof in Prag* (2011) des italienischen Schriftstellers und Wissenschaftlers Umberto Eco (1932–2016), die sich kritisch mit den Folgen von Verschwörungstheorien auseinandersetzen.

Aktuelle Verschwörungstheorien richten sich oft gegen die Regierung, wirtschaftliche Instanzen oder etablierte Medienorgane; letztere werden etwa als „Lügenpresse“ diffamiert und der gezielten Verbreitung von Falschinformation bezichtigt. Auch Verschwörungstheorien, die der Pharmaindustrie vorwerfen, mit unwirksamen oder Krankheiten verursachenden Impfstoffen Profit zu machen, haben Aktualität.

▶ „Insgesamt gibt es die Annahme, dass sich der Verschwörungsglaube in Krisenzeiten besonders zeigt. Krisen können als Kontrollverlust verstanden werden. Die eigene Lebenswirklichkeit wird fundamental infrage gestellt; es ist unklar, wie sich der Verlauf entwickelt und wann alles wieder so wird wie vorher.“ (Lamberty und Imhoff 2021)

4.3 USA: Nährboden für Verschwörungstheorien

Von den in Kap. 3 gewürdigten Wutbürgern führt der argumentative Weg nahezu zwangsläufig zu den Vereinigten Staaten von Amerika, der ältesten bestehenden Demokratie der Welt. Der vom abgewählten Präsidenten Donald Trump und seinem Anwalt Rudolph Giuliani am 6. Januar 2021 initiierte und angefeuerte Sturm auf das Kapitol in Washington durch einen entfesselten rechten Mob, der inzwischen als versuchter Staatsstreich betrachtet wird[1], hat einmal mehr vor Augen geführt, was blüht, wenn Recht, Gesetz und öffentliche Ordnung mit Füßen getreten werden. Was mich zu dieser Betrachtung führt.

Beispiel: Amerikaner mit Schlag

Ich war in den 1990-ern mehrere Jahre für meinen damaligen Arbeitgeber in der Halbleiterindustrie in Portland (Oregon) als Auslandsdelegierter tätig, eine Erfahrung, die ich nicht missen möchte und von der ich noch heute profitiere. Vor meiner Vorstellungsreise an diesen US-Standort hatte ich noch nie amerikanischen Boden betreten und fand mich in einer faszinierenden, aber komplett anderen Welt wieder – teils äußerst pragmatisch und innovativ *(The American Way of Life)*, teils an ein rückständiges Land erinnernd. Zusammen mit der Familie, die unbedingt frühzeitig in eine solche Entscheidung einzubinden ist, war ich erfolgreich, eine eventuelle Status-quo-Verzerrung zu vermeiden, und konnte in dieses Abenteuer zu starten.

Das klingt gut im Kontext dieses Buchs, doch soll es an dieser Stelle um etwas anderes gehen. Ein amerikanischer Freund (der inzwischen ein bekannter Romanautor geworden ist und immer noch aktiv gegen Unvernunft, Rassismus und Rechtsextremismus Stellung bezieht) sagte uns damals ganz zu Anfang der USA-Jahre sinngemäß: Passt auf, mit wem Ihr Euch vor allem im Straßenverkehr anlegt. Denn es kann immer

---

[1] ... und nach Erkenntnissen eines Untersuchungsausschusses von Trump durch bewusstes Ansprechen rechter Gruppen bereits seit 19. Dezember 2020 geplant gewesen zu sein schien (TS 2022)

sein, dass einer eine Knarre vom Dashboard holt und anfängt zu ballern – ein Drittel der Leute hier haben einen mentalen Schlag.

Nun war ich in den USA nie in einer persönlichen Gefahrensituation, und bei der einzigen Schießerei, in deren Nähe ich mich einmal unweit des Portlander *Lloyd Center* wiederfand, hatten Streifenwagen den Bereich bereits großräumig abgesperrt. Zwar sind manche US-Amerikaner insbesondere aus ländlichen Gebieten etwas merkwürdig und ticken definitiv anders als wir Europäer, doch hatte ich das von unserem Freund erwähnte Drittel Gestörte für maßlos übertrieben gehalten.

Bis mich die Wirklichkeit der letzten Jahre anscheinend Lügen gestraft hat: Ein steigender Anteil der wahlberechtigten Amerikaner (von zunächst 5 % auf fast die Hälfte ein Jahr nach dem Sturm aufs Kapitol) glaubt inzwischen an das Trumpsche Narrativ, ihm sei die Präsidentschaftswahl 2020 „gestohlen worden". Umfragen zufolge sind auch heute noch mehr als zwei Drittel der Republikaner davon überzeugt, dass Trump um seinen Wahlsieg gebracht wurde. Und dass sich ein solcher Putschversuch jederzeit wiederholen kann, belegt eine Umfrage der *Washington Post* Anfang 2022: Darin gaben 34 % aller Befragten an, Gewaltanwendung gegen die eigene Regierung sei manchmal gerechtfertigt (Kornfield und Alfaro 2022). Ein Drittel! ◀

▶ **Tipp** Wenn Sie ins Ausland reisen, egal wohin, halten Sie immer ein Auge auf die Sicherheitslage gerichtet. In vielen Ländern ist die potenzielle Bedrohung für Eigentum, Leib und Leben wesentlich höher als in Deutschland und anderen EU-Staaten.

Doch auch wir Deutsche stehen keineswegs alle auf dem Boden der Realität und Rationalität. In einer repräsentativen Befragung hat die Konrad-Adenauer-Stiftung unter anderem erhoben, in wie weit eine Steuerung der Welt durch geheime Mächte für wahr oder falsch gehalten werden. Und siehe da: Auch in unserem Land halten 30 % der Bevölkerung derartige Fantasien für wahrscheinlich richtig oder sicher richtig. Davon halten 11 % die Aussage für sicher richtig und sind damit überzeugte Verschwörungstheoretiker. (Roose 2020)

Amerikanische Verschwörungstheorien – eine Auswahl

Soviel vorweg, doch scheinen die US-Amerikaner noch deutlich kreativer bei der Konzeption von Verschwörungstheorien als wir Deutsche. Als erstes Indiz mag das Beispiel mit den ausgetauschten Vögeln in Abschn. 4.1 die Empfänglichkeit dafür belegen. Sowohl vor dem als auch im Internet-Zeitalter hat es immer wieder spektakuläre Beispiele gegeben, in denen unklare Umstände zu absurden Vermutungen geführt haben. Hier einige Beispiele, die an anderer Stelle (z. B. in Wikipedia 2022e) ausführlich beschrieben sind. Verschwörungstheorien ...

- ... zum *Angriff auf Pearl Harbor* ziehen in Zweifel, dass der Angriff der Japaner auf die US-Flotte am 7. Dezember 1941 die USA völlig überraschte. Sie behaupten, die US-Regierung und/oder Teile des US-Militärs hätten rechtzeitig Kenntnis von jenem geplanten Angriff gehabt, aber bewusst nichts dagegen unternommen.
- ... zum *Roswell-Zwischenfall* gehen vom Absturz eines angeblich außerirdischen unbekannten Flugobjekts in der Nähe der Kleinstadt Roswell im US-Bundesstaat New Mexico aus; die UFO-Theorie stammt aus Presseberichten über Trümmer einer „fliegenden Untertasse" vom 8. Juli 1947, die laut US Army jedoch zu einem abgestürzten Wetterballon mit Radarreflektor gehörten.[1]
- ... zur *McCarthy-Ära,* eine von 1947 bis etwa 1956 andauernde Zeit der Verfolgung echter oder vermeintlicher Kommunisten und deren Sympathisanten in den USA, die zunächst vom namensgebenden Senator Joseph McCarthy betrieben und als *Second Red Scare* bezeichnet wurde.
- ... zum *Attentat auf John F. Kennedy* am 22. November 1963 in Dallas, die darauf basieren, dass der Mordschütze Lee Harvey Oswald nicht der alleinige Täter sein konnte; in einer Gallup-Umfrage aus dem Jahr 2003

[1] UFO-Experten vermuten schon seit Jahrzehnten, dass sich hinter vielen der vermeintlich unerklärbaren Himmelsphänomene neuartige Testflugzeuge, Raketen oder Drohnen des Militärs verbergen. Inzwischen hat das US-Repräsentantenhaus beschlossen, eine zentrale Stelle im Pentagon einzurichten, an der alle Infos über geheimnisvolle Sichtungen am Himmel gesammelt werden. Mit dem internen Meldesystem soll es zum Beispiel US-Militärangehörigen einfacher gemacht werden, solche Phänomene am Himmel zu melden – ohne dass diese Ärger wegen möglichen Geheimnisverrats riskieren. (Wurzel 2022)

Abb. 4.1 Apollo 11: Edwin „Buzz" Aldrin am 20. Juli 1969 auf dem Mond. Alle Zweifel von Verschwörungstheoretikern am Mondlandeprogramm sind systematisch widerlegt worden. Auf diesem *nicht* manipulierten Foto ist Armstrong als *einziger* weiterer Mensch auf dem Mond im Helm von Aldrin gespiegelt. Foto: Neil A. Armstrong / NASA (Wikipedia 2022f)

wurden als an dem Attentat mutmaßlich Beteiligte an erster Stelle die Mafia (von 37 % der Befragten) genannt, an zweiter Stelle die CIA (34 %), an dritter Stelle Kennedys Nachfolger Johnson (18 %) und danach Kuba und die Sowjetunion (jeweils 15 %) (Saad 2003).

- ... in den USA richten sich seit den Kennedy-Morden vor allem *gegen die Regierung*, die Teil der angenommenen Verschwörung sein soll. Reale Skandale wie die Veröffentlichung der Pentagon-Papiere, die Watergate- oder die Iran-Contra-Affäre trugen zu diesem Misstrauen bei.
- ... zur amerikanischen *Mondlandung* (Abb. 4.1) gehen davon aus, dass die Mondmissionen in den Jahren 1969 bis 1972 gar nicht stattgefunden haben, sondern von der NASA und der US-amerikanischen Regierung vorgetäuscht und die Bilder auf der Erde aufgenommen worden seien.
- ... zum *11. September 2001* führen die Terroranschläge jenes Tages auf verdeckte, andere als die ermittelten Ursachen und Täter zurück. Sie behaupten meist, Mitglieder der Regierung der USA, besonders Geheimdienstmitarbeiter, Neokonservative, Juden oder mit diesen verbundene angebliche Geheimzirkel seien die wirklichen Täter, Auftraggeber, Planer und Nutznießer der Anschläge gewesen.
- ... zu *Kondensstreifen am Himmel*: Chemtrail-Gläubige finden sich seit 1996 im Internet; das Basismodell behauptet, bei den vermeintlich giftigen Kondensstreifen gehe es um eine gezielte Bevölkerungsreduktion (weil Wissenschaftler errechnet hätten, die optimale Größe der Erdbevölkerung betrage 500 Millionen) oder auch um militärische Zwecke.

Weitere Verschwörungstheorien mit Bezug zu den Naturwissenschaften kursieren bevorzugt in den USA, jedoch auch anderswo rund um die derzeit stattfindende *globale Erwärmung*. Klimaleugner bestreiten beispielsweise den Klimawandel insgesamt oder dass er menschengemacht ist. Sie unterstellen dabei den Klimaforschern Fälschungen aus verschiedenen spekulativen Motiven. (siehe Abschn. 7.4)

Zur *COVID-19-Pandemie* wurden und werden zahlreiche Falschinformationen und Verschwörungstheorien verbreitet, nach denen das Coronavirus SARS-CoV-2 etwa als biologische Waffe im Genlabor hergestellt worden sei. Der US-amerikanische Investor George Soros und der Microsoft-Gründer Bill Gates werden als Drahtzieher der Pandemie dargestellt.

Mit den Impfungen sollen den Menschen Chips zur Überwachung implantiert werden. Ja geht's noch?! (siehe auch Abschn. 4.4)

Und nicht zu vergessen: die absurden Narrative eines Donald Trump. Seine unbegründeten Anschuldigungen etwa gegen Barack Obama und Hillary Clinton sowie Sympathien für die rechtsextreme QAnon-Gruppe mit ihren satanischen Verschwörungstheorien sind legendär. Dabei ist er doch selbst der begnadetste Lügner im Land. Und nicht zu vergessen die Mär von der „gestohlenen Wahl" 2020, die zum Sturm auf das Kapitol in Washington führte und letztlich befürchten lässt, dass einer der schlechtesten Präsidenten in der Geschichte der USA – getragen durch seine unbelehrbaren Fans – 2024 noch einmal bei der Wahl antreten wird.

Dies ist nur die Spitze des Eisbergs. Während die Themen bis zur Mondlandung seinerzeit noch analog diskutiert wurden, finden die Verschwörungsanhänger spätestens seit dem 9/11-Terroranschlag im Internet schnell und unproblematisch zueinander. Und auch die alten Theorien und Feindbilder lassen sich in den sozialen Netzwerken trefflich wiederbeleben, weshalb es nicht verwundern sollte, dass bis zu 30 % der amerikanischen Bevölkerung mindestens einer für sie plausiblen Verschwörungstheorie anhängen.

Bildung gegen falsche Narrative

Große Anteile gerade der republikanischen Wählerschaft scheinen für Narrative und Falschmeldungen empfänglich, die ihre Sehnsucht nach dem Amerika der Gründerväter befriedigen. Ähnlich wie fanatische Gläubige die Bibel oder den Koran wörtlich auszulegen versuchen und die vielfach archaischen Inhalte 1:1 auf die hochtechnisierte Gegenwart übertragen, kleben diese US-Bürger an einer 250 Jahre alten Verfassung und lehnen zeitgemäße Anpassungen etwa bei der Familienplanung, beim Wahlsystem oder in der Judikative konsequent ab. Gesetze bleiben in Kraft, lange nachdem sich die Rahmenbedingungen gravierend geändert und sie überflüssig gemacht haben, etwa das Recht, Waffen zu tragen. Oder sie werden durch eine konservative Mehrheit im obersten Gericht gekippt, wie das Recht auf Schwangerschaftsabbruch.

Die Folgen sind Blockadehaltungen in Parlamenten und an Gerichten, weil die „alten weißen Männer" in den Entscheidungsgremien die Regeln so geschrieben haben, dass sie kaum verändert werden können. Der Leitgedanke dieses Buchs bleibt ihnen verborgen, und selbst im 21. Jahrhundert sieht es so aus, dass sie momentan damit durchkommen. Wie der Sturm auf das Kapitol gezeigt hat, stellen fehlender Pluralismus, mangelnde Einsicht und Anstachelung durch rechte Medien und hochrangige Meinungsbildner eine ernste Herausforderung auch für die USA als älteste Demokratie der Welt dar.

Deutsche Verschwörungstheoretiker

Doch steht es uns Deutschen zu, dass wir uns über die US-Amerikaner stellen und uns über ihre Verschwörungstheorien lustig machen? Mit Sicherheit nicht. Und wir müssen dabei keineswegs auf die Tode von Jürgen Möllemann oder Uwe Barschel zurückblicken, auf die Propaganda des DDR-Regimes mit ihrem „antifaschistischen Schutzwall" oder gar in die Zeit des Dritten Reichs. PEGIDA-Anhänger, Reichsbürger, Impfgegner und Klimaleugner versuchen in der Gegenwart, in zynischer Weise die Deutungshoheit an sich zu reißen. Auch bei uns glauben manche Menschen, das Deutsche Reich bestehe juristisch bis heute fort, die Bundesrepublik Deutschland sei dagegen eine GmbH und damit illegal. Oder geheime Gesellschaften würden versuchen, die Weltherrschaft an sich zu reißen. Der „Große Austausch" ist ein Verschwörungsmythos der Neuen Rechten, demzufolge es einen geheimen Plan gebe, die weiße Bevölkerung Europas durch muslimische oder außereuropäische Einwanderer zu ersetzen – Thilo Sarrazins in Abschn. 3.2 skizzierte Thesen. Aber Verschwörungstheorien sind auch in linksorientierten Bewegungen zu beobachten. Ein krasses Beispiel auf der anderen Seite des politischen Spektrums bildete die Ideologie der Roten Armee Fraktion (RAF), einer linksextremen, terroristischen Gruppierung, die in der Zeit von 1970 bis 1998 ihr Unwesen trieb.

Wie sehr Verschwörungstheorien auch in Deutschland verbreitet sind, zeigt eine Erhebung der Friedrich-Ebert-Stiftung aus dem Jahre 2017/2018: Immerhin 45,7% der Befragten glaubten, dass geheime Organisationen großen Einfluss auf politische Entscheidungen haben. Und 32,7% gingen davon aus, dass Politiker und andere Führungspersönlichkeiten „nur Marionetten dahinterstehender Mächte" sind. Zwischen den Altersstufen gibt es hinsichtlich der Neigung zu Verschwörungstheorien lediglich geringe Unterschiede, wohl aber zwischen den Stufen formaler Bildung: Mit steigendem Bildungsstand sinkt die Zustimmung zu rechtsextremen und verschwörungstheoretischen Einstellungen. (Körner 2020; nach Zick at al.

2019, S. 212–213) Aktuelle Umfragen zeigen, dass fast die Hälfte der nicht gegen COVID-19 Geimpften sowie der AfD-Wähler (bzw. in Österreich der FPÖ-Wähler) Verschwörungstheorien wie den QAnon-Mythen Glauben schenken (Gensing 2022a; siehe auch Wikipedia 2022d).

4.4 Corona-Pandemie: Symbol für menschliches Kollektivversagen

CoV-SARS-2 – war da was?

Zum Ukraine-Krieg (Abschn. 4.5) sind keine vier Wochen nach Beginn der russischen Invasion bereits die ersten Bücher erschienen; bei der Corona-Pandemie hatte es 2020 nicht viel länger gedauert. Die Pandemie ist inzwischen ein *Moving Target*, ein bewegliches Ziel in einem makabren Spiel mit der Gesundheit und dem Tod von Menschen, dessen Regeln sich regelmäßig zu ändern scheinen. Die Leute sind „pandemiemüde" und wünschen sich ihre „Freiheit" zurück, doch stattdessen stiegen die Fallzahlen bereits im Sommer 2022 und nicht erst im Spätherbst wieder deutlich an. Politiker, Fußballfans, Demonstranten und Einkaufende verzichten inzwischen weitgehend wieder auf FFP2-Masken und weitere einfache Maßnahmen, nachdem in Deutschland die meisten Schutzbestimmungen zum 3. April 2022 entfallen sind – trotz neuer hochansteckender Omikron-Varianten. Dafür kritisiert die CDU/CSU-Opposition (die die Gesundheitspolitik bis Herbst 2021 politisch verantwortet hat) die Corona-Politik der Ampelregierung lautstark, allen voran immer wieder der bayerische Ministerpräsident Markus Söder. Und der Schock über den Selbstmord der 36-jährigen österreichischen Impfärztin Lisa-Maria Kellermayr, die Ende Juli 2022 von Querdenkern vor allem durch Hass im Netz in den Tod getrieben wurde, sollte letztendlich alle Beteiligten zur Besinnung kommen lassen.

Vielleicht ist es an der Zeit für ein kurzes Resümee, nachdem die Corona-Problematik bereits an mehreren Stellen dieses Buchs angerissen wurde. Inzwischen befindet sich die Welt im dritten (gefühlt: zehnten) Jahr der Corona-Pandemie – ein Wimpernschlag, verglichen mit den 80 Jahren und dem Blick des Klosterbruders auf die Straße im Beispiel in Abschn. 1.1.

Willkommenes Thema für Fake News und Verschwörungsdenken

So etwas haben die Menschen der Gegenwart noch nicht erlebt: Ein lebloser Virusstrang, der aus der immer mehr zurückgedrängten Natur wo und wie auch immer auf einen Patienten 0 übergesprungen ist, treibt Bevölkerung und Experten gnadenlos vor sich her. Er mutiert nach Lust und Laune (und den Gesetzen der Wahrscheinlichkeit und Vererbungslehre: Die stärksten kommen durch – *Survival of the Fittest*). Bürgerliche Freiheiten sind begrenzt worden – ein Umstand, den ich als Bewohner eines der freiheitlichsten Länder der Erde persönlich bisher auch nicht annähernd erlebt habe. Weder bei den autofreien Sonntagen im Herbst 1973 als Folge der ersten Ölpreiskrise. (Wobei: Das kann durch die explodierenden Energiekosten und die kritische Versorgungslage schnell wiederkommen.) Noch bei der Volkszählung in der Bundesrepublik Deutschland 1987, die von einer Reihe von Bürgerprotesten und einem organisierten Boykott begleitet wurde. Im Hintergrund der Auflehnung gegen besagte Volkszählung stand die Befürchtung des sogenannten Gläsernen Bürgers; teilweise wurde sie als Schritt in Richtung Überwachungsstaat gesehen (Wikipedia 2022g). George Orwells *1984*.

► Die Ängste früherer Jahrzehnte vor staatlicher Überwachung werden heute gerne vergessen, wenn Nutzer ihre zum Teil recht sensiblen Daten freizügig im Internet durch soziale Netzwerke oder an kommerzielle Anbieter oder Plattformbetreiber abgeben.

Es macht, ehrlich gesagt, keinen Spaß, über die Corona-Pandemie zu schreiben. (Über den Ukraine-Krieg und seine Folgen noch viel weniger ...) Zum einen scheint bereits (mehr als) alles Notwendige in der Tagespresse gesagt. Zweitens gilt es für einen Buchautor zu bedenken, dass das, was er schreibt, erst viel später gedruckt in den Buchhandlungen liegt oder als E-Book abgerufen werden kann. Gerade das Virusproblem zeigt aber, dass sich in einem solchen Zeitraum sehr viel verändern kann (im Gegensatz zu den drei in Abschn. 1.2 diskutierten Reizthemen). Und drittens erschrecken mich die dadurch offenkundigen Defizite nicht nur in der Pandemiebekämpfung, sondern vor allem im sozialen Zusammenhalt und auch im rationalen Denken. Daher will ich mich bei den folgenden Ausführungen zu Corona auf die bereits angesprochene Sequenz **Fake News → Blase → Verschwörungstheorie** beschränken; die Verbindung dieses Themas zu den in Kap. 3 beschriebenen Wutbürgern, zur Status-quo-Verzerrung und zum Leitgedanken dieses Buchs – *der Status quo lässt sich auf Dauer nicht aufrechterhalten* – liegt auf der Hand. Eine psychologische Erklärung liefert unter anderem der Omission-Bias (Ritov und Baron 1990; vgl. Abschn. 1.5).

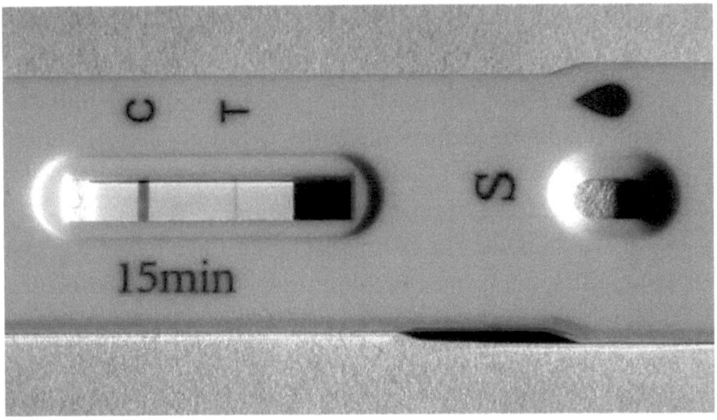

Abb. 4.2 Corona-Test: Positiv oder nicht?

Falschinformationen und Verschwörungstheorien zu Corona

Im Herbst 2022 hat mehr als ein Fünftel der deutschen Bevölkerung noch keine einzige Impfung gegen COVID-19 erhalten[1] – teils aus Unkenntnis der Gefahren der Krankheit, teils aus Nachlässigkeit oder auch auf der Basis strikter Ablehnung. Während „niederschwellige Impfangebote", wie es so schön heißt, noch einigen Vertretern der ersten beiden Gruppen die Impfung bescheren könnte, sind die 5–10 % erklärter Impfgegner (der Prozentbereich kam bereits in Abschn. 3.6 vor) argumentativ nicht zu überzeugen. Je deutlicher die wissenschaftlich begründete Faktenlage ihrer Anschauung widerspricht, desto vehementer schotten sie sich in ihrer Blase ab und lassen nichts anderes gelten. Selbst nach Freigabe und Verfügbarkeit des Proteinimpfstoffs von Novavax, auf den angeblich viele Skeptiker gewartet hatten, stieg die Impfquote nicht merklich an. Bereits in Abschn. 3.5 wurde ausgeführt, dass die Majorität der nicht Geimpften bei der Bundestagswahl 2021 rechtsextreme Parteien gewählt haben.

[1] Um korrekt zu bleiben: Rund 5 % zählen zu einer Altersgruppe ohne zugelassenen Impfstoff (0 bis 4 Jahre).

Falschinformationen zur COVID-19-Pandemie und zu SARS-CoV-2, in Teilen als „Corona-Mythen" oder „Corona-Lügen" bezeichnet, werden seit dem Ausbruch der Krankheit verbreitet. Sie umfassen Falschmeldungen, pseudowissenschaftliche Gesundheitstipps, Vereinfachungen, Desinformation und Verschwörungstheorien zu allen Aspekten der Viruserkrankung. Die zunächst relative wissenschaftliche Unkenntnis angesichts einer neuen, bisher unbekannten gesundheitlichen Bedrohung begünstigt Spekulationen und die Verbreitung von Falschinformationen, deren Höhepunkt im Jahr 2020 lag. Anfang 2021 ließ das Aufkommen deutlich nach, doch noch Ende 2021 mutmaßte z. B. jeder dritte Thüringer in der Corona-Pandemie eine geheime Verschwörung (MDR 2021). Auf die Vielfalt der obskuren Behauptungen soll aus Gründen der Seriosität an dieser Stelle nicht im Detail eingegangen werden. (Falls Sie mehr wissen wollen: siehe z. B. Wikipedia 2022b und dort aufgeführte Quellen.)

Parallel dazu gilt es inzwischen als erwiesen, dass Corona als Rekrutierungshilfe, als Brandbeschleuniger für die Radikalisierung Jugendlicher in der extrem rechten Szene primär in Sachsen gedient hat. Jugendliche trainieren für einen Tag X, unter explizitem Einsatz von Gewalt. Neonazistische Organisationen wie die Kleinstpartei „Der Dritte Weg" stehen hier an vorderster Front. Nach Ansicht von Experten sind daran die Fehler in der Jugendarbeit nach der Wende zu erkennen. (Arnold et al. 2022)

Doch es gibt auch immer wieder scheinbar etablierte Medien, die bewusst Fake News verbreiten, sofern es ihnen Werbeeinnahmen einbringt und sie ihre politischen Gallionsfiguren damit unterstützen. Bei *Russia Today* (RT) und seiner inzwischen abgeschalteten deutschen Vertretung ist den meisten Bürgern hierzulande inzwischen klar, dass dort Staatspropaganda verbreitet wird. Fox News im Medienkonzern des australisch-amerikanischen Unternehmers Rupert Murdoch, der ehemalige Lieblingssender von Donald Trump, nimmt es bekanntermaßen ebenfalls mit der Wahrheit und Realität nicht ganz so genau; Anchorman Tucker Carlson beispielsweise ist ins rechte Verschwörungslager abgedriftet und argumentiert für die Russen und gegen die US-Demokraten, selbst nachdem zwei Mitarbeiter des Senders in der Ukraine umgekommen sind (Wetzel 2022a). Und auf dem auch in Deutschland empfangbaren österreichischen Privatsender ServusTV werden teilweise falsche Informationen über die Pandemie verbreitet (Govedarica 2021).

Inzwischen haben neben Wikipedia fast jede ernst zu nehmende Sendeanstalt und jede unabhängige Nachrichtenagentur eigene Faktenchecker beschäftigt, die spektakuläre und oft unrichtige Behauptungen überprüfen und meist widerlegen; ein Beispiel sind die empfehlenswerten *Faktenfinder*-Beiträge von tagesschau.de (TS 2021). Fachorganisationen und Institute liefern ebenfalls Informationen zu Hintergrundprüfungen. Das Format der gezielten Faktenprüfung und Widerlegung von Fake News und Propaganda hat sich inzwischen auch bei der Bewertung von Nachrichten zum Ukraine-Krieg bewährt.

▶ **Tipp** Je krasser eine Nachricht klingt, desto unwahrscheinlicher ist es, dass sie stimmt. (Der russische Überfall auf die Ukraine war eine Ausnahme.) Prüfen Sie den Wahrheitsgehalt mit Faktencheckern und weiteren Medienquellen und leiten Sie Falschnachrichten, wie in Abschn. 4.1 empfohlen, niemals unkommentiert weiter.

Erfahrungen im Rahmen der Pandemiebekämpfung

Wie mehrere Medien im Februar 2022 berichteten, schneiden Staaten mit Demokratie-Defiziten laut einer Studie der Bertelsmann-Stiftung bei der Bekämpfung der Corona-Pandemie schlechter ab als stabile Demokratien. Unter 36 Staaten mit einem erfolgreichen Krisenmanagement seien nur drei Autokratien, erklärte die Stiftung bei der Veröffentlichung eines aktuellen Ländervergleichs. Die große Mehrheit von mehr als 100 Regierungen mit einer schwachen oder gescheiterten Regierungsführung habe sich unfähig gezeigt, angemessen auf die Pandemie und die politischen, wirtschaftlichen und sozialen Herausforderungen zu reagieren. (vgl. Abschn. 5.4)

Aber selbst in Demokratien wie Deutschland hat anlässlich der Corona-Bekämpfung auch jenseits der radikalen Proteste doch einiges im Argen gelegen – und liegt es immer noch. Mit an vorderster Stelle wäre dabei die *Überinformation* der Bevölkerung zu nennen, die viele Menschen schlichtweg überfordert hat. Bis zur russischen Aggression gab es fast kein anderes Thema, und die Entscheidungen zum Impfen kamen fast einem Glaubensbekenntnis gleich. Haben Sie sich in der Vergangenheit ebenso grundlegende Gedanken zur Wahl des Grippe-, Zecken- oder Tetanusimpfstoffs gemacht?

Zu Beginn der Pandemie – für die es bereits Jahre zuvor ein reales Übungsszenario gab – stellten die politisch Verantwortlichen schnell fest, dass Deutschland organisatorisch überhaupt nicht vorbereitet war. Vor allem unter der Merkel-Regierung hatte man den Eindruck, dass Bund und

Länder längere Zeit nicht am selben Strang zogen. Länderchefs wie Markus Söder aus Bayern wechselten des Öfteren ihre Meinung und definierten sich darüber, anders als andere vorzugehen. Doch dies ist der Preis, den Föderalismus und Pluralismus fordern. Fehlende Digitalisierung und frühzeitiger Ausschluss einer Impfpflicht: Schwamm drüber. Ein vorläufig letzter Gipfel der Absurdität war Anfang 2022 der Umstand, dass zwar ein nationaler Notstand drohte, aber das Parlament wegen der Karnevalsferien nicht beschlussfähig war.

Die Corona-Pandemie hat außerdem wieder einmal offenbart, dass nicht für alle Beteiligten dieselben Regeln der Solidarität gelten. Und damit sind nicht nur die „Impfvordrängler" der ersten Tage auf Lokalpolitikerebene oder strafrechtlich relevante Vergehen im Rahmen von Maskenbeschaffung und Impfpassfälschung sowie Gewaltakte und Mordaufrufe gemeint. Vielmehr sei daran erinnert, dass Autoindustrie und Profifußball umgehend unterstützt wurden, die vermeintlich weniger systemrelevanten Bereiche Kultur und Gastronomie jedoch nicht. Leidtragende der Impfunwilligkeit vieler Erwachsener waren und sind die Kinder und die Senioren. Viele falsche Propheten und Selbstdarsteller, die ihre Chance auf Publicity sehen, fallen dabei ebenso unangenehm auf wie zahlreiche schlechte Vorbilder, etwa Boris Johnson (mit illegalen Partys, Vertragsbruch und auch sonst jeder Menge Inkompetenz), die öffentlichkeitswirksamen Impfskeptiker Hubert Aiwanger (Chef der Freien Wähler) und Joshua Kimmich (Fußballprofi). Man erinnere sich auch an den Impfverweigerer Novak Djokovic, der anlässlich eines Tennisturniers Anfang 2022 illegal nach Australien eingereist war und deportiert wurde.

▶ **Tipp** Zögern Sie nicht, sich (und Ihren Kindern) empfohlene Schutzimpfungen geben zu lassen.

4.5 Putins Aggression: Offenbarungseid für die Entspannungspolitik

In der Nachkriegsordnung standen sich im Kalten Krieg mit der von den USA dominierten NATO und dem Warschauer Pakt, bei dem die UdSSR das Sagen hatte, zwei militärische Blöcke misstrauisch und meist feindselig gegenüber. Die alliierten Gewinner des Zweiten Weltkriegs – die USA, Großbritannien, Frankreich und die Sowjetunion – waren sich bereits kurze Zeit später nicht mehr einig, weil der gemeinsame Feind fehlte, der über die Systemunterschiede hinwegsehen ließ. Am deutlichsten merkten wir Deutsche dies an der Grenze zum sowjetischen Sektor und die Älteren bei der Berlin-Blockade durch die Sowjetunion vom 24. Juni 1948 bis 12. Mai 1949. Die Kubakrise im Oktober 1962 war eine ernste Konfrontation zwischen den USA und der UdSSR, die sich aus der Stationierung sowjetischer Mittelstreckenraketen auf Kuba im Rahmen des nuklearen Wettrüstens entwickelte und die Welt an den Rand eines Atomkrieges brachte. Bürgerproteste und Aufbruchsbewegungen in den Vasallenstaaten DDR (1953), Ungarn (1956) und der Tschechoslowakei (1968; „Prager Frühling") wurden mit sowjetischen Truppen niedergeschlagen. 1979 eskalierte mit dem Einmarsch massiver sowjetischer Truppen der Bürgerkrieg in Afghanistan; es entstand eine neue weltpolitische Krisenzone. Das Land wurde verwüstet, seine Infrastruktur zerstört.

Russland auf dem Weg zur Demokratie

Die wirtschaftliche Entwicklung der Sowjetunion zeigte seit Anfang der 1980er-Jahre einschneidende Wachstumsrückgänge. Ab 1985 wurden vom neu gewählten Generalsekretär Michail Gorbatschow (1931–2022) erste Reformen eingeleitet. *Perestrojka* („Umbau") und *Glasnost* („Offenheit") sollten den Realsozialismus reformieren und zu neuem, kritischem Denken führen. Dadurch traten die Probleme des Systems offen zutage, was letztlich nach dem Putschversuch am 19. August 1991 zum Zusammenbruch der UdSSR führte. Die Amtsgeschäfte übernahm der Präsident der Russischen Föderation, Boris Jelzin (1931–2007), der 1991–1999 als erster Präsident Russlands amtierte und zudem das erste demokratisch gewählte Staatsoberhaupt in der Geschichte Russlands war. 1997 wurde die Gruppe der führenden Wirtschaftsnationen (G7) durch die Aufnahme Russlands zur „Gruppe-8" erweitert. Gegen Ende von Jelzins Regierungszeit geriet Russland in eine schwere Wirtschaftskrise, während der sich das Bruttonationaleinkommen halbierte. Am 17. August 1998 war Russland zahlungsunfähig, sogar die Guthaben auf Privatkonten wurden eingefroren.

Ende 1999 erklärte der alkoholkranke Jelzin seinen Rücktritt und übergab die Regierungsgeschäfte an Wladimir Putin, den er erst im August zum Ministerpräsidenten gemacht hatte. (Eine der ersten Amtshandlungen Putins garantierte Jelzin angesichts eines Geldwäscheverdachts die Freiheit vor Strafverfolgung.) Putin war zuvor nach der Einreichung einer stark plagiatsverdächtigen Doktorarbeit Direktor des Inlandsgeheimdienstes FSB, einer Nachfolgeorganisation des früheren KGB. Nach Jahren der Skandale, erratischer Politikgestaltung und einem allgemeinen Gefühl nationaler Schwäche unter Präsident Jelzin erschien die Wahl Putins vielen Russen als Neubeginn in ihrer Nach-Sowjetära. Insgesamt waren während der Jelzin-Jahre die Grundlagen der neu entstandenen Demokratie (Gewaltenteilung, Meinungsfreiheit, Rechtsstaat) trotz erkennbarer Defizite erhalten geblieben; Russland wurde in dieser Zeit als „defekte Demokratie" eingestuft.

▶ Und damit sind wir wieder beim Boiling-Frog-Syndrom und dem großen Plan des Wladimir Wladimirowitsch Putin zur Wiederherstellung der Sowjetmacht, den er wie ein Schachspieler geduldig und mit zahlreichen kleinen und auch größeren Schritten umzusetzen begann, ohne dass der Westen zunächst großartig Notiz davon genommen hätte.

Der Wolf im Schafspelz

Als Präsident erklärte Putin im März 2000 die Notwendigkeit einer Zusammenarbeit mit dem Westen, einschließlich der NATO. Russland sei „Teil der europäischen Kultur", er könne sich die NATO nicht als Feind vorstellen. (Nach der Auflösung des Warschauer Pakts war sogar kurzzeitig diskutiert worden, ob Russland NATO-Mitglied werden sollte. Stattdessen wurde im Mai 1997 die NATO-Russland-Akte unterzeichnet, mit der auch der NATO-Russland-Rat etabliert wurde. Damit bekamen russische Diplomaten Zugang zum NATO-Hauptquartier in Brüssel.) Im Rahmen eines Staatsbesuches hielt Putin am 25. September 2001 eine Rede vor dem Deutschen Bundestag, die er nach einer kurzen Einleitung auf Russisch zum größten Teil in deutscher Sprache fortsetzte.

Mit dem Kosovo-Krieg 1999 und nach dem Aufstieg Putins an die Macht verschlechterten sich die Beziehungen. Dazu trug damals US-Präsident George W. Bush bei, der unter anderem in Europa eine Raketenabwehr vorantreiben wollte und 2001 den Austritt der USA aus dem ABM-Vertrag zur Begrenzung von Abwehrraketensystemen erklärte. Bush Jr. setzte sich beim NATO-Gipfel 2008 in Bukarest für die Aufnahme der Ukraine und Georgiens ein, erreichte jedoch nur eine generelle Zusage für deren Beitritt, ohne Fahrplan und zeitlichen Horizont. (Stöber 2021)

Fast immer gelang es Putin mithilfe des inneren Zirkels an Vertrauten, seine langfristigen Absichten geheim gehalten. Doch es gab durchaus vereinzelte Hinweise auf seine Pläne. Nach einem Treffen mit Senatsvertretern in Washington im November 2001 sagte der heutige US-Präsident Joe Biden: „Putin war richtig bösartig, er sah aus, als sei er in eine Ecke gedrängt worden, seine Augen schossen hin und her. Er war sehr unflätig, ein grässlicher kleiner Mann.“ (Wetzel 2022b) Für Irritationen im Westen und bei Verbündeten sorgte Putin mit einer Ansprache vom 25. April 2005, in der er den Zerfall der Sowjetunion beklagte. In seiner Rede bei der Münchner Sicherheitskonferenz im Februar 2007 überraschte er die übrigen Teilnehmer durch eine scharfe Abgrenzung vom Westen. Den USA warf Putin das Streben nach „monopolarer Weltherrschaft“ vor, die NATO neige zu „ungezügelter Militäranwendung“ und missachte russische Sicherheitsinteressen. (Wikipedia 2022h) US-Ex-Präsident und Friedensnobelpreisträger Barack Obama dürfte mit seinem Spott während der Krim-Krise im März 2014 noch Öl ins Feuer des angeknacksten russischen Selbstbewusstseins gegossen haben: Er nannte das größte Land der Welt eine „Regionalmacht“. Für Amerika gebe es schlimmere Bedrohungen, Kreml-Chef Putin agiere aus einer Position der Schwäche (z. B. Kolb 2014).

Das Boiling-Frog-Syndrom nimmt Gestalt an

Bereits zu Beginn von Putins Amtszeit begann der Zweite Tschetschenienkrieg, der erst im April 2009 endete und während dessen beiden Seiten später schwere Menschenrechtsverletzungen nachgewiesen wurden. Es folgte der Kaukasuskrieg 2008, die Krim-Annexion und teilweise Besetzung des Donbass 2014 (was Russlands Ausschluss aus der G8 zur Folge hatte) und seit 2015 der brutale militärische Einsatz zur Stützung des Assad-Regimes in Syrien. Derweil beteiligte sich Deutschland unter tatkräftiger Unterstützung der Politik an der Gaspipeline Nord Stream 2 (deren Fehlinvestition schon vor Jahren als *versunkene Kosten* hätten abgeschrieben werden sollen).

Die CSU-geführten bayerischen Landesregierungen haben vor allem unter Ministerpräsident Horst Seehofer im Verein mit Bürgerinitiativen sowohl den Bau von Stromtrassen aus dem Norden als auch mit der kritisierten 10H-Regel den Ausbau der Windenergienutzung boykottiert und dadurch die Notwendigkeit der Nutzung massiver russischer Energieeinfuhren in Bayern zementiert. Gleichzeitig konnte Putin die Abhängigkeit des gesamten Westens und insbesondere Deutschlands weiter gezielt ausbauen:

- Der größte mitteleuropäische Gasspeicher Astoria in Rehden südlich von Bremen wurde 2015 *[sic!]* von der BASF-Tochter Wintershall an den russischen Staatskonzern Gazprom verkauft. Wie jeder Internet-Nutzer abrufen konnte, begann Gazprom bereits über ein Jahr vor dem Angriff auf die Ukraine, den Füllgrad in diesem Speicher gezielt zu verknappen. (Lindner 2022)

Russland entwickelte sich nach anfänglichen Wahlerfolgen Putins und seiner Partei seitdem durch Eingriffe in das Wahlrecht von der erwähnten defekten Demokratie zunächst zur „gelenkten Demokratie“. Die Regierung hat das Land inzwischen in einen autoritären Polizeistaat überführt, dessen Medien gleichgeschaltet oder verboten sind und dessen Bürger bei kleinsten Anzeichen von Protesten (selbst dem Zeigen eines leeren Plakats ohne Botschaft) verhaftet werden. Der Westen hätte frühzeitig etwas genauer hinhören und hinsehen sollen, was sich dort zusammenbraut. Und auch aktuell, nach dem russischen Überfall auf die Ukraine, kann sich Deutschland nicht dazu durchringen, den Gashahn zum Aggressor hin selbst zuzudrehen, da dies unsere Industrie belastet und die Energiepreise und Lebenshaltungskosten in die Höhe treibt. Vielmehr wartet man im Sommer 2022 ängstlich und zur Freude Putins darauf, dass Russland diesen Schritt tut.

Trauma eines Spions

Der kleine KGB-Major Wladimir Putin aus einem Petersburger Hinterhof mit seiner vulgären Sprache war in den 1980er Jahren in Dresden stationiert und hat sich vom Trauma des Zusammenbruchs des Warschauer Pakts und der Sowjetunion nach Einschätzung von Experten bis heute nicht erholt,

den er dort miterleben musste. China walzte 1989 die Tian'anmen-Proteste nieder und sicherte den Machterhalt der diktatorischen Führung; die Sowjetunion hingegen ging mit fliegenden Fahnen unter. Liberale Demokratien westlichen Musters mit freien Wahlen sind Putin daher zuwider. Er strebt mit seiner revisionistischen Politik eine Wiederbelebung des Sowjetreichs an, und mit dem belarussischen Diktator Lukaschenko (siehe Abschn. 5.4) hat er einen willigen Gefolgsmann, der zwar in seinem Land mit eiserner Faust regiert, jedoch neben Putin trotz seiner körperlichen Größe und Mächtigkeit seltsam unbeholfen und unsicher wirkt.

Dabei vergleicht sich Wladimir Putin mehr und mehr mit dem russischen Zaren Peter I. (dem Großen), dem Gründer von St. Petersburg, der im „Großen Nordischen Krieg" 1700–1721 mit seinem Land gegen Schweden gekämpft hatte. So sagte der Kremlchef anlässlich der Eröffnung der Ausstellung „Peter der Große: Geburt eines Reiches" im Juni 2022, der Zar hätte dabei nichts „an sich gerissen" und „genommen", sondern lediglich „zurückgeholt", was zum Aufstieg Russlands zur europäischen Großmacht führte. (z. B. Bobok und Trumpf 2022) Dabei verfolgt Putin das Ziel der Wiederherstellung der *Russkij mir* („russische Welt"), die der imperialen Ideologie des 19. Jahrhunderts entstammt und sich im Laufe der Zeit vor allem durch den Philosophen und Politiker Alexander Dugin von einer poetischen Metapher zu einem ideologischen Konzept entwickelt wurde (Zabirko 2015, Flogaus 2022).

Russischer Angriff auf die Ukraine

Das mittelbare und direkte militärische Eingreifen Russlands im Donbass und auf der Krim hat in den acht Jahren von 2014 bis Anfang 2022 bereits etwa 13.000 Menschen das Leben gekostet. Am 24. Februar 2022 überfiel die russische Armee das Nachbarland Ukraine von drei Seiten, ohne dass eine Provokation oder ein anderer völkerrechtlich zulässiger Grund vorgelegen hätte. Während die Stationierung von über 150.000 russischen Soldaten für „Manöver" auf russischer und belarussischer Seite nebst umfangreicher Militärgerätschaften bereits Wochen vorher nichts Gutes ahnen ließen und die Geheimdienste einen Einmarsch prophezeiten, hofften die Ukraine und die westlichen Staaten bis zuletzt auf eine diplomatische Lösung. Doch alle Scheinangebote der Russen dienten letztlich nur dazu, die NATO zu beschäftigen, um in Ruhe einen hybriden Krieg vorbereiten und die bereits 2014 unter falscher Flagge begonnenen Operationen fortsetzen zu können.

Putin hat in vielen kleinen Schritten (Boiling Frog!) in über drei Jahrzehnten eine Situation geschaffen, in der er seinen Verfolgungswahn gegenüber USA und NATO sowie seine Angst vor Demokratiebewegungen voll ausleben kann. Dazu zählt neben der Sicherung der eigenen unangefochtenen Machtstellung vor allem die westliche Abhängigkeit von russischem Gas und Öl sowie nachrangig die bisherige üppige finanzielle Förderung von Profisportereignissen und Vereinen im In- und Ausland. Und er hat stets die Grenzen dessen ausgelotet, womit er ungestraft durchkommt – und damit bis zum Überfall auf die Ukraine weitgehend richtig gelegen.

Staatsterrorismus und die Ermordung von Dissidenten und Regimekritikern selbst im westlichen Ausland, Einflussnahme auf die Brexit-Abstimmung und die US-Präsidentschaftswahl 2016: Dem westlichen Politikansatz „Wandel durch Handel" konnte dies alles keinen Abbruch tun. Kriegsführung in Tschetschenien, Georgien und der Ukraine mit flächendeckender Zerstörung, Landnahme und systematische Kriegsverbrechen usw. – da kommt einiges zusammen.

Parallel dazu wurden die russischen Streitkräfte und insbesondere die konventionellen Waffensysteme sukzessive aufgerüstet und ertüchtigt und im syrischen Bürgerkrieg erfolgreich erprobt. „Ein besseres Manöver kann man sich schwer vorstellen", sagte Putin bereits 2015 (Schröder 2022).[1] Und so gingen die ersten Reaktionen westlicher Unternehmens- und Sportverbände auf Sanktionen gegen Russland als Folge des Einfalls in die Ukraine dahin, dass diese nicht soweit gehen sollten, dass eigener finanzieller Schaden entstünde.

Ein Kernelement von Putins Strategie war neben der Kontrolle der Gerichte die Gleichschaltung der Medien und die Unterbindung der Verbreitung abweichender Meinungen auch durch ausländische Agenturen, die als feindliche Agenten bezeichnet werden. So bekommen viele Bürger nur die Meinung des Staatsrundfunks zu hören, und dieser wiederholt lediglich die Narrative des Kreml. Und so glauben viele die offensichtlichen Lügen, etwa zum Überfall auf die Ukraine: Friedenssicherung in der Ukraine, die nie ein eigenständiger Staat gewesen sei (durch einen Angriffskrieg?!), die Verhinderung eines Genozids an Russen im Donbass (was absurd ist) und die

[1] Dennoch zeigten sich während des Ukraine-Einsatzes Führungsschwächen besonders in den mittleren Rängen sowie massive Kommunikationsprobleme zwischen den einzelnen Truppenteilen.

Entnazifizierung des Landes (das im Kampf gegen Nazi-Deutschland acht Millionen Tote zu beklagen hatte und mit Wolodymyr Selenskyj einen Präsidenten jüdischen Glaubens hat; ein sehr tiefer Griff in die historische Trickkiste). Am zweiten Kriegstag erklärte Putin, die ukrainische Regierung bestehe aus Terroristen, einer Bande von Drogenabhängigen und Neonazis[1]. Als Kinder haben wir immer zu jemandem gesagt, der sich im Ton vergriffen hatte: „Wer es sagt, ist es selbst!"

Zahlreiche Experten und Berichterstatter gehen inzwischen davon aus, dass eine Pathologisierung Putins („geisteskrank"; „komplett irrational") problematisch ist und nicht zur Lösung des Konflikts beiträgt. Vielmehr scheint der Machthaber nur noch auf einen kleinen Kreis von Vertrauten zu hören, die ihm einzig Informationen und Stellungsnahmen zutragen, die in sein Weltbild passen. Verhandlungsansätze müssen sich darauf konzentrieren, dass der Kreml nach wie vor nach gewissen Regeln spielt – auch wenn diese der westlichen Welt überhaupt nicht gefallen.

Vor dem Hintergrund der Ereignisse bleibt abzuwarten, wie sich die Riege der Russland-Versteher (AfD, Die Linke) und Putin-Freunde im Westen (Altkanzler Gerhard Schröder[2], Ex-US-Präsident Donald Trump sowie die Vertreter vieler ultrarechter Parteien in Europa) in Zukunft zu diesem unberechenbaren Autokraten positionieren werden. Ungarn, Israel und die Türkei, die zu beiden Staaten gute Beziehungen unterhalten, bieten sich bisher vergebens als Vermittler zwischen den Kriegsparteien an.

Gleichzeitig rückt die Unterstützung und das Verständnis für den russischen Überfall Deutschlands Verhältnis zu einer Reihe anderer Staaten in ein neues Licht: Staatliche Medien beim EU-Beitrittskandidaten Serbien verbreiten Moskaus Kriegspropaganda weiter und befördern eine Putin-freundliche Stimmung unter Ultranationalisten und rechten Gruppen. Die sogenannten Partner des Westens im Nahen und Mittleren Osten – Saudi-Arabien, die Vereinigten Arabischen Emirate oder Ägypten – haben sich mit Kritik auffallend zurückgehalten. Das Putinsche Herrschaftssystem passt gut zu den Regimen der arabischen Welt: Schrecke vor brutaler Gewalt nicht zurück, zeige keine Schwächen, vernichte deine Gegner (Durm 2022). Darüber hinaus wird die Zusammenarbeit Russlands mit den übrigen BRICS-Staaten (Brasilien, China, Indien, Südafrika) und die

[1] Die Aktivitäten des ultranationalistischen und rechtsextremen *Regiment Asow* in der Ostukraine bieten dazu eine Steilvorlage. Der politische Arm der Asow-Bewegung wird in Deutschland vom Verfassungsschutz beobachtet.

[2] ... dem der Wind inzwischen von allen Seiten ins Gesicht bläst ...

politische Abstimmung dieser Länder im Laufe des Krieges immer stärker; immerhin leben dort etwa 40 % der Weltbevölkerung.

Abb. 4.3 Ukraine-Krieg: Zerstörter Wohnblock in Kiew am 14. März 2022. Foto: State Emergency Service of Ukraine (Wikipedia; CC-BY 4.0)

Der Ukraine-Krieg hat schnell die bis dato in den Medien dominante Corona-Pandemie nahezu völlig aus dem Blickwinkel verdrängt – trotz rasant steigender Fallzahlen und den äußerst unpassenden Forderungen nach einem *Freedom Day* (vor dem Hintergrund der russischen Invasion und zahlreicher weiterer Krisen ein äußerst zynischer Begriff). Tägliche Aufrufe und Forderungen von verschiedensten Seiten zur Lieferung schwerer Waffen erreichen die deutsche Bundesregierung, und mancher Politiker scheint die Gefahr zu übersehen, die durch eine zu deutliche Involvierung der NATO in den Konflikt droht. Seit Juni 2022 ist die Ukraine EU-Beitrittskandidat – das laut *Transparency International* nach Russland zweitkorrupteste Land in Europa.

Propagandamaschine auf Hochtouren

Nachdem in Russland inzwischen Facebook, Twitter, YouTube & Co. sowie alle sonstigen halbwegs kritischen Medien verboten und abgeschaltet sind (und nur noch gegen Bezahlung über VPN-Clients empfangen werden können), ist die Bevölkerung der Staatspropaganda weitgehend ausgeliefert. Das hat – gerade bei den älteren Bürgern – hohe Zustimmungswerte für Wladimir Putin und seine angekündigte Politik zur Folge, Russland zu alter Größe zurückzuführen und die Brudervölker in den benachbarten ehemaligen Sowjetstaaten zu „befreien". Diese haben erst mit der Teilmobilmachung im September 2022 zu bröckeln begonnen.

Und auch im Ausland sind russische Fehlinformationen allgegenwärtig, die von Trollen teilweise automatisiert (über Bots) oder über reale User verschickt werden, um Meinungen und Diskussionen zu beeinflussen. Ziele sind, Angst und Unsicherheit zu verbreiten, abzulenken, zu desinformieren und zu stören. Die US-Präsidentschaftswahl 2020 sowie die Bundestagswahl 2021 waren mit massiven Aktivitäten dieser sogenannten Trolle belastet. Aktuell ist es der Krieg in der Ukraine, bei dem die Informationsschlacht sowie Cyberattacken Teil der hybriden Kriegsführung (auf beiden Seiten)[1] Anwendung finden. Nachdem Russland offenkundig wieder Trolle in die digitale Schlacht geschickt hat, finden sich im Netz hunderte Kommentare mit ähnlichem Inhalt sowie anonyme Profile, die hyperaktiv zur russischen Aggression twittern und diese unterstützen. (siehe Gensing 2022b und dort verlinkte weitere Faktenfinder-Beiträge)

▶ **Trollfabrik** (auch Troll-Armee oder Kreml-Bots) ist die Bezeichnung für eine verdeckte Organisation in Russland, die im Staatsauftrag Manipulationen im Internet betreibt. Mithilfe von „Sockenpuppen" – fingierten Identitäten – wird die öffentliche Stimmung in Online-Foren und den Kommentarbereichen von Nachrichten-Seiten im Sinne der russischen Regierung beeinflusst.

---

[1] Angesichts Russland Bereitschaft, durch die Unterbrechung von Getreidelieferungen aus der Ukraine eine globale Hungerkatastrophe zu provozieren, wäre es korrekter, von einer „mehrdimensionalen Kriegsführung" zu sprechen, wie es der deutsche Agrarminister Cem Özdemir ausdrückte. Die Kombination aus Desinformation, Cyberangriffen und diplomatischer Isolation nennt man auch „graue Kriegsführung".

Am 23. März 2022 warnte der inzwischen äußerst radikale Vize-Chef des russischen Sicherheitsrates, Dmitri Medwedew, die USA vor einem Zusteuern auf eine atomare Katastrophe für die Welt, sollten sie mit der von ihm so bezeichneten Verschwörung zur Zerstörung Russlands fortfahren.[1] Seit dem Ende der Sowjetunion im Jahr 1991 hätten sich die USA als Teil eines „primitiven Spiels“ verschworen, um Russland zu zerstören. „Es bedeutet, dass Russland gedemütigt, eingeschränkt, zerschmettert, geteilt und zerstört werden muss“, hieß es in Medwedews Erklärung. (Liveblog 2022) Weitere markante Worte und Verbalinjurien folgten im weiteren Verlauf des Kriegs. Der 56-Jährige war von 2008 bis 2012 Staatsoberhaupt, einer der engsten Vertrauten von Präsident Wladimir Putin und ist seit 2020 stellvertretender Leiter des Sicherheitsrates der Russischen Föderation.

▶ **Tipp** Zur Sicherung ihres Herrschaftsanspruchs nehmen es autokratische Regierungen mit der Wahrheit nie sehr genau. Misstrauen Sie generell Aussagen der Propagandaabteilungen vor allem von Russland und China sowie deren Verbündeten.

4.6 Jetzt mal ehrlich: Was kann man tun?

Unmittelbar vor Putins Invasion hat Russland anscheinend vorbeugend zu einem massiven Cyberschlag ausgeholt, der über Monate minutiös vorbereitet worden war. Experten befürchten, dass in Deutschland Schadsoftware eingeschleust wurde, die jederzeit aktiviert werden könnte.[2] Der erste Angriff erfolgte in der Nacht zwischen dem 13. und 14. Januar 2022; die Schadsoftware war in einem nachgewiesenen Fall bereits am 13. April 2021

[1] Dabei ist seit dem Kalten Krieg bekannt und kürzlich wieder bestätigt worden, dass es beim Einsatz von Kernwaffen keinen Gewinner geben kann. Selbst ein begrenzter Konflikt ohne Konter der anderen Seite würde zu einem „nuklearen Winter“ mit gravierenden negativen Folgen für die gesamte Erde führen. (Harrison et al. 2022)

[2] Bereits Anfang 2015 hatte Russland unter Federführung des Militärgeheimdienstes GRU einen gezielten Hackerangriff auf den Deutschen Bundestag durchgeführt. Vor der Bundestagswahl 2021 kam es erneut zu Cyberangriffen auf Bundestagsabgeordnete durch den GRU.

eingeschleust worden. (Kolvenbach 2022) Dies könnte für die gesamte Wirtschaft, insbesondere jedoch für die Infrastruktur unangenehme Folgen haben. Experten von Microsoft haben seit Beginn des russischen Angriffskriegs in 42 Ländern Attacken russischer Hacker festgestellt. Insgesamt seien 128 Organisationen betroffen, teilte das Unternehmen mit Ende Juni 2022. Besser kann man das Boiling-Frog-Syndrom kaum erklären.

▶ **Tipp** Sichern Sie Ihre beruflichen und privaten elektronischen Daten regelmäßig und treffen Sie geeignete Maßnahmen gegen Softwareangriffe aus dem Netz.

Wer weiß, was im Laufe dieses Jahres noch alles passieren wird? War der Paradigmenshift Russlands, sich gegen die Kräfte der Globalisierung und der politischen Kooperation zu stellen und an der gewaltsamen Wiedererrichtung des Zarenreichs bzw. der Sowjetunion zu basteln, wirklich nicht absehbar? In diesem Zusammenhang möchte ich an zwei kognitive Fehleinschätzungen erinnern, die regelmäßig den Blick in die Vergangenheit trüben und Lernfähigkeit sowie die Vorbereitung auf neue Krisen behindern – ganz gleich, ob Politik, Wirtschaft, Pandemien oder Klimaveränderung betroffen sind:

- Der **Historikerirrtum** *(Outcome Bias)* beschreibt die fehlerhafte Bewertung der Qualität einer Entscheidung, nachdem die Auswirkungen dieser Entscheidung bereits bekannt sind.
- Der **Rückschaufehler** *(Hindsight Bias)* bezieht sich auf die verfälschte Erinnerung an eigene Vorhersagen, die bezüglich eines Ereignisses getroffen wurden, nach dessen Eintreten.

Der tiefere Grund für den Glauben an Verschwörungstheorien kann einerseits in einer wahnhaften Störung oder einer paranoiden Schizophrenie liegen, die psychiatrisch behandlungsbedürftig sind (Kröber 2020). Der schizophrene Wahn ist kein unverbrüchlicher fester Glaube, sondern für den Schizophrenen zweifelsfreies Wissen: Der Betroffene sieht sich außerstande, sein psychotisches Erleben zu bezweifeln. Nun sind die wenigsten Menschen, die abstruses Zeug reden und als Wutbürger, Impfgegner, Chemtrail-Aluhutträger, Reichsbürger und Untergangspropheten mit ihren

Ansichten auf die Straße oder ins Internet gehen, tatsächlich psychotisch dekompensiert. Vielmehr hängen die meisten von ihnen verstiegenen, abseitigen Theorien nach und fühlen sich im Kreis von Gesinnungsgenossen – also in ihrer *Blase* – wohl und gut aufgehoben.

Erfahrungsgemäß hat es wenig Sinn, mit Leuten zu diskutieren und diese zu überzeugen zu versuchen, die in dieser Blase gefangen sind. Hier schlägt der paradoxe und psychologisch belegte Backfire-Effekt zu: die Neigung, Fakten, die der eigenen Überzeugung widersprechen, paradoxerweise als Bestätigung der eigenen Überzeugung zu betrachten und diese umso vehementer zu vertreten. Sie beharren auf Überzeugungen, selbst wenn diese auf logisch äußerst schwachem Fundament stehen, und lassen sich auch durch neue Informationen und Fakten nicht davon abbringen.

Doch wie holt man etwa 5–10 % der deutschen Bevölkerung (in Ländern wie den USA dürfte der Prozentsatz der Betroffenen um einiges höher liegen) wieder aus der Blase heraus? Wie kann man denen, die warum auch immer mit dem bestehenden System auf Kriegsfuß stehen, das Vertrauen in die Demokratie, den Staat und seine Institutionen, die unabhängigen Medien, Expertenmeinungen und in die Mitmenschen wieder zurückgeben? Für mich als Autor gilt wie für alle nieder- und hochrangigen Fachleute: *Ich weiß es nicht!*

Die Politik hat versucht, mit „diesen Leuten" zu reden: mit Bürgerinitiativen, Euro(pa)-Skeptikern, PEGIDA, AfDlern, Impfgegnern, „Spaziergängern" und vielen weiteren organisierten *Troublemakern*, von denen einige mit völkisch-rechtspopulistischem Hintergrund versuchen, die demokratische Grundordnung auszuhebeln. Von Reichsbürgern, Freien Sachsen usw. ganz zu schweigen. Herausgekommen ist dabei: nichts. Oder vielleicht doch: Radikale Kräfte haben dadurch eine Anerkennung und Aufwertung erfahren, dass man sie anhört und scheinbar ernst nimmt. Am Grundproblem ändert dies wenig, nämlich dass sich extrem lautstarke Minderheiten die Deutungshoheit über mehr als 90 % der Bevölkerung sichern und weiter am Fundament der verfassungsmäßigen Grundordnung sägen und zündeln.

► Selbst mit Gewalt und drakonischen Maßnahmen ließen sich systemfeindliche Kreise in einem freiheitlich demokratischen Rechtsstaat nicht umstimmen – deren Anwendung rechtlich auch nicht zulässig wäre. Die ganze verhaltensökonomische Klaviatur an Denkfehlern, Verzerrungen und Irrtümern nützt nur demjenigen etwas, der die Realität verstehen *will und kann.*

Fake News beispielsweise wird nur derjenige gemäß den in Abschn. 4.1 aufgeführten Kriterien als solche erkennen, der (a) kritisch und mit gesundem Menschenverstand ausgestattet ist, (b) intellektuell dazu in der Lage und (c) nicht von einer einseitigen Nachrichtenauswahl manipuliert wird. Ich bin mir sicher: Es gibt keine schnelle Lösung, die in Kap. 3 und 4 beschriebenen Gruppen von inhaltlich abgehängten Bürgern für den Staat und seine Ideen und Ziele zurückzugewinnen. Einerseits sind Geduld und eine ruhige Hand beim Regieren gefragt, bis sich der Volkszorn – wogegen auch immer – wieder etwas gelegt hat und ein Dialog möglich erscheint. Andererseits ist jedoch auch eine Menge Basisarbeit vonnöten, an der es hier wie dort massiv mangelt. Die USA sind ein hervorragendes Beispiel, wie tief eine ultravermögende Wirtschaftsnation gespalten sein kann, wenn Rassismus, Konservatismus und eine stetig größer werdende soziale Kluft auf Status-quo-Verzerrung und Boiling-Frog-Syndrom treffen. Inzwischen ist es nicht nur so, dass Kriegstreiber wie Dick Cheney und Donald Rumsfeld im Außen-, sondern auch skrupellose Agitatoren und Geschäftsleute wie Donald Trump im Innenverhältnis einen beachtlichen Scherbenhaufen hinterlassen haben. Doch immerhin verhängten inzwischen US-Gerichte eine hohe Geldstrafe gegen den ultrarechten Radiomoderator Alex Jones, der seit Jahren haarsträubende Lügen und Verschwörungsmythen verbreitet und damit Millionen verdient – womöglich eine Trendwende (Brand 2022).

Ganz so schlimm ist es in Deutschland trotz 10 % AfD-Wählern, trotz *Flügel* und weiteren vom Verfassungsschutz beobachteten Gruppierungen glücklicherweise noch nicht. Doch so wie die Wende-Generation der ehemaligen DDR-Bürger den Schock der Marktwirtschaft anstelle des real existierenden Sozialismus durchstehen musste und sich teilweise nach den vorherigen Verhältnissen zurücksehnte, mag man deren Nachwuchsgeneration heute das Recht zubilligen zu glauben, dass die mit Westimporten verstärkte rechtsextreme AfD die Wende in ihrem Sinne vollendet. Die Hoffnung stirbt eben zuletzt. Das muss der Rechtsstaat ebenso aushalten, wie er sich rechtsfreie Räume bei Demonstrationen und Kundgebungen *nicht* gefallen lassen darf.

▶ **Tipp** Der Grundstein für wiedererlangtes flächendeckendes Vertrauen in die staatlichen Institutionen, in seriöse Medien und die Gesellschaft muss bereits in Vorschulerziehung und Schulbildung gelegt werden. Helfen Sie als Eltern, Lehrer, Mentoren usw. dabei tatkräftig mit.

Abb. 4.4 Ein Riss geht nicht nur durch München, sondern durch unsere gesamte Gesellschaft. Kunsthalle München 2022. Installation: JR

Denn es sind die frühen Jahre in der Kindheit, die zum einen für die Bildung, zum anderen aber auch und vor allem für die Persönlichkeitsentwicklung maßgeblich sind. Erste Ansätze in die richtige Richtung gibt es bereits, etwa in Medienkunde und zu den Tücken des Internets. Doch nach wie vor sind Mobbing, digitale Abhängigkeit, Übergewicht und Bewegungsmangel riesige ungelöste Problemfelder.

Die Pandemie hat Staat und Gesellschaft hier in den letzten drei Jahren den Spiegel vorgehalten und die Schwächen gnadenlos offenbart: Ein Riss geht durch die Gesellschaft (Abb. 4.4), und an der schwächsten und vulnerabelsten Gruppe wird gespart. Während etwa das Kurzarbeitergeld sprudelt und sich besonders die Automobil- und Energieindustrie und ihre Anteilseigner mit üppigen Subventionen eine goldene Nase verdienen, muss bei den Schulen jeder Euro dreimal umgedreht werden, bis er in Luftreinigungsgeräte, ausreichende Präsenzangebote und Digitalisierung für einen stabilen Fern- und adäquaten Präsenzunterricht investiert werden kann. Manche Gruppen haben ihre starken Lobbys – unsere Kinder aber leider nicht.

▶ Die Folgen dieser verfehlten Erziehungspolitik wird man möglicherweise in 10–20 Jahren beobachten können, wenn diese Generation für ganz andere Ziele auf die Straße gehen wird als *Fridays for Future* heute.

4.7 Literatur

Benz W (2019) Die Protokolle der Weisen von Zion: Die Legende von der jüdischen Weltverschwörung. 4. Aufl. C. H. Beck, München

Bobok S, Trumpf S (2022) Wladimir Putin vergleicht sich mit Peter dem Großen. Passauer Neue Presse, 11. Juni

Brand K (2022) Alex Jones: Die Lüge als Geschäftsmodell. tagesschau.de, Internet-Veröffentlichung 07. August. https://www.tagesschau.de/ausland/amerika/alex-jones-105.html. Zugegriffen: 07. August 2022

Durm M (2022) Putin und Arabiens Potentaten – Eine Hand wäscht die andere. tagesschau.de, Internet-Veröffentlichung 12. März. https://www.tagesschau.de/ausland/asien/putin-potentaten-101.html. Zugegriffen: 12. März 2022

Endrass J, Graf M, Rossegger A (2021) Verschwörungstheorien unter dem Blickwinkel der Forensischen Humanwissenschaften. Forens Psychiatr Psychol Kriminol 15, 109–118. https://doi.org/10.1007/s11757-021-00660-1

Flogaus R (2022) Mit göttlicher Unterstützung? Süddeutsche Zeitung, 06. September

Gensing P (2022a) Umfrage zu Verschwörungsmythen: QAnon-Legenden bei AfD-Wählern verbreitet. tagesschau.de, Internet-Veröffentlichung 31. März. https://

www.tagesschau.de/investigativ/qanon-studie-101.html. Zugegriffen: 31. März 2022

Gensing P (2022b) Russische Propaganda im Netz: Die Armee der Trolle. tagesschau.de, Internet-Veröffentlichung 23. März. https://www.tagesschau.de/investigativ/russland-trolle-ukraine-101.html. Zugegriffen: 23. März 2022

Gensing P, Reveland C (2022) Krieg in den sozialen Medien: Erst denken, dann teilen. tagesschau.de, Internet-Veröffentlichung 01. März. https://www.tagesschau.de/faktenfinder/fakenews-erkennen-101.html. Zugegriffen: 02. März 2022

Govedarica S (2021) ServusTV in Österreich: Ein Sender für Corona-Leugner? tagesschau.de, Internet-Veröffentlichung 20. Dezember. https://www.tagesschau.de/ausland/europa/servus-tv-corona-101.html. Zugegriffen: 30. März 2022

Harrison CS *[15 Coautoren]* (2022) A New Ocean State After Nuclear War. AGU Advances 3–4, e2021AV000610. https://doi.org/10.1029/2021AV000610

Jacoby J (2003) Rousing Muslim bigotry. The Boston Globe, Interne-Veröffentlichung 23. Oktober. http://archive.boston.com/news/globe/editorial_opinion/oped/articles/2003/10/23/rousing_muslim_bigotry/. Zugegriffen: 23. März 2022

Kolb M (2014) US-Präsident über Putin: Was hinter Obamas Seitenhieben steckt. Süddeutsche Zeitung, Internet-Veröffentlichung 26. März. https://www.sueddeutsche.de/politik/us-praesident-ueber-putin-was-hinter-obamas-seitenhieben-steckt-1.1922005. Zugegriffen: 23. März 2022

Kolvenbach M (2022) IT-Sicherheit: Putins Cyber-Krieg. tagesschau.de, Internet-Veröffentlichung 18. März. https://www.tagesschau.de/investigativ/swr/cyberkrieg-ukraine-putin-101.html. Zugegriffen: 18. März 2022

Körner J (2020) Über Verschwörungstheorien und ihre Anhänger. Forum Psychoanal 36, 383–401. https://doi.org/10.1007/s00451-020-00405-6

Kornfield M, Alfaro M (2022) 1 in 3 Americans say violence against government can be justified, citing fears of political schism, pandemic. Washington Post, Internet-Veröffentlichung 01. Januar. https://www.washingtonpost.com/politics/2022/01/01/1-3-americans-say-violence-against-government-can-be-justified-citing-fears-political-schism-pandemic/. Zugegriffen: 05. Januar 2022

Kröber H-L (2020) Verschwörungstheorien und Wahninhalte. Forensische Psychiatrie, Psychologie, Kriminologie 14, 366–369. https://doi.org/10.1007/s11757-020-00603-2

Lamberty P, Imhoff R (2021) Verschwörungserzählungen im Kontext der Coronapandemie. Psychotherapeut 66, 203–208. https://doi.org/10.1007/s00278-021-00498-2

Lindner C (2022) So bereitete Putin den Gas-Konflikt vor. Nordseezeitung, 25. März. Fülldaten zum Gasspeicher Rehden unter https://agsi.gie.eu/#/historical/21Z000000000271O/DE/21X000000001160J. Zugegriffen: 29. März 2022

Liveblog (2022) Medwedew warnt vor atomarer Katastrophe. tagesschau.de Liveblog zur Ukraine-Krise 23. März 13:42. https://www.tagesschau.de/newsticker/liveblog-ukraine-mittwoch-105.html#Medwedew-warnt-vor-atomarer-Katastrophe. Zugegriffen: 23. März 2022

Lorenz T (2021) "Birds Aren't Real, or Are They? Inside A Gen Z Conspiracy Theory". The New York Times, Internet-Veröffentlichung 09. Dezember. https://www.nytimes.com/2021/12/09/technology/birds-arent-real-gen-z-misinformation.html. Zugegriffen: 22. März 2022

Mayer F (2022) „Birds aren't real": Vögel gegen Verschwörungsmythen. tagesschau.de, Internet-Veröffentlichung 19. März. https://www.tagesschau.de/ausland/amerika/usa-verschwoerung-birds-arent-real-101.html. Zugegriffen: 20. März 2022

MDR (2021) Thüringen-Monitor 2021: Jeder dritte Thüringer mutmaßt geheime Verschwörung bei Corona-Pandemie. Mitteldeutscher Rundfunk, Internet-Veröffentlichung 07. Dezember. https://www.mdr.de/nachrichten/thueringen/corona-verschwoerung-einstellungen-thueringen-monitor-100.html. Zugegriffen: 10. Dezember 2021

Pfahl-Traughber A (2019) Verschwörungen, Verschwörungsmythen und Verschwörungstheorien. Humanistischer Pressedienst, Internet-Veröffentlichung 29. Juli. https://hpd.de/artikel/verschwoerungen-verschwoerungsmythen-und-verschwoerungstheorien-17050. Zugegriffen: 28. Februar 2022

Ritov I, Baron J (1990). Reluctance to vaccinate: omission bias and ambiguity. J Behavioral Decision Making 3, 263–277. https://doi.org/10.1002/bdm.3960030404

Roose J (2020) Sie sind überall. Eine repräsentative Umfrage zu Verschwörungstheorien. Konrad-Adenauer-Stiftung e. V., Berlin, Internet-Veröffentlichung. https://www.kas.de/documents/252038/7995358/Eine+repräsentative+Umfrage+zu+Verschwörungstheorien.pdf/0f422364-9ff1-b058-9b02-617e15f8bbd8?version=1.0&t=1599144843148. Zugegriffen: 08. Dezember 2021

Saad L (2003) Americans: Kennedy Assassination a Conspiracy – No consensus about who was involved. Gallup News Service, Princeton, NJ. Internet-Veröffentlichung 21. November. https://news.gallup.com/poll/9751/americans-kennedy-assassination-conspiracy.aspx. Zugegriffen: 23. März 2022

Schmieder J (2022) Die da oben. Süddeutsche Zeitung, 03. Mai

Schröder T (2022) Putins Labor – Welche militärischen Schlüsse Russland aus seiner Intervention in Syrien gezogen hat. Süddeutsche Zeitung, 25. Februar

Stöber S (2021) Putin zur Osterweiterung: Hat die NATO Versprechen gebrochen? faktenfinder, tagesschau.de, Internet-Veröffentlichung 03. Dezember. https://www.tagesschau.de/faktenfinder/nato-erweiterung-mittel-ost-europa-101.html. Zugegriffen: 03. Dezember 2021

TS (2021) ARD-Faktenfinder, Faktenchecks zur Corona-Pandemie. tagesschau.de, Internet-Veröffentlichung, Stand 19. April. https://www.tagesschau.de/faktenfinder/faktenchecks-corona-101.html. Zugegriffen: 30. März 2022

TS (2022) US-Untersuchungsausschuss: Plante Trump Kapitol-Angriff im Voraus? tagesschau.de, Internet-Veröffentlichung 13. Juli. https://www.tagesschau.de/ausland/trump-kapitol-ausschuss-101.html. Zugegriffen: 13. Juli 2022

Wenski G (2022) Das kleine Handbuch kognitiver Irrtümer. Denkfehler vermeiden – mit Psychologie & Verhaltensökonomik. Springer, Berlin, Heidelberg. https://doi.org/10.1007/978-3-662-64776-9

Wetzel H (2022a) Jeden Tag ist Märchenstunde. Süddeutsche Zeitung, 29. März

Wetzel H (2022b) Wusst ich's doch. Süddeutsche Zeitung, 22. März

Wikipedia (2022a) Birds Aren't Real. https://en.wikipedia.org/wiki/Birds_Aren't_Real. Zugegriffen: 22. März 2022

Wikipedia (2022b) Falschinformationen zur COVID-19-Pandemie. https://de.wikipedia.org/wiki/Falschinformationen_zur_COVID-19-Pandemie. Zugegriffen: 30. März 2022

Wikipedia (2022c) Liste von Verschwörungstheorien. https://de.wikipedia.org/wiki/Liste_von_Verschwörungstheorien. Zugegriffen: 23. März 2022

Wikipedia (2022d) QAnon. https://de.wikipedia.org/wiki/QAnon. Zugegriffen: 01. April 2022

Wikipedia (2022e) Verschwörungstheorie. https://de.wikipedia.org/wiki/Verschwörungstheorie. Zugegriffen: 22. März 2022

Wikipedia (2022f) Verschwörungstheorien zur Mondlandung. https://de.wikipedia.org/wiki/Verschwörungstheorien_zur_Mondlandung. Zugegriffen: 15. Juni 2022

Wikipedia (2022g) Volkszählung in der Bundesrepublik Deutschland 1987. https://de.wikipedia.org/wiki/Volkszählung_in_der_Bundesrepublik_Deutschland_1987. Zugegriffen: 29. Januar 2022

Wikipedia (2022h) Wladimir Wladimirowitsch Putin. https://de.wikipedia.org/wiki/Wladimir_Wladimirowitsch_Putin. Zugegriffen: 23. März 2022

Wurzel S (2022) Für Regierung und Militär: US-Parlament plant Ufo-Meldesystem. tagesschau.de, 16. Juli. https://www.tagesschau.de/ausland/amerika/usa-ufos-103.html. Zugegriffen: 16. Juli 2022

Zabirko O (2015) „Russkij mir" und der Krieg in der Ukraine. Ost-West Europäische Perspektiven. OWEP 3. https://www.owep.de/artikel/986-russkij-mir-und-krieg-in-ukraine. Zugegriffen: 25. Juni 2022

Zick A, Küpper B, Berghan W (2019) Verlorene Mitte, feindselige Zustände. Rechtsextreme Einstellungen in Deutschland 2018/19. J. W. H. Dietz, Bonn

5 Sprachliche Vielfalt – und ihr Missbrauch in Politik und Religion

▶ Unsere **Sprache** hat sich über viele Jahrtausende differenziert und verändert. Erst gab es die gesprochene Sprache, später folgten die Regelwerke. Traditionalisten lehnen unter dem Eindruck der Status-quo-Verzerrung Änderungen daran ab, während manche Extremisten – Boiling-Frog-Syndrom – die Grenzen des Sagbaren durch gezielte Tabubrüche verschieben. Dies kann katastrophale Folgen haben.

5.1 Sprache im Wandel der Zeit

In Kap. 4 wurde bereits analysiert, welche Bedeutung Falschnachrichten und den daraus resultierenden Verschwörungstheorien in früheren Zeiten und vor allem heute zukommt. Krude Weltbilder in Parallelgesellschaften (wie bei den Rechtspopulisten, Reichsbürgern, Pandemie- und Klimawandel-Leugnern) oder Staatspropaganda und Unterdrückung der Meinungsvielfalt (wie in Russland, China und nahezu hundert weiteren Staaten) sind Folgen eines Missbrauchs zunächst der *Sprache*. Und obwohl es Sektierertum und Tyrannei während der Menschheitsgeschichte immer schon gab und längere friedliche Phasen mit liberalen Demokratien seit jeher eher die Ausnahme waren, verschärft der in Kap. 6 thematisierte technische Fortschritt mit seinen umfassenden Möglichkeiten – etwa zur Überwachung oder hybriden Kriegsführung – die Situation in der Gegenwart enorm.

Wer sich vor dem verhaltensökonomischen Hintergrund über Sprache unterhält, kommt um den Begriff des *Narrativs* nicht herum, der im Text bereits mehrfach gefallen ist. Höchste Zeit für einen genaueren Blick darauf.

▶ Ein **Narrativ** ist eine sinnstiftende Erzählung, die Werte und Emotionen transportiert und Einfluss auf die Art hat, wie die Umwelt wahrgenommen wird. Dabei besteht die Gefahr der Verdrehung von Geschichte(n) zur Vereinfachung der Wirklichkeit, wobei alles verdrängt wird, was nicht in das Bild hineinpasst: der **Story Bias**.

Mit anderen Worten, ein Sachverhalt lässt sich durch ein Narrativ so hervorheben und emotional belegen, dass eine Handlungsempfehlung gefördert wird. Dies kann eine Produktpräsentation ebenso betreffen wie Staatspropaganda. Redundanz tut in allen Fällen ihr Übriges, ein Phänomen, das sich unter anderem die Werbung zunutze macht. Auch die bundesdeutsche Überzeugung, dass der damalige Wirtschaftsminister Ludwig Erhard für das in Abschn. 3.1 bereits erwähnte „Wirtschaftswunder" verantwortlich war und die Bundesbank für die Stabilität der Deutschen Mark, scheint auf einem Narrativ zu beruhen: Die Wirtschaftsjournalistin Ulrike Hermann stellt in ihrem 2019 erschienenen Buch *Deutschland, ein Wirtschaftsmärchen* fest, Erhard sei vielmehr ein „talentierter Selbstdarsteller" und „Profiteur des NS-Regimes" gewesen. Die Bundesbank als „Staat im Staat" habe sogar versucht, die deutsche Einheit zu torpedieren.

Man führt die Wirkungsweise von Narrativen auf den Framing-Effekt zurück (Tversky und Kahneman 1981), der eng mit dem in Abschn. 1.4 erwähnten Phänomen der Verlustaversion verbunden ist.

▶ Der **Framing-Effekt** bezeichnet in der Verhaltensökonomie den Umstand, dass geringfügige Änderungen an der Präsentation eines Entscheidungsproblems eine Umkehr der Präferenzen des Entscheidungsträgers bewirken können.

Beispiel: Framing-Effekt bei Lotterien

Tversky und Kahneman (1981) erläutern die Auswirkung ungerechtfertigter Einflüsse von Formulierungen auf Überzeugungen und Präferenzen mit folgendem Beispiel:

1. Würden Sie eine Lotterie eingehen, die eine 10-%ige Chance, $95 zu gewinnen, und eine 90-%ige Chance, $5 zu verlieren, bietet?

2. Würden Sie $5 bezahlen, um an einer Lotterie teilzunehmen, die eine 10-%ige Chance, $100 zu gewinnen, und eine 90-%ige Chance, nichts zu gewinnen, bietet?

In beiden Fällen sind die Gewinnchancen exakt gleich, wovon Sie sich durch Nachdenken leicht überzeugen können. Dennoch erhält die zweite Formulierung deutlich mehr Zustimmung als die erste, da Verluste (1.) stärker negative Gefühle hervorrufen als Kosten (2.). (nach Kahneman 2012, S. 448) ◄

Der Framing-Effekt eröffnet die Möglichkeit, dass eine unwesentliche Manipulation der Problemdarstellung zu einer Verschiebung des Bezugspunktes führt, sodass Individuen sich wahlweise risikoavers oder risikofreudig verhalten. Obwohl das zugrunde liegende Entscheidungsproblem unverändert ist, resultiert die Veränderung der Problemdarstellung dann in diametralen Entscheidungen. Schulze (2013) hat in den Originalpublikationen linguistisch untersucht, wie Sprache mittels Framing-, Attraktions- und Linda-Effekt unsere Entscheidungen beeinflussen kann, was das scheinbar irrationale Antwortverhalten der Befragten rational rekonstruierbar machte. Die exakten Formulierungen spielen eine wesentliche Rolle im Hinblick dessen, welchen Effekt man mit seinen Aussagen erreichen will.

Die Entwicklung der Sprache

Unter *Sprache* versteht man im übergeordneten Sinn alle komplexen Systeme der Kommunikation, sei es zwischen Menschen, Tieren oder Computersystemen. Wie in Abschn. 6.2 und 7.2 noch erläutert wird, hat die Entwicklung der gesprochenen Sprache dem *Homo sapiens*, dem anatomisch modernen Menschen, einen entscheidenden Entwicklungsvorteil beschert. Obwohl unsere Art seit rund 200.000 Jahren existiert und sich erste Ansätze im Sprachzentrum des Gehirns bereits vor zwei Millionen Jahren ausbildeten, geht die Wissenschaft heute davon aus, dass sich die Sprache erst deutlich später entwickelt hat. In der Literatur wird ein Zeitfenster zwischen 100.000 und 30.000 Jahren genannt, und der Sprachursprung fand vermutlich in unterschiedlichen Regionen zu verschiedenen Zeiten statt. Ob auch andere

Menschenarten wie die Neandertaler über eine gesprochene Sprache verfügten, ist bis heute nicht zweifelsfrei belegt. (z. B. Schrenk 2020; Wikipedia 2022l)

Die Regionalisierung der Sprache ist durch die Besiedlung der gesamten Erde erst in den letzten 20.000 Jahren entstanden; seitdem entwickelt und differenziert sie sich vor allem durch den kulturellen Austausch sehr rasch. Dabei war Nordamerika vor 15.000 Jahren das letzte besiedelte Gebiet. Man schätzt, dass die maximale Zahl der gesprochenen Sprachen zu Beginn des Kolonialzeitalters um das Jahr 1500 n. Chr. erreicht war. Seitdem sterben deutlich mehr Sprachen aus, als neue hinzukommen. Gegenwärtig existieren auf der Erde ca. 6.000–7.000 unterscheidbare Sprachen; die Hälfte aller Sprachen hat weniger als 7.000 Sprecher, ein Viertel weniger als 1.000. (Wunderlich 2007) Bis zum Ende des Jahrhunderts könnten weitere 1.500 Sprachen endgültig verschwunden sein, stellte Felicity Meakins von der Universität Queensland (Australien) kürzlich fest. „Vor der Kolonialisierung wurden auf dem Kontinent *[Australien]* 250 indigene Sprachen gesprochen. Vielsprachigkeit war die Norm. Nun sind es nur mehr 40, und nur zwölf davon werden von Kindern gelernt." (ORF 2021)

Menschliche Sprachen und die darunter angeordneten regionalen Dialekte sind also etwas, das ständigen Veränderungen unterworfen ist; der Status quo wird stets herausgefordert. Dies unterstreicht die inhaltliche Beziehung zum Boiling-Frog-Syndrom: Ehe man sich versieht, ist eine Sprache (die z. B. von nur noch wenigen Angehörigen einer kleinen indigenen Volksgruppe beherrscht wurde) oder ein Dialekt (wie das Ostpreußische, das meine 1945 von dort geflohenen Verwandten noch sprachen) verschwunden. Oder, um es in der Begrifflichkeit von Abschn. 2.2 auszudrücken: Der Haufen ist dann kein Haufen mehr. Die Duden-Redaktion hat 2020 einen *Atlas der verlorenen Sprachen* herausgegeben.

Bairische Dialektsprache

Je weiter man in Deutschland nach Süden reist, desto deutlicher lässt sich eine starke lokale Sprachfärbung bis hin zur Dialektsprache wahrnehmen. In Baden-Württemberg trifft der Besucher mit den verschiedenen badischen und schwäbischen Ausprägungen auf alemannische Dialekte, in Bayern auf ostfränkische und bairische Mundarten. Diese Dialektgruppen zählen zu den oberdeutschen und damit auch zu den hochdeutschen Dialekten. Mit einer Fläche von etwa 125.000 km² stellt das Sprachgebiet der bairischen Mundarten das größte deutsche Dialektgebiet dar. Gesprochen werden sie von insgesamt etwa zwölf Millionen Menschen im Freistaat (Altbayern), dem größten Teil der Republik Österreich (ohne Vorarlberg) sowie der zu Italien gehörenden Region Südtirol (Wikipedia 2022a).

Einem Hochdeutsch-Sprecher, der sich nicht der Peinlichkeit hingibt, sich in einem fremden Dialekt zu versuchen (und selbst dann), kann es auch nach Jahrzehnten vorwiegend in ländlichen Teilen Altbayerns passieren, dass er oder sie als Nicht-Dazugehörender betrachtet wird. Sprache als Identifikationsmerkmal und Abgrenzungsinstrument: Wer Bayer(in) ist, spricht bairisch und definiert sich darüber *(„Mia san mir")*. Dieser (mit zunehmender nationaler und internationaler Migration leicht rückläufige) Effekt wird heute allgemein dem späten Eintritt Bayerns ins deutsche Föderalsystem (1871) zugeschrieben, nachdem man im Deutschen Krieg 1866 noch an der Seite Österreichs eine Niederlage gegen Preußen erlitten hatte. Schmerzhaft war es, dass die „Preißn" Bayerns Eigenstaatlichkeit so ein Ende machten. „Der als Träumer bekannte Ludwig II. betrieb dabei eine vernünftige Realpolitik – auch wenn böse Zungen anderes behaupten", schreibt die Süddeutsche Zeitung dazu (Käppner 2011). Das Wort „Preißn" sei bei den Bayern noch immer ein beliebtes Synonym für alle nichtbayerischen und damit nicht satisfaktionsfähigen Landsleute – und doch Ausdruck eines alten Minderwertigkeitskomplexes. „In Bayern hat man immer gern mal geglaubt, zu Höherem, ja zur politischen und moralischen Führung Deutschlands berufen zu sein. Leider aber standen Anspruch und Fähigkeit allzu oft im beklagenswertesten Kontrast."

Dieser Minderwertigkeitskomplex des „Sonderfalls Bayern" (StudySmarter o. J.) – für den heute angesichts der wirtschaftlichen und technologischen Situation im Freistaat überhaupt kein Grund mehr besteht – rührt im Prinzip aus der Zeit vor dem Beitritt 1871. Obwohl man als Flächenland eigentlich wirtschaftliche Vorteile besaß, setzte die Industrialisierung hier erst spät ein. Durch das ständische Weltbild Ludwig I. blieb das Königreich zunächst lange Zeit ein Agrarstaat. Das rohstoffarme Bayern lag geografisch am Rand des kleindeutschen Wirtschaftsraums und hatte weder Manufakturen noch bedeutende Wasserwege am Verkehrsnetz. Erst Ludwig II. trieb Bayerns wirtschaftliche Liberalisierung ab 1864 voran, mit Augsburg und Nürnberg als Industriezentren und der Anbindung an das Verkehrsnetz, welches in der Hochindustrialisierung deutschlandweit von großer Bedeutung war.

Ob die (alt-)bayerische Identitätsstiftung über die Dialektsprache nun angemessen oder ein weiteres Beispiel für eine Status-quo-Verzerrung ist, sei einmal dahingestellt. Dialekte werden – wenn auch mit rückläufiger Tendenz – auch in anderen Teilen Deutschlands gesprochen.[1] Sie unterstreichen die regionale Verbundenheit und Zusammengehörigkeit. Das gegenseitige Duzen geschieht bei Dialektsprechern etwa deutlich schneller als im Hochdeutschen, wodurch ebenfalls persönliche Nähe signalisiert wird.

Bedenklich scheint mir allerdings, wenn die Menschen und besonders Schüler als Mundartsprecher Probleme mit der fehlerfreien Beherrschung der deutschen Hochsprache haben. Der Bund Bairische Sprache setzt sich für die Pflege der Mundart ein und appelliert einmal mehr an Toleranz gegenüber Dialektsprechenden; in Deutschland würden Kinder in Schulen oder Kindergärten dagegen immer wieder angewiesen, hochdeutsch zu reden und ihren Dialekt nur zu Hause zu sprechen – damit müsse Schluss sein (dpa 2022). Der Augsburger Sprachwissenschaftler Werner König wies darauf hin, dass auch das heute gebräuchliche Hochdeutsch ein Dialekt sei, der in Süddeutschland erfunden, von Luther übernommen und popularisiert und dann in Norddeutschland über die Theatersprache und den Duden zur Norm erhoben wurde (Kratzer 2012). (Die Diskussion darüber wird so schnell nicht beendet sein.)

Veränderung der modernen Sprache

Gesprochene Sprache unterliegt ständigen Veränderungen, die inzwischen wissenschaftlich untersucht werden. So könnten moderne Sprecher des Neuhochdeutschen die meisten mittelalterlichen Texte ohne Übersetzung kaum verstehen, da viele Begriffe darin heute nicht mehr geläufig sind und durch andere Wörter ersetzt wurden. Doch mitunter werden Wörter auch gezielt aus dem Verkehr gezogen und durch andere Begriffe substituiert. So wurde zum Beispiel kurz nach der deutschen Reichsgründung 1871 der

---

[1] Als mein Vater sich 1954 aus der DDR abgesetzt hatte und am Kölner Hauptbahnhof ankam, verstand er zunächst kaum ein Wort der lokalen Bevölkerung. In meiner Jugend in Dormagen hatten wir Nachbarn, die beruflich aus der Eifel zugezogen waren – vor allem die Kinder hatten enorme sprachliche Integrationsprobleme in der neuen hochdeutsch geprägten Umgebung. Ich werde nie vergessen, wie die junge Tochter vergeblich versuchte, im Lebensmittelladen *Öllich* (Kölsch für Zwiebeln) und *Shavu* (Wirsing) zu kaufen.

Allgemeine Deutsche Sprachverein gegründet. Dieser verdeutschte die Terminologie der Post und Eisenbahn systematisch und sorgte so dafür, dass man in Deutschland *Fahrkarte* statt Billet und *Briefumschlag* statt Kuvert sagt – in der Schweiz und Österreich haben sich die ursprünglichen Begriffe gehalten. Russland hat nach dem Überfall der Ukraine den „Angriffskrieg" offiziell in *militärische Spezialoperation* umbenannt.

Persönlich nahm ich den Effekt des sprachlichen Wandels wahr, als ich nach vier Jahren USA-Aufenthalt als Expat in den 1990er-Jahren wieder nach Deutschland rückversetzt wurde: Es war deutlich zu beobachten, wie sich unsere Sprache selbst in dieser relativ kurzen Zeit verändert hatte, etwa durch die Verwendung von Modewörtern oder Anglizismen (man hörte z. B. nun oft „Kids" statt Kinder). Der Ausbau des Wortschatzes in Form von Aufnahmen aus anderen Sprachen ist ein typischer Mechanismus des Sprachwandels. Im Rheinland wurde während der französischen Besetzung 1794–1814 eine Reihe französischer Lehnwörter dauerhaft in den Wortschatz aufgenommen, wie *Parapluie* (Regenschirm), *Chaiselongue* (Sofa), *Truffel* (Kelle) und viele hundert weitere (Honnen o. J.). Viele Jungen wurden in Köln auch später noch *Jean* („Schäng") getauft.

Experten schätzen die durch die Globalisierung befeuerte Anzahl der Anglizismen im Deutschen gegenwärtig auf ca. 7.500 und halten davon 79 % für „verdrängend". Auch Migration beeinflusst die gesprochene deutsche Sprache. Diese wird vereinfacht, und die Diskrepanz zwischen Umgangssprache und Schriftsprache vergrößert sich. Gleichzeitig wächst der deutsche Wortschatz und umfasst inzwischen 5,3 Millionen Wörter – Tendenz steigend. (Striebinger 2016)

Dieser Wandel betrifft alle Sprechenden einer Sprache, fand zu allen Zeiten statt – und wird nicht selten von Kritik und Ablehnung begleitet. Der Status quo verschiebt sich langsam, aber unaufhaltsam. Trotz politischer Eingriffe in überschaubarer Anzahl ist die Sprachentwicklung ein dynamischer Prozess, der sich mehr oder weniger ohne Lenkung vollzieht und als Folge der Umstände angesehen werden kann. Neben der „Einwanderung" von Wörtern aus anderen Sprachen und der Umdeutung bestehender Begriffe betrifft dies natürlich auch die Grammatik. Ein Beispiel ist die zunehmende Verdrängung des Genitivs durch den Dativfall. Die Einführung des „Von-Falls" und andere Kuriositäten zunächst in der

Umgangssprache werden von Sprachpuristen als ebenso unverzeihlich angesehen.[1]

▶ Tipps

- Betrachten Sie Sprache – insbesondere Ihre Muttersprache – als etwas Kostbares und gehen Sie daher sorgfältig mit ihr um.
- Artikulieren Sie sich angemessen, präzise und möglichst fehlerfrei, denn Sie werden von anderen daran gemessen, was Sie sagen und wie Sie es (mündlich und vor allem schriftlich) ausdrücken.
- Pflegen Sie – falls vorhanden – Ihren Dialekt mit Sprechern derselben Mundart, drücken Sie sich anderen gegenüber jedoch in korrektem Hochdeutsch aus. Denn die Hochsprache sollten Sie (und Ihre Kinder) ebenfalls fehlerfrei beherrschen, um sich nicht früher oder später in einer Blase wiederzufinden.

Anders als im verbalen Ausdruck sieht es bei der Schriftsprache aus: Für diese gibt es gewisse Normen, die von Zeit zu Zeit der gesprochenen Realität angepasst werden. Umfassende deutsche Rechtschreibänderungen wurden in den Orthographischen Konferenzen von 1876 und 1901 festgelegt; ein weiterer Versuch 1944 scheiterte. Viele Leser werden sich an die Reform der deutschen Rechtschreibung vom 1. Juli 1996 erinnern, die sehr kontrovers diskutiert und in Teilen 2004/2006 wieder zurückgenommen wurde. Vielen Menschen dürfte dazu lediglich im Gedächtnis geblieben sein, dass nach einem kurzen Vokal jetzt „ss" statt „ß" geschrieben wird. Zahlreiche weitere Änderungen (siehe z. B. Wikipedia 2022k) werden durch Umsetzung in Druckwerken und den Gewöhnungseffekt vielfach kaum noch bewusst wahrgenommen, und man berücksichtigt sie automatisch beim Schreiben – oder auch nicht. Auch diese Beobachtung passt zum Thema dieses Buchs.

[1] „Mutter von vier Kindern getötet", lautete eine Überschrift in der Tagespresse. (Diese Bestien! vgl. Wenski 2022, S. 173) „Schackeline, komma bei die Tante" kann man im Ruhrgebiet hören. (Die Orthografie- und Grammatikprüfung im Schreibprogramm hat bei dem Satz ihre helle Freude.)

5.2 Diskussionen über gendergerechte Sprache

Wussten Sie Folgendes?

- Bis 1919 durften Frauen in Deutschland nicht wählen (Abb. 5.1).
- Bis 1951 galt der 1880 eingeführte „Lehrerinnenzölibat“: Weibliche Lehrkräfte durften nicht verheiratet sein.
- Bis zum Gleichberechtigungsgesetz von 1958 verfügte der Ehemann sogar über das Vermögen, das seine Frau in die Ehe einbrachte, und entschied bis 1977, ob sie arbeiten durfte.
- Bis 1970 hatte der Deutsche Fußballbund Frauenfußball verboten. Diese Kampfsportart sei der Natur des Weibes im Wesentlichen fremd, hieß es in einem Beschluss von 1955.
- Bis 1972 war der Begriff „Fräulein“ für unverheiratete Frauen jeglichen Alters üblich.

In der Gegenwart extrem anachronistisch anmutende Sachverhalte. Allerdings herrscht bis zum heutigen Tag keine echte Gleichberechtigung zwischen den Geschlechtern. Und Vorurteile gegenüber Frauen *(Gender-Bias)* sind allgegenwärtig.

Abb. 5.1 Briefmarke anlässlich des Jubiläums „100 Jahre Frauenwahlrecht“ 2019. Entwurf: Frank Philippin (Deutsche Post)

Aus der tradierten Rollenverteilung von Männern und Frauen resultiert die systematische Benachteiligung der weiblichen Hälfte der Bevölkerung (die aufgrund etwas höherer Lebenserwartung zahlenmäßig sogar dominiert). Die zusammenfassende Bezeichnung dafür lautet *Sexismus*, ein Oberbegriff für eine breite Palette von Einzelphänomenen unbewusster oder bewusster Diskriminierung auf der Basis des Geschlechts bis hin zu sexueller Belästigung.

Diese systematische Benachteiligung äußert sich unter anderem darin, dass Frauen auch in westlichen Staaten häufig noch immer nicht dieselben Chancen geboten werden wie dem „starken Geschlecht". Eher selten bekleiden sie daher bis heute Spitzenpositionen in Politik und Wirtschaft, besitzen geringere Aufstiegschancen und erhalten für dieselben Tätigkeiten im Durchschnitt weniger Gehalt als Männer. Und wenn es Frauen nach oben geschafft haben, werden sie wesentlich kritischer bewertet als Männer und haben mit deutlich stärkeren Widerständen zu rechnen. Frauenquoten können zwar die Gleichberechtigung der beiden Geschlechter unterstützen, führen jedoch nicht per Dekret zum notwendigen gesellschaftlichen Umdenken. Dazu wäre eine konsequente Abkehr von etablierten Rollenverteilungen und Denkmustern bereits ab Kindesbeinen vonnöten. Ein Teil der Diskussion betrifft dabei die Sprache.

► Mögen Sie gerne Nussmischungen mit Rosinen? Dann sollten Sie weiterlesen und zukünftig über den Begriff *Studierendenfutter* nachdenken.

Im deutschsprachigen Raum erschienen bereits 1980 die ersten Richtlinien zur Vermeidung „sexistischen" Sprachgebrauchs. Dabei ging und geht es um eine sprachliche Asymmetrie: Bei Personenbezeichnungen, die in paariger Form vorliegen, wird die grammatisch feminine Form ausschließlich für Frauen verwendet (Lehrerinnen), während die maskuline Form einerseits für Männer gebraucht wird, in anderen Zusammenhängen aber verallgemeinernd für Personen aller Geschlechter (das gesamte Lehrpersonal ist also gemeint, Männer *und* Frauen). Diese Sprachgewohnheit wurde als Diskriminierung kritisiert, weil bei der Beschreibung gemischtgeschlechtlicher Gruppen die weiblichen Mitglieder sprachlich quasi unter den Tisch fallen.

► Das **generische Geschlecht** (z. B. generisches Maskulinum oder Femininum; generisch = verallgemeinernd) bezeichnet die geschlechtsneutrale Verwendung entsprechender Substantive oder Pronomen. Dabei werden grammatisch Personen- oder Berufsbezeichnungen eines Geschlechts (meist des männlichen) verwendet, von denen sich auch die andere (meist weibliche) Form ableiten lässt, wobei das **biologische Geschlecht** (= Sexus) nicht bekannt oder ohne Bedeutung ist.

Die gesellschaftliche Diskussion über gendergerechte Sprache ist aktuell in vollem Gange, und es lässt sich ein deutlicher Wandel hin zu deren Umsetzung wahrnehmen. Wenn Sie heutzutage eine öffentliche Rede oder Stellenausschreibung, einen wissenschaftlichen Text oder ein behördliches Dokument formulieren müssen, ist eine „gegenderte" Sprache häufig Pflicht. Man spricht von „Studierenden" und in politischen Entscheidungsgremien von „Ministerpräsidentinnen und Ministerpräsidenten". Im erstgenannten Fall ist ein Studierender jemand, der gerade im Moment etwas studiert, während ein Student zwar eingeschrieben, aber dennoch bereits im Feierabend sein kann – ein Substantiv durch substantivierte Verben zu ersetzen kann den Sinn entstellen. (Dazu kommt noch die Problematik der politisch korrekten Bezeichnung von Studentenfutter.) Im zweiten Fall ist die Länge der Formulierung für die Eleganz eines Textes von Nachteil. Und so führt die *Political Correctness* zu allerlei kreativen sprachlichen Lösungen bis hin zur Verwendung von Binnen-I, Gender-Gap und Gendersternchen. Gehen wir das Thema mit einer Abwägung des Für und Wider systematisch an.

Sprachliches Gendern – Pro und Kontra

Argumente für *eine Sprachregelung unter Verwendung beider Geschlechter:*

- weiterer notwendiger Schritt hin zur Gleichberechtigung der Geschlechter
- Vermeidung der Abschreckung weiblicher Interessenten z. B. für bestimmte Berufe
- sprachliche Sichtbarmachung weiblicher Macht
- Sensibilisierung für die Problematik des generischen Maskulinums
- Schärfung des Sprachbewusstseins
- Selbstverständlichkeit, da sich Sprache weiterentwickelt
- Sprache als Abbild der Gesellschaft

Argumente gegen *eine angepasste Sprachregelung:*

- Symbolik ohne Wirkung; Änderungen müssen in der Praxis stattfinden
- von lautstarker, in den Medien sehr präsenter Minderheit gefordert
- bei Nichtbeachtung Vorwürfe und Angriffe wegen angeblicher Diskriminierung
- Abkehr von der bewährten Systematik des generischen Geschlechts
- schlechte Lesbarkeit von Texten durch Verkomplizierung der Sprache
- ungeschickte, hölzerne und grammatikalisch falsche Formulierungen; schlechter Sprach- und Schreibstil
- Problem von weiteren neben den althergebrachten Geschlechtern nicht gelöst
- Problem der zusammengesetzten Wörter (Arztbrief, Arztberuf, Arztkosten, Arztpraxis ...)

Als Autor stecke ich natürlich mittendrin in dieser Diskussion. Ich bin mir der Problematik sehr wohl bewusst und habe mich dazu bereits an anderer Stelle geäußert (Wenski 2021). Gendergerechte Formulierungen klingen teilweise doch recht bemüht, und viele Autorinnen und Autoren ziehen das gnadenlos durch. So liest man etwa in Texten zur NS-Zeit Sätze wie „Wie haben die Nationalsozialistinnen und Nationalsozialisten die Jüdinnen und Juden vom Rest der Gesellschaft isoliert?" (IHRA 2019, S. 22) oder „Die Protokolle *[von Zion]* geben keinen Aufschluss darüber, wie Jüdinnen und Juden sind, aber tiefe Einblicke in die Denkstrukturen von Antisemitinnen und Antisemiten" (BW 2018). Nur soviel: Nazis und Antisemiten sind meist Männer, und dass das unermessliche Leid der Juden auch den weiblichen Teil der Religionsgemeinschaft betraf, dürfte bisher kein aufgeklärter Zeitgenosse ernsthaft angezweifelt haben.

Sprache wird durch die konsequent geschlechterkorrekte Darstellung vielfach dahingehend „gelenkt", alternativ zur naheliegenden Wortwahl genderkorrekte Konstruktionen zu wählen, die oft gestelzt klingen. Wie im Vorwort vermerkt, habe ich mich erneut zugunsten der leichteren Lesbarkeit überwiegend für das generische Geschlecht und gegen die biologisch korrekte Gendersprache entschieden. Die Gleichberechtigung muss anders stattfinden; dazu gehört mehr als die emotionalisierte Diskussion übers Gendern.

▶ **Tipps**

- Betrachten Sie das Thema gendergerechte Sprache nicht zu dogmatisch; die Zeit wird zeigen, wie in Zukunft damit umgegangen wird. (Sie folgen damit den Empfehlungen unter anderem der UNESCO und der Duden-Redaktion.)
- Kritisieren Sie nicht Leute, die mit dem generischen Maskulinum groß geworden sind, aber machen Sie sich ebenso wenig lustig über konsequente Verwender der Geschlechteralternativen.
- Zeigen Sie Ihr Bekenntnis zur Gleichberechtigung durch Ihr Verhalten im praktischen Leben.

Inzwischen beschäftigt das Thema sogar die Gerichte: Darf ein Arbeitgeber die Verwendung gendersensibler Formulierungen anordnen? (dpa 2022b) Es wird spannend zu beobachten, wohin die Entwicklung der geschlechterbezogenen Sprache gehen wird. Möglicherweise stellen sich mit der Zeit praktikable Lösungen ein, und die kontroversen Positionen nähern sich an. Mit oder ohne Gendern in der Sprache: Die Gleichberechtigung der Geschlechter lässt sich in einer modernen Gesellschaft nicht aufhalten, auch wenn das männlich geprägte Establishment dies in Teilen bisher nur unzureichend unterstützt. Den Status quo einer systematischen Benachteiligung von Frauen können zukunftsorientierte Nationen auf Dauer nicht aufrechterhalten.

5.3 Kristallnacht

Greifen wir aus dem Kaleidoskop der in Abschn. 5.1 behandelten Themen eines heraus, das sinnbildlich für das Boiling-Frog-Syndrom steht: sprachliche Entgleisungen und Tabubrüche (die in Abschn. 3.3 und 3.4 ja bereits strategisches Mittel der AfD identifiziert wurden). Doch bekanntlich ist ja alles (oder zumindest das meiste) schon einmal dagewesen – denken wir im Sinne der Überschrift dieses Abschnitts nur an unsere nationalsozialistische Vergangenheit und den Antisemitismus und wie es dazu kam.

Kampf gegen Antisemitismus

Dieses Buch geht an verschiedenen Stellen auf das Judentum ein, etwa in Abschn. 4.2 über die Juden als historische Opfer von Verschwörungstheorien, in Abschn. 5.5 als Vertreter einer der drei großen monotheistischen Religionen und in Abschn. 7.3 anlässlich der Immigration nach Palästina im 20. Jahrhundert. Durch die Shoah, dem technisierten Völkermord der Nationalsozialisten an den europäischen Juden, ist das Thema hoch emotionalisiert, und manch einer aus dem völkisch-rechtsextremistischen Lager, beispielsweise AfD-Rechtsaußen Höcke[1], tut sich schwer mit der Erinnerungskultur an diesen menschlichen Tiefpunkt und zivilisatorischen Zusammenbruch. Doch die AfD hat den Antisemitismus keineswegs als erste Organisation im bundesdeutschen Staat für sich und ihre Zwecke erkannt. Obwohl die meisten Antisemiten überhaupt keine Menschen jüdischen Glaubens (zumindest näher) kennen – so wie xenophobe Zeitgenossen kaum Kontakt zu Fremden haben –, sehen sie hier anscheinend eine Projektionsfläche bzw. ein Betätigungsfeld für ihre radikalen und verwirrten Fantasien. Doch glücklicherweise gibt es immer wieder Mahner.

Beispiel: *Et jitt Saache, do jläuvs et nit*

Besser kann man das Thema sprachliche Entgleisungen wohl kaum einführen. Dieser Spruch („Es gibt Sachen, du glaubst es nicht") ist in Kölner Mundart formuliert; ich las ihn – statt der üblichen Meldung *404 Seite nicht gefunden* – auf der Homepage der Kölschrock-Gruppe *Niedeckens BAP*, als ich einen nicht mehr existenten Link aus Wikipedia anklickte. Das Zitat erscheint mir für einige der hier im Buch behandelten Themen sehr passend.

BAP wurde 1976 vom Musiker, Maler und späteren Autor Wolfgang „Bapp" Niedecken gegründet[2] und brachte mit *BAP rockt andere*

[1] ... der Anfang 2017 über das Berliner Holocaust-Mahnmal sagte: „Wir Deutschen sind das einzige Volk der Welt, das sich ein Denkmal der Schande in das Herz seiner Hauptstadt gepflanzt hat."

[2] „BAP" übrigens, weil das zweite P von Bapp (kölsch für Vater) nicht mehr auf die Basstrommel passte

kölsche Lieder 1979 bei einem Indie-Verlag ihre erste LP heraus. Auf den Anfangsexemplaren war eine später nurmehr gedruckte 3d-Ansichtskarte von Köln noch händisch aufgeklebt. Mit dem Album gelang auf Anhieb der Durchbruch, und die Kölsche Sprache war auch außerhalb von Karnevalssitzungen und Millowitsch-Theater auf einmal „in aller Munde". Für die des Kölschen nicht Mächtigen: Alle Songtexte von BAP sind zusammen mit der Übersetzung ins Hochdeutsche unter BAP (2021) nachzulesen.

Einige Mitglieder, die keine Vollprofis werden wollten, verließen die Band nach diesem Riesenerfolg. Mit Klaus „Major" Heuser kam ein neuer genialer Leadgitarrist und Komponist hinzu, der zu zahlreichen Texten Niedeckens die Musik schrieb. Die weiteren vier Studioalben *affjetaut* (1980), *für usszeschnigge!* (1981), *vun drinne noh drusse* (1982) und *zwesche Salzjebäck un Bier* (1984) sowie die Live-Doppel-LP *bess demnähx* (1983) – alle Platz eins der deutschen Charts – stellen bis heute den kreativen Höhepunkt von BAP dar.

Ich war damals ein glühender Fan dieser richtungsweisenden Musik und von BAP, die im August 1980 im Jugendzentrum „Krebelshof" meines Geburtsorts Köln-Worringen mit dem Repertoire ihrer ersten Platte auftraten. Mit dem Song *Stell dir vüür* zur damaligen Gewissensprüfung bei der Bundeswehr trafen die Musiker den Nerv des jungen Publikums, und beim Stück *Neppes, Ihrefeld un Kreuzberg* war der Teufel los. Nippes und Ehrenfeld sind wie Worringen nördliche Kölner Vororte. Im Lied geht es um die Diskriminierung türkischstämmiger Arbeitnehmer in Deutschland, ein Thema, das die Band 1986 in *Almanya* nochmals aufgriff.

Wolfgang Niedecken, der „deutsche Bob Dylan", ist bekannt für sein soziales und politisches Engagement, für das er 2013 mit dem Bundesverdienstkreuz erster Klasse ausgezeichnet wurde. Er hat sich stets gegen Rassismus und Ausländerfeindlichkeit eingesetzt – und immer klare Kante gegen rechts gezeigt. 1990 erschien seine Autobiografie, in der er auch über eigene Erlebnisse und Misshandlungen im Internat berichtete. Er sagte in einer Talkshow 2018 konkret, dass er von einem katholischen Pater nicht nur geprügelt, sondern auch sexuell missbraucht wurde. (Wikipedia 2022n und dort aufgeführte Quellen)

Kristallnaach („Kristallnacht") war die einzige Singleauskopplung aus *vun drinne noh drusse* und ist nach *Verdamp lang her* der am zweithäufigsten live gespielte BAP-Song. Bereits im Sommer 1979 befasste sich Niedecken während einer Urlaubsreise durch Griechenland, das sich erst kurz zuvor von der Militärdiktatur befreit hatte, mit einem politischen Text zum Neofaschismus und wählte dafür das Thema der Pogromnacht. Er war das erste Mal schon 1972, also noch zur Zeit der Junta, auf der Rückreise von einem Türkei-Urlaub im Land, als „noch alles mit Phoenix-Symbolen und anderem faschistischem Blut-und-Boden-Propaganda-Zeug vollhing", wie er sagt und sich beim Schreiben des Lieds wieder daran erinnerte. (Celan o. J., Wikipedia 2022n)

Leider ist der Text von *Kristallnaach* auch mehr als vier Jahrzehnte nach seiner Entstehung in Deutschland noch – bzw. wieder – brandaktuell. Hier eine ins Hochdeutsche übertragene Kostprobe: „Wenn die Volksseele, allzeit bereit, Richtung Siedepunkt wütet und schreit: ‚Heil Halali', und grenzenlos geil nach Vergeltung brüllt, zitternd vor Neid, in der Kristallnacht. Doch die alles, was anders ist, stört, die mit dem Strom schwimmen, wie sich's gehört, für die Schwule Verbrecher sind, Ausländer Aussatz, sie brauchen wen, der sie verführt." Kommt Ihnen

Abb. 5.2 BAP in Aachen 1980. Foto: KalifOil (Wikipedia; CC BY-SA 3.0)

das aus der Tagespresse bekannt vor? Ein Fanal – Kap. 3 lässt grüßen. Der Song würde sich als Hintergrundmusik zur Berichterstattung z. B. über Aufmärsche von Rechtsradikalen und AfD-Parteiveranstaltungen eignen.

Unter dem Eindruck des Fußball-WM-Titels der Männer 1990 und den Beobachtungen der Jubelzüge legt Niedecken im Song *Denn mer sinn wieder wer* noch einmal nach: „Symptome kollektiver Amnesie und jedem Parasit der Euphorie geht man jetzt auf den Leim, fällt jubelnd auf ihn rein. Mit deutscher Reichsfahne und mit Bomberjacke mischt mit im Größenwahn das braune Pack beim Tanz ums Goldene Kalb: ‚Wer tanzen will, der darf.'" ◀

Zur Ergänzung, da es in diesem Kapitel primär um Sprache und ihre Entwicklung gehen soll, sei noch diese Information nachgetragen:

▶ Mit **Fanal** bezeichnete man früher in der Seefahrt ein Leuchtfeuer, aber auch im Militärwesen eine senkrecht aufgerichtete Stange benutzt mit brennbarem Material[1] am oberen Ende. Heute steht der Begriff allgemein für ein Aufmerksamkeit erregendes und – meist negative – Veränderung ankündigendes Zeichen.

In diesem Zusammenhang lohnt es sich ebenfalls, an den deutschen evangelischen Theologen Martin Niemöller (1892–1984) zu erinnern, nachdem ich mit Religion (nicht: Glaube!) und Kirche in diesem Buch an verschiedenen Stellen zugegebenermaßen kritisch umgehe. Während Niemöller anfänglich dem Nationalsozialismus positiv gegenüberstand, entwickelte er sich – vom Saulus zum Paulus – während des Kirchenkampfes und seit 1938 als Häftling im Konzentrationslager Sachsenhausen allmählich zum Widerstandskämpfer gegen die Faschisten. Nach 1945 engagierte er sich für eine Neuordnung der Evangelischen Kirche und trat in der Friedensbewegung in Erscheinung. (Wikipedia 2022f)

Sein berühmtes *Schuldbekenntnis*, das auf dem Holocaust Memorial in Boston in englischer Sprache eingraviert ist, hat vermutlich jeder schon einmal gehört, der sich mit der NS-Zeit auseinandergesetzt hat: „Als die Nazis die

[1] ... etwa das in Abschn. 2.6 bereits erwähnte Pech ...

Kommunisten holten, habe ich geschwiegen; ich war ja kein Kommunist. Als sie die Sozialdemokraten einsperrten, habe ich geschwiegen; ich war ja kein Sozialdemokrat. Als sie die Gewerkschafter holten, habe ich geschwiegen, ich war ja kein Gewerkschafter. Als sie mich holten, gab es keinen mehr, der protestieren konnte."

Allerdings existieren verschiedene Textfassungen und Versionen (Marcuse 2014). Niemöller hat darin exakt geschichtlich nachgezeichnet, wie die Frontlinien des Widerstands zumindest in der evangelischen Kirche der Reihe nach niedergelegt wurden. Die Katholiken hat er nicht genannt, weil diese Kirche ihr Konkordat hatte. Die Juden konnte er nicht nennen, da die große Verfolgungswelle erst einsetzte, als er schon im KZ war. (MNS 2007) Daher wurde folgender Vers, der vermutlich nicht in der ersten Fassung vorkam, von Niemöller aber zumindest nach 1945 oft nach der dritten Zeile hinzugefügt:

- „Als sie die Juden holten, habe ich geschwiegen; ich war ja kein Jude."

Tabubrüche und Overton-Fenster

Die *Grenzen des Sagbaren* und deren bewusste Überwindung fanden bereits in Abschn. 2.4 bei der Erklärung von Dammbruchargumenten und in Abschn. 3.4 in Zusammenhang mit der AfD Erwähnung. Insbesondere völkische und rechtspopulistische Kreise versuchen damit beispielsweise immer wieder, die Verbrechen der Nazis und die Shoah zu relativieren. An dieser Stelle scheint es mit Blick auf das Thema Sprache ratsam, nochmals auf dieses Fanal einzugehen.

Ist Ihnen das auch schon mal aufgefallen – sprachliche Entgleisungen und Tabubrüche exponierter Personen bleiben weitgehend ohne negative Konsequenzen. AfD-Meinungsbildner wie Weidel, Gauland, Höcke und Fest bewegen sich gerne in einem gefährlichen Grenzgebiet zwischen üblicher provokanter Rhetorik und Formulierungen aus der Zeit des Nationalsozialismus. Zwar gibt es hierüber bei den Vertretern gemäßigter Parteien und großen Teilen der Öffentlichkeit und der Medien Entrüstung und Abgrenzung, doch werden dadurch nach dem Boiling-Frog-Syndrom allmählich sprachliche Grenzen verschoben und bisherige Tabubrüche zukünftig möglicherweise legitimiert.

▶ **Tipp** Rufen Sie sich zum Vorgehen der AfD das in Abschn. 3.4 Gesagte in Erinnerung.

An dieser Stelle kommt der US-amerikanische Anwalt und Politikwissenschaftler Joseph P. Overton ins Spiel, der 2003 mit 43 Jahren beim Absturz eines von ihm gesteuerten Ultraleichtflugzeugs starb. Nach ihm ist das *Overton-Fenster* benannt, ein verdeckter, aber umso wichtigerer Mechanismus, nach dem politische Debatten funktionieren. (Ein verwandter Begriff dafür ist der *Meinungskorridor*.) Laut Overton lässt sich das Spektrum der politischen Meinungen und der Grad der Akzeptanz öffentlicher Ideen auf beiden Seiten des Status quo in fünf Stufen aufteilen:

undenkbar – radikal – akzeptabel | ***sinnvoll – aktuell*** –

– Staatspolitik (= Status quo) –

– ***aktuell – sinnvoll*** | *akzeptabel – radikal – undenkbar*

Das (posthum so benannte) Overton-Fenster, das nur den engen, konsensfähigen Bereich bis „sinnvoll" um den Status quo herum abdeckt, ist ein Ansatz, um zu bestimmen, welche Ideen in einer Demokratie den Bereich der Akzeptanz innerhalb der möglichen Regierungspolitik definieren. Politische Vorhaben, die innerhalb des Overton-Fensters liegen, gelten als konsens- oder mehrheitsfähig. Befürworter von Positionen außerhalb des Fensters versuchen durch Framing (siehe Abschn. 5.1), die Öffentlichkeit zu überzeugen oder sie zu beeinflussen, um das Fenster zu verschieben und/oder zu erweitern. Extreme politische Ansätze – unter anderem durch Populismus, Propaganda, Suggestion oder Manipulation, aber auch Motivation zur Veränderung und neue Ideen – loten Positionen außerhalb des Overton-Fensters aus, um zu sehen, ob sich hier neue Mehrheiten finden. Positiv aufgenommene Narrative außerhalb des Overton-Fensters können dann Paradigmenwechsel initiieren. (Jacobsen 2018; Wikipedia 2022j) Die Logik dahinter erinnert entfernt an den 2006 beschriebenen Reversal-Test von Bostrom und Ord (Abschn. 1.5).

Politisches Kabarett

Im Nachkriegsdeutschland hat sich das politische Kabarett, das seitdem unermüdlich gegen herrschende Missstände satirisch pointiert vorgeht, besonders durch das Wirken des Altmeisters Dieter Hildebrandt (1927–2016) als Mitbegründer der Münchner Lach- und Schießgesellschaft 1956 gemeinsam mit dem Sportreporter Sammy Drechsel (1925–1986) etabliert. Eine zunehmende Anzahl an Kabarettisten entlarvt seitdem das Tagesgeschehen und den normalen Wahnsinn mit teilweise hochkarätigen Beiträgen. Diese sind typischerweise und überwiegend durch eine progressiv-linksliberale Grundtendenz geprägt und liefern daher nahezu täglich wertvolle Unterstützung zur Überwindung von Status-quo-Verzerrung und Boiling-Frog-Syndrom. (AfD, Erdoğan und Orbán haben dort keine Fans.)

Das Traurige ist – wie auch bei Beiträgen zu gesundem Essen und einem nachhaltigen Lebenswandel –: Es erreicht nur diejenige Klientel, die sich ohnehin schon aktiv mit den jeweiligen Themen auseinandersetzt und sich darin wiederfindet. Die Zielgruppe des Spotts andererseits holt sich ihre Informationen aus Boulevardblättern, Internet, zwielichtigen Netzwerken und Sendern wie Fox News. Diese Leute in ihren Blasen und Parallelgesellschaften bezeichnen gerne schon die journalistisch berichtenden vor allem öffentlich-rechtlichen Medien als „Lügenpresse" – wie verstörend müssen für sie erst Sendungen wie die *heute-show*, die *Anstalt* oder *Extra 3* sein?

5.4 Demokratie und Diktatur: Kampf der Systeme

Ich bin in Zeiten des Kalten Kriegs aufgewachsen und geprägt worden. Für die Wahrnehmung der Kubakrise 1962 war ich zwar noch zu jung, habe jedoch Radikalenerlass und die „Jagd" auf „rote Lehrer" in den 1970er-Jahren auch heute noch sehr gut in Erinnerung (siehe Abschn. 3.6). Verwandtschaftsbesuche in der ehemaligen DDR gehörten bei uns in dieser Zeit zum Pflichtprogramm, und die Unterschiede zwischen den beiden deutschen Politik- und Gesellschaftssystemen waren selbst für einen Jugendlichen offensichtlich. Ich habe bis heute nie auch nur ansatzweise Zweifel daran gehabt, dass die parlamentarische Demokratie in Verbindung mit dem bundesrepublikanischen Verhältniswahlrecht die optimale Staatsform darstellt. Von einem Vertrauensverlust in die deutsche Demokratie bin ich weit entfernt, und ich sehe sie aktuell (anders als die US-amerikanische) keineswegs in der Krise. Allerdings kann ich heute besser als früher nachvollziehen, aus welchen Gründen ein derartiges System (insbesondere wenn es von externen Kräften übergestülpt wird) in vielen nicht-westlichen Kulturen – etwa in arabischen, asiatischen oder afrikanischen – nicht funktioniert.

Liberale Demokratien unter Druck

Das Urlaubsparadies und für europäische Besucher muslimische Vorzeigeland Tunesien, in dem 2011 der Arabische Frühling begann, hatte laut einem von der Zeitschrift *The Economist* (2022) veröffentlichten Demokratieindex von 2014 bis 2020 den Status des einzigen demokratischen Staates in der arabischen Welt inne. Am 25. Juli 2021 putschte der gewählte Präsident Tunesiens, Kais Saied, als Folge der Corona-Pandemie und von wirtschaftlichen Problemen. Ministerpräsident Hichem Mechichi wurde des Amtes enthoben, die Tätigkeit des Parlaments für 30 Tage ausgesetzt und die Immunität aller Abgeordneten für aufgehoben erklärt. Ein Jahr später ließ Saied über eine neue Verfassung abstimmen; darin wurde die Macht des Präsidenten stark ausgeweitet und der Einfluss des Islam gestärkt (z. B. Keilberth 2022).

Allein in Westafrika hat es innerhalb weniger Jahre fünf Militärputsche gegeben: Guinea-Bissau (02.02.2022; bereits der vierte, der allerdings kurz darauf gescheitert ist), Burkina Faso (24.01. und 30.09.2022), Guinea (2021) und Mali (2020; zum zweiten Mal). Fachleute meinen, die demokratisch gewählten Regierungen hätten die Erwartungen der Menschen nicht erfüllt – entsprechend groß sei auch das Risiko für weitere Putschversuche in der Region. Es werde immer deutlicher, dass ein erfolgreicher Umsturz den nächsten inspiriere. Je mehr der Unmut der Bevölkerung steige, desto schneller nimmt die Liste demokratischer Führer der Region ab. (ORF 2022)

Viele ehemalige und heutige Langzeit-Diktatoren kamen erst durch einen Putsch an die Macht, unter anderem Joseph Mobutu (1965–1997 diktatorisch regierender Präsident der Demokratischen Republik Kongo/Zaire), Jean-Bédel Bokassa (1966–1979, Zentralafrikanische Republik; Diktator und später Kaiser – es folgten weitere Putsche 1979, 1981 und 2003), Idi Amin (1971–1979, Uganda), Hafiz al-Assad (1970–2000, Syrien;

mit seinem Sohne Baschar al-Assad wurde die Menschenrechtssituation keineswegs besser), Augusto Pinochet (unter Mithilfe der CIA; 1973–1990, Chile) und Abd al-Fattah as-Sisi (seit 2013, Ägypten). Und dies ist nur die Spitze des Eisbergs.

Die Furcht auf dem afrikanischen Kontinent ist groß und berechtigt, dass die Aggression Russlands – nach den verschiedenen Umstürzen und drohenden Versorgungskrisen – weitere Unsicherheit etwa durch Nahrungsmittelknappheit und hohe Energiekosten schafft. Nach mehreren Monaten Ukraine-Krieg mit blockierten Häfen und verhinderten Getreidelieferungen hatte sich die Einschätzung langsam durchgesetzt, dass eine dadurch provozierte weltweite Hungersnot Teil des teuflischen Plans Wladimir Putins mit dem Ziel ist, über die Flüchtlingsströme den Westen zu destabilisieren und zu Zugeständnissen zu bewegen. Der Nigerianer Wole Soyinka, Nobelpreisträger für Literatur des Jahres 1986, warnt bereits: „Putin ist ein zynischer und skrupelloser Herrscher, und es gibt überall auf der Welt Leute, die mit Putin vergleichbar sind. Afrika ist voll von solchen Karikaturen von Machthabern, die es der Welt zeigen wollen." (Hahn 2022)

Nur noch 45,7 % der Weltbevölkerung lebten 2021 nach einer *Economist*-Studie in einer Demokratie – der stärkste Rückschritt seit 2010. Im Moment steht die liberale Demokratie extrem unter Druck, von innen und außen, politisch, ökonomisch und sozial (vgl. Steinmeier-Zitat in Abschn. 2.4). Dies gilt für Deutschland ebenso wie für andere demokratisch regierte Länder. Der bereits in Abschn. 4.3 erwähnte Sturm eines rechten Mobs auf das US-Kapitol in Washington war ein klares Zeichen, was die Agitation selbst demokratisch gewählter Politiker in einer Jahrhunderte alten Demokratie bewirken kann. So wie sich das Gute stets gegen das Böse behaupten muss, muss sich die Demokratie immerfort gegen zerstörerische Kräfte behaupten. Denn wie Kap. 3 bereits erläutert, opponiert eine bestimmte Klientel auch der deutschen Bevölkerung gegen alles – und sei es das freiheitlich-demokratische System auf der Basis unseres Grundgesetzes. Die Ergebnisse der letzten Landtagswahlen und der Bundestagswahl 2021 suggerieren, dass es rund 10 % der Wähler verborgen bleibt, worum es bei Demokratie und Pluralismus geht. Sie unterliegen Status-quo-Verzerrung und Konservatismus-Fehlschluss und streben eine Rückwärtsbewegung statt einer wünschenswerten Weiterentwicklung des demokratischen Systems an.

> „Wenn wir den Glauben an die Verfassung verlieren, dann verlieren wir nicht nur Wahlen. Sondern unser Land."
> *Mike Pence, ehemaliger US-Vizepräsident unter Trump, zu dessen Anzweiflung des Wahlergebnisses 2020 und der Behauptung, er hätte Trump im Amt belassen können* (Kastein 2022)

Laut einer Umfrage der deutschen Nationalstiftung halten nur noch 44,2 % unserer Landsleute die Demokratie für geeignet, um Pandemien zu meistern (Mirow 2021). Steffen Seibert, Journalist, Regierungssprecher unter Kanzlerin Angela Merkel und heute deutscher Botschafter in Israel, äußerte im Interview, noch 1989/90 habe er die Erwartung gehabt, dass sich die liberale Demokratie früher oder später weltweit durchsetzen würde – heute sei er sich dessen nicht mehr sicher. „Ich sehe in ihr immer noch die beste aller Regierungsformen. Aber China möchte uns das Gegenteil beweisen, möchte zeigen, dass ein autoritärer Einparteienstaat ebenso Wohlstand und Innovation schaffen oder Krisen wie die Pandemie schneller überwinden kann." (Haberl 2022)

Diktaturen der Vergangenheit – unter Hitler, Stalin oder Mao etwa – sind hinsichtlich der Dimension des darunter ausgeübten Terrors und Schreckens teilweise erst viel später analysiert worden: Millionen getötete und ebenso zig Millionen verhungerte Menschen säumen deren Weg: in Nazi-Deutschland sowjetische Kriegsgefangene[1], in der Sowjetunion und China die eigenen Landsleute nach missglückten Agrarreformen (siehe auch Abschn. 7.2). Vor 90 Jahren ließ Stalin die Ukraine aushungern, was unter dem Begriff *Holdomor* („Tötung durch Hunger") bekannt wurde – die Folge waren geschätzte drei bis sieben Millionen Opfer.

Autokratien heutiger Prägung versuchten und versuchen, wenigstens den Anschein einer Bürgerbeteiligung z. B. durch (gefälschte) Wahlen in einem (Ein-)Parteiensystem als Narrativ aufrechtzuhalten. Die Beispiele dafür sind Legion (abermals Russland und China, aber auch die DDR, Belarus, Nordkorea und viele andere). Freilich wirkt derartiges Vorgehen aus dem Blickwinkel einer funktionierenden Demokratie vielfach absurd. Hier

[1] Von den insgesamt 5,7 Millionen Rotarmisten, die bis Kriegsende in deutsche Gefangenschaft gerieten, starben mehr als drei Millionen. Sie zählen zu den größten Opfergruppen der Nazizeit. (Wiederschein 2021)

nur ein Highlight: Das Sendeverbot des Staatssenders RT DE Anfang 2022 – bekannt für Kreml-Propaganda und Desinformation – bezeichnete Kreml-Sprecher Dmitri Peskow als Angriff auf die Meinungs- und Pressefreiheit *[sic!]*. Russland stufte umgehend die Deutsche Welle als „ausländischen Agenten“ ein und verhängte ebenfalls ein Sendeverbot. Außenminister Sergej Lawrow hat sich ebenfalls wiederholt als begnadeter Märchenerzähler und Tatsachenverdreher gezeigt. Jedoch nicht einmal eine derartige Wahrung des Scheins haben die Militärs in Myanmar nach dem Putsch 2021 nötig gehabt, die von Beobachtern nur als „Gangster“ bezeichnet werden. Experten gehen davon aus, dass sich ein solches Vorgehen rächen könnte. (z. B. Perras 2022)

Demokratieindex

Der klassische Erdkunde- und Politikunterricht meiner Jugend wird mehr und mehr durch das Internet unterstützt. Denn Systeme und Rahmenbedingungen sind in unserer modernen, globalisierten Welt so schnelllebig, dass jedes Druckwerk im nächsten Schuljahr in Teilen veraltet wäre. Ich möchte hier nochmals meiner Wertschätzung für das freie Internet-Lexikon Wikipedia Ausdruck verleihen und Ihnen den Artikel „Demokratieindex“ empfehlen (Wikipedia 2022b). Er gibt einen aktuellen Überblick darüber, dass auf der Welt im Prinzip drei Arten von Regierungsformen existieren:

- *Demokratien mit hohem Demokratieindex* (wie die Bundesrepublik Deutschland und viele weitere westliche Staaten, Japan, Südkorea, Taiwan, Mauritius, Chile und Uruguay): Im Jahr 2020 fielen in diese Kategorie 23 vollständige und 52 unvollständige Demokratien.
- *Hybridregime* (etwa Nordmazedonien, Ukraine, Türkei, Bhutan, Nepal, Tansania, Marokko und Libanon): 35 Länder
- *autoritäre Regime* (beispielsweise Nordkorea, Laos, Demokratische Republik Kongo, Iran, China, zahlreiche afrikanische und arabische Staaten sowie viele ehemalige Sowjetrepubliken einschließlich Russland): 52 Länder

Die Machthaber in den Staaten der letztgenannten Gruppe habe in der Regel viel zu verlieren und spielen daher durch eine Brinkmanship-Taktik (Definition siehe unten) mit dem Feuer, den eigenen Untergang riskierend.

Sorgen machen sollten sich diejenigen Länder, in denen der Demokratieindex in den letzten Jahren zurückgegangen ist. Denn deren Bürger und vor allem Wähler könnten dem Boiling-Frog-Syndrom erliegen. Dazu zählen die USA, Malta, Belgien, Brasilien, Tschechien, Polen und Ungarn, die alle derzeit als unvollständige Demokratien geführt werden. Die drei letztgenannten Visegrád-Staaten zeichnen sich zudem durch EU-kritisches Verhalten aus, wobei Grundlagenverträge missachtet werden – Orbán, Kaczyński & Co. arbeiten dort mit der Abrissbirne gegen Rechtstaatlichkeit und Gewaltenteilung. (Dennoch erreichte bei der Wahl im April 2022 Viktor Orbáns Fidesz-Partei in Ungarn die absolute Mehrheit.) Ein komplettes Scheitern der Demokratie war in Mali, Nicaragua, Kambodscha, Venezuela und Burundi zu beobachten.

▶ Unter **Brinkmanship** versteht man die riskante Strategie einer strategischen Drohung, bis zum Äußersten zu gehen („Politik am Rande des Abgrunds"). Bei dieser selbstzerstörerischen Taktik geht ein Verhandler mit seinem Widersacher zur Klärung einer Streitfrage bis an den Rand einer allegorischen Felsklippe, wodurch der andere zum Nachgeben gebracht werden soll, bevor am Ende beide in den Abgrund fallen.

Die Folge: Das Who's Who der Tyrannen

Und damit bin ich wieder bei Kernthema und Leitgedanken – *der Status quo lässt sich auf Dauer nicht aufrechterhalten*. Leider ist es so, dass eine lange Zeit im Amt z. B. als Staatspräsident mit weitreichenden Kompetenzen die Gefahr birgt, dass der Chef (es sind ausnahmslos Männer!) und sein Gefolge Gefallen am Herrschen finden. Deshalb neigen einige von ihnen dazu, Demokratie und Freiheit zu ihrem Vorteil zu demontieren. Glücklicherweise hat das parlamentarische, föderale Regierungssystem der Bundesrepublik Deutschland dies bisher nicht zu gelassen, und Versuche zum Demokratieabbau kann man den Langzeit-Kanzlern und der -Kanzlerin Adenauer, Kohl und Merkel von der CDU selbst in deren Spätphase kaum nachsagen. Obwohl darüber nachzudenken wäre, die Regierungszeit eines Bundeskanzlers wie die des Bundespräsidenten auf zwei Legislaturperioden zu begrenzen.

Unter einigen anderen gut bekannten, zunächst demokratisch gewählten Staatsoberhäuptern und Regierungschefs kann man im Verlaufe ihrer

Amtszeit immer stärker eine systematische Einschränkung der Freiheiten und Bürgerrechte erkennen, die langsam, aber sicher und gezielt über die Bühne gehen; das Muster ist in allen genannten und weiteren Staaten mehr oder weniger dasselbe. Clanwirtschaft und Intransparenz, Gewalt, Terror und Unterdrückung werden zunehmend zur Normalität. Creeping Normalcy und Slippery-Slope-Wirken zeigen sich umso stärker, je länger die Protagonisten das Sagen haben.

▶ Aus vor und bei Amtsantritt noch erklärten Korruptionsbekämpfern werden dann, wenn sie im Laufe ihrer ersten Amtszeiten Blut geleckt haben, diejenigen mit den größten eigenen Taschen. Bestimmt die Verfassung eine Begrenzung der Amtszeit, wird selbige bei Ablauf dieser Periode kurzerhand geändert – oder gleich ganz außer Kraft gesetzt.

Ich habe im Folgenden einige bekannte Beispiele nach dem Jahr der Machtübernahme sortiert. Die Liste ist rein exemplarisch und bei weitem nicht abschließend. Sie alle sind in Wikipedia und anderswo mit ihrem Tun gewürdigt, sodass Sie sich bei Bedarf leicht ein ausführlicheres Bild über die Despoten verschaffen können. In einer Kombinationswertung aus Korruptionsindex (Transparency 2021) und Demokratieindex liegen die entsprechenden Staaten inzwischen im hinteren Viertel aller 180 bewerteten Nationen.

- **Daniel Ortega** (Nicaragua, geb. 1945) wurde am 10. Januar 2022 für eine vierte Amtszeit vereidigt, seine Frau Rosario Murillo zu ihrer zweiten als Vizepräsidentin. An der Amtseinführung des vom Westen sanktionierten Staatschefs nahmen unter anderem die Präsidenten Kubas und Venezuelas sowie Abgesandte aus China, Russland, Iran, Nordkorea und Syrien teil. Die Wahl am 7. November 2021 wurde international als Farce bezeichnet, nachdem sieben Gegenkandidaten Ortegas in den Monaten zuvor inhaftiert worden waren. Der frühere sandinistische Revolutionär war nach dem Sturz des Diktators Anastasio Somoza zwischen 1979 bis zu seiner Abwahl 1990 an der Macht – zunächst als Teil einer Regierungsjunta und dann als Präsident. 2007 wurde er erneut Staats- und Regierungschef. Eine Begrenzung der Amtszeit des Präsidenten wurde per Verfassungsreform abgeschafft.

- **Robert Mugabe** (1924–2019) amtierte von 1987 bis 2017 als Präsident von Simbabwe. Er war vor seiner Absetzung das weltweit älteste Staatsoberhaupt. Nach seiner Wahl zum Ministerpräsidenten 1980 wurden unter seiner Führung Erfolge unter anderem im Gesundheits- und Bildungssektor erzielt. Ab den 1990er-Jahren veränderte sich jedoch die Politik seiner Regierung, Intransparenz und Korruption nahmen zu. Mugabe regierte Simbabwe ab etwa 2000 offen als Diktator. Seine Herrschaft war jetzt von Hungersnöten und teilweise schweren Menschenrechtsverletzungen geprägt.

> ▶ „Die Eigenheit solcher Leute ist, wenn sie gewählt sind, Strukturen sofort so umzubauen, dass sie die Macht nie wieder abgeben müssen. Und die Schwäche der Demokraten war oft, dass sie die Entschlossenheit ihrer Feinde unterschätzt haben."
>
> *Axel Hacke, Kolumnist der Süddeutschen Zeitung (Hacke 2022)*

- **Alexander Lukaschenko** (Belarus, geb. 1954) wurde nach einem von Korruptionsvorwürfen gegen seine Mitbewerber geprägten Wahlkampf 1994 zum ersten Präsidenten des Landes gewählt. Die OSZE und die USA stuften den Urnengang allerdings als fragwürdig ein. Er ging sofort gegen die sich politisch und ökonomisch nach Westen orientierende Presse vor, wandte sich vom Westen ab, stoppte die Privatisierungen und strebte eine Neuauflage der Sowjetunion unter Einschluss Russlands, der Ukraine und von Belarus an. Wegen seines autoritären Regierungsstils bezeichnen Politikwissenschaftler und Beobachter den – wie viele Diktatoren der zweiten Reihe – in der Öffentlichkeit durch permanent schlechte Laune auffallenden Lukaschenko als „letzten Diktator Europas".[1] Mittels mutmaßlicher Wahlfälschungen, zuletzt bei der Präsidentschaftswahl 2020, hält er sich bis heute an der Macht. Durch ein Referendum während des russischen Angriffskriegs auf die Ukraine Ende Februar 2022 kann er bis 2035 regieren. Mit der Verfassungsänderung, mit welcher der 67-Jährige dem Beispiel Putins folgt, ließ er sich auch gleich Straffreiheit zusichern.

---

[1] Inzwischen hat er offensichtlich mit dem russischen Präsidenten Wladimir Putin einen überlegenen Konkurrenten bekommen.

- **Denis Sassou-Nguesso** (geb. 1943) regiert Kongo seit 1997; zuvor war er schon von 1979–1992 Staatschef. Sein Amtsantritt war von Anschuldigungen wegen Wahlmanipulation überschattet. Er versuchte zunächst, das Land zurück zur Demokratie zu führen, und begann 1998 einen dreijährigen Umformungsprozess. Wiederaufflammende Kämpfe mit Oppositionsgruppen beendeten diese Bemühungen, und der Machterhalt Sassou-Nguessos steht seitdem im Vordergrund. Im Demokratieindex des *Economist* erhielt die Republik Kongo wegen Unterdrückung seiner Bürger das Etikett „autoritäres Regime“, und im Korruptionswahrnehmungsindex 2021 von Transparency International nimmt sie zusammen mit Guinea-Bissau Rang 162 von 180 Staaten ein. Dies ist wohl auch eine Erklärung dafür, dass die Bevölkerung wenig von dem Rohstoffreichtum des Landes hat, im Gegensatz zum Umfeld des Präsidenten, wie die internationalen Recherchen zu den Panama-Papers 2016 zeigten. (TS 2022)
- **Ismaïl Omar Guelleh** (geb. 1947) ist seit seiner ersten Wahl 1999 Präsident des Zwergstaats Djibuti, der über weniger als eine Million Einwohner verfügt. Das Vorgehen Guellehs erinnert an das Lukaschenkos: Kaum an der Macht, zeigte er sein wahres Gesicht und ließ bei seiner ersten Wahl zunächst seinen Konkurrenten verhaften. Die Begrenzung auf zwei Amtszeiten hat er wie andere Diktatorenkollegen außer Kraft gesetzt. Die besorgniserregende Menschenrechtssituation in Djibuti ist Wikipedia (2022d) ebenso wie die im Nachbarland Eritrea (Abschn. 3.3) einen eigenen Eintrag wert.
- **Recep Tayyip Erdoğan** (Türkei, geb. 1954) war 2003–2014 Ministerpräsident und ist seit 2014 der zwölfte Präsident der Republik Türkei. Durch ein Verfassungsreferendum entstand 2018 ein Präsidialsystem mit umfassenden Vollmachten. Nach einer anfänglichen Phase der Demokratisierung wurden unter seiner Präsidentschaft zunehmend demokratische und rechtsstaatliche Standards im Land eingeschränkt, außerdem bereits 2011 der Internet-Zugang der Bürger. Die Liste der mit dem Namen des „Sultan vom Bosporus“ verbundenen Anmaßungen, Provokationen und Skandale wird immer länger. Seit dem gescheiterten Putschversuch von 2016 ist von der Presse- und Meinungsfreiheit nicht viel übriggeblieben, und der Atatürksche Laizismus wird zugunsten

des Islam stetig zurückgedrängt. Die Umwandlung der Hagia Sophia, 1453–1935 Kirche und 1935–2020 Museum, in eine Moschee symbolisiert dies recht treffend – allerdings leidet das historische Bauwerk inzwischen massiv unter den Ausdünstungen der vielen Gläubigen.

Die Türkei erfuhr unter Erdoğan als Premierminister einen Wirtschaftsaufschwung, doch 2018 begann unter seiner Präsidentschaft eine Währungs- und Schuldenkrise. Die türkische Lira verzeichnete in den darauffolgenden Jahren insbesondere durch sein ständiges Eingreifen in die Zentralbankpolitik Rekordwertverluste. Dies hat die Bürger finanziell stark belastet und die Inflation im September 2022 auf über 80 % jährlich gesteigert. Bei der Präsidentschaftswahl 2018 stimmten dennoch 65 % der in Deutschland lebenden Türken für Erdoğan. Inzwischen gilt das NATO-Land Türkei unter seiner Führung als unzuverlässiger Bündnispartner: Besuchsverbote gegen deutsche Abgeordnete für den Luftwaffenstützpunkt Incirlik, Käufe von Waffensystemen in Russland, Kriegsdrohungen gegen NATO-Partner Griechenland, Veto gegen den Beitritt Schwedens und Finnlands sind dafür nur einige Beispiele. Daneben hat Erdoğan noch die Zeit gehabt, den deutschen Satiriker und TV-Moderator Jan Böhmermann wegen eines missglückten Beitrags ebenso vor deutschen Gerichten zu verklagen wie den FDP-Politiker Wolfgang Kubicki für die Wortwahl „kleine Kanalratte".

▶ **Tipp** Türkei – eines der Lieblingsreiseziele der Deutschen. Doch 55 Bundesbürger sitzen dort aktuell wegen kritischer Kommentare in den sozialen Medien über Präsident Erdoğan in Haft, und 49 weitere sind mit einer Ausreisesperre belegt (Güsten 2022). Bitte berücksichtigen Sie dies im eigenen Interesse, wenn Sie Ihren nächsten Urlaub buchen.

- **Nicolás Maduro** (geb. 1962) ist seit 2013 der gewählte Staatspräsident Venezuelas, obwohl die entmachtete Nationalversammlung seine Wahl im Januar 2019 für unrechtmäßig erklärte. Aufgrund seiner wiederholten Versuche, das gewählte Parlament abzusetzen, wird er zunehmend als Diktator bezeichnet. Im September 2020 warfen die Vereinten Nationen Maduro Verbrechen gegen die Menschlichkeit vor. Dennoch ist Venezuela nach Putins Angriffskrieg wieder als internationaler Öllieferant im Gespräch.

Würden die genannten Herren nicht mit eiserner Faust regieren und mit Hilfe von Armee und Sicherheitsapparat Volk und vor allem Opposition unterdrücken und die Menschenrechte mit Füßen treten, hätte es in diesen Ländern bereits erfolgreiche Aufstände und Bürgerkriege gegeben. In anderen Diktaturen hat sich die Führungselite klammheimlich – oft zusammen mit dem Staatsschatz des ausgeplünderten Landes – abgesetzt. Manchmal könnte ein externer Schlichter helfen, wie ein Blick in die Geschichtsbücher zeigt:

Aisymnetie war in der griechischen Antike die politische Herrschaft über einen Stadtstaat durch einen abseits aller üblichen Verfahren erwählten oder von einer befreundeten Stadt erbetenen Schlichter. Sie kam also selten zustande, meist als letzter Ausweg nach ergebnislosen Bürgerkriegen. Wesentlich war, dass der Aisymnet weder nach der alten Verfassung noch durch einen Staatsstreich, wie das gewöhnlich bei Tyrannen der Fall ist, an die Macht gekommen war.

5.5 Sprache und Religion 1: Monotheistische Religionen

In den letzten Jahren suchen mich zum Thema Religion immer öfter kritische Gedanken wie die folgenden heim:

- Wie ist es möglich, dass ein von den Römern hingerichteter Wanderprediger und Aufwiegler sowie sechs Jahrhunderte später ein Kriegsherr und Religionsstifter die Denk- und Handlungsweisen auch im dritten Millennium noch immer bestimmen? Und dass in ihrem Namen und durch ihre Anhänger (bzw. Gegner) viele Millionen Menschen gequält und getötet wurden (und immer noch werden)?
- Was ist aus Jesu Kirche der Armen[1] geworden, von der auch Papst Franziskus seit seinem Amtsantritt 2013 spricht? („Ich möchte eine arme

[1] Wie heißt es doch so einprägsam in Mt 5,3 und Lk 6,20: „Selig die Armen, denn ihnen gehört das Himmelreich."

Kirche und eine Kirche für die Armen.") Für die beiden großen deutschen Amtskirchen zieht der Staat jährlich in Summe etwa zwölf Milliarden Euro Kirchensteuer ein, der Trend ist durch Austritte allerdings rückläufig. Und trotz steigender Transparenz lässt sich immer noch nicht komplett überblicken, wie hoch der nicht unerhebliche (um es vorsichtig zu formulieren) Gesamtbesitz der Kirchen und des Heiligen Stuhls ist.

- Was veranlasst aufgeklärte Menschen und religiöse Organisationen des 21. Jahrhunderts, trotz umfassender naturwissenschaftlicher Erkenntnisse nach wie vor an „Wunder" zu glauben? Warum lassen sie sich von fiktiven Bedrohungen wie Teufel, Fegefeuer und Hölle auch heute noch drangsalieren und manipulieren und vom Glauben an das ewige Leben ködern und zum Beibehalt des Status quo verdonnern?[1]
- Und was in Gottes Namen veranlasst einen Kirchenmann wie den russisch-orthodoxen Patriarchen Kyrill I., den Überfall der russischen Armee auf die Ukraine gutzuheißen???

Judentum, Christentum und Islam – friedfertig geht anders

Mit Informationen und Erkenntnissen zum ersten Punkt lassen sich ganze Bibliotheken füllen. Keine der drei monotheistischen Religionen kann für sich reklamieren, besonders friedfertig zu sein, wobei das Judentum mit den anderen beiden Bekenntnissen in punkto Aggressivität nicht mithalten kann. Das Erstarken des Christentums brachte den Juden in vielen Orten politische und wirtschaftliche Benachteiligungen: Der Neue Bund mit Gott erachtete sich dem Alten überlegen – ein spirituelles Gedankengebäude, das für viele Juden tödlich endete. Im Namen des Kreuzes ist der Nahe Osten mehrfach überfallen und Südamerika ausgeplündert worden; Inquisition, Hexenverbrennungen und die neuzeitlichen Missbrauchsskandale (oder gab es die immer schon?! siehe auch Abschn. 1.2) lassen Zweifel an den ethisch-moralischen Grundfesten der christlichen Kirchen und insbesondere der Institution des Katholizismus entstehen.

---

[1] Nur am Rande: An der Päpstlichen Universität *Regina Apostolorum* werden seit einigen Jahren Exorzismus-Kurse *[sic!]* angeboten, die sich zunehmender Beliebtheit erfreuen und deren Inhalte immer wieder an wehrlosen, oft psychisch kranken Menschen angewendet werden.

Abb. 5.3 Im Namen des Kreuzes wurde viel Leid verursacht

Das Volk der Juden lebte im Prinzip seit dem Überfall der Babylonier 587 v. Chr. im Exil und hat spätestens seit der Zerstörung des Zweiten Tempels 70 n. Chr. unter systematischer Verfolgung und Vertreibung zu leiden, was in der Shoah kulminierte. Dennoch sind auch israelische Soldaten für Kriegsverbrechen und israelische Siedler für Landraub in Palästina verantwortlich (z. B. Wikipedia 2022c, 2022g, 2022h). Amnesty International hat Israel in einem Bericht (AI 2022) Apartheid gegen die Palästinenser vorgeworfen – eine Anschuldigung, der unter anderem die deutsche Bundesregierung aus historischen Gründen entschieden widersprochen hat. Derartige Kritik richtet sich explizit gegen den *Staat* Israel und nicht generell gegen Menschen jüdischen Glaubens und stellt deshalb in der Regel keinen Antisemitismus oder Antizionismus dar (vgl. Wenski 2022, S. 225–226). Man kann mit einem Unrecht ein anderes nur sehr schwer rechtfertigen. Zur Besiedelung Palästinas sei auf Abschn. 7.3 verwiesen. In der Gegenwart erweist sich das Zusammenleben in Israel auch im „Innenverhältnis" zwischen modernen Israelis und rückwärts orientierten ultraorthodoxen Juden als Status-quo-Befürworter immer schwieriger.

Und was sich in der islamischen Welt in den letzten Jahrzehnten im Hinblick auf Rückwärtsorientierung, religiös bestimmten Hass, Beschneidung der Frauenrechte und Verfolgung Andersgläubiger sowie Hegemoniestreben am Persischen Golf entwickelt hat, stellt nach wie vor verlässlich

Stoff für Medienticker und Tagespresse bereit. Die vereinte arabische Welt zog zwar in martialischer Weise mehrfach gegen Israel in den Krieg (und verlor jedes Mal), doch an der wirtschaftlichen und politischen Unterstützung des mittelbar durch die Shoah bestraften palästinensischen Volks hapert es bis heute beträchtlich. Und spätestens seit den Anschlägen vom 9. September 2001 hat der fundamentalistisch-islamische Terror auch den Westen erreicht. Alle Ungläubigen mit ihrem liederlichen Lebensstil gehören nach Auffassung bestimmter strenggläubiger Kreise entweder zum Islam zwangsbekehrt oder vernichtet.

Jeder gegen jeden

Man möchte meinen, dass Judentum, Christentum und Islam – wenn sie schon nicht zueinander finden – in ihrer jeweiligen Blase zusammenrücken und sich dort gegenseitig unterstützen und den Rücken stärken. Doch weit gefehlt! Wenn es wirtschaftlich, machttechnisch oder nur mit Blick auf die Deutungshoheit zu gut läuft, weckt dies Neider. Beispiele gefällig?

Die Zwölf Stämme Israels lieferten sich im heutigen Palästina mit den Philistern und den Kanaanitern in vorchristlicher Zeit über Jahrhunderte erbitterte Kämpfe, waren sich jedoch untereinander weitgehend einig. Wegen eines Aufstands der Nordstämme zerfiel Salomos Reich allerdings in der Eisenzeit in die Teilstaaten *Juda* und *Israel*.

Wesentlich brutaler ging und geht es dagegen zwischen den einzelnen Auslegungen der übrigen beiden monotheistischen Religionen zu. Der Dreißigjährige Krieg 1618–1648 war ein Konflikt um die Hegemonie in Europa, der als Religionskrieg zwischen Kaiser und Katholischer Liga einerseits und Protestantischer Union andererseits begann und als Territorialkrieg endete. Nach Schätzungen sind etwa 40 % der deutschen Landbevölkerung und bis zu einem Drittel der Stadtbewohner Kampfhandlungen, Gewalt, Seuchen und Hunger zum Opfer gefallen.

Die Folgen des Fanatismus zwischen Sunniten (rund 85 % der Moslems weltweit) und Schiiten, der große Teile des Mittleren Ostens in Schutt und Asche legt, können Sie bis heute in Echtzeit in den Medien verfolgen. Durch Bildung diktatorisch geführter islamischer Republiken und die Aktivitäten diverser Terrororganisationen vor allem mit sunnitischem Bekenntnis (Taliban, al-Qaida, Daesh, Boko Haram, Al-Shabaab ...) wird das Bild eines friedlichen Islams zunehmend unglaubwürdiger.

Wunder – unspektakulär erklärt

Mystischer als der monetäre Aspekt mutet die Sache mit den Wundern an. Zugegeben: Immer wieder gibt es Dinge zwischen Himmel und Erde, die ad hoc nicht erklärbar sind. (Früher waren dies noch viel, viel mehr ...) Als Naturwissenschaftler kann ich nicht einsehen, dass – nicht ganz uneigennützig – von den Kirchen *Wunder* als offensichtliche Verletzung der kosmischen Gesetze postuliert und anerkannt werden. In früheren Zeiten waren wissenschaftlich nicht verstandene Phänomene an der Tagesordnung, und wer die Verantwortung für die Deutungshoheit trug, musste sich etwas einfallen lassen, um dem einfachen Volk Narrative und Verhaltensregeln zu bieten. Nichts anderes sind Tora, Bibel und Koran: bildhafte Lebenshilfen, die in ihrer wörtlichen Auslegung inzwischen doch sehr antiquiert wirken. (Wie in Abschn. 4.2 erläutert, waren damit Verschwörungstheorien seinerzeit weitgehend überflüssig.)

Dennoch leben rückwärtsgewandte Fanatiker der Gegenwart mangels Alternativen in einer Parallelwelt wörtlicher Auslegung der Schriften. Dabei nehmen sie sich allerdings im Interesse der eigenen Sache gewisse Freiheiten: Terroristen interpretieren den Koran als Kriegshandbuch, und das Konzept, dass man zur Beichte der Sünden zu einem Priester gehen soll, wird nirgendwo in der Bibel gefordert. Stattdessen dient dies dem Ablass sowie dem Aushorchen der Gemeinde durch den Priester.

Nochmal zu den Wundern, ein ausgezeichnet in die Diskussion kognitiver Irrtümer passendes Thema: Statistisch scheint die Wahrscheinlichkeit, dass es sich bei der Beobachtung etwas Unerklärlichen um die Folge einer Suggestion, Wahrnehmungsverzerrung oder sogar geistigen Störung handelt, um Zehnerpotenzen höher als das tatsächliche Vorliegen eines physikalisch nicht erklärbaren Phänomens. Heutzutage werden solche Dinge „zwischen Himmel und Erde" nicht nur von Abgesandten des Vatikans, sondern auch wissenschaftlich und ohne Vorbehalte untersucht, z. B. an der Universität Würzburg (Glombitza 2022).

Erst 2016 hat Rom die offizielle Anerkennung von Wundern neu geregelt: Mehr theologische, wissenschaftliche und finanzielle Transparenz, ja Verbindlichkeit sollen die Änderungen bringen, mit denen auch heutzutage noch bei erfolgenden Heiligsprechungsverfahren offenbare Wunder untersucht und geprüft werden. Erst 2017 war geplant, dem Ort Međugorje in Bosnien – einer der beliebtesten katholischen Wallfahrtsorte mit rund 2,5 Millionen Pilgern im Jahr – mit seiner angeblich seit 1981 täglich erfolgenden Marienerscheinung den Status eines Wunders zuzubilligen. Unabhängige Untersuchungen sind vom Vatikan nicht zugelassen; jedoch ruht das Verfahren zurzeit. Dafür ist hingegen bekannt, dass in Međugorje mehrere Fälle von Exorzismus, Misshandlung und sexuellem Missbrauch strafrechtlich verfolgt wurden – hier schließt sich der in Abschn. 1.2 eröffnete und an anderen Stellen nochmals aufgegriffene Kreis. (Wikipedia 2022e)

Beispiel: Paranormale Phänomene

Manchmal gibt es Zufälle im Leben, da denkt man, dass kann doch gar nicht sein. Auf diesen Zufällen beruhen Weisheiten wie „Ein Unglück kommt selten allein" oder „Aller guten Dinge sind drei". Allerdings lassen sich solche scheinbaren Korrelationen oft mit dem kognitiven Effekt der selektiven Wahrnehmung erklären: Derartige Dinge fallen auf, sehr viele andere nicht. Mit übersinnlichen Phänomenen hat das wenig zu tun. Dazu ein Rückblick auf folgende Begebenheit, an die sich manch älterer Zeitgenosse sicherlich noch erinnert:

Anfang der 1970er-Jahre saß ganz Fernsehdeutschland donnerstags vor der Mattscheibe, wenn im ZDF die Wim-Thoelke-Show *Drei mal Neun* lief. Am 17. Januar 1974 sorgte ein mystischer Auftritt in der Show für Aufsehen. Uri Geller (geb. 1946) ist ein israelischer Mentalist, der behauptet, übersinnliche Kräfte zu besitzen. Psi, die große Unbekannte der außersinnlichen Wahrnehmung, hatte Anfang der 1970er-Jahre Hochkonjunktur. Auf einer Pressekonferenz mit Geller am Vortag der Live-Sendung schürte Showmaster Thoelke große Erwartungen: „Räumen Sie die Bestecke vom Abendbrottisch. Sie könnten nach der Sendung verbogen sein wie Angelhaken."

Wie kurz zuvor im britischen Fernsehen löste Geller mit seinem Auftritt eine landesweite Telekinese-Hysterie aus. Offenbar nur durch die Kraft seiner Gedanken verbog der ehemalige Fallschirmjäger in der BBC einen Löffel. Kurz darauf liefen bei den Sendern die Telefone heiß. Hunderte Zuschauer melden, in ihren Schubladen habe sich das Besteck gekrümmt. Bei *Drei mal Neun* nahm er Gabeln ins Visier seines hypnotischen Blicks. *„Bend, bend, bend"*, beschwörte er das Besteck, das sich Augenblicke später unübersehbar nur durch schiere Energie seines Willens krümmt. Als Dreingabe hauchte Geller stillstehenden Uhren wieder Leben ein. Nach der Show häuften sich auch beim ZDF Schadenersatzforderungen von Zuschauern, deren Besteckschubladen angeblich nur noch Schrott enthielten.

Anfänglich konnte Geller eine Reihe von Physikern und andere Wissenschaftler mit seinen Vorführungen beeindrucken und überzeugen. In den 1980er-Jahren versagten die geheimnisvollen Kräfte des Magiers vor Kameras und Prüfkomitees jedoch immer häufiger. Heute vermuten Experten gängige Zaubertricks hinter seinen Effekten: beim Verbiegen des Bestecks entweder gezielte Materialermüdung oder eine Präparierung von Gellers Fingern mit einer quecksilberhaltigen Verbindung, die die Löffel durch Legierungsbildung zum Erweichen bringen würde. Mit diesem Verfahren hatten Zauberkünstler bereits im 19. Jahrhundert gearbeitet. (siehe z. B. WDR 2014, Wikipedia 2022m) Wie bei kirchlichen Wundern also viel Hokuspokus, jedoch keine übersinnlichen Phänomene. ◀

▶ **Tipp** Auch wenn Katja Ebstein 1970 etwas anderes gesungen hat: Es gibt keine Wunder! Jeder sollte – anstatt darauf zu warten – versuchen, sich selbst zu helfen.

5.6 Sprache und Religion 2: Polytheismus und Resümee

Man möchte nun auf den ersten Blick meinen, alternative Religionen, die die parallele Anbetung mehrerer Götter gestatten, sind friedensstiftender ausgerichtet als die monotheistischen Bekenntnisse. Sie mögen nun automatisch an den Buddhismus und weitere fernöstliche Religionen und Philosophieschulen denken. Doch auch da geht es nicht so friedfertig zu, wie manch einer meinen würde. Aktuelles Beispiel: Das zu 88 % buddhistische Myanmar, das frühere Birma, steht seit 1960 (mit Ausnahme einer

10-jährigen moderateren Phase bis Februar 2021) unter Militärdiktatur. Dort lebten bis zu Auseinandersetzungen im Herbst 2017 etwa eine Million moslemische Rohingya, die nicht als einheimische Bevölkerungsgruppe gelten. Um Terror, Repressionen und Verfolgungen zu entgehen, flüchteten fast alle Angehörigen nach Bangladesch und in weitere Länder Asiens.

Andere Beispiele buddhistischer Gewalt betreffen die Verfolgung der hinduistischen Minderheit durch die buddhistische, singhalesische Mehrheit im Bürgerkrieg in Sri Lanka oder gewaltbereite tibetische Mönche während der Olympischen Spiele 2008 in Beijing. Auch in Thailand soll es ähnliche anti-muslimische Aktionen durch Buddhisten gegeben haben (vgl. Peljor 2013). (Umgekehrt wird Indien unter Premierminister Narendra Modi immer stärker zu einem hinduistischen Staat geformt, und das Ende der Religionsfreiheit droht.) Dennoch hat der Buddhismus nie versucht, anderen seinen Glauben aufzuzwingen.

- Im Vergleich zu anderen Religionen ist der philosophisch geprägte Buddhismus sicher eine der friedvollsten, aber es gibt wie gehört auch dort durchaus Gewalt. Bereits 2008 schrieb die Welt, dass nicht wenige Sutras mit den frauenfeindlichen und Gewalt verklärenden Passsagen des Korans und sogar des Alten Testaments mithalten können (Neft 2008).

In der Antike lief der Umgang mit den Göttern – wie vieles andere – komplett unterschiedlich (und in diesem speziellen Fall vermutlich besser als heute). Beispielsweise war das Verhältnis der Menschen zu ihnen wesentlich distanzierter und unpersönlicher. Auch wurde es besiegten Völkern gestattet, ihre eigenen Idole zu behalten. Mit der Eroberung der benachbarten Gebiete etwa durch den römischen Staat erfolgte die Aufnahme fremder Götter: Gewöhnlich gewährten die Römer den einheimischen Göttern der eroberten Territorien dieselben Ehren wie den eigenen. In vielen Fällen wurden die neu erworbenen Gottheiten zunächst formell aufgefordert, ihren Wohnsitz in neuen Heiligtümern in Rom aufzuschlagen. Sie unterschieden zwischen ihren angestammten, „alten“ und neu aufgenommenen Göttern.

Antike religiöse Systeme kannten weder Dogma noch Orthodoxie und spezielle moralische Konventionen. Charismatische Gründer fehlten, auch kohärente heilige Schriften im engeren Wortsinn existierten nicht. Die Römer begannen ab dem 5. Jahrhundert v. Chr. unter dem vermittelnden Einfluss der Etrusker, die Götterwelt der Griechen zu importieren. Die Gleichsetzung fremder Götter mit eigenen, die so genannte *Interpretatio Romana*, wurde zum besonderen Charakteristikum des römischen Umgangs mit fremden Kulten und Religionen. Die römische Religion war der verbindliche Staatskult des Römischen Reiches und endete im 4. Jahrhundert zugunsten des Christentums und dem späteren Verbot aller nichtchristlichen Religionen außer dem Judentum.

Bemerkenswert ist, dass im Ägypten des 14. Jahrhunderts v. Chr. Pharao Amenophis IV. (18. Dynastie) sich in Echnaton umbenannte (seine Hauptfrau Nofretete war Mitregentin) und mit dem Sonnengott Aton eine Art Monotheismus einführte. Dies stieß auf heftigen Widerstand und blieb nicht folgenlos: Das Reich war in Aufruhr, was sich auch nach Echnatons Tod im 17. Regierungsjahr nicht legte. Der Pharao wurde möglicherweise Opfer eines Anschlags und schnell aus den Annalen getilgt – und man ging wieder zum Status quo des bewährten Polytheismus über.

Opium fürs Volk?

Religion als „das Opium des Volkes" ist eine Wortschöpfung von Karl Marx. Das Zitat stammt aus der um die Jahreswende 1843/44 verfassten Einleitung seiner Schrift *Zur Kritik der Hegelschen Rechtsphilosophie*. Marx führt in seiner Abrechnung mit der Religion aus, dass die Kirchenvertreter in einer Welt leben, die jenseits der wirklichen liegt; der Mensch mache die Religion und nicht die Religion den Menschen. Die Aufhebung der Religion als *illusorisches* Glück des Volkes sei die Forderung seines *wirklichen* Glücks. Damit nahm er Bezug auf Opium als Mittel zur scheinbar angenehmen Betäubung, das durch die Ereignisse in China (erster Opiumkrieg gegen England 1839–1842) ins öffentliche europäische Bewusstsein gerückt war. Lenin interpretierte den Ausspruch „Opium des Volkes" später als den Kern marxistischer Religionskritik. (vgl. Wikipedia 2022i und dort aufgeführte Quellen)

Soweit wie Karl Marx und die (gescheiterten) Kommunisten möchte ich keinesfalls gehen. Religion hat auch in der modernen Welt, in der die Menschen im Wohlstand nach Orientierung und in der Not nach Hoffnung suchen, immer noch ihre Bedeutung und Daseinsberechtigung. Bevor Sie mich der Gotteslästerung oder gar Blasphemie bezichtigen: Persönlich beneide ich manchmal Leute, die an höhere Mächte glauben können, und respektiere diese Überzeugung. Allerdings lehne ich die Denkweise kategorisch ab, Glaube mit Kirchenzugehörigkeit gleichzusetzen – nach dem Motto: „Wenn Du keine Kirchensteuer bezahlst, kommst Du in die Hölle."

▶ Christen haben in Deutschland leider kaum eine Chance, ihren Glauben außerhalb der Amtskirchen oder irgendwelchen obskuren Freikirchen und Sekten auszuleben. Dabei sollte nicht unberücksichtigt bleiben, dass Menschen durch das Sakrament der Taufe Christen bleiben und keineswegs zu „Heiden" werden, wenn sie ihren Status als zahlende Vereinsmitglieder aufgeben.

Diese Diskussion lässt sich in noch viel ernsterer Tonlage für die islamische Konfessionssphäre führen, insbesondere wenn Extremismus und Intoleranz gegenüber Nichtmoslems involviert sind. Verblendung und Aggression werden mit jedem Jahr größer, und die Entwicklungen vor allem im Mittleren Osten (besonders in zerrütteten Staaten wie Afghanistan, Pakistan, Irak, Syrien und Jemen) lassen Schlimmes befürchten. Die Hegemonialmächte Iran und Saudi-Arabien zündeln mit ihren jeweiligen Verbündeten kräftig – unter dem Deckmantel ihrer Bekenntnisse als Schiiten und Sunniten. Dass es bei den meisten Konflikten in der Region immer schon um etwas ganz anderes ging als um den Gottesglauben (nämlich um Macht, Land und Wasser), dürfte dem Leser z. B. bei der Lektüre des autobiografischen Romans *Die sieben Säulen der Weisheit* (Lawrence 1926) klarwerden.

Doch der Islam ist inzwischen auch im christlich-abendländisch geprägten Deutschland angekommen: Bei uns leben zwar nur etwa 250.000 Buddhisten, jedoch inzwischen 5,5 Millionen Menschen muslimischen Glaubens, davon knapp die Hälfte mit türkischen Wurzeln (gegenüber 21,6 Millionen Katholiken Ende 2021 – mit stark abnehmender Tendenz). Grund genug, dass sich alle Religionsgemeinschaften um ein friedliches Miteinander und im Dialog mit Nichtmitgliedern und „Ungläubigen" bemühen.

▶ **Tipp** Das Leben hat so viel Schönes zu bieten. Es ist einfach zu schade, um es mit religiösem Dogmatismus und daraus resultierenden Streitereien, Konflikten und Kriegen zu vergeuden. Jedem sollte vergönnt sein, den eigenen Gott bzw. seine Götter zu ehren oder seiner Philosophie zu folgen – solange er andere damit nicht beleidigt bzw. in ihrer Freiheit tangiert.

Wieviel Leid haben Religionskrieger mit ihren selbstgeschaffenen Gottheiten bereits über die Menschheit gebracht! Doch Christenverfolgung, Antisemitismus und Islamfeindlichkeit sind unzivilisiert und ebenso wie die Diffamierung anderer Glaubensrichtungen aufs Schärfste zu verurteilen – denn sie sind meist nicht spirituell, sondern durch Ignoranz, Fanatismus, Machtausübung und Autokratie getrieben. „Jeder soll nach seiner Façon selig werden", sagte Friedrich II. 1740 und gewährte Preußen Religionsfreiheit. Damit setzte der „alte Fritz" seinerzeit einen Markstein für Toleranz und freie Religionsausübung (von der er die Juden allerdings ausschloss). Wie sang John Lennon 1971 im Song *Imagine* (von dem es auch deutschsprachige Coverversionen gibt)? *„Imagine there's no heaven. It's easy if you try. No hell below us, above us only sky."* Das Stück beschreibt die Vision einer Gesellschaft frei von Religion, Nationalismus und Besitz, ist ein Aufruf für den Frieden und gilt als eine Hymne der Friedensbewegung – und wird seit jeher von Puristen und Hardcore-Gläubigen angegriffen. Es ist schwierig, aber nicht unmöglich, die Status-quo-Verzerrung zu überwinden und mit Göttern und Religionen seinen Frieden zu machen.

5.7 Literatur

AI (2022) Israel's Apartheid against Palestinians. Cruel System of Domination and Crime against Humanity. Amnesty International, Bericht Nr. MDE 15/5141/2022. Internet-Veröffentlichung 02. Februar. https://www.amnesty.nl/content/uploads/2022/01/Rapport-Israels-Apartheid-against-Palestinians.pdf?x39694. Zugegriffen: 03. Februar 2022

BAP (2021) Niedeckens BAP: Songtexte. https://www.bap.de/songtexte. Zugegriffen: 20. Januar 2022

Bostrom N, Ord T (2006) The reversal test: Eliminating status quo bias in applied ethics. Ethics 116–4, 656–679. https://doi.org/10.1086/505233

BW (2018) Antisemitismus als Verschwörungsglaube am Beispiel der „Protokolle der Weisen von Zion". Arbeitsblatt zum Teilband 2.2 der „Handreichung Jugendliche im Fokus salafistischer Propaganda". Baden-Württemberg, Internet-Veröffentlichung. https://www.lpb-bw.de/publikation3341. Zugegriffen: 08. Dezember 2021

Celan W (o. J.) BAP – Kristallnaach. Internet-Veröffentlichung. https://www.celan-projekt.de/materialien-bap-index.html. Zugegriffen: 20. Januar 2022

dpa (2022a) Bund kritisiert „erbarmungslose Dialektdiskriminierung". Agenturmeldung dpa:220219-99-200671/5 vom 19. Februar

dpa (2022b) Landgericht verhandelt über Leitfaden für Gendersprache bei Audi. Agenturmeldung dpa:220613-99-650673/4 vom 13. Juni

Economist (2022) Democracy Index, 2021, Tunesia. Interaktive Internet-Seiten. https://infographics.economist.com/2022/democracy-index-2021/index.html. Zugegriffen: 16. Juli 2022

Glombitza O (2022) Den fliegenden Untertassen auf der Spur. Interview mit Prof. Kayal zum Thema UAPs. Passauer Neue Presse, 15. Januar

Güsten S (2022) Reisen mit Risiko: Die Türkei hält über 100 Deutsche fest. Augsburger Allgemeine, Internet-Veröffentlichung 10. Juni. https://www.augsburger-allgemeine.de/politik/hintergrund-reisen-mit-risiko-die-tuerkei-haelt-ueber-100-deutsche-fest-id62948771.html. Zugegriffen: 15. Juni 2022

Haberl T (2022) Haben Sie Frau Merkel zum Abschied umarmt? Tobias Haberl im Gespräch mit Steffen Seibert. Süddeutsche Zeitung Magazin, 28. Januar, 12–21

Hacke A (2022) Was würden wir, wenn es nötig wird, alles auf uns nehmen, um unsere Demokratie zu verteidigen? Das Beste aus aller Welt, Süddeutschen Zeitung Magazin, 05. August, 38

Hahn N (2022) Krieg in der Ukraine – Angst in Afrika. tagesschau.de, Internet-Veröffentlichung 13. März. https://www.tagesschau.de/ausland/afrika/afrika-ukraine-101.html. Zugegriffen: 13. März 2022

Hermann U (2019) Deutschland, ein Wirtschaftsmärchen. Warum es kein Wunder ist, dass wir reich geworden sind. Westend Verlag, Frankfurt a. M.

IHRA (2019) Empfehlungen für das Lehren und Lernen über den Holocaust. International Holocaust Remembrance Alliance. Internet-Veröffentlichung. https://www.kmk.org/fileadmin/Dateien/pdf/Bildung/AllgBildung/Unterrichtsinhalte/Empfehlungen_zum_Lehren_und_Lernen_u__ber_den_Holocaust_1_.pdf. Zugegriffen: 09. Juni 2022

Jacobsen L (2018) Overton-Fenster: Krasse Meinungen wehen uns mit voller Wucht ins Gesicht. ZEIT online, Internet-Veröffentlichung 28. Juli. https://www.zeit.de/politik/deutschland/2018-07/overtone-fenster-diskussionen-debatten-diskurse-radikal/komplettansicht. Zugegriffen: 08. Juni 2022

Kahneman D (2012) Schnelles Denken, langsames Denken. Penguin, München

Käppner J (2011) Ludwig II.: So kalt, so stolz. Süddeutsche Zeitung, Internet-Veröffentlichung 02. April. https://www.sueddeutsche.de/bayern/ludwig-ii-so-kalt-so-stolz-1.1080501. Zugegriffen: 08. Juni 2022

Kastein J (2022) US-Republikaner: Kurzer Prozess mit Trump-Kritikern. tagesschau.de, Internet-Veröffentlichung 05. Februar. https://www.tagesschau.de/ausland/amerika/usa-republikaner-107.html. Zugegriffen: 06. Februar 2022

Keilberth M (2022) Unfall der Demokratie. Süddeutsche Zeitung, 15. Juli

Kratzer H (2012) Bairisch als Anlass für Diskriminierung: Deutsch können nur die anderen. Süddeutsche Zeitung, Internet-Veröffentlichung 30. Dezember. https://www.sueddeutsche.de/bayern/mundart-als-anlass-fuer-diskriminierung-deutsch-koennen-nur-die-anderen-1.1561015-0. Zugegriffen: 08. Juni 2022

Lawrence TE (1926) Seven Pillars of Wisdom – A Triumph. Doubleday & Co. Nachdruck durch Penguin Books (2000). Deutscher Titel: Die sieben Säulen der Weisheit (verschiedene Ausgaben)

Honnen P (o. J.) Französisch im Rheinland. Internet-Veröffentlichung, LVR-Institut für Landeskunde und Regionalgeschichte, Bonn. https://dat-portal.lvr.de/zeit/einfluesse-fremder-sprachen/franzoesisch-im-rheinland. Zugegriffen: 14. Juni 2022

Marcuse H (2014) The Origin and Reception of Martin Niemöller's quotation 'First they came for the communists …'. http://www.history.ucsb.edu/faculty/marcuse/projects/niem/articles/Marcuse2014NiemoellerQuote147gWeb.pdf. Zugegriffen: 08. Februar 2022

Mirow T (2021) Umfrage: Zwei Drittel sehen Demokratie in Bedrängnis. Citizen Survey, Internet-Veröffentlichung 02. Dezember. https://civey.com/pressematerial/pressemitteilungen/studie-demokratie-in-bedraengnis. Zugegriffen: 15. Februar 2022

MNS (2007) Was sagte Niemöller wirklich? Martin-Niemöller-Stiftung, Internet-Veröffentlichung 16. September. http://martin-niemoeller-stiftung.de/martin-niemoeller/was-sagte-niemoeller-wirklich#more-212. Zugegriffen: 08. Februar 2022

Neft A (2008) Warnung! So gefährlich ist der Buddhismus. Welt, Internet-Veröffentlichung 31. Januar. https://www.welt.de/satire/article1610371/Warnung-So-gefaehrlich-ist-der-Buddhismus.html. Zugegriffen: 03. Februar 2022

ORF (2021) Prognose: 1.500 Sprachen könnten bald verschwinden. ORF.at, Internet-Veröffentlichung 16. Dezember. https://science.orf.at/stories/3210446/. Zugegriffen: 05. Juni 2022

ORF (2022) Westafrika: Von Putsch zu Putsch. ORF.at, Internet-Veröffentlichung 06. Februar. https://orf.at/stories/3246011/. Zugegriffen: 25. Juni 2022

Peljor T (2013) Gewalt in buddhistischen Ländern: Zum Hintergrund der Konflikte in Burma, Sri Lanka und Thailand. Interview mit dem Tibetologen und Gründer von TibetInfoNet, Thierry Dodin. Internet-Veröffentlichung. https://info-buddhismus.de/Gewalt-in-Sueddostasien_Interview-mit-Thierry_Dodin.html. Zugegriffen: 03. Februar 2022

Perras A (2022) Gangster in gebügelten Uniformen. Süddeutsche Zeitung, 01. Februar

Schrenk F (2020) Evolution: Wie ist die menschliche Sprache entstanden? SWR-Wissen, Internet-Veröffentlichung 27. Februar. https://www.swr.de/wissen/1000-antworten/kultur/wie-ist-die-menschliche-sprache-entstanden-100.html. Zugegriffen: 05. Juni 2022

Schulze JH (2013) Wie Sprache unsere Entscheidungen beeinflussen kann. In: Sonnenhauser B, Trautmann C, Noel Aziz Hanna P (2013) (Hrsg) Perspektiven. München, Bamberg, 29–41. http://epub.ub.uni-muenchen.de/14616/1/Diskussionsforum_Perspektiven_neu.pdf. Zugegriffen: 28. Januar 2022

Striebinger A (2016) Bereicherung oder Verfall? Wie sich die deutsche Sprache durch Migration verändert. Alumniportal Deutschland, Internet-Veröffentlichung September. https://www.alumniportal-deutschland.org/deutschland/kultur/deutsche-sprache-migration/. Zugegriffen: 09. Juni 2022

StudySmarter (o. J.) Industrialisierung in Deutschland. Studienplattform StudySmarter, Internet-Veröffentlichung. https://www.studysmarter.de/schule/geschichte/industrialisierung/industrialisierung-in-deutschland/. Zugegriffen: 08. Juni 2022

Transparency (2021) Corruption Perceptions Index. Transparency International, Internet-Veröffentlichung. https://www.transparency.org/en/cpi/2021. Zugegriffen: 14. Februar 2022

TS (2022) Import von Gas Hauptsache nicht Russland. Hintergrund, tagesschau.de, Internet-Veröffentlichung 21. Juli. https://www.tagesschau.de/ausland/asien/gas-menschenrechte-101.html. Zugegriffen: 21. Juli 2022

Tversky A, Kahneman D (1981) The Framing of Decisions and the Psychology of Choice. Science 211, 453–458. https://doi.org/10.1126/science.7455683

WDR (2014) Stichtag 17. Januar 1974 – Uri Geller verbiegt live im Fernsehen Besteck. https://www1.wdr.de/stichtag8084.html. Zugegriffen: 01. Februar 2022

Wenski G (2021) Gendergerechtigkeit. Bonusmaterial zum Kleinen Handbuch kognitiver Irrtümer. Internet-Veröffentlichung 22. November. http://wenski-consulting.com/Bonusmaterial

Wenski G (2022) Das kleine Handbuch kognitiver Irrtümer. Denkfehler vermeiden – mit Psychologie & Verhaltensökonomik. Springer, Berlin, Heidelberg. https://doi.org/10.1007/978-3-662-64776-9

Wiederschein H (2021) Geschunden und gequält von den Nazis. Perfider „Hunger-Plan": Das grausame Schicksal der sowjetischen Kriegs-Gefangenen. Focus online, Internet-Veröffentlichung 17. September. https://www.focus.de/wissen/mensch/geschichte/zweiter-weltkrieg/geschunden-und-gequaelt-von-den-nazis-perfider-hunger-plan-das-grausame-schicksal-der-sowjetischen-kriegs-gefangenen_id_22187169.html. Zugegriffen: 13. Juli 2022

Wikipedia (2022a) Bairisch. https://de.wikipedia.org/wiki/Bairisch. Zugegriffen: 08. Juni 2022

Wikipedia (2022b) Demokratieindex. https://de.wikipedia.org/wiki/Demokratieindex. Zugegriffen: 04. Februar 2022

Wikipedia (2022c) Dschenin. https://de.wikipedia.org/wiki/Dschenin#Militäroperation_2002. Zugegriffen: 01. Februar 2022

Wikipedia (2022d) Human rights in Djibouti. https://en.wikipedia.org/wiki/Human_rights_in_Djibouti. Zugegriffen: 04. Februar 2022

Wikipedia (2022e) Marienerscheinungen in Međugorje. https://de.wikipedia.org/wiki/Marienerscheinungen_in_Međugorje. Zugegriffen: 01. Februar 2022

Wikipedia (2022f) Martin Niemöller. https://de.wikipedia.org/wiki/Martin_Niemöller. Zugegriffen: 08. Februar 2022

Wikipedia (2022g) Massaker von Sabra und Schatila. https://de.wikipedia.org/wiki/Massaker_von_Sabra_und_Schatila. Zugegriffen: 01. Februar 2022

Wikipedia (2022h) Mornings in Jenin. https://en.wikipedia.org/wiki/Mornings_in_Jenin. Zugegriffen: 01. Februar 2022

Wikipedia (2022i) Opium des Volkes. https://de.wikipedia.org/wiki/Opium_des_Volkes. Zugegriffen: 01. Februar 2022

Wikipedia (2022j) Overton-Fenster. https://de.wikipedia.org/wiki/Overton-Fenster. Zugegriffen: 08. Juni 2022

Wikipedia (2022k) Reform der deutschen Rechtschreibung von 1996/Neuerungen. https://de.wikipedia.org/wiki/Reform_der_deutschen_Rechtschreibung_von_1996/Neuerungen. Zugegriffen: 12. Juni 2022

Wikipedia (2022l) Sprachentwicklung. https://de.wikipedia.org/wiki/Sprachentwicklung. Zugegriffen: 05. Juni 2022

Wikipedia (2022m) Uri Geller. https://de.wikipedia.org/wiki/Uri_Geller. Zugegriffen: 01. Februar 2022

Wikipedia (2022n) Wolfgang Niedecken. https://de.wikipedia.org/wiki/Wolfgang_Niedecken. Zugegriffen: 20. Januar 2022

Wunderlich D (2007) Evolution der Sprache. Vortrag Universität Leipzig, Internet-Veröffentlichung 05. Dezember. http://home.uni-leipzig.de/muellerg/su/wunderlich.pdf. Zugegriffen: 05. Juni 2022

6 Technischer Fortschritt – Fluch und Segen für den Homo sapiens

► Status-quo-Bewahrung bedeutet auch, Wirtschaftswachstum und Wohlstandsverbesserung alles andere unterzuordnen; dabei helfen unzählige technologische Entwicklungen. Doch Erhalten, Wachsen und Verbessern gelingt auf einer schiefen Ebene nur durch konsequentes Beschreiten neuer Wege – dafür hat die Menschheit das Knowhow, jedoch aktuell nicht den nötigen Willen.

6.1 Alles schon mal dagewesen

In den letzten Jahren diskutiert der globale Westen viel über die rasant steigende Bedeutung der Wirtschaftsmacht China mit ihren bisher hohen prozentualen Wachstumsdaten und steigenden technischen Kompetenzen. Mit Blick auf den gigantischen Absatzmarkt auch für deutsche Produkte werden Konfliktthemen wie Umweltzerstörung, Unterdrückung von Minderheiten, Missachtung von Menschenrechten und der Status von Taiwan – sowie neuerdings der zunehmende Bezug günstiger Energieträger aus Russland – gerne bei passender Gelegenheit ignoriert.

Für den Bau der „Neuen Seidenstraße" investiert China fast eine Billion Dollar in neue Handelsrouten nach Europa und Afrika, um seine Wirtschaft zu stärken und geopolitische Macht auszubauen; rund 70 Länder sind bislang beteiligt. Die USA und zahlreiche EU-Staaten betrachten diese Initiative inzwischen mit großer Skepsis. Sie sind besorgt über den politischen Einfluss, den China damit gewinnt, die Untergrabung freier marktwirtschaftlicher Prinzipien sowie demokratischer Werte und von

Menschenrechten – und fürchten natürlich auch den Verlust von Marktanteilen. Zudem baut China seine Präsenz in Afrika durch eine gezielte „Palast-Diplomatie" aus: Gemäß einer Studie der amerikanischen *Heritage Foundation* stehen in Afrika heute mindestens 187 staatliche Gebäude, die zumindest teilweise von China finanziert und gebaut worden sind (Urech 2022).

Heftig kritisiert wird inzwischen der Ausverkauf von Hochtechnologie und die Veräußerung entsprechender Unternehmen an chinesische Geldgeber. Angesichts der aktuellen Halbleiterknappheit am Weltmarkt ist dieses Thema inzwischen noch stärker in den Fokus der Öffentlichkeit gerückt. Daneben stellt auch die Übertragung strategisch wichtiger Häfen an China ein Problem dar, wie etwa in der Folge der von der sogenannten *Troika* aus IWF, EU und EZB geforderten Privatisierung des Hafens von Piräus geschehen (Link 2021). Der Hamburger Hafenbetreiber HHLA wollte 35 % eines Containerterminals an die chinesische Großreederei Cosco verkaufen, um „die Beziehung zu stärken und Beschäftigung in der Hansestadt zu sichern". Doch dagegen soll Bundeswirtschaftsminister Robert Habeck (Grüne) kürzlich sein Veto eingelegt haben. (Bewarder und Flade 2022)

China ist der wichtigste Handelspartner der deutschen Wirtschaft. Doch die Abhängigkeit von dem Land wird angesichts des russischen Verhaltens und der immer offensichtlicheren politischen und ökonomischen Zweiteilung der Welt als zunehmend problematisch angesehen. Pekings Weltmachtstreben wirft viele ökonomische, politische, völkerrechtliche und auch Sicherheitsfragen auf. Zu Beginn der Corona-Pandemie wurde beispielsweise sehr schnell klar, dass Deutschland weder über ausreichende Mengen an Schutzkleidung verfügte noch in der Lage war, diese kurzfristig selbst herzustellen – sondern auf China angewiesen war.[1] Doch dies ist nur ein kleiner, allerdings für alle sichtbarer Teil des strategischen Problems, in das sich die westliche Welt durch wirtschaftliche Abhängigkeit von Asien generell hineinmanövriert hat.

---

[1] Inzwischen hat sich folgendes Problem ergeben: Heimische Hersteller von Schutzmasken gehen bei der Auftragsvergabe durch öffentliche Stellen meist leer aus. Die Politik habe den Aufbau der hiesigen Produktion gefordert und gefördert, kaufe nun aber aus Kostengründen in Asien, sagt der Branchenverband dazu. (z. B. Cichy und Grünwald 2022)

Die technologische Entwicklung der Menschheit hat relativ langsam begonnen, sich beschleunigt und dann immer mehr Fahrt aufgenommen. Dabei verschoben sich die Gewichte wiederholt, und die regionalen Kompetenzzentren und führenden Wissenschaftsnationen befanden sich mal am Mittelmeer (Ägypten, Griechenland, Rom), mal in Arabien oder China. Imperien kamen und gingen, und Europa, der Orient, Ostasien und Südamerika lagen zunächst räumlich zu weit auseinander, um – trotz sporadischen Kontakten, Handelsbeziehungen und Beutezügen – eine gegenseitige wirtschaftlich-technische Bedrohung darzustellen.

Dies änderte sich mit verbesserten Transportmöglichkeiten und ausgereifterer Waffentechnik. Eine Zäsur stellte die gewaltsame Öffnung des über Jahrhunderte isolierten Japan durch amerikanische Kanonenboote im Jahr 1853 dar, um die Öffnung des Landes für den internationalen Handel und die Nutzung japanischer Häfen als Versorgungsstützpunkte für US-Schiffe zu erzwingen (Wikipedia 2022a, 2022i). Ein gutes Jahrhundert später begannen die Japaner, westliche Autos nachzubauen, und entwickelten sich in den 1980er-Jahren zum weltweit führenden Anbieter für Halbleiterbauelemente.

Anfang 2022 verweigerte das Bundeswirtschaftsministerium die Genehmigung für die Übernahme des Münchner Halbleiterunternehmens Siltronic AG durch ein taiwanesisches Unternehmen und verhinderte so einen weiteren Ausverkauf von Hochtechnologie in Richtung Fernost. Dies scheint ein wichtiger Schritt in die richtige Richtung zu sein. Sowohl mit dem US-amerikanischen *CHIPS for America Act & FABS Act* (SIA 2022) als auch dem *Europäischen Chip-Gesetz* (EU 2022) will der Westen in Zukunft gezielt versuchen, verlorengegangenes Terrain im Halbleitersektor zurückzugewinnen. Der Westen weiß und toleriert dies seit längerem, dass er von *Foundries* in Taiwan abhängig ist, die Computerchips in Lohnfertigung produzieren. Vor allem der Besuch der US-Spitzenpolitikerin Nancy Pelosi in Taiwan am 3. August 2022 und die darauffolgende Bedrohung der Insel durch China hat wieder massiv und schmerzlich ins Bewusstsein gerufen, dass 65 % der weltweit gefertigten Halbleiterchips in Taiwan entstehen. Davon kommen alleine 55 % aus den Fabs von TSMC, der *Taiwan Semiconductor Manufacturing Company, Ltd.* (siehe z. B. Hirschle 2022)

Dies mag dem einen oder anderen Experten bekannt vorkommen.

Beispiel: SEMATECH

Nicht Dallas oder Houston ist die Hauptstadt des größten US-amerikanischen Bundesstaates Texas, sondern das mit einer knappen Million Einwohner deutlich kleinere Austin (Abb. 6.1). Zwar kann es auch in Austin im Sommer recht schwül werden, und Starkregen ist möglich, doch lässt es sich während der meisten Zeit des Jahres dort gut aushalten. Die Stadt besitzt ein nettes (und relativ sicheres) Downtown – wegen der hohen Dichte an Musikkneipen und Konzerten hat sie den Beinamen *Live Music Capital of the World*. Und von März bis Oktober erheben sich in der Abenddämmerung anderthalb Millionen Fledermäuse, die unter der *Congress Bridge* über den Colorado River den Tag verschlafen – wahrlich ein Spektakel. Empfehlenswert ist ebenfalls ein Trip in das 80 Meilen entfernt San Antonio.

Abb. 6.1 Austin, Texas. Foto: LoneStarMike (Wikipedia, CC BY 3.0)

Wie Seattle, Portland (Oregon) oder Denver ist auch das attraktive Austin ein Zuzugsgebiet für Amerikaner aus anderen Landesteilen. Als ich in den 1990er-Jahren regelmäßig beruflich in der Stadt weilte, lag die Einwohnerzahl erst bei gut der Hälfte, verglichen mit 2022. Damals war ich als Auslandsdelegierter in Portland beschäftigt und vertrat meinen Arbeitgeber, einen der größten Hersteller von Siliciumwafern, beim Halbleiterverband SEMATECH. Ich habe diese meist quartalsweisen

Kurztrips sowie die konstruktive Zusammenarbeit mit Wissenschaftlern und Industrievertretern selbst aus Konkurrenzbetrieben in sehr angenehmer Erinnerung.

Sie werden sich als Leser vermutlich fragen, warum ich Ihnen dies alles erzähle. Nun, es geht mir darum klarzumachen, dass der momentane Zustand der Knappheit an Vormaterialien und vor allem an elektronischen und Halbleiterbauelementen keineswegs etwas Neues ist. In früheren Zeiten war es ebenfalls mitunter so, dass Lieferengpässe im internationalen Seehandel auftraten: Die Sperrung des Suezkanals durch Ägypten im Sechstagekrieg im Juni 1967 dauerte (anders als die nach der Havarie der *Ever Given*) ganze acht Jahre – und 14 Frachter hingen genauso lange dort fest. Auch andere politische Konflikte wie Brände und Naturkatastrophen haben das austarierte System immer wieder ebenso empfindlich gestört. Nicht (oder nicht mehr) verfügbare Technologien und Produktionskapazitäten im Westen, etwa für Halbleiterbauelemente, zählen ebenso zu den möglichen Ursachen für Probleme.

Im Sinne der Abschnittsüberschrift also ein zeitlicher Blick zurück: Mitte der 1980er-Jahre stellte die US-Regierung fest, dass die Wettbewerbsfähigkeit der US-Halbleiterindustrie im Vergleich mit Japan sehr zu wünschen übrig ließ. Damals wurde gemunkelt, dass amerikanische Kampfjets nicht mehr ohne japanische Computerchips fliegen könnten. Und so gründeten damals 14 US-Halbleiterunternehmen – unter ihnen Größen wie AMD, Compaq, HP, IBM, Intel, Micron, Motorola und TI – das Joint Venture SEMATECH (***Se**miconductor **Ma**nufacturing **Tech**nology*), ein Non-Profit-Consortium, um den Technologierückstand aufzuholen. Die Aktivitäten begannen 1988 in Austin. Allerdings muss eingeräumt werden, dass die Sinnhaftigkeit der Bereitstellung umfassender staatlicher Mittel für diesen Zweck bis heute umstritten ist. (Lazonick und Hopkins 2021, Wikipedia (2022g)

Ab etwa 1994 wurden die Hersteller von Ausgangsmaterialien in die Arbeiten einbezogen, und es ging darum, einen Fahrplan aufzustellen, welche Qualitätsanforderungen für zukünftige Halbleitergenerationen notwendig sind. Meine Beiträge bezogen sich auf schädliche Metallkontaminationen wie Kupfer, Nickel oder Eisen im hochreinen Silicium-

Trägermaterial. Die Resultate unserer Arbeitsgruppe gingen in eine Roadmap für zukünftige Chipgenerationen ein, die unter dem Kürzel ITRS *(**I**nternational **T**echnology **R**oadmap for **S**emiconductors)* bekannt wurde. Darin waren bereits die neuen Waferdurchmesser 300 mm (an deren Entwicklung ich später selbst mitarbeitete) und 450 mm enthalten (der anderthalb Jahrzehnte später primär aus Kostengründen wieder gestrichen wurde). (Wikipedia 2022c)

Die Miniaturisierung integrierter Schaltkreise ist in den folgenden drei Jahrzehnten nahezu planmäßig fortgeschritten, mit einer Verdopplung der Speicherdichte alle 18 bis 24 Monate (vgl. Abschn. 6.3). Die Entwicklung von Halbleiterelektronik und Digitalisierung, an der ich persönlich mit viel Freude über zehn Jahre aktiv beteiligt war, hat einen technologischen Quantensprung bewirkt, mit Möglichkeiten und Auswirkungen, von denen damals noch niemand träumen konnte – zum Guten wie zum Schlechten. ◀

Geschichte ist oft sehr lehrreich, und man findet für Probleme und Herausforderungen in der Gegenwart oftmals Referenzbeispiele, wie das Schicksal der US-Halbleiterindustrie in den 1980er-Jahren zeigt. Vor dem Hintergrund der aktuellen geopolitischen Krisen richtet sich der nachfolgende Ratschlag deshalb auch eher an die Industrie- und Staatenlenker und weniger an Sie als individuellen Leser dieses Buchs.

▶ **Tipp** Trotz Globalisierung auf der Basis der Theorie von David Ricardo: Jeder Staat und jedes Unternehmen benötigen einen Backup-Plan für die Beschaffung kritischer Grundstoffe, Güter und Dienstleistungen für den Fall, dass sich die etablierten Lieferanten und „Partner" entscheiden, nicht mehr nach den gewohnten und vereinbarten Regeln zu spielen.

6.2 Meilensteine der menschlichen Entwicklung

Es ist wie gesagt nicht von der Hand zu weisen, dass die elektronische Miniaturisierung und Digitalisierung einen wesentlichen Sprung in der Technologiegeschichte verursacht haben. Nach akademischen Anfängen erschloss sich die neue Arbeitsweise immer breitere Anwendungsfelder; unser modernes Leben ist ohne Halbleitertechnologie nicht mehr denkbar. Doch bekanntermaßen hat es in der Menschheitsgeschichte zuvor bereits mehrere richtungsweisende Entwicklungen gegeben, über die kurz berichtet werden soll, bevor Abschn. 6.3 und 6.4 die Frage beantworten, was Digitalisierung und Boiling-Frog-Syndrom miteinander zu tun haben.

Vor einem erdgeschichtlich betrachtet relativ kurzen Zeitraum veränderte sich in der Tat etwas gravierend, und die Folgen sind irreversibel. Der entscheidende Entwicklungssprung fand vor gut 70.000 Jahren statt, als das Gehirn des Homo sapiens zu wachsen begann. Dies ermöglichte unserer Spezies die typisch menschlichen Kompetenzen, wie ausgeprägte Lernfähigkeit, den Gebrauch der Vernunft, komplexes Sozialverhalten und die Kommunikation durch Sprache. Daraus resultierte die Möglichkeit, sich vor etwa 10.000 Jahren als alleinige Menschenart durchzusetzen, nachdem zuvor für eine Dauer von zwei Millionen Jahren mehrere Arten der Gattung Homo gleichzeitig existierten.

Die Nutzung des Feuers seit rund einer Million Jahren wird verschiedenen Menschenarten zugeschrieben – ein wichtiger Schlüssel zur körperlichen, geistigen und kulturellen Entwicklung des Urmenschen. Die Entfachung geschah allerdings rein zufällig, etwa durch Blitzschlag. Der älteste gesicherte Nachweis eines steinzeitlichen „Feuerzeugs“ stammt aus Deutschland: In der württembergischen Vogelherdhöhle fand man das Mineral Pyrit und Feuerstein. Vor 32.000 Jahren haben Steinzeitmenschen diese beiden Steine gegeneinandergeschlagen und so Funken erzeugt, die wiederum Stroh oder anderes Brennmaterial in Flammen setzten.

Mit dem signifikanten Umbruch der Agrarrevolution um 10.000 v. Chr., dem Übergang von den Jägern und Sammlern zur Agrargesellschaft, verbesserte sich zwar das Nahrungsangebot und wurde über das Jahr besser planbar. Folgen dieses Quantensprungs waren jedoch Bodenübernutzung, eine deutlich höhere Vermehrungsrate sowie ernsthafte körperliche Beschwerden durch die ungewohnte Feldarbeit (siehe auch Abschn. 7.2).

Neolithische Revolution

Die *Steinzeit* als früheste Epoche der Menschheitsgeschichte ist durch erhalten gebliebenes Steingerät gekennzeichnet und begann – nach Funden zu urteilen

– vor über zwei Millionen Jahren. Die Jungsteinzeit oder Neusteinzeit (Neolithikum) ist die Epoche des Übergangs von Jäger- und Sammlerkulturen zu Hirten- und Bauernkulturen. Das entscheidende Kriterium für den Beginn des Neolithikums ist der Nachweis domestizierter Nutzpflanzen.

Das erstmalige Aufkommen produzierender Wirtschaftsweisen (Ackerbau bzw. Pflanzenbau und Viehzucht bzw. Tierproduktion), der Vorratshaltung und der Sesshaftigkeit in der Geschichte der Menschheit wird als *neolithische Revolution* bezeichnet. Sie markiert nach Ansicht vieler Wissenschaftler einen der wichtigsten Umbrüche in der Geschichte der Menschheit. Dieser vom Klimawandel verursachte und geförderte Übergang von der nomadisierenden Lebensweise der Jäger, Sammler und Fischer zum sesshaften Leben als Bauer vollzog sich allerdings nicht zeitgleich in allen Regionen der Erde. Im Nahen und Mittleren Osten fand er lange vor dem 10. vorchristlichen Jahrtausend statt, während er in China um 7000 v. Chr. und in der Sub-Sahara-Region und Lateinamerika erst für 2000–3000 v. Chr. datiert ist. (siehe z. B. Wikipedia 2022f und dort zitierte Quellen)

Das Rad als Transportmittel wurde in verschiedenen Erdregionen ebenfalls zu unterschiedlichen Zeiten eingeführt, in Vorderasien im vierten vorchristlichen Jahrtausend, im heutigen Mexiko erst 600 n. Chr. Bereits im 8. Jahrhundert n. Chr. wurde in Ostasien der Buchdruck erfunden, der ab dem 15. Jahrhundert in Europa das Monopol der katholischen Kirche in der Meinungsbildung brach. Als weiterer Wendepunkt in der Zeitengeschichte wird die industrielle Revolution angesehen, die in der zweiten Hälfte des 18. Jahrhunderts im Prinzip mit der Erfindung der Dampfmaschine in England begann und zu einer tiefgreifenden und dauerhaften Umgestaltung der Verhältnisse und zum Übergang von der Agrar- zur Industriegesellschaft geführt hat. Folgen waren eine stark beschleunigte Entwicklung von Technik, Produktivität und Wissenschaften, begleitet von einer starken Bevölkerungszunahme (vgl. Abschn. 7.3), und die Sicherung der technischen und militärischen Vorherrschaft West- und Mitteleuropas in der Welt.

▶ Das **Jevons-Paradox** ist eine ökonomische Beobachtung, der zufolge technischer Fortschritt, der die effizientere Nutzung eines Rohstoffes erlaubt, letztlich zu einer erhöhten Nutzung dieses Rohstoffes führt, anstatt sie zu senken – zu Zeiten von William Stanley Jevons (1835–1882) war es die Kohle, heute stehen Öl und Gas im Fokus.

In seinem lesenswerten und kontrovers diskutierten Buch *Why the West Rules – for now* (deutscher Titel: „Wer regiert die Welt?") hat der britische Historiker Ian Morris einen Entwicklungsindikator definiert und anhand dessen die westliche und fernöstliche Zivilisation über mehr als 10.000 Jahre verglichen (Morris 2011). Er prognostiziert durch Extrapolation ein Ende der westlichen Vorherrschaft zugunsten Chinas spätestens um das Jahr 2100. (Solange wird es aus heutiger Sicht nicht dauern.) Gleichzeitig wird der Trend fortschreiten, dass die Welt weiter zusammenwachsen wird, sodass hegemoniale Vorherrschaften verschwinden werden. Dieser *Social Development Index* berücksichtigt den Energieverbrauch der Menschheit, den Organisationsgrad (beurteilt anhand der Einwohnerzahl der größten Städte), das Potential zur Kriegsführung (Waffen, Truppenstärke, Logistik) sowie die Ausprägung der Informationstechnologie (Schrift, Druck, Telekommunikation etc.). Dabei ist vor allem seit der industriellen Revolution ein beschleunigter Anstieg zu verzeichnen, der erst auf einer logarithmischen Skala linear erscheint. (Morris 2010, S. 189–197; 2011, S.160–170)

Und damit sind wir wieder mittendrin im faszinierenden und teils schwer greifbaren Phänomen des exponentiellen („beschleunigten") Anstiegs bzw. Wachstums, das mit Blick auf Corona-Pandemie (Abschn. 4.4), Wachstum der globalen Bevölkerung (Abschn. 7.2) und Klimaerwärmung (Abschn. 7.4) auch an anderer Stelle Erwähnung findet.

Während sich die Völker der Welt in früheren Jahrhunderten und Jahrtausenden trotz aller Kriege und Scharmützel noch irgendwie aus dem Wege gehen konnten, haben Bevölkerungszunahme – man rechnet mit zehn bis zwölf Milliarden Erdenbürger 2050 statt heute acht – sowie zwei Weltkriege im 20. Jahrhundert und bis heute unzählige Lokalkonflikte eine neue Ära eingeläutet. Die Globalisierung ist somit eine der für die Zukunft feststehenden Tatsachen. Zwar hat Russland mit seinem Angriffskrieg gegen die Ukraine und den daraus resultierenden westlichen Sanktionen die wirtschaftliche Zusammenarbeit und den globalen Handel auf absehbare Zeit empfindlich gestört. Dennoch bleibt abzuwarten, wie lange es dauern wird, bis das enorme wirtschaftliche Potenzial der globalen Zusammenarbeit wieder über nationale Vorsicht, Eitelkeiten und Egoismen siegen wird.

Ein weiterer inzwischen etablierter Fakt als Begleiterscheinung von zunehmendem Wohlstand und Entwicklungsniveau sowie steigender Erdbevölkerungszahl ist, dass der Mensch sich über Umweltverschmutzung und künstlich erzeugte Klimaerwärmung sukzessive seiner Lebensgrundlagen beraubt. Hier lauern langfristig weitaus ernsthaftere Bedrohungen als aus bewaffneten Konflikten und hybrider Kriegsführung zwischen einzelnen Nationen.

Fake News und technische Fehleinschätzungen

In Abschn. 4.1 und den darauffolgenden Abschnitten haben wir uns über Fake News unterhalten, oft bewusst in Umlauf gebrachte Falschnachrichten, deren kritiklose Akzeptanz zu verschrobenen und teilweise völlig absurden Ansichten und Einschätzungen führen kann. Solche falschen Darstellungen findet man nicht nur in Zusammenhang mit Politik und Pandemie, sondern auch im hier beleuchteten Themenfeld Technik und Technologie. So wird Microsoft-Gründer Bill Gates die Aussage „Niemand braucht mehr als 640 Kilobyte Arbeitsspeicher in seinem PC" in den Mund gelegt, die er angeblich 1981 getroffen hat – und die ebenso sinnentstellt und damit unzutreffend ist wie diese beiden Aussagen (siehe z. B. Wietlisbach 2017):

- „Ich glaube, dass es weltweit einen Markt für vielleicht fünf Computer geben wird." (angeblich 1943 von Thomas Watson, IBM-Chef)
- „Es gibt keinen Grund dafür, dass jemals jemand einen Computer bei sich zu Hause haben wollen würde." (angeblich 1977 von Ken Olson, Präsident des Computer-Herstellers DEC)

Völlig absurd mutet heute die angebliche Aussage von Charles H. Duell, Beauftragter des US-Patentamtes, an, die er 1899 gemacht haben soll: „Alles, was erfunden werden kann, wurde bereits erfunden." Ausgerechnet von einem Vertreter der Organisation, die den technischen Fortschritt schützen soll?! Obwohl immer wieder Vorträge mit diesem berühmten Zitat beginnen, gibt es ein kleines Problem damit: Es ist ein Fake, denn kein Wort stimmt. Es klingt eben wirklich zu gut, um wahr zu sein. Erstmals aufgetaucht ist die angebliche Aussage 1981 im *Book of Facts and Fallacies* von Chris Morgan and David Langford.

Heute vermutet man, dass der Duell in den Mund gelegte Satz vielmehr in Verbindung mit einer Aussage des Patentbeamten Henry Ellsworth steht, der diese bereits 1843 gemacht hat: *"The advancement of the arts, from year to year, taxes our credulity and seems to presage the arrival of that period when human improvement must end."* (Wikipedia 2022b) (Frei von mir übersetzt: „Die Jahr für Jahr rasant fortschreitende technische Entwicklung belastet unser Vorstellungsvermögen und scheint eine Zeit anzukündigen, in der die menschliche Entwicklung zwangsläufig enden wird.")

▶ **Tipp** Ich habe es an anderer Stelle bereits erwähnt: Glauben Sie nicht alles, was Sie hören und lesen.

Ergänzend dazu noch folgende Informationen:

▶ Ein **Patent** ist ein hoheitlich erteiltes gewerbliches Schutzrecht für eine Erfindung, also ein Verbietungsrecht anderen gegenüber.

Die Anzahl der weltweit erteilten Patente ist ein ungefährer Gradmesser für den Umfang technisch-technologischer Entwicklungen. Weltweit wurden im Jahr 2011 erstmals mehr als zwei Millionen Patentanmeldungen eingereicht und 2016 mehr als drei Millionen. Davon werden typischerweise knapp die Hälfte durch die Patentämter nach Prüfung anerkannt, die dem Einreicher entsprechende Schutzrechte erteilen. (WIPO 2021) Die Tendenz ist weiter ansteigend, was ein Beleg dafür ist, dass der technische Fortschritt keineswegs stagniert. Seit Ausbruch der Corona-Pandemie wird (wieder) intensiv diskutiert, ob es moralisch geboten ist, dass Inhaber von Impfstoffpatenten (deren Entwicklung die Unternehmen natürlich viel Geld gekostet hat) kostengünstige oder freie Lizenzen zur Nutzung vor allem an Drittweltländer vergeben sollten.

6.3 Mooresches Gesetz: exponentielle Miniaturisierung

Die Entwicklung der Halbleiterelektronik Mitte des 20. Jahrhunderts hat völlig neue Kommunikationskanäle eröffnet, die gravierende weitere Entwicklungen erst ermöglichten. Eine alle Bereiche des Lebens betreffende

Veränderung ist die *Digitalisierung* (für weitere Informationen siehe z. B. bpb 2020).

▶ Unter **Digitalisierung** versteht man die Umwandlung von analogen, das heißt stufenlos darstellbaren Werten bzw. das Erfassen von Informationen über physische Objekte in Formate, die sich zu einer Verarbeitung oder Speicherung in digitaltechnischen Systemen eignen.

Die Digitalisierung ist aus dem Alltag nicht mehr wegzudenken. Ihre Wirksamkeit entfaltet sie im Zusammenspiel mit Menschen, die sie ersinnen, gestalten und nutzen. Auf diese Weise haben sich in den vergangenen Jahrzehnten in vielen Gesellschaftsbereichen tiefgreifende Veränderungen vollzogen, ohne dass man es zunächst so richtig wahrgenommen hat. Der Begriff der Digitalisierung beschreibt auf einer technologischen Ebene insbesondere zwei Entwicklungen: den Prozess, der Informationen in maschinenlesbare Daten umsetzt und speichert, sowie Vorgänge der Datenverarbeitung, -übermittlung und -kombination. Mit ihrer Hilfe werden Formate wie Schrift, Sprache oder Bild umgewandelt und damit für uns Menschen erfassbar gemacht. Diese Prozesse finden mithilfe von Computern, Software und dem Internet automatisiert und vernetzt statt. Die Digitalisierung beschränkt sich jedoch nicht nur auf technologische Aspekte, sondern betrifft unseren Alltag und damit uns als Individuen, als Teil verschiedener Gruppen und als Mitglieder der Gesellschaft. (bpb 2020)

Die ihr zugrunde liegende Miniaturisierung elektronischer Bauelemente mit der in Abschn. 6.1 erwähnten Verdopplung der Speicherdichte alle eineinhalb bis zwei Jahre ist eine wesentliche Triebkraft der technologischen Entwicklung der Gegenwart. Und an dieser Stelle kommt der 1929 in San Francisco geborene US-Ingenieur Gordon E. Moore ins Spiel. Moore ist einer der drei Gründer des Halbleiterunternehmens Intel im Jahr 1968, die vorher alle bei Fairchild Semiconductor arbeiteten (an dessen Gründung der visionäre Moore 1957 ebenfalls beteiligt war). Er veröffentlichte am 19. April 1965 in der Zeitschrift *Electronics* einen bis heute legendären Artikel (Moore 1965). Er beschrieb anhand der vorliegenden Daten dieser Jahre einen Zusammenhang zwischen der Zeit und der Anzahl der elektronischen Bauteile einer integrierten Schaltung (eine jeweilige Verdopplung in einem Jahr) und stellte die Frage, was wäre, wenn es in den nächsten zehn Jahren so weiterginge. Das Gesetz wurde später geringfügig korrigiert – auf die schon genannte Verdoppelung der Prozessorleistung nach jeweils 18 bis 24 Monaten. Sie gilt aber im Wesentlichen bis heute.

▶ **Mooresches Gesetz** Die Anzahl an Transistoren, die in einen integrierten Schaltkreis festgelegter Größe passen, verdoppelt sich etwa alle 1,5 bis 2 Jahre.

Moores Aussage ist insofern wichtig, da Chiphersteller wie Intel seit jeher versuchen, die Fläche der Halbleiterbauelemente so gering wie möglich zu halten, um diese wirtschaftlich – also gewinnbringend – zu produzieren. Um die Leistung zu steigern, müssen daher zwangsläufig immer mehr Schaltkreise auf dem gleichen Raum untergebracht werden. Das Mooresche Gesetz ist jedoch kein Naturgesetz, sondern eher eine Art Faustregel, die sich zumindest bis vor Kurzem bewährt hat. In den 1990er-Jahren wurde es als eine selbsterfüllende Prophezeiung angesehen, deren Realisierung die Bereitstellung des dafür notwendigen Entwicklungskapitals zur Folge hatte. Abb. 6.2 zeigt in halblogarithmischer Darstellung die Entwicklung der Speicherdichte in Abhängigkeit von der Zeit: Für die Jahre 1970–2020 ist in dieser linearisierten Art der Darstellung die „Gesetzmäßigkeit“ von Gordon Moore klar erkennbar.

Doch nicht nur in den fünf Jahrzehnten der Entwicklung integrierter Schaltkreise, die dem Artikel von Gordon Moore folgten, bewahrheitet sich seine Prognose des kontinuierlichen exponentiellen Anstiegs der Speicherdichte. Auch rückblickend auf die Entwicklungen in den Dekaden davor, auf die der Forscher seine Prognose stützte, findet sich ein linearer Zusammenhang in der logarithmischen Darstellung: bei der Transistortechnik der 1960er Jahre, den Vakuumröhren der 1940er und 1950er, den Relais sowie Lochkarten etc. in den ersten Dekaden des vergangenen Jahrhunderts.

Im selben Artikel nahm Moore auch andere Entwicklungen der Chipindustrie vorweg, welche von der damaligen Fachwelt als Science-Fiction abgetan wurden. So überlegte er, dass zwar die zunehmende Anzahl von Transistoren mittelfristig zu Problemen bei der Hitzeentwicklung führen kann, die stärkere Integrationsdichte der aktiven Halbleiter durch Schichttechnik auf einem Chip aber auch die Leitungswege und somit die Wärmeverluste verringern würde, was zu einem Ausgleich führt.

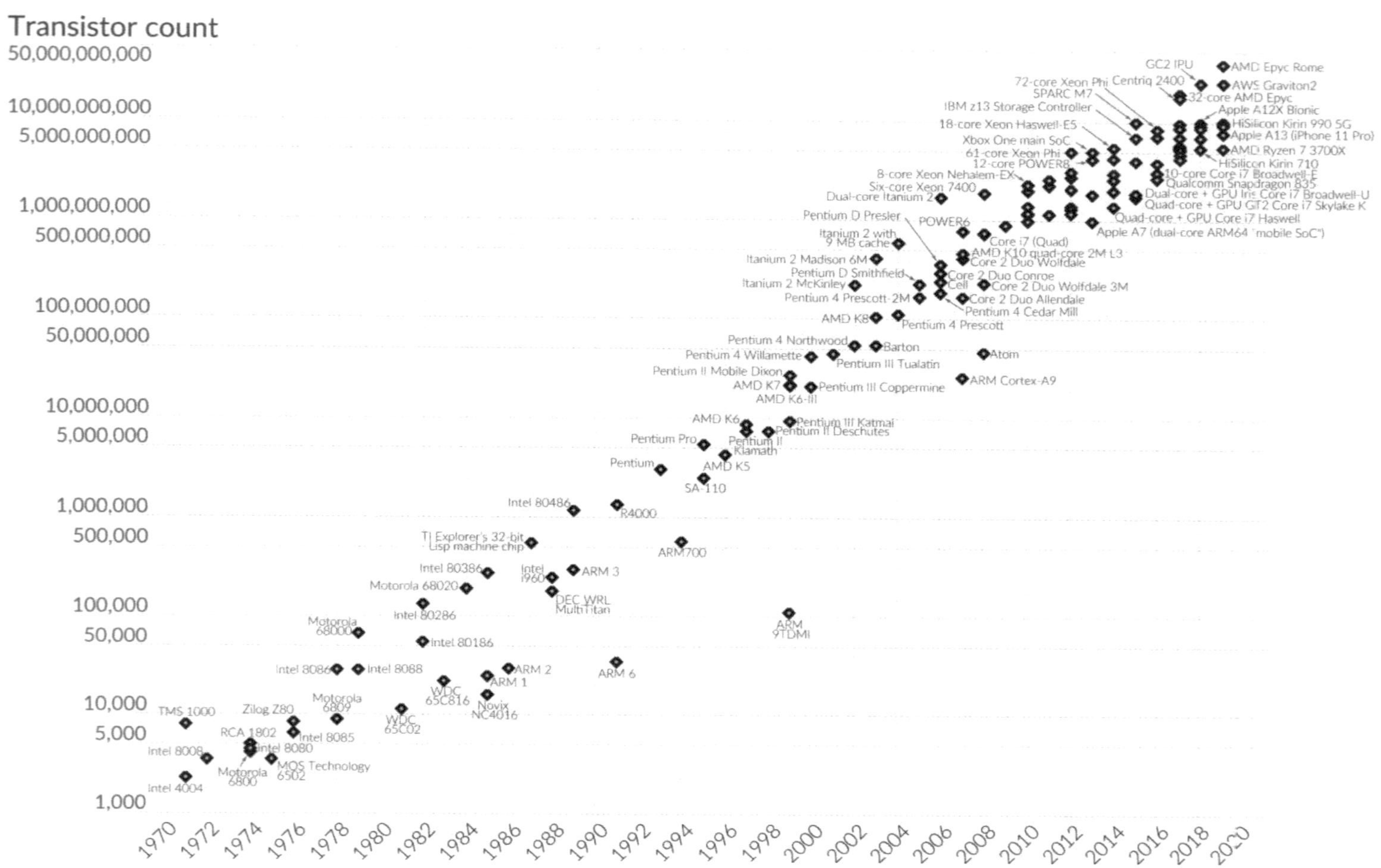

Transistor count
50,000,000,000
10,000,000,000
5,000,000,000
1,000,000,000
500,000,000
100,000,000
50,000,000
10,000,000
5,000,000
1,000,000
500,000
100,000
50,000
10,000
5,000
1,000
1970
1972
1974
1976
1978
1980
1982
1984
1986
1988
1990
1992
1994
1996
1998
2000
2002
2004
2006
2008
2010
2012
2014
2016
2018
2020
Intel 4004
Intel 8008
TMS 1000
RCA 1802
Intel 8080
Motorola 6800
MOS Technology 6502
Zilog Z80
Intel 8085
Motorola 6809
Intel 8086
Intel 8088
Motorola 68000
WDC 65C02
Intel 80186
Intel 80286
WDC 65C816
Motorola 68020
Intel 80386
ARM 1
Novix NC4016
ARM 2
TI Explorer's 32-bit Lisp machine chip
Intel i960
DEC WRL MultiTitan
ARM 3
Intel 80486
R4000
ARM 6
Pentium
ARM700
SA-110
Pentium Pro
AMD K5
Pentium II Klamath
AMD K6
Pentium II Deschutes
Pentium III Katmai
ARM 9TDMI
AMD K6-III
AMD K7
Pentium II Mobile Dixon
Pentium III Coppermine
Pentium 4 Willamette
Pentium III Tualatin
Pentium 4 Northwood
Barton
AMD K8
Pentium 4 Prescott
Pentium 4 Prescott-2M
Itanium 2 McKinley
Pentium D Smithfield
Itanium 2 Madison 6M
Itanium 2 with 9 MB cache
Pentium D Presler
Pentium 4 Cedar Mill
Core 2 Duo Allendale
Core 2 Duo Wolfdale 3M
Cell
Core 2 Duo Conroe
Core 2 Duo Wolfdale
AMD K10 quad-core 2M L3
Core i7 (Quad)
POWER6
Dual-core Itanium 2
Six-core Xeon 7400
8-core Xeon Nehalem-EX
Atom
ARM Cortex-A9
12-core POWER8
61-core Xeon Phi
Xbox One main SoC
18-core Xeon Haswell-E5
IBM z13 Storage Controller
SPARC M7
72-core Xeon Phi
Centriq 2400
GC2 IPU
Apple A7 (dual-core ARM64 "mobile SoC")
Quad-core + GPU Core i7 Haswell
Quad-core + GPU GT2 Core i7 Skylake K
Dual-core + GPU Iris Core i7 Broadwell-U
Qualcomm Snapdragon 835
10-core Core i7 Broadwell-E
HiSilicon Kirin 710
AMD Ryzen 7 3700X
Apple A13 (iPhone 11 Pro)
HiSilicon Kirin 990 5G
Apple A12X Bionic
32-core AMD Epyc
AWS Graviton2
AMD Epyc Rome

Seite 216: **Abb. 6.2** Mooresches Gesetz. Grafik: Max Roser, Hannah Ritchie (CC-BY 4.0)

Ob das Mooresche Gesetz auch in Zukunft Gültigkeit haben wird, ist heute mehr als ungewiss; in der klassischen CPU-Technologie stößt man zunehmend auf technische Probleme und an physikalische Grenzen. Hingegen bietet die Erforschung grundsätzlich neuer Technologien, etwa Nanomaterialien wie Graphen, dreidimensionale integrierte Schaltkreise, Spintronik und andere Formen mehrwertiger Logik, sowie Tieftemperatur- und Supraleiter-Computer, optische und Quantencomputer, völlig neue Möglichkeiten. (Wikipedia 2022e) Diese Forschungsrichtungen, die sich teilweise von der klassischen Halbleitertechnologie mit Silicium als Trägermaterial verabschieden, werden inzwischen unter der Bezeichnung *More than Moore* („Mehr als Moore") geführt (IRDS 2021).

Es lässt sich also zusammenfassen: Eine Status-quo-Verzerrung kann man der Halbleiterindustrie mit ihrer rasanten Entwicklungsgeschwindigkeit nun wirklich nicht vorwerfen. Wie bei anderen hier behandelten Veränderungen geht es nicht linear, sondern exponentiell vorwärts: Durch die Verdopplung der Leistung innerhalb einer bestimmten Zeit verläuft die Entwicklung ähnlich wie durch den Zinseszinseffekt natürlich immer schneller. Während die Amerikaner Ende der 1960er-Jahre auf der Basis aufwendiger manueller Berechnungen zum Mond geflogen sind[1], haben Automatisierung und Digitalisierung als Folge der Entwicklung der Halbleitertechnologie den modernen Menschen voll im Griff. Doch nicht jeder fühlt sich wohl mit den Begleiterscheinungen des rasanten technischen Fortschritts – mancher betrachtet sich inzwischen als ausgeschlossen und abgehängt.

▶ Tipps

- Insbesondere Senioren und nicht sehr technikaffinen Personen fällt es schwer, mit dem technischen Fortschritt mitzuhalten. Versuchen Sie zu vermeiden, dass Sie dabei abgehängt werden, indem Sie sich frühzeitig mit Neuerungen auseinandersetzen und neue Technologien, Medien und sonstige Möglichkeiten ausprobieren und nutzen.

---

[1] Dies ist sehr anschaulich portraitiert im Spielfilm *Hidden Figures – Unerkannte Heldinnen*, der auf dem gleichnamigen Sachbuch von Margot Lee Shetterly (2016) basiert.

- Unterstützen Sie dabei jedoch möglichst nicht die elektronische Wegwerfmentalität. Kaufen Sie nachhaltig erzeugte und arbeitende Systeme, die gegebenenfalls auch repariert werden können. Es ist ökologischer und finanzieller Unsinn, Geräte wie Smartphones oder Laptops prinzipiell nach spätestens drei Jahren auszutauschen, sofern diese noch einwandfrei funktionieren.

6.4 Innovationsfreude und Technikfeindlichkeit

An diese Stelle passt ein Zitat des deutschen Raumfahrers Alexander Gerst:

► „Neugier ist langfristig stärker als Furcht." (Gerst und Abromeit 2021, S. 78)

Es liegt in der Natur des Menschen (oder zumindest eines Teils davon), sich auf unbekanntes Terrain zu wagen, Risiken einzugehen und damit sein Wissen und seine Möglichkeiten zu erweitern. In der Seefahrt waren es die Wikinger und Polynesier, die ins Unbekannte (und damit oft ins Verderben) aufbrachen; Marco Polo, Christoph Columbus und James Cook setzten in ihrer jeweiligen Zeit Maßstäbe. Nachdem die Meere kartografiert und neue Kontinente entdeckt waren, konkurrierten wagemutige Männer wie Roald Amundsen, Robert F. Scott, Robert Peary und Umberto Nobile im Rennen zum Süd- und Nordpol. Und das Rennen im Weltraum ist für immer mit dem Russen Juri Gagarin sowie den Amerikanern Frank Borman und Neil Armstrong und ihren Apollo-Crews verbunden. Viele Pioniere und Forscher haben in anderen Disziplinen unvergängliche Spuren hinterlassen.

Für die Erschließung neuer Horizonte ist eine Menge Mut der Beteiligten erforderlich – die meisten haben vermutlich zu Beginn einer solchen Mission bereits mit ihrem Leben abgeschlossen.[1] Darüber hinaus sind gewöhnlich technische Innovationen erforderlich, die z. B. See- und Raum-

[1] Die Aussichten, dass die Apollo-11-Astronauten Neil Armstrong und Buzz Aldrin nach der ersten Mondlandung 1969 wieder heil zur Erde zurückkommen, wurden zu Beginn der Mission mit 50:50 abgeschätzt. Die Trauerrede durch US-Präsident Nixon war beim Start bereits geschrieben. (z. B. Wiederschein 2019)

fahrt in diesem Umfang erst möglich gemacht haben. Doch auch wenn es damals deutlich länger dauerte als bei neuzeitlichen Durchbrüchen: Die in Abschn. 6.2 erwähnte neolithische Revolution kann sicherlich als erster durchgreifender technischer Fortschritt bezeichnet werden. Die moderne Definition lautet wie folgt:

▶ **Technischer Fortschritt** Gesamtheit aller technischen Errungenschaften einer Kultur. Dadurch kann entweder eine gleiche Produktionsmenge mit einem geringeren Einsatz an Arbeit oder Produktionsmitteln erstellt werden oder eine höhere Menge mit dem gleichen Einsatz an Produktionsmitteln und Arbeit.

Jegliche Entwicklungstrends, die gemeinhin als Fortschritt bezeichnet werden, haben Auswirkungen auf den soziokulturellen und ökonomischen Wandel. Der Fortschrittsbegriff wird heute vielfach allein auf den technischen Fortschritt reduziert. In der frühen Zeit der Menschheitsgeschichte war die Geschwindigkeit des technischen Fortschritts relativ langsam; historisch betrachtet hat es durchaus neben produktiven Zeiten auch Phasen mit technischem Rückschritt gegeben. Wie bei der biologischen Evolution werden allerdings auch beim technischen Fortschritt die Zeitabschnitte zwischen den Entwicklungsschritten immer kürzer. Während es von der neolithischen Revolution bis zur industriellen Revolution über 10.000 Jahre gedauert hat, brauchte es bis zur digitalen Revolution nicht einmal 250 Jahre.

Der technische Fortschritt ist ein entscheidender Antrieb für das Wirtschaftswachstum. Angesichts der globalen Umweltrisiken (die zum größten Teil Folgen technischer Entwicklungen sind), schwindender Ressourcen und der politischen und sozialen Auswirkungen der neuen Medien stellt sich die grundsätzliche Frage der Beherrschbarkeit moderner Spitzentechnologie. Die Geschichte der Technik zeigt, dass sehr viele technische Problemlösungen unvermutet neue und größere Probleme – oft an ganz anderer Stelle – entstehen lassen. (Wikipedia 2022h und dort zitierte Quellen)

▶ Der Leitgedanke dieses Buchs – *Der Status quo lässt sich auf Dauer nicht aufrechterhalten* – trifft natürlich ebenso auf das enorme Potenzial und die Kraft zu, mit der sich der technische Fortschritt Bann bricht.

Im Prinzip kann man den Gedanken von Alexander Gerst auch so ausdrücken, was deutlich weniger euphorisch und als alternatives Narrativ sogar tendenziell negativ klingt: *Alles, was technisch möglich ist, wird irgendwann auch gemacht.* Und damit sind wir an einem Punkt, an dem es offensichtlich wird, dass bei weitem nicht alle technischen Innovationen langfristig für die Menschheit von Vorteil sind. Zwar wird die Status-quo-Verzerrung überwunden, jedoch droht das Boiling-Frog-Syndrom, indem die schädlichen Auswirkungen bestimmter Technologien zunächst für längere Zeit übersehen oder kleingeredet werden. Prominente Beispiele sind das durch Freisetzung halogenierter Kohlenwasserstoffe erzeugte *Ozonloch* sowie der durch Verbrennung fossiler Energieträger bewirkte menschengemachte *Klimawandel* (vgl. hierzu Abschn. 7.4).

Doch auch weitere hochaktuelle, ähnlich gelagerte Themen stoßen auf Skepsis und sogar breite Ablehnung in Teilen der Bevölkerung, die einen Kontrollverlust über die Auswirkungen befürchtet – das Öffnen der Büchse der Pandora aus der griechischen Mythologie sozusagen, die alle Übel der Welt (sowie die Hoffnung) enthält. Ein Beispiel ist die bereits in Abschn. 2.4 erwähnte *Forschung an menschlichen embryonalen Stammzellen*. In Deutschland begrenzen Embryonenschutz- und Stammzellgesetz bisher die Möglichkeiten; die Gesetzgebung anderer Staaten bietet den Forschern teilweise deutlich umfangreichere Möglichkeiten. Auch die Entwicklung und Nutzung *künstlicher Intelligenz (KI)* in Verbindung mit Digitalisierung und Automatisierung verheißt nicht nur neue Möglichkeiten, sondern öffnet auch dem Missbrauch Tür und Tor, etwa durch Unterdrückung der Bevölkerung und in der hybriden Kriegsführung. Und viele Menschen – auch neben den erwähnten Senioren – fühlen sich in der heutigen digitalen Welt überfordert und sogar von den Innovationen abgehängt.

Nutzung der Kernenergie

Zwei weitere technologische Entwicklungen sollen in diesem Abschnitt noch skizziert werden, die Fluch und Segen zugleich sein können.

Die zivile Nutzung der Kernenergie ist angesichts der unsicheren Energieversorgung aus russischen Quellen wieder hochaktuell, und die Forderung nach Laufzeitverlängerungen deutscher Kernkraftwerke (Abb. 6.3) – vor allem aus dem Unionslager und seitens der FDP – werden Mitte

Abb. 6.3 Kernkraftwerk Isar 2 (bei Landshut). Kein landschaftlich schöner Anblick

2022 lauter.[1] Bereits vor dem russischen Überfall auf die Ukraine und ungeachtet massiver Kritik hat die EU-Kommission Investitionen in neue Gas- und Kernkraftwerke unter bestimmten Auflagen als klimafreundlich eingestuft und nahm sie am 1. Februar 2022 in die sogenannte Taxonomie-Verordnung auf, mit der hohe Investitionen in „grüne" Energien angekurbelt werden sollen. Vergessen wird dabei, dass Kernkraft keineswegs so „sauber" ist wie vielfach kolportiert. Bei Dürre und Wasserknappheit muss die Leistung reduziert werden. Andererseits scheint die Vielzahl von zivilen nuklearen Unfällen (siehe z. B. Wikipedia 2022d) nach wie vor nicht zu der Einsicht zu führen, dass die Kerntechnologie zur Energiegewinnung im Gegensatz zu Windkraft- oder Photovoltaikanlagen nicht beherrschbar ist und nach wie vor ein unkalkulierbares Risiko darstellt. (siehe auch Radkau und Hahn 2013) Neben möglichen GAUs sowie der Endlagerproblematik für den Restmüll wird aufgrund der jüngsten Entwicklung in der Ukraine die Gefahr von Cyberangriffen, terroristischen Attacken sowie feindlichem Beschuss von Kernanlagen immer evidenter. Jedoch scheinen einige

[1] Markus Söder ist dabei einer der Meinungsmacher; allerdings möchte dieser definitiv kein Atommüll-Endlager in Bayern haben (und auch keine Windräder). Darüber hinaus wäre der Staat damit ab sofort in der Betreiberhaftung. Anstatt Stresstest und die technische Klärung der Machbarkeit abzuwarten, wird besonders bei den bisherigen Bremsern und Blockierern der Energiewende sehr stark politisiert.

Revisionisten die politische Großwetterlage ausnutzen zu wollen, um den Trend zu umweltfreundlichen Technologien zur Energiegewinnung zurückzudrehen. Für sie stellen Windräder eine stärkere Verschandelung der Landschaft dar als Kernkraftwerke.

▶ Kernkraftwerke lassen sich nicht versichern. Sie sind wirtschaftlich nur durch staatliche Förderung konkurrenzfähig. Bei der Bewertung des Aufwands für die Stromerzeugung werden die *Opportunitätskosten* systematisch viel zu niedrig bewertet.

Zudem bezahlt gewöhnlich zu großen Teilen die Öffentliche Hand den extrem teuren und langwierigen Abbau in Höhe vieler Milliarden Euro pro Reaktor – und bei den bisher vier ernsten Havarien hat die Allgemeinheit auf Dauer den Schaden. Die *Desaster-Myopie*, die „Kurzsichtigkeit für Katastrophen“, macht die Entscheidungsträger rasch vergessen, wie tragisch und umfassend die jeweiligen Folgen waren und sind. Die Endlagerproblematik für nukleare Abfälle ist auf Dauer ebenso wenig gelöst wie die Verhinderung der Weitergabe von waffenfähigem Material an Drittstaaten.

Die militärische Nutzung von Kernwaffen, die einzig 1945 in Hiroshima und Nagasaki an der Zivilbevölkerung demonstriert wurde und das Drohpotenzial der Supermächte im Kalten Krieg definierte, stellt eine bis zum Zweiten Weltkrieg ungekannte und ungeahnte Bedrohung ganzer Nationen und Landstriche dar und kann nur als Zivilisationskollaps bezeichnet werden. Die aktuellen unverhohlenen russischen Drohungen dürften so manchen Pazifisten in seinem Weltbild erschüttert haben. Trotz Atomwaffensperrvertrag verfügen neben den fünf offiziellen Atommächten inzwischen auch Israel, Indien, Pakistan und Nordkorea über Kernwaffen, und die beiden verfeindeten Regionalmächte am Persischen Golf Iran und Saudi-Arabien forschen gezielt daran. Weltweit wurden tausende Nuklearwaffentests durchgeführt, ein Teil davon oberirdisch in der Atmosphäre.

Es wird angenommen, dass die bei diesen Versuchen freigesetzten radioaktiven Stoffe weltweit ca. 300.000 Todesfälle zur Folge hatten. Neben der kompletten Umgestaltung weiter Teile der Erdoberfläche und der Ausbringung großer Mengen an Plastikabfällen, Blei aus Motoren, Beton, Glas und Aluminium sind die freigesetzten Radioisotope und Zerfallsprodukte als Folge dieser unverantwortlichen Ballerei noch lange Zeit nachweisbar.

Sie stellen ein weiteres Kriterium dafür dar, dass inzwischen ein neues Erdzeitalter, das *Anthropozän*, begonnen hat.

Grüne Gentechnik

Die Gentechnologie in der Landwirtschaft („grüne Gentechnik") ist ein mindestens ebenso kontrovers diskutiertes Thema wie die Kernenergie, wobei sich hierfür deutlich mehr Pro-Argumente finden lassen. Dabei geht es um die Frage, wie bis zur Mitte des Jahrhunderts etwa zehn Milliarden Menschen ernährt werden können (siehe hierzu z. B. Ruschkowski 2022). In den Jahrtausenden zuvor bedeutete ein Mehrbedarf an Nahrungsmitteln meist einfach, mehr Land unter den Pflug zu nehmen. Doch diese Option besteht aktuell kaum noch: Bereits jetzt werden fast 40 % der Landoberfläche landwirtschaftlich genutzt; die Böden sind mit Dünger, Gülle aus der Tierzucht und Pestiziden oft massiv überlastet.

Viele Forscher sind überzeugt, dass die enormen Anforderungen nur durch Gentechnik zu erfüllen sind, indem maßgeschneiderte Pflanzen entwickelt werden, die auf kargen Böden wachsen und Schädlingen trotzen. Neue Methoden wie CRISP/Cas9 – eine Art selektive Genschere mit präziser Bearbeitung des Genoms – scheinen ein großes Potenzial zu besitzen. Pflanzenzucht erfolgt somit nicht wie seit jeher durch Versuch und Irrtum in der Züchtung oder durch Zufallsmutationen, indem Saatgut mit Giften oder radioaktiven Strahlen bombardiert wird, sondern durch gezielte Gen-Editierung. Dadurch lassen sich Erträge erhöhen, Missernten reduzieren sowie Wasser, Dünger und Pflanzenschutzmittel einsparen.

- Doch zwei von drei Deutschen lehnen Gentechnik im Ackerbau ab … allerdings meist ohne dabei auf die Zutatenliste zu schauen und gentechnikfreie Produkte etwa aus Ökolandwirtschaft zu kaufen.

Ein Grund ist eine romantisierende Kinderbuchvorstellung davon, woher die Nahrung kommt und wie sie produziert wird, die wir heute verzehren. Viele Regierungen und NGOs lehnen grüne Gentechnik ab, da Eingriffe in das Erbgut von Organismen unverantwortbar und von der Bevölkerung unerwünscht seien. Denn einmal in die Natur entlassene veränderte Gene können – ähnlich wie die erwähnten Radionuklide – nicht wieder zurückgeholt werden. Gentechnisch veränderte Pflanzen dürfen auf deutschen Äckern nicht angebaut werden. Ihre Erforschung ist in der gesamten Europäischen Union bisher streng reguliert, im Gegensatz zu anderen Ländern wie den USA. Dagegen regt sich seitens Wissenschaft und Industrie Protest. (z. B. Lambrecht 2022)

Allerdings erschließt sich das wirkliche Gefahrenpotenzial dieser Technologie nicht auf den ersten Blick und scheint nur schwer greifbar. Einerseits sind die gentechnischen Eingriffe letztlich nichts anderes als das, was in der Natur während der Fortpflanzung ständig von selbst passiert, sofern sich der Einsatzbereich der Genschere auf das betreffende Erbgut beschränkt. Die Frage, ob die Gegner grüner Gentechnik Opfer der Status-quo-Verzerrung oder aufmerksame Bekämpfer des Boiling-Frog-Syndroms sind, lässt sich für diesen Fall nicht klar beantworten, denn der Einfluss derartiger „Schnellverfahren" auf Artenvielfalt und das gesamte ökologische System ist mehr als unklar.

Die Kehrseite der Medaille betrifft die Einschleusung fremder Gensequenzen in die DNA bestimmter Organismen. So wurden Fischgene in Tomaten und Erdbeeren transferiert, um die Früchte länger haltbar zu machen. Ein Beispiel für derartige transgene Pflanzen ist die genmanipulierte *Flavr Savr*-Tomate („Flavor savor", Aromaretter), die kaum Käufer fand, als sie 1994 in den USA angeboten wurde. (Sie wurde 1997 wieder vom Markt genommen.) Zum weitgehend negativen Image der grünen Gentechnik tragen sicherlich auch Konzerne wie Monsanto bei. Das Unternehmen schleust Resistenzen gegen Unkrautvernichtungsmittel in Ackergewächse wie Mais oder Soja ein, um den Bauern nicht nur das Saatgut, sondern auch die passenden Unkrautvernichtungsmittel verkaufen zu können. Flugzeuge verteilen die giftigen Nebel, viele Tiere sterben, und die Anwohner sind von ernsten Krankheiten geplagt. Und mancherorts werden die Schädlinge nach einer gewissen Zeit resistent gegen die Mittel. (Ruschkowski 2022, S. 52)

Die Kluft zwischen den Befürwortern und Gegnern der Gentechnik ist tief, und die Fronten sind verhärtet. Bioanbau wäre zweifelsohne ein vorbildlicher Ansatz für nachhaltigen Ackerbau, doch viele Böden in Afrika oder Australien sind extrem nährstoffarm und sauer, und anderswo sind die Schädlingsverluste sehr hoch, was zu weiteren Hungersnöten führen würde. Optimal erscheint eine Kombination zwischen traditionellen und modernen Anbaumethoden, zwischen Öko-Landwirtschaft und Hightech.

▶ **Tipp** Die Meinungsbildung zu technisch-technologischen Neuerungen besteht darin, Chancen und Risiken sorgfältig gegeneinander abzuwägen. Jegliche Art von Manipulation von außen, Fanatismus und Dogmatismus ist dabei äußerst hinderlich.

6.5 Veränderungsmanagement in Arbeits- und Privatleben

Ich habe es bereits erwähnt: Beim technischen Fortschritt werden die Zeitabschnitte zwischen den Entwicklungsschritten immer kürzer. Obwohl ich selbst mein gesamtes Berufsleben als Angestellter im High-Tech-Bereich tätig war, habe ich nun mit meinen gut sechs Jahrzehnten Lebensalter ab und an das Gefühl, dass mich die aktuelle Entwicklung überrollt. Ich bin als Kind in einem Haushalt aufgewachsen, in dem es zunächst weder Fernsehgerät noch Telefon gab. Meine Eltern haben Radio gehört und Freunde und Bekannte spontan besucht; in dringenden Fällen wurde ein Telegramm geschrieben. (TV habe ich bei den Großeltern oder Nachbarn geschaut.) An der Universität wurden noch Lochkarten verwendet; in der Industrie gab es anfangs statt PC und Drucker ein Schreibbüro. Heute werden die Verbesserungen nicht mehr nur als Weiterentwicklungsversion 2.0 oder 4.0 katalogisiert, sondern es sind gravierende technische Umbrüche zu verzeichnen, beispielsweise ständige Erreichbarkeit, autonomes Fahren und das verzweifelte Bemühen um die Energiewende. (Andere bewährte Konzepte wie etwa die Grundkonstruktion eines Autos, Reißverschlusses oder Kugelschreibers ändern sich anscheinend nie.)

Organisatorische Veränderungen

Insofern ist es nicht verwunderlich, dass das Thema *Veränderungsmanagement* vor allem in der Welt der Großunternehmen präsent ist und – zumindest in der Zeit vor der Corona-Pandemie – eine ganze Schulungsindustrie beschäftigt hat.[1] Die Management- und Selbsthilfeliteratur weist eindringlich auf die Notwendigkeit von Veränderungsbereitschaft hin. „Stagnation bedeutet Rückschritt“ und „lebenslanges Lernen“ sind lange bekannte Forderungen. (Allerdings hört man im Arbeitsleben des Öfteren gerne den Spruch: „Das haben wir schon immer so gemacht!“) Veränderungen können die Aufbau- oder die Ablauforganisation betreffen, wirtschaftliche oder technische Neuerungen mit sich bringen usw. Triebkräfte sind dabei vor allem die Globalisierung und sich dramatisch verändernde Märkte sowie der Wettbewerb um die fähigsten Köpfe. Arbeitgeber, die nicht mit der Zeit gehen und attraktive Arbeitsbedingungen schaffen, haben ein Problem.

Anlässlich des Ukraine-Kriegs werden die Karten neuerdings komplett neu gemischt. So sind auch mittel- und langfristig gravierende weltweite Verwerfungen zu erwarten, auf die man sich als Individuum, Unternehmen oder Staat einstellen muss, um nicht unterzugehen.

Beispiel: Ringtausch

In Abschn. 6.1 erwähnte ich meine langjährige Tätigkeit in einem deutschen Halbleiterunternehmen während meiner Industrielaufbahn. Dort war ich zuletzt zwölf Jahre lang als Leiter im Strategischen Einkauf beschäftigt. In meiner Verantwortung lagen neben der Verhandlungs- und Beschaffungstätigkeit auch übergeordnete und globale Aufgaben, die verschiedene internationale Standorte betrafen. Ein eminentes Thema in allen Beschaffungsabteilungen ist *Compliance*, was für die Einhaltung von Verhaltensmaßregeln, Gesetzen, Richtlinien und freiwilligen Kodizes durch Unternehmen steht. Von hoher Bedeutung ist dabei die Gefahr der *Korruption*, worunter Bestechlichkeit, Bestechung, Vorteilsannahme und Vorteilsgewährung verstanden wird. (vgl. Wenski 2020, S. 51–63).

Normalerweise ist sowohl der globale als auch der lokale Einkauf eines größeren Unternehmens, etwa eines multinationalen Konzerns, in

[1] Ähnlich wie bei persönlichen Hauptversammlungen mit Bewirtung sind zahlreiche Schulungen und Seminare in Unternehmen unter dem Vorwand der Pandemie ebenfalls weitgehend dem Rotstift zum Opfer gefallen und werden bestenfalls noch „virtuell“ am Rechner durchgeführt.

einzelne Beschaffungsgruppen eingeteilt, die für die Beschaffung von Produkten und Leistungen zuständig sind, die jeweils sinnvoll festgelegt, gebündelt und zugeordnet werden. Und obwohl ich persönlich nie mit solchen Praktiken konfrontiert wurde oder sie beobachten musste, war mir sehr wohl klar, dass längerfristige Kunden-Lieferanten-Kontakte mit denselben Protagonisten zu gezielter Beeinflussung führen können und sogar Korruption ermöglichen. Was erscheint da naheliegender, als die Beschaffungsthemen und -mitarbeiter periodisch zu tauschen bzw. zu mischen – ähnlich wie die Sachbearbeiter im Finanzamt nicht immer denselben Pool an Steuernummern bearbeiten.

Trägt sich das Management mit einem solchen Unterfangen, muss es mit heftigem Gegenwind nicht nur bei den Tarifangestellten rechnen. Die Status-quo-Verzerrung kann zur kompletten Ablehnung des Plans führen, da die Mitarbeiter oft nicht willig oder zumindest nicht davon begeistert sind, sich in ein neues Beschaffungsfeld einzuarbeiten und entsprechende neue Netzwerke im Markt, mit Lieferanten und den eigenen Bedarfsträgern anzulegen. Im lokalen Einkauf unserer japanischen Niederlassung wurde das Konzept konsequent umgesetzt: Die Beschaffungsgruppen A, B, C und D erhielten im Ringtausch nun die Verantwortung für die Einkaufsthemen X, Y, Z und W. Leider erwies sich das Experiment als völliger Fehlschlag, denn die Folge der Veränderung war ein heilloses Chaos. Die neue Zuordnung wurde – leider – nach einem halben Jahr mit Blick auf die Versorgungssicherheit in der Fertigung wieder zurückgesetzt, und die Sachbearbeiter erhielten ihr angestammtes Beschaffungsgebiet zurück.

Erfreulicher lief es im aus Deutschland gesteuerten strategischen Einkauf, der global operierte. Hier führte der enorme Kostendruck dazu, dass eine Gruppenleiterstelle und mehrere Sachbearbeiterpositionen nach der Verrentung der Stelleninhaber nicht nachbesetzt wurden und somit organisatorische Veränderungen unvermeidbar waren. Aus vier Gruppen wurden drei gemacht, und die meisten Schwerpunktthemen und Schlüssellieferanten erhielten neue Verantwortliche. Im Gegensatz zur Umorganisation in Japan stand in diesem Falle das Unternehmen bis hin zum Top-Management voll hinter diesem Schnitt, und ein Unterlaufen der Maßnahmen durch Einzelne wurde nicht toleriert. Die meisten Beteiligten sahen die Veränderung als Chance und nicht als Verlust und führten die neue Organisationsstruktur zum Erfolg. ◀

Verlassen der Komfortzone

Doch nicht nur das berufliche, auch das Privatleben nimmt keinen geraden Weg, und an der einen oder anderen Stelle sind auch dort aktive Korrekturen notwendig. Rechtzeitig eingeleitete Veränderungen halten Menschen (und Unternehmen) in der Erfolgsspur und sorgen für Stabilität. Dazu ist es notwendig, dass Wille und Fantasie zur Gestaltung vorhanden sind und man bereit ist, dafür seine Komfortzone zu verlassen – wie es den Einkäufern im Beispiel ebenfalls abverlangt wurde.

▶ Die **Komfortzone** ist eine Art Wohlfühlbereich, innerhalb dessen Grenzen wir uns zutrauen, Dinge zu erreichen, und uns entspannt und selbstbewusst fühlen. Ihr Verlassen kostet Überwindung und kann Stress verursachen.

Die Komfortzone ist somit ein Gebilde in unserem Kopf, in dem es uns gutgeht. Ihre Begrenzungen und Schranken sind imaginär und lassen sich beliebig ausweiten. Schaffen wir es, aus ihr herauszutreten, ist dies mit verschiedensten Vorteilen verbunden: Wir erfahren den Vorteil, uns nur auf uns selbst zu verlassen. Erkennen, dass wir Herausforderungen bewältigen können, und entwickeln Selbstvertrauen. Und beginnen, Dinge für uns selbst zu tun und nicht, um andere zu beeindrucken. Dadurch lernen wir uns selbst besser kennen, unsere Ängste und unser Verlangen.

▶ **Tipp** Verlassen Sie von Zeit zu Zeit bewusst Ihre Komfortzone, auch wenn es mühsam ist und schwerfällt. Dadurch eröffnen sich Perspektiven, die diesen Schritt rechtfertigen.

Veränderungsmanagement in der heutigen Ausprägung (siehe z. B. Wenski 2021, S. 205–232) ist das Gegengift zur Status-quo-Verzerrung. Es wäre unklug, technische und auch sonstige Veränderungen (etwa im persönlichen Umfeld) zu ignorieren und so weiterzumachen wie bisher. Wir stehen in unserer schnelllebigen Welt ständig vor neuen Herausforderungen. Ein gewisser Teil der Probleme, mit denen wir konfrontiert werden – vielleicht sogar der größere – vergeht nicht von allein, sondern nimmt möglicherweise an Brisanz und Tragweite sukzessive zu. Die entwicklungshistorisch begründete natürliche Scheu vor Veränderungen und damit verbundenen Risiken führt regelmäßig dazu, dass sich bietende Chancen ausgelassen werden. Nicht zuletzt deshalb habe ich mein Buch zum Selbstmanagement (Wenski 2021) unter das Motto *Neues wagen, Chancen nutzen, selbstbestimmt agieren* gestellt.

Die Folgen der Status-quo-Verzerrung sind vielfach bereits im Kleinen zu beobachten, wie ich auch an mir selbst immer wieder bemerke. Privat und beruflich scheuen wir uns, Risiken einzugehen, und vertun damit Chancen. Ist der Lebenspartner der Richtige für das Ja-Wort, der Arbeitgeber für die Vertragsunterschrift? (In beiden Fällen geht es ja nachweislich oft genug schief, ohne dass erkannt wird, wann es an der Zeit ist, die Reißleine zu ziehen – das Boiling-Frog-Syndrom.) Den technischen Fortschritt zu ignorieren oder gar abzulehnen ist sicherlich ebenso keine empfehlenswerte Vorgehensweise. Doch während vor allem ältere Menschen sich mit Internet und Smartphone teilweise schwertun, schlägt bei Jüngeren das umgekehrte Phänomen zu: digitale Abhängigkeit und die Angst, etwas in ihren Netzwerken zu verpassen. Mal ehrlich: Halten Sie es gut aus, längere Zeit nicht online zu sein?

Hier noch weitere Fragen zur besseren Selbsteinschätzung:

- Wie reagieren Sie auf Veränderungsvorschläge Ihrer Mitarbeiten bzw. Kollegen?
- Würden Sie eine Versetzung ins Ausland als Chance oder eher als unnötige Last oder gar Strafe sehen?
- Wie beurteilen Sie Ihren ökologischen Fußabdruck? Sehen Sie Handlungsbedarf?

Die Betrachtung des ökologischen Verhaltens und die damit verbundene Ressourcennutzung führt unmittelbar zum in Kap. 7 erörterten Schwerpunkt der Übernutzung der Erde durch ihre menschlichen Bewohner mit all ihren Konsequenzen. Das Boiling-Frog-Syndrom in Reinform. Lesen Sie also weiter.

6.6 Literatur

Bewarder M, Flade F (2022) Investoren aus Asien: Ein neuer Blick auf China. tagesschau.de, Internet-Veröffentlichung 07. September. https://www.tagesschau.de/wirtschaft/weltwirtschaft/china-investitionen-handel-101.html. Zugegriffen: 08. September 2022

bpb (2020) Digitalisierung. Informationen zur politischen Bildung 344 (Oktober). Bundeszentrale für politische Bildung (bpb), Bonn. https://www.bpb.de/system/files/dokument_pdf/IzPB_344_Digitalisierung_barrierefrei.pdf. Zugegriffen: 25. Mai 2022

Cichy C, Grünwald J (2022) Öffentliche Vergabeverfahren: Deutsche Masken meist chancenlos. tagesschau.de, Internet-Veröffentlichung 29. Januar. https://www.tagesschau.de/wirtschaft/unternehmen/masken-produktion-deutschland-103.html.

EU (2022) Europäisches Chip-Gesetz. Internet-Veröffentlichung der Europäischen Kommission, 08. Februar. https://ec.europa.eu/info/strategy/priorities-2019-2024/europe-fit-digital-age/european-chips-act_de. Zugegriffen: 25. Juni 2022

Gerst A, Abromeit L (2021) Horizonte – Warum wir entdecken. Gruner + Jahr, Hamburg

Hirschle A (2022) Taiwan baut Weltmarktanteil bei Halbleitern aus. GTAI, German Trade & Invest, Internet-Veröffentlichung 06. Mai. https://www.gtai.de/de/trade/taiwan/branchen/taiwan-baut-weltmarktanteil-bei-halbleitern-aus-834950. Zugegriffen: 09. August 2022

IRDS (2021) More than Moore White Paper. International Roadmap for Devices and Systems. IEEE. https://irds.ieee.org/images/files/pdf/2021/2021IRDS_MtM.pdf. Zugegriffen: 25. Mai 2022

Lambrecht O (2022) Pflanzenzucht: Wie berechtigt ist die Sorge vor Gentechnik? tagesschau.de, Internet-Veröffentlichung 08. September. https://www.tagesschau.de/inland/gentechnik-pflanzenzucht-101.html. Zugegriffen: 08. September

Lazonick W, Hopkins M (2021) Why the CHIPS Are Down: Stock Buybacks and Subsidies in the U.S. Semiconductor Industry. Institute for New Economic Thinking, Working Paper No. 165, 01. November. https://doi.org/10.36687/inetwp165

Link R (2021) Die „Neue Seidenstraße" / Chinas Engagement in Europa und die Antwort des Westens. Deutschlandfunk, Internet-Veröffentlichung 09. August. https://www.deutschlandfunk.de/die-neue-seidenstrasse-chinas-engagement-in-europa-und-die-100.html. Zugegriffen: 08. Februar 2022

Moore GE (1965) Cramming more components onto integrated circuits. Electronics 38–8, 19. April. https://newsroom.intel.com/wp-content/uploads/sites/11/2018/05/moores-law-electronics.pdf. Zugegriffen: 25. Mai 2022

Morris I (2010) Social Development. Stanford University, Internet-Veröffentlichung Oktober. https://web.archive.org/web/20120330231438/http://www.ianmorris.org/docs/social-development.pdf. Zugegriffen: 11. September 2021

Morris I (2011) Why the West Rules – For Now: The patterns of history and what they reveal about the future. Profile Books, London. https://doi.org/10.1017/S1740022811000623

Radkau J, Hahn L (2013) Aufstieg und Fall der deutschen Atomwirtschaft. oekom, München

Ruschkowski Kv (2022) Wie ernähren wir zehn Milliarden? GEO Wissen 12, Sonderheft Ernährung, 40–55

Shetterly ML (2016) Hidden Figures. The American Dream and the Untold Story of the Black Women Mathematicians Who Helped Win the Space Race. HarperCollins, New York

SIA (2022) Congress Passes Investments in Domestic Semiconductor Manufacturing, Research & Design. CHIPS for America Act & FABS Act. Semiconductor Industry Association, Internet-Veröffentlichung. https://www.semiconductors.org/chips/. Zugegriffen: 08. August 2022

Urech F (2022) Chinas «Palast-Diplomatie»: Wieso baut Peking reihenweise Regierungsgebäude in Afrika? Neue Zürcher Zeitung, Internet-Veröffentlichung 08. Juli. https://www.nzz.ch/international/chinas-palast-diplomatie-in-afrika-ld.1692436?utm_source=pocket-newtab-global-de-DE. Zugegriffen: 13. Juli 2022

Wenski G (2020) Nachhaltig verhandeln im Technischen Einkauf. Springer Gabler, Wiesbaden. https://doi.org/10.1007/978-3-658-30439-3

Wenski G (2021) Selbstmanagement im Beruf. Springer, Wiesbaden. https://doi.org/10.1007/978-3-658-33249-5

Wiederschein H (2019) Pannen bei Apollo 11 – Irrwitzige Mission: Wie die erste Mondlandung fast gescheitert wäre. FOCUS online 5. Dezember. https://www.focus.de/wissen/weltraum/raumfahrt/pannen-bei-apollo-11-irrwitzige-mission-wie-die-erste-mondlandung-fast-gescheitert-waere_id_10939385.html. Zugegriffen: 30. Mai 2022

Wietlisbach O (2017) Die grössten Fehlprognosen der Tech-Geschichte – die nie jemand gemacht hat. Internet-Veröffentlichung 28. März. https://www.watson.ch/digital/microsoft/207532210-5-beruehmte-zitate-ueber-die-zukunft-die-alle-frei-erfunden-sind. Zugegriffen: 05. Juni 2022

Wikipedia (2022a) Bakumatsu. https://de.wikipedia.org/wiki/Bakumatsu. Zugegriffen: 08. Februar 2022

Wikipedia (2022b) Charles Holland Duell. https://en.wikipedia.org/wiki/Charles_Holland_Duell. Zugegriffen: 05. Juni 2022

Wikipedia (2022c) International Technology Roadmap for Semiconductors. https://en.wikipedia.org/wiki/International_Technology_Roadmap_for_Semiconductors. Zugegriffen: 22. Januar 2022

Wikipedia (2022d) Liste von Unfällen in kerntechnischen Anlagen. https://de.wikipedia.org/wiki/Liste_von_Unfällen_in_kerntechnischen_Anlagen. Zugegriffen: 30. Mai 2022

Wikipedia (2022e) Mooresches Gesetz. https://de.wikipedia.org/wiki/Mooresches_Gesetz. Zugegriffen: 25. Mai 2022

Wikipedia (2022f) Neolithische Revolution. https://de.wikipedia.org/wiki/Neolithische_Revolution. Zugegriffen: 30. Mai 2022

Wikipedia (2022g) SEMATECH. https://en.wikipedia.org/wiki/SEMATECH. Zugegriffen: 22. Januar 2022

Wikipedia (2022h) Technischer Fortschritt. https://de.wikipedia.org/wiki/Technischer_Fortschritt. Zugegriffen: 30. Mai 2022

Wikipedia (2022i) Vertrag von Kanagawa. https://de.wikipedia.org/wiki/Vertrag_von_Kanagawa. Zugegriffen: 08. Februar 2022

WIPO (2021) World Intellectual Property Indicators 2021. World Intellectual Property Organization, Genf, Internet-Veröffentlichung. https://www.wipo.int/wipi. Zugegriffen: 28. Juni 2022

7 Die Erde wird zu klein – aber wir haben nur diese eine

▶ Unsere Lebensweise vor allem in den Industrieländern ist derzeit auf Kante genäht. Mit dem explosionsartigen Anstieg der Weltbevölkerung steigen ebenso die Probleme exponentiell an: Artensterben, Umweltverschmutzung, Klimawandel usw. Der Mensch hat keine natürlichen Feinde und muss daher für seinen Untergang selbst sorgen – und macht dabei große Fortschritte, auch dank Status-quo-Verzerrung und Boiling-Frog-Syndrom.

7.1 Düstere Zukunftsgemälde

Aktuell scheinen die Aussichten für die nähere und fernere Zukunft trotz des in Kap. 6 beschriebenen technischen Fortschritts bestenfalls ambivalent, für die meisten jedoch eher mit negativen Erwartungen behaftet zu sein. Und dies angesichts der bisherigen Entwicklungen nicht ganz ohne Grund. Ein Blick auf die aktuelle nationale und globale Situation – die sich bei kurzfristigen Themen bis zum Erscheinen dieses Buchs wieder geändert haben kann – bietet keinen Anlass zur Heiterkeit: Das dritte Jahr der Corona-Pandemie hat erneut gezeigt, dass das Problem immer noch nicht im Griff ist und neue Virusvarianten Katz und Maus mit uns spielen – seit 2022 sogar während der zunächst als sicher betrachteten Sommermonate. Der Rechtspopulismus in der westlichen Welt wird stärker, und die Demokratie als Staatsform hat einen immer schwereren Stand gegen autoritäre Regierungssysteme. Weltweite Korruption und Lobbyismus werden stärker; die soziale Ungleichheit wächst, anstatt zu sinken. Nicht zuletzt durch

Russland und China, die militärische Interventionen in Nachbarländern demonstrieren bzw. androhen, steigt die Gefahr einer weltweiten Eskalation – vom Pulverfass Naher und Mittlerer Osten gar nicht zu reden.

▶ **Tipp** Es gibt viele Gründe, den Kopf hängen zu lassen und sogar depressiv zu werden. Doch trotz aller Herausforderungen hat das Leben unheimlich viel Schönes zu bieten – das müssen Sie für sich entdecken und zu genießen lernen.

Doch scheinen die genannten Probleme nebensächlich verglichen mit den langfristigen Herausforderungen, mit denen die Menschheit konfrontiert ist: Umweltzerstörung, Klimawandel und Artensterben. Auch hierfür kennt die Verhaltensökonomik einen passenden Effekt, der in Abschn. 7.4 näher betrachtet werden soll: die *Tragik der Allmende*. Viele Zusammenhänge in Bezug auf die Nutzung der natürlichen Ressourcen werden bis heute nicht komplett verstanden. Dafür ignorieren andererseits gewisse Kreise selbst offensichtliche wissenschaftliche Erkenntnisse und weisen diese sogar zurück, etwa die menschengemachte Erderwärmung. Angesichts dieses doch eher trüben Ausblicks auf das weitere Leben unserer Spezies auf diesem Planeten scheint zunächst eine Definition angebracht, die in Zusammenhang mit dem Abschnittstitel steht:

▶ Eine **Dystopie** ist eine meist in der Zukunft spielende Erzählung, in der eine erschreckende oder nicht wünschenswerte Gesellschaftsordnung dargestellt wird. Die Dystopie ist ein Gegenbild zur positiven **Utopie**.

Häufig wollen die Autoren dystopischer Geschichten mit Hilfe eines pessimistischen Zukunftsbildes auf bedenkliche gesellschaftliche Entwicklungen der Gegenwart aufmerksam machen und vor deren Folgen warnen. Erste Ansätze finden sich hier bei E. T. A. Hoffmann (1776–1822). Die eigentliche Geschichte der Dystopien beginnt erst im Zeitalter der industriellen Revolution; als erster Vertreter im engeren Sinn wird Mary Shelleys Roman *Verney, der letzte Mensch* (1826) angesehen.

Die Zerstörung des Fortschrittsglaubens beginnt allmählich im letzten Drittel des 19. Jahrhunderts. Das lässt sich auf verschiedene Gründe zurückführen (vgl. Wikipedia 2022e):

- die technische Entwicklung in zuvor nie dagewesener, exponentiell steigender Geschwindigkeit
- die wachsende Zentralisierung von Ländern und den Machtverhältnissen darin
- generelle und kollektive Angstvorstellungen in den letzten zwei Jahrzehnten des 19. Jahrhunderts *(Fin de siècle)*
- die Grenzen räumlicher Expansion dadurch, dass fast alle bewohn- und bewirtschaftbaren Landflächen der Erde von Menschen, Unternehmen, Organisationen oder Regierungen besessen werden (vgl. Abschn. 6.4)

Es existieren zahlreiche literarische Werke über dystopische Gesellschaften. Eine solche ist oft charakterisiert durch eine diktatorische Herrschaftsform oder eine Form repressiver sozialer Kontrolle; die zentralen Elemente ähneln sich mehr oder weniger immer wieder. Bekannte Romane sind George Orwells *Nineteen eighty-four* (1949) sowie H. G. Wells' *Die Zeitmaschine* (1895). Letztgenannte relativ kurze Erzählung zeigt, wie stark die zum Zeitpunkt des Schreibens von Science-Fiction-Romanen herrschenden Umstände deren Inhalte beeinflussen. Bei seiner ersten Reise in die Zukunft erreicht der nicht mit Namen genannte „Zeitreisende" das Jahr 802.701 und findet mit den oberirdisch lebenden *Eloi* und den unterirdisch lebenden *Morlocks* zwei gegensätzliche Arten von Lebewesen, die sich im Verlauf von Jahrtausenden aus den beiden extremen Gesellschaftsklassen des viktorianischen Englands weiterentwickelt haben. Von dort aus reist er ganze 30 Millionen Jahre in die Zukunft, entdeckt nur noch einfache Lebewesen und erkennt, dass die Menschheit mittlerweile ausgestorben ist.

Auch bewegte Bilder mit dystopischen Inhalten haben es zu Bekanntheit gebracht; denken Sie nur an die Serie *Planet der Affen. Zurück in die Zukunft II* zeichnet das Bild eines völlig veränderten 1985, in dem weite Teile Kaliforniens in Armut, Korruption und Kriminalität versunken sind, nachdem der Fiesling Biff durch Wettgewinne zu einem reichen und mächtigen Mann geworden ist. Weitere dystopische Filmreihen sind *Mad Max,*

RoboCop und etwas aktueller *Die Tribute von Panem*. Viele Katastrophenfilme leben ebenfalls von derartig düsteren Zukunftsszenarien, etwa *The Day After Tomorrow* von Roland Emmerich aus dem Jahr 2004, der eindringlichen Warnungen vor einem dramatischen Klimawandel thematisiert: Innerhalb kürzester Zeit treffen nach dem Überschreiten eines Kipppunkts immer mehr meteorologische Alarmmeldungen aus aller Welt ein. Der nun auch schon fast zwei Jahrzehnte alte Film – seit dessen Veröffentlichung sich der Klimaschutz nicht wesentlich weiterentwickelt hat – trägt in den Bewertungen das fragwürdige Prädikat „Bester Katastrophenfilm zum Klimawandel". Platz 2 belegt übrigens *Eine unbequeme Wahrheit*, der Dokumentarfilm von Al Gore (2006), Platz 3 *Geostorm* (2017).

Doch auch im modernen Liedgut findet das Thema ein Forum. *Mein Freund, der Baum* ist eine Art Proto-Öko-Song. Erschienen 1968, noch viele Jahre, bevor die Grünen im deutschen Bundestag für Umweltthemen eintraten, legt Alexandra in der allegorischen Freundschaft zu „ihrem" Baum ihre Umweltbotschaft dar. Im selben Jahr veröffentlichten die Beatles auf dem Weißen Album *Mother Nature's Son*. *Beds are Burning* von Midnight Oil (1987), *Blackened* von Metallica (1988), Michael Jacksons *Earth Song* (1995) und *Time Is Ticking Out* von den Cranberrys (2002) sind nur einige von zahllosen Umweltsongs aus den nachfolgenden Jahrzehnten. Eines der Lieblingsstücke meiner Jugend, das die Idee von Wells' *Zeitmaschine* aufgreift und vertont präsentiert, wurde ebenfalls im Jahr 1968 aufgenommen, dem Jahr, in dem politisch und gesellschaftlich so viel passierte.

Beispiel: *Exordium & Terminus* – eine Dystopie

Das US-Gesangsduo Denny Zager und Rick Evans („Zager & Evans") brachte den Titel *In the year 2525*, der bereits 1964 geschrieben worden war, 1969 heraus. Ein apokalyptischer Folkrock-Song über die Beziehung des Menschen zur Technik und zur Erde, der sich zum weltweiten Millionenseller entwickelte. Es begann mit einer Anfangspressung von 1.000 Stück für ein kleines, unbekanntes Label, die Zager & Evans aus dem Kofferraum ihres Autos und an lokale Plattenläden verkauften. Nachdem einige lokale Radiostationen die Platte spielten und sie zum Sommerbeginn 1969 von RCA veröffentlicht wurde, explodierte der

Absatz. Der Single mit diesem One-Hit-Wonder mit dem Untertitel *Exordium & Terminus* (lateinisch für „Beginn und Ende") wurde bereits drei Wochen später eine goldene Schallplatte für eine Millionen verkaufte Exemplare verliehen.

Der visionäre Text ist eine Zeitreise durch die Zukunft der Menschheit und beginnt im Jahre 2525, falls es die Menschheit dann noch gibt. In den einzelnen Strophen finden sich Vorhersagungen zur Situation in den nächsten Jahrtausenden – im Gegensatz zur Zeitmaschine mit zukünftigen Zeiträumen von rund 800.000 bzw. 30 Millionen Jahren also halbwegs zeitnah und dennoch aus heutiger Sicht völlig überzogen. So werden im Jahre 3535 die Gedanken, Handlungen und Sprache des Menschen durch eine tägliche Pille programmiert, 5555 sämtliche Arbeiten von Maschinen übernommen. 7510 überlegt sich Gott, dass es Zeit für das Jüngste Gericht sei, und erst am nächsten Meilenstein – im Jahr 8510 – bewertet er, ob die Menschen sich vorbildlich verhalten haben oder er die Karten neu mischen soll. Nach zehn Jahrtausenden ist dann Schluss mit dem Menschen, denn es heißt im Lied: *„He's taken everything this old earth can give and he ain't put back nothing."* („Er hat der Erde alles genommen und nichts zurückgegeben.")

Das Thema schildert den Weltuntergang durch passive Inkaufnahme und übermäßige Abhängigkeit der Menschen von ihren ausgereiften Technologien, die die Menschheit letztlich entmenschlichen. In jeder Strophe ändert sich dieses Muster, auch musikalisch steigert sich die Tonart jeweils um eine halbe Stufe. Mit dem Licht am Ende des Tunnels *(„The twinkling of starlight")* sollte zum Ende Hoffnung gegeben werden. (vgl. Wikipedia 2022g und dort aufgeführte Quellen)

In the year 2525 hat sich auf einer Liste von 165 Songs der Medienholding Clear Channel Communications wiedergefunden, die nach den Terroranschlägen vom 11. September 2001 von ihren 1.200 Rundfunkanstalten nicht mehr gespielt werden durften. Die auf dieser Liste enthaltenen Titel wurden als unpassend (*„questionable"* in der Originalmitteilung) empfunden – ebenso wie *Lucy in the Sky with Diamonds,* John Lennons *Imagine* und Kansas' *Dust in the Wind,* die an anderer Stelle im Buch (Abschn. 1.5, 6.4, 7.6) ebenfalls ihre Würdigung finden. (Wikipedia 2022d) ◄

7.2 Exponentielles Bevölkerungswachstum

Blicken wir zehn Jahrtausende – anders als in *Exordium & Terminus* – in die Vergangenheit, finden wir uns in einer entscheidenden Phase für die menschliche Entwicklung wieder. Vor etwa 10.000 Jahren setzte sich der Homo sapiens wie in Abschn. 6.2 berichtet als alleinige Menschenart durch. In diesem Zeitraum wäre er, bedingt durch Eiszeiten und andere Katastrophen, mehrmals fast ausgestorben. Nach der Theorie des *genetischen Flaschenhalses* erlitt der moderne Mensch den für seine Existenz bedrohlichsten Rückgang seiner Bevölkerung vor 75.000 Jahren, als sich nach dem Ausbruch des Supervulkans Toba (Sumatra) weltweit nur geschätzt 1.000 bis 10.000 Menschen retten konnten. Danach verbreitete er sich von Afrika aus über alle anderen Kontinente. Gegen Ende der letzten Kaltzeit vor 10.000 Jahren lebten dann etwa 5–10 Millionen Menschen weltweit.

Erst langsam, dann immer schneller

Zugute kam unserer Spezies wie gehört der signifikante Umbruch der *landwirtschaftlichen Revolution* (auch als „Agrarrevolution" bezeichnet) um 10.000 v. Chr., der Sesshaftwerdung durch den Übergang der Jäger und Sammler zur Agrargesellschaft. Dadurch verbesserte sich zwar das Nahrungsangebot und wurde über das Jahr besser planbar, jedoch mit den Folgen von Bodenübernutzung sowie einer deutlich höheren Vermehrungsrate. Mit dem Aufkommen von Vorratshaltung und Tauschnetzwerken erfolgte der Aufstieg des Menschen an die Spitze der Nahrungskette. Seit damals nahm die menschliche Bevölkerung immer schneller zu. Die erste Milliarde wurde 1804 erreicht, die achte wird für November 2022 erwartet (countrymeters 2022, UN 2022):

1 Milliarde – 1804
2 Milliarden – 1927 (innerhalb von 123 Jahren)
3 Milliarden – 1960 (innerhalb von 33 Jahren)
4 Milliarden – 1974 (innerhalb von 14 Jahren)
5 Milliarden – 1987 (innerhalb von 13 Jahren)
6 Milliarden – 1999 (innerhalb von 12 Jahren)

7 Milliarden – 2011 (innerhalb von 12 Jahren)
8 Milliarden – 2022 (innerhalb von 11 Jahren)

Die Vereinten Nationen prognostizieren heute, dass 2050 etwa 9,7 Milliarden und im Jahr 2100 rund 10,9 Milliarden Menschen auf dem Globus leben werden. Wie die Erdbevölkerung ist auch die Bevölkerungszahl in Deutschland mit Ausnahme von Kriegszeiten nahezu kontinuierlich angewachsen. Seit Mitte der 1990er-Jahre stagniert sie jedoch – entscheidend gestützt durch Zuwanderung – und lag Ende 2021 bei 83,2 Millionen.

Die nach Schätzungen im Herbst 2011 lebenden 7 Milliarden Erdbewohner entsprachen mehr als 6 % der zu diesem Zeitpunkt rund 110 Milliarden jemals geborenen modernen Menschen; über 100 Milliarden waren somit in der Vergangenheit einschließlich der Steinzeit gestorben. Die frühen Menschen spielen in der Gesamtzahl jedoch nur eine untergeordnete Rolle. Trotz der langen Zeitspanne, der geringen Lebenserwartung und entsprechend hohen Geburtenraten entfällt auf den Zeitraum bis zum Beginn der Sesshaftwerdung vor etwa 10.000 Jahren nur rund 1 % der Gesamtzahl, während mehr als die Hälfte allein in den letzten 2000 Jahren lebte. (Wikipedia 2022m, 2022p)

Grafische Darstellung

Trägt man das Bevölkerungswachstum über die Zeit auf einer linearen Skala auf (Abb. 7.1, obere Grafik, gestrichelte Linie), sieht man über viele Jahrtausende nahezu keinen Trend und dann mit Beginn der industriellen Revolution einen explosionsartigen Anstieg. Eine solche Kurve ist charakteristisch für *exponentielles Wachstum,* dem kognitiv schwer erfassbaren mathematischen Phänomen, das in Pandemiezeiten bei R-Werten über 1,0 vorliegt und uns ebenfalls beim Mooreschen Gesetz in Abschn. 6.3 bereits begegnet ist. Beim Bevölkerungswachstum verhält es sich ähnlich wie bei der Zinseszinsrechnung, das wurde ebenfalls schon erwähnt: Mit konstanten Wachstumsraten geht es immer schneller, wie der Zeitraum von 1800 bis 1970 in dramatischer Weise gezeigt hat (Abb. 7.1 Mitte). Dieser Zeitraum wird von hyperexponentiellem Wachstum durch additive Überlagerung mehrerer Exponentialverteilungen geprägt, weshalb man mitunter auch von „Bevölkerungsexplosion“ spricht.

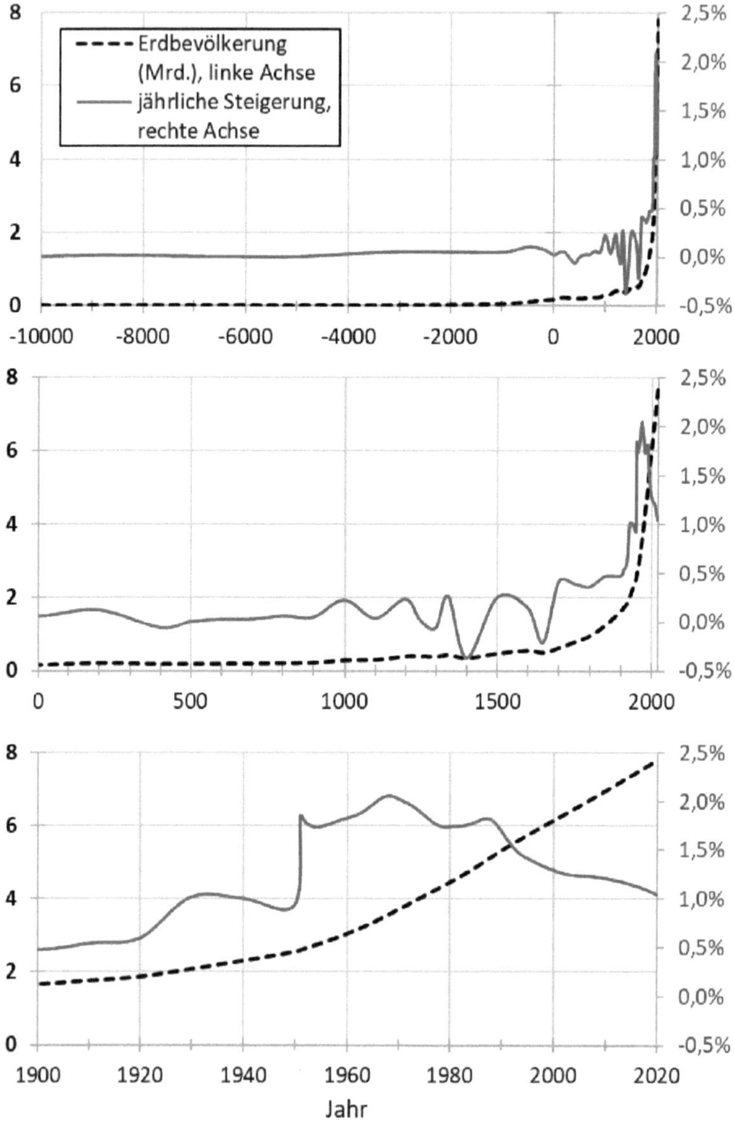

Abb. 7.1 Historische Entwicklung der Erdbevölkerung und prozentuale jährliche Steigerung während der letzten 12.000, 2.000 und 120 Jahre. Kurven geglättet. Daten bis 1940 siehe US Census Bureau 2011, Wikipedia 2022f; ab 1950 siehe UN 2019

▶ Das stetige Wachstum der Erdbevölkerung und der nationalen Populationen, mitunter im exponentiellen Bereich, ist ein äußerst anschauliches Beispiel für Boiling-Frog-Syndrom und Creeping Normalcy (vgl. Kuhlemann 2019) und führt zwangsläufig in die Katastrophe.

Hochrechnungen zum Bevölkerungswachstum gehen für die Frühzeit von sehr geringen mittleren jährlichen Raten (Abb. 7.1, durchgezogene hellere Linien) deutlich unterhalb von 0,05 % aus, was zu einer Verdopplung innerhalb von mehreren tausend Jahren geführt hätte. In der Antike stieg die Wachstumsrate erstmals merklich an. (Zur Zeitenwende lebten etwa 69 % der Weltbevölkerung in Asien, 2020 waren es 70 %.) Nach Stillstand im ersten Jahrtausend n. Chr. begann das Wachstum im Hochmittelalter erneut, erlitt im Spätmittelalter jedoch mehrere Einbrüche durch Pest, Pocken und andere Seuchen. Die Wachstumsraten schwankten zwischen 0,4 % und –0,4 %. (Die zugrunde liegenden absoluten Bevölkerungszahlen sind allerdings mit großen Unschärfen behaftet.)

Im 20. Jahrhundert stieg der weltweite jährliche Zuwachs zunächst auf über 1 % und erreichte – nach Zweitem Weltkrieg und einem signifikanten Einbruch durch eine Hungersnot in China 1958–1962 (Folge des *Great Leap Forward*, des „Großen Sprungs nach vorn" im zweiten Fünfjahresplan)[1] – gegen Ende der 1960er-Jahre das bisherige Maximum von gut 2 %. Wegen Antibabypille und Chinas Ein-Kind-Politik ab 1970 sank die Rate von zuvor etwa 1,75 % seit 1990 kontinuierlich auf 1,0 % im weltweiten Durchschnitt, was zu einem linearen Wachstum geführt hat. Aktuell liegt das Bevölkerungswachstum nur noch bei schätzungsweise 0,8 %.

Es wird langsam eng

Um Ihnen diese Größenordnung vor Augen zu führen: Die aktuelle jährliche Zunahme an Erdenbürgern entspricht der Bewohnerzahl Deutschlands (die wiederum für 2 % des Weltenergieverbrauchs verantwortlich sind). Während die Bevölkerungszahl in den Industrieländern nahezu stagniert, steigt sie in den Entwicklungs- und Schwellenländern (mit Ausnahme

[1] Die Zahl der Opfer dieser durch politisches Unvermögen herbeigeführten Katastrophe wird auf 14–55 Millionen Menschen geschätzt, was sie zur tödlichsten Hungersnot in der Geschichte macht.

Chinas) jedes Jahr um rund 1–2 %. Zur Verdeutlichung sollte noch erwähnt werden, dass bei einem jährlichen Bevölkerungswachstum von 1,0 % nach 70 Jahren eine Verdopplung erfolgt, bei 2,0 % bereits nach 35 Jahren.

Humanae Vitae

Im Gegensatz zu China, Russland und drei NATO-Ländern, aber auch Israel, Indien und Pakistan besitzt der Vatikan bekanntlich keine Nuklearwaffen. Doch sein bevölkerungspolitischer Einfluss ist deshalb nicht unbedingt geringer: Der Heilige Stuhl in Rom und die ihm untergeordnete katholische Kirche bedienen sich stattdessen sehr effizient der Waffe des geschriebenen Wortes. Da wäre zunächst das Alte Testament: Im 1. Buch Mose liest man zweimal „Seid fruchtbar und mehret euch" (1:28, 9:1) – damals war halt noch ein gewisser Nachholbedarf vorhanden, sowohl zu Beginn der Schöpfungsgeschichte als auch nach der Sintflut. Für Juden und für Christen gilt Kinderreichtum als Zeichen göttlicher Zuwendung und als Lohn für ein gottgefälliges Leben.

Mit der Enzyklika *Humanae Vitae* legte der im Gegensatz zu seinem Vorgänger Johannes XXIII. erzkonservative Papst Paul VI. am 25. Juli 1968 als Reaktion auf die Antibabypille allerdings noch einmal entscheidend nach. In diesem päpstlichen Rundschreiben begründete er, warum Katholiken keine künstlichen Verhütungsmittel wie Pille oder Kondom nutzen sollen. In Deutschland wurde die kirchliche Lehrmeinung zwar zur Kenntnis genommen, in der Realität von der Mehrheit der Gläubigen jedoch weitgehend ignoriert. Ganz anders verlief die Entwicklung in großen Teilen Asiens und besonders in Afrika. Die Bevölkerungsexplosion in zahlreichen afrikanischen Staaten hängt damit zusammen, dass sich die katholische Kirche mit dieser Enzyklika sehr eindeutig gegen die Empfängnisverhütung ausgesprochen hat. (Jehle 2018)

Seit 1968 hat sich in dieser Denkweise auf Seiten der Seelenhirten nicht viel geändert. Auch der heutige Papst Franziskus wehrt sich gegen Kritik an der Position der katholischen Kirche in Verhütungsfragen. Die Ablehnung von Kondomen und der Antibabypille bedeutet nach Meinung des Kirchenoberhaupts nicht, sich unkontrolliert fortpflanzen zu müssen. „Manche Menschen glauben – entschuldigen Sie den Ausdruck –, dass sich gute Katholiken wie Karnickel vermehren müssen", sagte der Papst auf dem Rückflug von den Philippinen in Januar 2015, wie mehrere Medien berichteten. Der UN-Konferenz zur Begrenzung des Bevölkerungswachstums im November 2019 in Nairobi blieb der Vatikan gleich ganz fern.

Es ist inzwischen – mit oder ohne Zutun der katholischen Kirche – recht eng geworden auf unserem Planeten Erde, und Rückzugs- und Ausweichräume wie in früheren Zeiten der Völkerwanderung existieren nicht mehr. Noch im 13. Jahrhundert hatten wenige Hunderttausend Mongolen nahezu unendlich viel Platz in der asiatischen Steppe und fielen von Zeit zu Zeit in China und im Mittleren Osten ein. Das leidgeprüfte Volk der Juden hingegen war bereits in der ersten Hälfte des 20. Jahrhunderts mit Schwierigkeiten konfrontiert, eine neue Heimstadt zu finden – und siedelte sich mit Hilfe der Vereinten Nationen in Palästina an (siehe Abschn. 7.3). Das Privileg einer derartigen Lobby genießt das Volk der moslemischen Rohingya (Abschn. 5.6) leider nicht und sitzt trotz versuchtem Genozid durch die Armee Myanmars zwischen allen Stühlen und weiß nicht wohin. Ähnlich geht es traditionellen wandernden und fahrenden Völkern wie den Tuareg und Beduinen in Maghreb und Levante oder den Sinti und Roma in Europa.

Wie die Corona-Pandemie und die Halbleiter-Miniaturisierung wird auch das Wachstum der Erdbevölkerung – allerdings aus anderen Gründen, auf die ich später näher eingehe – nicht beliebig weitergehen können. Doch zuvor möchte ich den Faden der wandernden Menschen und Völker aufgreifen und die damit verbundenen Rahmenbedingungen näher betrachten.

7.3 „Völkerwanderung“: früher wie heute nicht aufzuhalten

Das oben geschilderte Bevölkerungswachstum und das damit verbundene Streben (um nicht zu sagen: die Gier) nach zusätzlichen Ländereien und Ressourcen bringt einen schnell zum Begriff „Völkerwanderung“. Wer in der Schule aufgepasst (oder sich bei Wikipedia schlaugemacht) hat, weiß, dass als *Völkerwanderung im engeren Sinne* die Migration germanischer Gruppen in Mittel- und Südeuropa im 4. bis 6. Jahrhundert bezeichnet wird. Daneben kennt man noch den Begriff der *Dorische Wanderung* (auch „Griechische Völkerwanderung“), die ab etwa 1200 v. Chr. stattgefunden haben soll. Allerdings wird die Einwanderung großer, geschlossener dorischer Verbände zu dieser Zeit nach Griechenland inzwischen von Experten bezweifelt. Da der Übergang von der spätmykenischen zur protogeometrischen Epoche vielerorts fließend war, handelte es sich dabei vermutlich um eine unkoordinierte Zuwanderung über einen längeren Zeitraum, die wohl nicht grundsätzlich gewalttätig verlief.

Dieser Sachverhalt dürfte auch auf zahlreiche andere Migrationen größerer ethnischer Gruppen zutreffen: Nach heute vorherrschender Einschätzung der meisten Historiker und Archäologen ist die Theorie von wandernden Völkern, die ihren Besitz zusammenpackten und sich mehr oder weniger komplett auf den Weg in ein fremdes Staats- oder Stammesgebiet machten, wissenschaftlich nicht haltbar.[1] Entscheidend ist dabei auch, wie der Begriff „Volk" definiert wird. (Wikipedia 2022o)

Hierzu wieder etwas aus der Geschichte in Verbindung mit meiner eigenen Biografie und dem Titelthema. Allerdings muss ich dabei erneut etwas weiter ausholen.

Beispiel: Semesterferien in Israel

Menschen jüdischen Glaubens sind bereits an unterschiedlichen Stellen des Buchs aufgetaucht, wobei gerade die lange Leidensgeschichte mit Verschwörungstheorien, Vertreibung und Völkermord im Vordergrund gestanden hat (Abschn. 4.2, 5.5). Wie vielen meiner Altersgenossen ging es auch mir so, dass ich große Sympathien für den neugegründeten Staat Israel empfand, vor allem seine heroischen Verteidigungskämpfe gegen die übermächtigen arabischen Armeen. Führungsfiguren wie Ben Gurion, Golda Meir und Moshe Dajan habe ich damals bewundert, Werke von Leon Uris *(Mila 18, Exodus)* und dem Satiriker Ephraim Kishon (der allein dem Kampf „David gegen Goliath 1967" drei Geschichtenbände widmete) als Leser verschlungen.

Kishon schrieb seinerzeit: „Israel ist ein so kleines Land, dass man auf den meisten Landkarten und Globen seinen Namen nicht einmal voll ausschreibt. Fast immer heißt es »Isr.«, und schon aus diesem Grund fällt es uns so schrecklich schwer, die im Sechstagekrieg besetzten Gebiete aufzugeben. Sie würden endlich Platz für das bisher fehlende

[1] Deshalb steht der Begriff in der Überschrift in Anführungszeichen.

»-ael« schaffen.“ (Kishon 1971, Covertext; zur Relativierung siehe auch Körner 2019) Eine völkerrechtlich absurde und aus heutiger Sicht zynisch klingende Begründung, die einem Satiriker jedoch – zu Recht – zugestanden werden muss.

Während meiner Studentenzeit Ende der 1970er-/Anfang der 1980er-Jahre war ich mehrfach in Israel zu Gast und arbeitete als Freiwilliger in verschiedenen Kibbuzim. Die Sinai-Halbinsel war zunächst noch unter israelischer Kontrolle: ein herrliches Ausflugsgebiet zum Campen und Schnorcheln[1] und noch nicht wie heute Rückzugsort für Verbrecher, Terroristen und bis mindestens 2013 Menschenhändlern (z. B. Weisflog 2021). Westbank und Golanhöhen konnten problemlos bereist werden (nicht jedoch der damals schon gefährliche Gazastreifen). Ich hatte Kontakt zu Israelis und Palästinensern und war mir der Zwangslage bewusst, in der beide Seiten steckten. Eine typische Catch-22-Situation.

Im Frühsommer 1982 – während des Libanonkriegs – hielt ich mich in einem Kibbuz im Norden Israels auf und bekam mit, wie die Armeelaster und Panzer die Gegend passierten und die Kampfjets das Gebiet regelmäßig überflogen. Es war unter der rechtsgerichteten israelischen Regierung von Menachem Begin und Verteidigungsminister Ariel Scharon der erste größere arabisch-israelische Konflikt, den Israel begann, ohne dass seine Existenz unmittelbar bedroht war. (Wikipedia 2022i) Wegen des von Israel zu verantwortenden Massakers in den palästinensischen Flüchtlingslagern Sabra und Schatila[2], der Siedlungspolitik in den besetzten bzw. annektierten Gebieten, dem deutlichen Rechtsruck in der Politik sowie des 2018 verabschiedeten Nationalitätengesetz ist mein emotionales Verhältnis zum Staat Israel inzwischen merklich abgekühlt. Trotzdem stehe ich nach wie vor hinter dem jüdischen Volk und dem jüdischen Glauben, akzeptiere das Selbstverteidigungsrecht Israels und halte die Erinnerung an die Shoah für extrem wichtig („Nie wieder!“). ◄

---

[1] Bei einem weiteren Besuch nach der Rückgabe des Gebiets an Ägypten war bereits 1984 zu sehen, wie stark die israelische Infrastruktur gelitten hatte und dass viele Korallenriffe zerstört waren.

[2] Die Zahl der arabischen Opfer konnte nicht geklärt werden, wird aber je nach Quelle mit 460 bis 3.000 angegeben.

▶ **Tipp** Vom früheren israelischen Präsidenten Schimon Peres (1923–2016) stammt angesichts der Gewalt im Nahen Osten die weise Erkenntnis, wonach ein Problem, zu dem es keine Lösung gibt, vielleicht gar kein Problem ist, sondern einfach eine Tatsache. Etwas, das man nicht beseitigen kann, sondern mit dem man umgehen muss, so gut es eben geht. (nach Wetzel 2022) Darüber sollten alle Beteiligten nachdenken – im Nahen Osten und anderswo.

Hintergründe des Palästina-Konflikts

Der Palästina-Konflikt hat eine Tradition, die bereits viel älter ist als die Unabhängigkeitserklärung und der folgende Befreiungskrieg des Staates Israel 1948. *Alija* ist ein Begriff aus der Bibel und bezeichnet im Judentum seit dem babylonischen Exil die Rückkehr von Juden ins Land Israel. Teilnehmer einer Alija heißen auf Hebräisch *Olim*. Bereits im 12. bis 17. Jahrhundert trafen einzelne Gruppen von meist verfolgten Juden in Palästina ein, die aus unterschiedlichen europäischen Staaten, der Türkei und Nordafrika stammten. Ab dem 18. Jahrhundert wurde die Ankunft von jeweils einigen tausend Menschen registriert; 1860 lebten etwa 12.000 Juden in Palästina. Mit der Entstehung des politischen Zionismus im 19. Jahrhundert kam es ab 1882 zu größeren unterscheidbaren Einwanderungswellen nach Palästina bzw. seit 1948 nach Israel: zunächst aus Russland und Polen, ab den 1930er-Jahren vor allem aus NS-kontrollierten Ländern. Neben den Pogromen in Russland und der Shoah stellte auch die uralte Sehnsucht der Juden nach ihrem historischen Heimatland einen wichtigen Grund dar.

Jüdische Vereine kauften palästinensisches Land auf; dieses wurde ausschließlich an Juden verpachtet mit der Bedingung, dass lediglich Glaubensbrüder auf diesem Land arbeiten durften. Dadurch wurden viele arabische Bürger der Unterschicht aus ihren Heimatstätten gedrängt. Schätzungsweise 200.000 Juden immigrierten legal und 115.000 illegal nach Palästina; weitere 51.000 wurden von der britischen Mandatsverwaltung bis zur Unabhängigkeit des Staates Israel auf Zypern festgehalten. Die jüdische Bevölkerung in Palästina stieg bis 1948 auf 650.000 Juden an. (Wikipedia 2022a und dort aufgeführte Quellen)

Dass dies nicht ohne Konflikte zwischen den Volksgruppen ablief, liegt auf der Hand. Die britische Mandatsregierung spielte dabei eine äußerst fragwürdige Rolle: Während des Ersten Weltkrieges hatten die Briten den palästinensischen Arabern garantiert, dass sie ein unabhängiges Königreich gründen könnten. Gleichzeitig bestand eine Zusage an die Zionisten für die Gründung eines jüdischen Staats in Palästina. Beide (nicht gleichzeitig erfüllbaren) Zugeständnisse sollten dafür sorgen, dass die jeweiligen Bevölkerungsgruppen den Briten ihre Unterstützung garantierten. Während des Zweiten Weltkriegs weiteten sich die Konflikte in Palästina immer weiter aus, und es kam zu häufigeren Angriffen der zionistischen Terrorgruppen, unter anderem unter Mitwirkung des späteren Ministerpräsidenten Menachem Begin, der in das Massaker von Deir Yasin verwickelt war. (StudySmarter o. J.)

► „Völkerwanderung“ im Sinne der gerichteten Bewegung von Einzelpersonen und Gruppen gleicher Ethnie (siehe oben) lässt sich nicht aufhalten. Araber und Briten sind während der Mandatszeit dem Boiling-Frog-Syndrom erlegen – ebenso wie die heutige Weltgemeinschaft angesichts des zunehmend problematischen, völkerrechtswidrigen Verhaltens der konservativen israelischen Regierungen unter Benjamin Netanjahu und seiner Nachfolger. Die momentane Gemengelage und die verhärteten Positionen der Beteiligten sind geprägt vor der Status-quo-Verzerrung.

Israel versucht, das Westjordanland mit einer über 700 km langen (völkerrechtlich illegalen) Mauer zu schützen. Dabei zeigt die Geschichte, dass Mauern noch nie Eindringlinge und Flüchtlingsströme effektiv aufhalten konnten. Schon die Reiche des Altertums wandten immense Mittel auf, ihre Grenzen gegen unerwünschte Eindringlinge zu schützen. Die Wirkung von Roms Limes oder Chinas Großer Mauer blieb allerdings ebenso überschaubar wie die des Hadrianswalls in Nordengland – oder in unserer Zeit der Sicherungsmaßnahmen an den EU-Außengrenzen.

Migration in der Gegenwart

In verschiedenen außereuropäischen Großregionen baut sich heute ein zunehmender Migrationsdruck auf. Dabei kündigen Migrationsforscher schon seit den 1990er-Jahren Wanderungsbewegungen des aktuell beobachteten Ausmaßes aus dem globalen Süden an und fordern eine gezielte

Einwanderungspolitik sowie eine Bekämpfung der Fluchtursachen nach Europa. Die Gründe sind vielgestaltig und betreffen vor allem tiefgreifende wirtschaftliche Umstrukturierungen, ökologische Zerstörung und eine Ausplünderung, an der auch die westliche Welt in den ehemaligen Kolonien nach wie vor maßgeblich beteiligt ist. Hinzu kommen rapides Bevölkerungswachstum und die resultierende Verschlechterung von Existenzbedingungen, Lebens- und Überlebenschancen. Dem gegenüber präsentieren die in diesen Ländern verfügbaren elektronischen Medien und insbesondere die internationalen TV-Programme attraktiv wirkende Gegenwelten im globalen Norden.[1] (Chatzoudis 2015)

Dass sich Flüchtende aus Krisengebieten nicht mit dem Status quo abfinden und oft unter Lebensgefahr versuchen, in ein Land zu gelangen, das ihnen eine bessere oder zumindest Überlebenschance bietet, zeigt deutlich, woran es im globalen Zusammenleben hapert.[2] Es gibt Ignoranz und Hegemoniestreben der Großmächte (und kleinerer Staaten gleichwohl), Stellvertreterkriege, Waffenlieferungen und die Unterstützung einzelner Kräfte in Kampfgebieten, Selbstbereicherung, Korruption, Terror, Unterdrückung und Machtmissbrauch – pauschal betrachtet gefährdet die Menschheit damit nicht nur ihre Weiterentwicklung, sondern ihre zukünftige Existenz. Die Zeiten sind vorbei, in denen es lediglich um die gemeinsame Nutzung einer Gemeindewiese ging. Aber das Prinzip ist dasselbe, wie der nächste Abschnitt zeigt.

7.4 Die Tragik der Allmende: unser Untergang?

Evolutionäres Erbe und kulturelle Prägung des Menschen machen es uns schwer, angemessen auf Gefahren zu reagieren, deren Auswirkungen wir

[1] ... ähnlich wie es das Westfernsehen bis zum Mauerfall mit seiner Ausstrahlung auf DDR-Gebiet gemacht hat

[2] Im Rahmen der Fluchtbewegung aus der Ukraine nach Westen wurde (wie in Abschn. 3.3 bereits erwähnt) vielfach bemerkt, dass ein Unterschied zwischen Flüchtenden aus „weißen" Ländern und dem globalen Süden gemacht wird. Mit dem Ukraine-Krieg verschwanden die verzweifelten Syrer, Afghanen und andere an den belarussisch-polnischen, belarussisch-litauischen oder türkisch-griechischen Grenzen schnell aus den Medien.

noch nicht direkt spüren. Demokratisch und pluralistisch organisierte moderne Rechtsstaaten haben mitunter Probleme, auf globale Krisen und neue Herausforderungen und Bedrohungen – wie die Corona-Pandemie – konsequent zu reagieren und geforderte Maßnahmen durchzusetzen, „weil wir zu spät in die Gänge kommen" (Billig 2021). Und dies trifft ebenso auf den Umgang mit Ressourcen zu, die der Menschheit pauschal zur Verfügung stehen: Umwelt, Meere und Weltall.

Umgang mit globalen Ressourcen

Diese werden *Global commons* genannt und sind der gesamten Menschheit zustehendes Allgemeingut. Während beispielsweise Umweltsünden im kommerziellen Sektor in Deutschland heute teilweise als Straftaten bewertet werden, muss jeder Einzelne Zuwiderhandlungen gegen ökologisch vorbildliches Verhalten meist nur mit seinem eigenen Gewissen ausmachen.

Auch wenn Umwelt- und Klimakiller wie DDT zur Unkrautbekämpfung, FCKW in Sprühdosen, Plastiktüten und Glühbirnen inzwischen verboten sind (jedoch viele andere Schadstoffe und Problemgüter nicht), stellt sich die Frage, wie viel Zeit einzelnen Ländern und der Staatengemeinschaft als Ganzes noch bleibt, weiches ökologisches Bewusstsein in harte Vorgaben umzusetzen. Immerhin hat Deutschland mit einer Änderung des Grundgesetzes 2002 die Weichen gestellt (vgl. Wikipedia 2022c), und 2021 erklärte das Bundesverfassungsgericht das Klimaschutzgesetz der Bundesregierung mit Verweis auf eben jene Generationengerechtigkeit als in Teilen verfassungswidrig (BVG 2021). Auch anderswo sind zarte Pflänzchen der Hoffnung zu erkennen: Nachdem während der Olympischen Sommerspiele 2008 in Beijing nur mit zweimonatigen zwangsweisen Fabrikschließungen einigermaßen klare Sicht herzustellen war, wird inzwischen ohne zusätzliche Maßnahmen an vielen Tagen in der chinesischen Hauptstadt blauer Himmel gesichtet (Eyssel 2022). Auch das Ozonloch schließt sich langsam. Dafür wimmelt es inzwischen im Meer von Plastik und im Weltraum von umherfliegendem Schrott, der durch absichtlich zerstörte Satelliten immer zahlreicher und für Objekte wie Orbitstationen und Raumschiffe immer gefährlicher wird. Dennoch ist geplant, in den nächsten Jahren hunderttausende weiterer staatlicher und privater Kommunikationssatelliten in den Orbit zu schießen.

Abb. 7.2 Für die Stromversorgung werden regenerative Quellen benötigt

> „Der Staat schützt auch in Verantwortung für die künftigen Generationen die natürlichen Lebensgrundlagen und die Tiere im Rahmen der verfassungsmäßigen Ordnung durch die Gesetzgebung und nach Maßgabe von Gesetz und Recht durch die vollziehende Gewalt und die Rechtsprechung."
>
> *Grundgesetz für die Bundesrepublik Deutschland, Artikel 20a*

Leben im Anthropozän

Die Tragik der Allmende *(Tragedy of the Commons)* habe ich an anderer Stelle bereits angesprochen (Wenski 2022, S. 252). Doch ist dieser kognitive Irrtum, der in unmittelbarem Zusammenhang mit der Tyrannei der kleinen Entscheidungen steht (siehe Abschn. 2.5), für die gesamte Menschheit so weitreichend, dass er auch hier – im Kontext mit dem Boiling-Frog-Syndrom – nicht fehlen darf. Unter „Allmende" versteht man gemeinschaftliches Eigentum im weitesten Sinne, ursprünglich eine Art Gemeindewiese oder Weideland, auf der das Vieh der Bewohner gemeinsam grasen kann. Die „Tragik" steht für ein sozialwissenschaftliches Modell, nach dem frei verfügbare, aber begrenzte Ressourcen nicht effizient genutzt werden und durch Übernutzung bedroht sind, was auch die Nutzer selbst bedroht. (Hardin 1968) Was den polynesischen Bewohnern der Osterinseln widerfahren ist (Abschn. 2.3), könnte mittelfristig unserer gesamten Spezies blühen.

> „Alte Gedanken. Dieselbe unlösbare Gleichung wie immer. (...) Der Mensch ist die einzige Spezies, die keine natürlichen Feinde hat, deshalb fällt es in unsere Verantwortung, uns selbst zu vernichten. So weise ist die Natur eingerichtet."
> *Håkan Nesser* (2021, S. 412)

Evolutionsbiologen wie der britische Forscher Nick Longrich gehen jedoch nicht davon aus, dass der Homo sapiens komplett vom Aussterben bedroht ist, wenn die Temperatur um ein paar Grad steigt oder sonstige menschengemachte Einflüsse Überhand nehmen. Zwar würde das Leben bedeutend unangenehmer werden als unser heutiges, doch selbst wenn aufgrund der besonderen Fähigkeiten des Menschen nur 1 % überleben würde, wären dies immer noch fast 80 Millionen, die sich auf die Welt verteilen und in geeigneten Nischen ansiedeln würden. (Reich 2022)

Die Menschheit hat die Erde bereits so stark verändert, dass ein neues Erdzeitalter, das *Anthropozän* („das menschliche Neue"), begonnen hat. Besitztumseffekt und Verlustaversion bilden die Grundlage für Status-quo-Verzerrung und Boiling-Frog-Syndrom und sind als psychologische und ökonomische Fehleinschätzungen dafür verantwortlich, dass die Menschheit sehenden Auges in die damit verbundenen Probleme und eine ungewisse Zukunft hineinstolpert. Als eine mögliche Ursache dafür wird das *anthropozentrische Denken* des Menschen angesehen. „Der Mensch ist das Maß aller Dinge", soll schon der griechische antike Philosoph Protagoras gesagt haben. Einige Experten halten das anthropozentrische Denken für naturgegeben, für eine Implikation dessen, was dem Menschen in seiner biologischen Evolution widerfahren ist. Andere wiederum sehen darin eine Verirrung, die in einer bestimmten Kultur ihre Ursache hat, beispielsweise einer bestimmten religiösen Lehre geschuldet ist („machet euch die Erde untertan") (Trepl 2014).

Insbesondere aus der Vogel- bzw. Satellitenperspektive sind die Begleiterscheinungen des Anthropozäns offensichtlich. War zu Zeiten des amerikanischen Apollo-Programms lediglich die Chinesische Mauer aus dem Weltraum sichtbares Manifest menschlichen Wirkens, stehen heute großräumige landschaftliche Veränderungen im Vordergrund: massive Urwaldrodung, Gletscherschwund, Rückgang des Packeises und Ozonloch. Außerdem die sukzessive Austrocknung großer Wasserreservoire durch Bewässerungsprojekte, denn die fortschreitende Trockenheit stellt in zunehmend ariden Gebieten der Erde für Mensch und Umwelt ein viel größeres Problem dar als in Deutschlands trockenen Regionen wie Franken oder Brandenburg. Obwohl auch bei uns die Probleme zunehmen.

Beispiel: Durststrecke

Der Wasserverlust der großen Binnenseen zeigt sich dramatisch am Beispiel des zwischen Kasachstan und Usbekistan gelegenen Aralsees: Mit einer Wasserfläche so groß wie Bayern war er früher der viertgrößte See der Erde. Für Baumwollplantagen wurde soviel von seinen Zuflüssen abgezweigt, dass 80 % des Wassers verloren gingen und neue, von Umweltgiften belastete Salzwüsten entstanden sind. (Gerst und Abromeit 2021, S. 181; Wikipedia 2022b) Ähnliches gilt für den Tschadsee, ebenfalls ein abflussloser Binnensee, der einst so groß wie Mecklenburg-Vorpommern war, dessen Fläche seit 1963 jedoch um mehr als 90 % geschrumpft ist, was auch als eine Folge der globalen Erwärmung gesehen wird (Wikipedia 2022l).

Der berühmte Große Salzsee in Utah (USA) ist nach der schlimmsten Dürre seit 1200 Jahren auf den niedrigsten jemals gemessenen Wert gesunken, nachdem der Wasserspiegel seit den 1980er-Jahren bereits um zwei Drittel zurückgegangen ist. Der See könnte zu einer der größten Staubquellen in Nordamerika werden; das Ökosystem befindet sich nach Einschätzung von Experten am Rande des Zusammenbruchs. (Baumgarten 2022)

Der Grund für die Austrocknung des Toten Meeres ist vor allem die Wasserentnahme aus dem Jordan, dessen einzigem Zulauf. Syrien, Jordanien und Israel zweigen aus dem Fluss Wasser für die Trinkwasserversorgung und die Landwirtschaft ab: Der Jordan verliert dadurch 95 % seines Wassers, bevor er ins Tote Meer mündet. Folge: Der Wasserspiegel des Salzsees sinkt jedes Jahr um einen ganzen Meter.

(Aßmann 2017, Wikipedia 2022k) Auch das Kaspische Meer, ebenfalls ein Salzsee und größter See der Erde, schrumpft durch die Wasserentnahme zu Bewässerungszwecken an seinen wenigen Zuflüssen enorm, und die Verdunstungsrate ist dramatisch (Wikipedia 2022h). Würde er nicht künstlich aufgestaut, würde es dem Victoriasee, dem zweitgrößten Süßwassersee der Erde, ebenso ergehen (Wikipedia 2022n).

Doch wir brauchen gar nicht so weit zu gucken: Auch Deutschland trocknet langsam, aber sicher aus. Der jährliche Wasserverlust von 2,5 km^3 ist beträchtlich; damit gehört unser Land zu den Regionen mit dem höchsten Wasserverlust weltweit. Doch was sind die Gründe? Wo ist das Wasser hin, denn die Gesamtmenge auf der Erdoberfläche ändert sich ja nicht?[1]

Analysen zeigen: Der Klimawandel rangiert als Ursache ganz vorne. Zum einen führen höhere Temperaturen zu mehr Verdunstung, zum anderen fließt mehr Wasser während Starkregenereignissen einfach ab und kommt erst gar nicht in den Grundwasserkörpern an. Die Landwirtschaft ist dabei gleichermaßen Täter wie Opfer. In ihrer Not suchen die Bauern ihr Heil nämlich in immer mehr Bewässerung – ein Teufelskreis. Aber auch die privaten Haushalte kämpfen mit viel Wasser gegen die Dürre an, auch wenn diese bei ihnen nur den Rasen vertrocknen lässt. (Eckert 2022) ◀

Grenzen des Wachstums

Die Tatsache, dass eine funktionierende Marktwirtschaft auf permanentes Wachstum angewiesen ist, führt in Kombination mit dem stetigen Bevölkerungswachstum und der Weigerung wohlhabender Staaten und Menschen, sich einzuschränken, zwangsläufig zur Übernutzung der Erde. Der Club of Rome veröffentlichte bereits Anfang der 1970er-Jahre seine bekannte Studie *Die Grenzen des Wachstums* (Meadows et al. 1972). Darin machte er deutlich, dass, falls die (damalige) Zunahme von Weltbevölkerung (siehe Abschn. 7.2), Industrialisierung, Umweltverschmutzung,

[1] Das ist ähnlich wie bei Geld und Vermögen: Die Gesamtmenge (sieht man einmal von fiskalischen Feinheiten ab) bleibt in etwa gleich, es ist nur mit der Zeit anders verteilt – in vielen Ländern vor allem in Richtung der Superreichen, die sowieso schon mehr als genug besitzen.

Nahrungsmittelproduktion und Ausbeutung von natürlichen Rohstoffen unverändert anhalten, die absoluten Wachstumsgrenzen auf der Erde in naher Zukunft erreicht werden. Damals ahnte man jedoch noch nicht, wie rasch die Probleme kommen würden und welch dramatische Auswirkungen damit verbunden sind ...

Belastungsgrenzen der Erde

Das Konzept der planetaren Belastungsgrenzen reiht sich in die Zukunftsszenarien bezüglich der globalen Umweltveränderungen ein. Es wurde ursprünglich von einer 28-köpfigen Gruppe von Erdsystem- und Umweltwissenschaftlern unter Leitung des Schweden Johan Rockström entwickelt und 2009 erstmals veröffentlicht (Rockström et al. 2009). Die Einhaltung planetarer Grenzen wurde in Teilen bereits von der internationalen Klimapolitik als Ziel übernommen, z. B. bei der Zwei-Grad-Klimaschutzleitplanke.

Die planetaren Grenzen sollen einen sicheren Spielraum für menschliche Handlungen auf der Erde festlegen. Bestimmte Schwellwerte dürfen dabei nicht über- oder unterschritten werden, um die Resilienz (= Belastbarkeit) der Erde als System nicht zu gefährden. Bei einigen Prozessen werden Kippelemente im Erdsystem vermutet, bei denen ein Überschreiten abrupte und unumkehrbare Veränderungen hervorrufen würde. Die planetaren Grenzen sind so definiert, dass nach derzeitigem Wissensstand nur eine sehr geringe Wahrscheinlichkeit besteht, Kipppunkte zu überschreiten bzw. die Widerstandsfähigkeit des Erdsystems zu überlasten.

Acht von neun bekannten planetaren Grenzen wurden bereits quantifiziert. Lediglich zur Einbringung neuartiger Substanzen – menschengemachte Chemikalien, Schwermetalle, aber auch radioaktive Stoffe – liegen noch keine Werte vor. In den meisten Kategorien, z. B. hinsichtlich Klimawandel, Phosphor- und Stickstoffkreislauf, Landnutzungsänderung und Unversehrtheit der Biosphäre, sind die Grenzen der verträglichen Belastung bereits heute überschritten. (vgl. Wikipedia 2022j und dort aufgeführte Quellen)

Seit der Studie des Club of Rome ist ein halbes Jahrhundert vergangen, und die weltweite Situation bezüglich Klimawandel, Umweltschutz und Artensterben wird eher schlechter als besser. Der „Earth Overshoot Day“, der Erdüberlastungstag, den das *Global Footprint Network* seit diesem Zeitpunkt regelmäßig berechnet, liegt nahezu jedes Jahr früher. 1970 überstieg der Verbrauch nach Angaben von Germanwatch zum ersten Mal die vorhandenen Ressourcen; 2022 war dies bereits am 27. Juli der Fall. Würden alle Länder so haushalten wie Deutschland, wären nicht nur 1,75, sondern rund drei Erden für die derzeitige Lebensweise nötig. (siehe z. B. GEO 2022)

Dem Magazin der Süddeutschen Zeitung sagte der Mitautor Dennis Meadows aus diesem Anlass, dass die Studie nicht den Einfluss hatte, den er sich damals – mit 29 Jahren – wünschte. Die Übernutzung der Ressourcen hat durch die steigende Weltbevölkerung seitdem eher noch zugenommen, und aus seiner Sicht ist „aus einer längerfristigen Perspektive diese sogenannte Zivilisation, die wir im Westen haben, sinnlos". (Reichardt und Weiss 2022)

- „Das letzte Mal, dass die CO2-Konzentration in der Luft so hoch *[wie heute]* lag, war der Meeresspiegel um bis zu 20 m höher als heute. Eigentlich ist der Klimawandel nicht mal ein Problem, er ist ein Symptom."
- „Diesen Planeten gibt es seit mehr als vier Milliarden Jahren. Unsere Spezies lebt in ihrer jetzigen Form seit mehreren hunderttausend Jahren – und überlebte. Ich vermute, dass es den Homo sapiens auch in einigen tausend Jahren noch geben wird, aber nicht mit dem derzeitigen Lebensstil."

  US-Ökonom Dennis Meadows, Mitverfasser von Die Grenzen des Wachstums, *2022*

Diese Worte vom Experten Dennis Meadows sollten den Menschen zu denken geben, wiederum ein Fanal. Aus heutiger Sicht scheint eine Verhinderung weiteren Klimawandels aus mehreren Gründen – wirtschaftlich, politisch, technisch – nicht möglich und eine Begrenzung der Erderwärmung auf 2 °C oder gar 1,5 °C utopisch. Bei gleicher CO_2-Konzentration lag der Meeresspiegel früher 20 Meter höher, mahnt Meadows.

Im Prinzip ist damit alles gesagt, was spätere Generationen wissen müssen: Die weitere Besiedlung meeresnaher Landstriche wird immer schwieriger und ab einem bestimmten Zeitpunkt trotz Schutzeinrichtungen unmöglich werden. Eine Konzentration der dann – vornehmlich wegen des zu erwartenden Flüchtlingschaos nicht mehr steigenden – Erdbevölkerung auf höhergelegene Gebiete wird zwingend notwendig sein. Einen Vorgeschmack auf dieses dystopische Szenario hat die niederländisch-belgische Dramaserie *Wenn die Deiche brechen* gegeben, die 2016 in den Niederlanden und 2019 im NDR ausgestrahlt wurde. Darin wird eine gigantische Sturmflut beschrieben, die zum Brechen der Deiche und zur Überschwemmung der Niederlande und Teilen Belgiens führt.

Und auch bei diesem Aspekt kann die Verhaltensökonomik Hilfestellung leisten. Sie kennt den kognitiven Irrtum *Ambiguity Aversion*, die Aversion gegen Mehrdeutigkeit. Man versteht darunter die Tendenz, bekannte Risiken gegenüber unbekannten Risiken zu bevorzugen. Die bekannten Risiken der Klimaerwärmung sind, dass die Sommer vielerorts heißer und trockener werden, dass die Meeresspiegel – sehr langsam – steigen und dass die Probleme vor allem in den Ländern des globalen Südens größer werden. Dies wird in der wohlstandsverwöhnten Ersten Welt toleriert und akzeptiert. Dass allerdings das Klima mit gravierenden Folgen kollabieren könnte, hat Roland Emmerich auf dem Schirm, aber nicht wir.

▶ **Tipp** Falls Sie Grunderwerb für langfristige Nutzung beabsichtigen, so wählen Sie am besten Immobilien und Ländereien, die in entsprechender Höhe weit ab von den Meeresküsten liegen – und nicht unmittelbar an Flüssen, Abbruchkanten oder in erdrutsch- oder lawinengefährdeten Gebieten.

Laut Ralph Tiesler, Präsident des Bundesamts für Bevölkerungsschutz und Katastrophenhilfe (BBK), sollten „manche Flächen aufgrund des Klimawandels und der akuten Bedrohung durch Unwetterkatastrophen und Flutkatastrophen nicht wiederbesiedelt werden. Auch an den Küsten stellt sich diese Frage“. Zum Jahrestag der Ahrtalflut schloss er nicht aus, dass es zukünftig Klimaflüchtlinge auch innerhalb Deutschlands geben könnte. (Bronner und Unger 2022; siehe auch TS 2022)

Haben wir immer noch nichts gelernt?

Nach wie vor beuten Industriestaaten und Schwellenländer wie erwähnt ärmere Nationen aus: Kolonialismus 2.0. Wir exportieren unseren Müll nach Afrika und Asien und konsumieren Palmöl, Soja und Rindfleisch aus den Rodungsgebieten Lateinamerikas. Zur Gewissensberuhigung fahren wir mit dem SUV zum Bioladen – oder gleich zum Discounter, weil es da ja billiger und die Inflation so stark gestiegen ist. Dort kaufen wir günstigen importierten Spargel oder Erdbeeren, und die deutschen Erzeuger bleiben auf ihrer Ware sitzen, sodass sie diese verschleudern oder sogar vernichten müssen. Nachhaltig ist das alles nicht. Hier einige weitere Absurditäten, die in letzter Zeit ins öffentliche Bewusstsein gedrungen sind:

- Lobbyverbände haben hinter den EU-Kulissen massiv gegen ein scharfes Lieferkettengesetz gearbeitet – mit tatkräftiger Unterstützung des vormaligen CDU-Wirtschaftsministeriums, der CDU/CSU Bundestagsfraktion sowie der Bundesvereinigung der Deutschen Arbeitgeberverbände (BdA) und der CDU-nahen Mittelstands- und Wirtschaftsunion (MIT). (Keller und Schader 2022)
- Nochmal EU: Um Start- und Landerechte zu behalten, mussten Fluglinien im Flugplan 2021/22 mehr als die Hälfte davon nutzen. Bei Lufthansa wurden zeitweise täglich etwa 100 kommerziell unnötige, kaum besetzte „Geisterflüge" durchgeführt – mit beträchtlichem ökologischem Schaden. In der aktuellen Saison führt Personalknappheit bei der Airline andererseits zu tausenden von Flugausfällen.
- Der geplante Wegfall der KfW-Effizienzhaus-Förderung durch die neue Bundesregierung im Januar 2022 schlug zu Recht hohe Wellen und musste teilweise zurückgenommen werden. Dafür wurden zweifelhafte Maßnahmen wie ein mit der Gießkanne verteiltes Energiegeld sowie ein „Tankrabatt" (Juli bis September 2022) eingeführt, der nicht gerade zum Spritsparen verleitet und teilweise in den Taschen der Ölkonzerne und Vertriebsgesellschaften versickerte.
- Weil sich die Einspeisung von PV-Strom ins Netz finanziell immer weniger lohnt, werden Anlagen auf privaten Wohnhäusern inzwischen nur noch für den weiterhin lukrativen Eigenverbrauch dimensioniert und somit vielfach kleiner ausgeführt, als es die verfügbare Dachfläche erlauben würde (Storch 2022). Auch hier versucht der grüne Wirtschaftsminister aktuell nachzujustieren.
- Mit verbesserten Komponenten und umfassendem Karosserieschutz der Autos gegen Durchrosten ab den 1990er-Jahren hat sich deren Langlebigkeit signifikant erhöht. Daher ist ab den 2020er-Jahren im Mas-

senbereich eine zunehmende Flotte an Fahrzeugen mit H-Kennzeichen zu erwarten; aktuell ist bei uns bereits etwa eine Million Pkw so zugelassen. Neben niedrigeren Steuer- und Versicherungstarifen gelten ebenso geringere Umweltauflagen: So dürfen beispielsweise solche Fahrzeuge ohne Katalysator in Umweltzonen unterwegs sein. Eine grüne Plakette wird nicht benötigt. (Clarysse 2022)
- Nochmal der Deutschen liebstes Kind: Plug-in-Hybride werden zur Freude der Autoindustrie staatlich üppig gefördert, doch wird bei vielen Firmenwagen das Ladekabel nach Ende der Leasingdauer originalverpackt zurückgegeben, wie sich inzwischen herumgesprochen hat.
- Auch angesichts der drohenden Gasknappheit in Deutschland schloss die Regierung noch im Juli 2022 ein Tempolimit zur Senkung des Energieverbrauchs und damit Bewältigung der Energie- und Klimakrise aus. „Das hat diese Regierung nicht vereinbart, und deswegen kommt es auch nicht", sagte der SPD-Kanzler in der ARD. (Nun, der Ukraine-Krieg war im Koalitionsvertrag ebenfalls nicht vorgesehen.)
- Und mit dem Bedürfnis nach mehr Nachhaltigkeit will vor allem die Lebensmittelindustrie gezielt und mit fragwürdigen Mitteln Kasse machen, warnen Verbraucherschützer (Wundersee 2022).

7.5 Ein Blick in die Zukunft

Im *Kleinen Handbuch kognitiver Irrtümer* habe ich vor Jahresfrist im Schlusswort geschrieben: „Verlustangst, Besitztumseffekt, Status-quo-Verzerrung und Overconfidence-Effekt sind nur vier der Handicaps, die einem vernünftigen Handeln im Weg stehen. Sie führen zu Gier, Ignoranz und Blockadehaltung." (Wenski 2022, S. 264) Der Overconfidence-Effekt, dies sei hier noch nachgetragen, bezeichnet die Überschätzung des eigenen Könnens und eigener Kompetenzen. Seit dieser Formulierung ist wenig passiert, was eine globale Trendumkehr erkennen lässt – das Gegenteil ist eher der Fall: Die Corona-Pandemie dominiert auch im dritten Jahr (nach der Berichterstattung über den Ukraine-Krieg und neuerdings den hohen Inflationsraten) die Nachrichten, und in zahlreichen demokratischen Staaten formiert und festigt sich eine radikale kleine, aber lautstarke Minderheit, die Gegenmaßnahmen, Solidarität und oft gleich das gesamte System in Frage stellt.

Keiner der aktuellen Dauer- und Bürgerkriege konnte beendet werden; stattdessen wächst die globale Kriegsgefahr. In Afghanistan haben die Taliban (die Steinzeitislamisten mit Smartphone) das Machtvakuum zur großen Verwunderung des Westens in Nullkommanichts ausgefüllt, drehen die Fortschrittsuhr zurück und unterdrücken ihre Frauen immer stärker. Und auch in anderen Staaten sind Demokratie und Toleranz auf dem Rückzug.

Ein brisantes Thema kam in Abschn. 6.4 bereits zur Sprache: das Festhalten an der zivilen Nutzung der Kernenergie. Die EU-Kommission hat unter anderem Kernkraft als „nachhaltig" eingestuft, was üppige Förderung und Investitionen in diese teure und problematische Technologie ermöglicht. Die Nuklearmacht Frankreich kündigte daraufhin im Februar 2022 eine Renaissance dieses beträchtlichen Wirtschaftsfaktors im Land an, hat allerdings bereits heute als Folge der Dürre Probleme mit dem Kühlwasser. Wegen der reduzierten bzw. ausbleibenden Gaslieferungen durch Russland wird auch in Deutschland diskutiert, die für Ende 2022 geplante Abschaltung der verbliebenen drei Kernkraftwerke zu verschieben.

Dabei wäre die komplette Unabhängigkeit von russischen Energieimporten nach einer aktuelle Machbarkeitsstudie des *Zero Emission Think Tank* (ZETT), einer Organisation von Wissenschaftlern verschiedener Institute unter Federführung des deutschen Wissenschaftlers Eicke Weber, innerhalb von wenigen Monaten machbar.[1] Es handelt sich dabei um alternative Pfade *(Alternative Paths)*, andere Handlungsmöglichkeiten, die bei der Bewertung einer Situation zunächst übersehen werden. Doch kaum war der Bericht veröffentlicht, haben sich bereits die entsprechenden Lobbys gegen die vorgeschlagenen Maßnahmen in Stellung gebracht.

▶ Unter **Pseudocertainty-Effekt** („Effekt der Pseudosicherheit") versteht man die Tendenz zu risikoscheuem Verhalten bei erwartetem

[1] Andere publicityträchtige Studien z. B. von Prognos warnen eindringlich vor dem zu befürchteten Wirtschaftseinbruch durch einen russischen Gasstopp, lassen jedoch konkrete Gegenmaßnahmen vermissen.

positivem Resultat und risikobehafteten Entscheidungen, falls negative Ergebnisse erwartet werden. Da die Wirtschaft durch die befürchtete Gasknappheit viel zu verlieren hat (der zweite Fall), geht man das Risiko ein, auf drastische Maßnahmen wie von Weber & Co. vorgeschlagen zu verzichten.

Die Umweltverschmutzung geht ungebremst weiter. Dies lässt sich besonders deutlich an der Zunahme von Plastikmüll in den Meeren beobachten. Drei Viertel des Unrats im Meer besteht aus Plastik, konkret gelangen jedes Jahr in einer Größenordnung von zehn Millionen Tonnen Plastik in die Ozeane. Diese Kunststoffe sind ein ständig wachsendes Problem und kosten regelmäßig eine unbestimmte, jedoch sicher sehr hohe Zahl an Tieren das Leben. Bis zur völligen Zersetzung von Plastik können mehrere Hundert bis Tausende an Jahren vergehen; in dieser Zeit zerfällt es lediglich in immer kleinere Partikel, die in fast allen Meereslebewesen bis hin in die tiefsten Tiefen des Marianengrabens nachgewiesen werden können. (siehe z. B. WWF 2020)

Die jährliche, vielfach illegale Abholzung im brasilianischen Amazonasgebiet hat Mitte 2021 mit einem jährlichen Zuwachs von 22 % den höchsten Stand seit 15 Jahren erreicht. Zwischen 2009 und 2018 betrug die durchschnittliche Abholzungsfläche pro Jahr 6.500 km^2. Seit dem Amtsantritt des brasilianischen Präsidenten Jair Bolsonaro im Januar 2019 ist der jährliche Durchschnitt auf 11.405 km^2 gestiegen und betraf zuletzt 13.235 km^2 unwiederbringlich verlorengegangenen Regenwald in einem Jahr.

Gescheiterte Yasuní-Initiative

Doch bevor wir kollektiv und anklagend mit dem Finger auf die größte Nation im Amazonasbecken zeigen, sollten wir eine Dekade zurückgehen und den Blick auf ein anderes südamerikanisches Land richten: Ecuador. Der Andenstaat mit 17 Millionen Einwohnern und einer unvollständigen Demokratie (siehe Abschn. 5.4) ist das viertärmste Land Südamerikas, verfügt jedoch mit 14 Nationalparks über einige weltbekannte Naturreservate. Erst am Rande des Weltklimagipfels 2021 in Glasgow hat das Land eine Ausweitung der Schutzzone um das legendäre Galapagos-Archipel angekündigt (Pfeifenberger 2021).

Doch leider funktioniert Umweltschutz nicht immer so. Ein unrühmliches Beispiel, demzufolge nicht nur kriminellen Elementen in Brasilien, sondern ganz offiziell der Weltgemeinschaft der tropische Regenwald gleichgültig ist, wenn es ums Bezahlen geht, datiert aus 2013 – ebenfalls mit Bezug zu Ecuador. Das Land hatte 2007 im Yasuní-Nationalpark und dessen Umgebung ein großes Ölvorkommen lokalisiert, dessen Förderung und Verwertung der Förderung der Gesundheitsversorgung und Linderung der Armut dienen könnte; außerdem lebten in diesen Bereich mehrere indigene Stämme ohne nennenswerten Kontakt zur Außenwelt. Ecuador wandte sich an die Vereinten Nationen mit der Bitte um einen finanziellen Ausgleich in Höhe von 50 % der entgangenen Erlöse, falls das Öl für immer im Boden bliebe, und 2010 wurde ein entsprechender Vertrag abgeschlossen.

Im August 2013 erklärte Ecuadors Präsident Correa jedoch tief betrübt, dass die Yasuní-Initiative gescheitert war: Nur etwa 0,37 % *[sic!]* der notwendigen Kompensationszahlungen seien eingegangen (13,3 Millionen US-$ von ca. 3,6 Milliarden US-$)[1], und die Bekämpfung der Armut habe Vorrang. Die internationale Gemeinschaft und „die Weltmächte, die auch die größten Verschmutzer des Planeten sind", hätten die Mitverantwortung für dieses Klimaschutzprojekt nicht übernommen. In Ecuador unterstützen laut Umfragen 85 % der Bevölkerung die Initiative, bei entsprechenden Kompensationszahlungen auf die Erdölförderung zu verzichten. (Haule 2013; Wikipedia 2022r)

Als Ende Januar 2022 im ecuadorianischen Regenwald eine Ölpipeline brach, ergossen sich Tausende Barrel Rohöl in das zum Amazonasgebiet gehörende Flusssystem. Wie die Regierung am 13. April 2022 mitteilte, hat Ecuadors neuer rechtsgerichteter und neoliberaler Präsident Guillermo Lasso, ein Ex-Coca-Cola-Manager, weiteren Ölbohrungen im Ishpingo-Ölfeld, einem Biodiversitäts-Hotspot, die Freigabe erteilt. (Friess 2022)

Es wird also immer enger und ungemütlicher auf unserem blauen Planeten. Beim Geld hören eben Freundschaft und Umweltbewusstsein auf, und ebenso bei der Sicherung politischer Einflusssphären. Es fällt schwer zu glauben, dass die EU sich mit notorischen Quertreibern wie Ungarn und Polen, die NATO mit ihrem Problemmitglied Türkei oder der UN-Sicherheitsrat mit den Haupt-Kontrahenten China, Russland und den USA jemals auf eine gemeinsame Linie werden einigen können. Die Demokratievertreter fürchten um ihre Wählerstimmen, die autokratischen Systeme haben Angst

[1] Um Ihnen die Einordnung dieser Zahl zu erleichtern: 3,6 Milliarden US-$ entsprechen einem Viertel des Gewinns vom Amazon allein im 4. Quartal 2021.

vor Aufruhr und Machtverlust. Dabei warnt der sechste, aktuelle Bericht des Weltklimarates IPCC sehr eindrücklich, dass die Risiken größer als bisher angenommen sind (IPCC 2022).

Die Menschheit sitzt somit in (oder besser: auf) ihrem Raumschiff Erde, tanzt weiterhin um das in Abschn. 5.3 schon einmal in Zusammenhang mit den Volksverhetzern erwähnte Goldene Kalb und wartet ab, was passiert. So wie die Polynesier auf der Osterinsel bewohnt sie einen isolierten Planeten, von dem es mit den bestehenden und für die nähere Zukunft absehbaren technischen Möglichkeiten kein Entkommen in größerem Stil gibt. Wobei es woanders – allen Science-Fiction-Filmen mit ihren Raumfahrtabenteuern zum Trotz (ältere Fans erinnern sich an die 1960er und 1970er Serien) – hinsichtlich der Überlebensmöglichkeiten ja eher schlechter als besser aussieht.

Mit dem Bügeleisen ins Weltall

„Was heute noch wie ein Märchen klingt, kann morgen Wirklichkeit sein. Hier ist ein Märchen von übermorgen: Es gibt keine Nationalstaaten mehr. Es gibt nur noch die Menschheit und ihre Kolonien im Weltraum. Man siedelt auf fernen Sternen. Der Meeresboden ist als Wohnraum erschlossen. Mit heute noch unvorstellbaren Geschwindigkeiten durcheilen Raumschiffe unser Milchstraßensystem. Eins dieser Raumschiffe ist die *Orion*, winziger Teil eines gigantischen Sicherheitssystems, das die Erde vor Bedrohungen aus dem All schützt. Begleiten wir die *Orion* und ihre Besatzung bei ihrem Patrouillendienst am Rande der Unendlichkeit." (Vorspruch zur deutschen Fernsehserie *Raumpatrouille Orion* von 1966; vgl. Göttler 2016)

Ob die Nationalstaaten wie zu lesen (z. B. Guérot 2017) früher oder später verschwinden und die Menschheit an einem Strang zieht, ist momentan keineswegs vorgezeichnet. Ob heute nur schwer vorstellbare Szenarien Wirklichkeit werden, lässt sich kaum absehen. Neben dem Druck durch Umweltverschmutzung und Klimawandel sind es der Geburtenrückgang in reicheren und Versorgungsprobleme in ärmeren Ländern, die zu Gewalt, Verteilungskriegen, Seuchen bzw. Pandemien und in der Folge Migration und völliger Verwerfung der bisherigen Strukturen führen können. Heutige Kriege zwischen den Großmächten wären vermutlich keine regionalen Angelegenheiten mit konventionellen Waffen mehr; die Weltuntergangsuhr (*Doomsday Clock*; „Uhr des Jüngsten Gerichts“; siehe Abb. 7.3) steht aktuell auf 100 sec vor zwölf (Wikipedia 2022q). Angesichts dieses düsteren Szenarios ist nachvollziehbar, was letztlich zum Buchtitel *Fünf vor zwölf war gestern* geführt hat.[1]

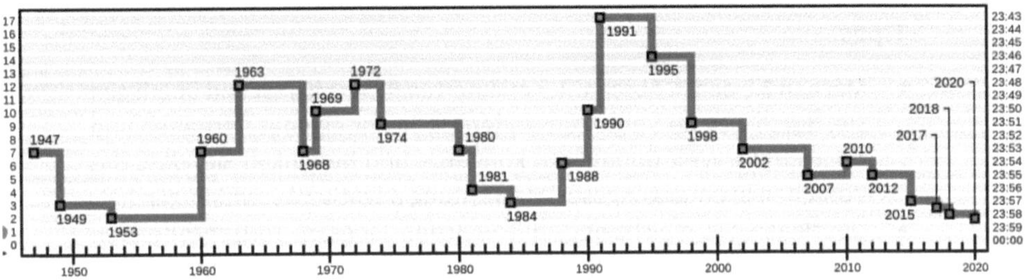

Abb. 7.3 Doomsday Clock 1947–2020. Wie viele Minuten dauert es noch bis zur atomaren Katastrophe? Grafik: Fastfission

Nur am Rande: Vor wenigen Jahren hat man zudem festgestellt (Blawat 2014), dass sich 30.000 Jahre alte Riesenviren aus dem ewigen Eis Sibiriens wieder zum Leben erwecken lassen und über Amöben herfallen können. Fast alle Gene dieser Viren sind bislang aus keinen anderen Mikroben bekannt. Beunruhigend wirkt in diesem Zusammenhang die Vorstellung, was passieren kann, wenn der Klimawandel den Permafrostboden zunehmend auftauen lässt. Womit wir wieder bei den Dystopien wären.

Derartige Szenarien oder der Einschlag eines größeren Meteoriten wie vor 65 Millionen Jahren scheinen aus heutiger Sicht jedoch als Black-Swan-Ereignisse sehr unwahrscheinlich, um die Erdbevölkerung drastisch zu dezimieren. Vielmehr sollte die gegenwärtige Schockstarre, der *Freeze* aus Abschn. 1.5, überwunden werden – wie es viele engagierte Bürger und Organisationen vormachen, nicht zuletzt die jungen Leute von *Fridays for Future*. Der Kampfansage an Status-quo-Verzerrung und Boiling-Frog-

[1] Für die Redewendung „Es ist 5 vor 12“ existieren verschiedene Erklärungen. Die naheliegende ist, dass um zwölf Uhr nachts der Tag unwiderruflich vorbei ist und, was vom Tagessoll bis dahin nicht getan ist, auf ewig ungetan bleibt. Auch wird berichtet, dass früher, wenn auf einem Gerüst am Kirchturm gearbeitet wurde, der Meister die Arbeiter um fünf vor zwölf aufforderte herabzusteigen, um durch das „Zwölfuhrläuten“ einen bleibenden Gehörschaden zu vermeiden.

Syndrom steht heute als Opponent das verantwortungslose konservative „Weiter so“ gegenüber, das von Geiz und Gier oder – verhaltensökonomisch ausgedrückt – Konservatismus-Fehlschluss, Besitztumseffekt und Verlustangst geprägt ist, von Risikoaversion und Omission-Bias.

► **Tipps**

- Machen Sie den in Abschn. 1.5 erläuterten Reversal-Test und überlegen Sie, durch welche Verhaltensänderung Sie Ihr eigenes Verhalten und zugleich die Welt optimieren können – und bedenken Sie, dass das Vorgehen in entgegengesetzter Richtung negative Auswirkungen hat.
- Überlegen Sie gleichzeitig, mit welchen langsam fortschreitenden Verschlechterungen Sie konfrontiert sind, und bieten Sie diesen aktiv die Stirn.

7.6 Zu guter Letzt

Nach meiner Auffassung sehen wir uns, sieht sich die gesamte Menschheit mit zwei Grundproblemen konfrontiert:

1. Wir haben uns – temporär – dem natürlichen darwinistischen Ausleseprozess entzogen und zerstören durch Überbevölkerung, Übernutzung der natürlichen Ressourcen und Überheblichkeit systematisch und nachhaltig unsere Lebensgrundlagen.
2. Status-quo-Verzerrung, Boiling-Frog-Syndrom und zahlreiche weitere kognitive Irrtümer führen dazu, dass ein kooperatives Agieren von Individuen, Kollektiven, Staaten und der gesamten Menschheit auf der Basis rationaler wissenschaftlicher Erkenntnisse zwecks Abwendung und Umkehr von Problem 1 nicht in Sicht ist.

Es finden sich immer zahlreiche Gründe, warum ein konsequentes Handeln im Sinne von wissenschaftlichen Erkenntnissen, Rationalität und kooperativer Spieltheorie nicht möglich ist; hier nur eine kleine Auswahl dessen, was mir dazu spontan einfällt:

- Die anderen Staaten machen auch nicht mit.
- Deutschland ist nur für 2 % der Klimaerwärmung verantwortlich.
- Das kostet Arbeitsplätze, und andere Länder jubeln darüber.
- Der Ansatz würgt die wirtschaftliche Entwicklung ab.
- E-Autos sind genauso schädlich wie Verbrenner.
- *America first!* Oder Bayern, Deutschland oder China zuerst.
- Weiter wie bisher, Augen zu und durch – wird schon schiefgehen.
- Die Ökofirmen bescheißen doch genauso.
- Linksgrüne Verbots- und Enteignungsparteien!
- …
  (Lassen Sie Ihrer Fantasie freien Lauf.)

Ich musste mich bremsen, um nicht weiterzuschreiben. Im Vordergrund stehen im globalen Bereich Tendenzen zu Abschottung, Imperialismus und Neokolonialismus, im wirtschaftlichen Sektor Lobbyismus, Gewinnmaximierung und Raubtierkapitalismus und im individuellen Rahmen Anspruchsdenken, Egoismus, Gier nach immer mehr Macht und Reichtümern sowie ausgeprägte Verlustangst. (Ich möchte mit Blick auf Abschn. 5.4 daran erinnern, wohin diese Tendenzen bei Staatslenkern führen können.) Wobei ich zugeben muss, dass der zweite und dritte Punkt vorwiegend die 45,7 % demokratisch regierten Länder der Erde betreffen – in diktatorischen Systemen kommen etwa mit Unterdrückung und Terror, Menschenrechtsverletzungen, Korruption und Veruntreuung noch ganz andere Triebkräfte ins Spiel.

Nur damit wir uns an dieser Stelle richtig verstehen: Für die oben umrissenen Probleme 1 und 2 spielt es für uns (im Gegensatz zu den unmittelbar von den Folgen Betroffenen) überhaupt keine Rolle, ob in 5 Jahren die AfD im Bund mitregiert, in 10 Jahren in Syrien immer noch Krieg herrscht oder in 20 Jahren China die Welt wirtschaftlich dominiert. Ein Vorgeschmack auf das, was den Erdbewohnern blühen kann, bietet ein Blick auf die nächste Jahrhundertwende, wenn die Durchschnittstemperatur auf Kosten von Millionen Todesopfern um 5 °C und der Meeresspiegel durch Kippvorgänge mit verheerenden Folgen um möglicherweise 10–60 Meter gestiegen ist (Steffen et al. 2018). Wir reden davon, dass sich die Menschheit heute, im beginnenden Anthropozän, Weichenstellungen erdreistet, die für die nächsten Jahrtausende relevant sind: Erwärmung der Meere, Vernichtung der Artenvielfalt, Freisetzung von Plastik und radioaktiven Stoffen usw. Rufen Sie sich bitte noch einmal die Aussagen von Dennis Meadows ins Gedächtnis (Abschn. 7.4).

Welche Werte sind beständig?

Zukunft beginnt in demselben Moment, in dem die Gegenwart passé ist – das leuchtet ein. Damit habe ich im Prinzip in Abschn. 1.1 das Kaleidoskop der im Buch behandelten Themen, die über die beiden kognitiven Effekte verbunden sind, eröffnet. Der Zeitbegriff, der unsere Spezies neben der Sprache auszeichnet, ermöglicht eine strategische Planung der Zukunft. Wir gehen nicht erst zum Jagen (bzw. Einkaufen), wenn wir Hunger haben, und wissen, wann die Erbtante Geburtstag hat und was zu tun ist.

Beschäftigt man sich etwas genauer mit der Zeitachse, stellt man schnell fest, dass verschiedene Dinge eine ganz unterschiedliche Lebensdauer bzw. -erwartung besitzen. Am einen Ende der Skala findet man beispielsweise künstliche Radionuklide mit unvorstellbar kurzen Halbwertszeiten, die sich nur anhand der Ketten ihrer Folgeprodukte nachweisen lassen. Im Alltagsbereich liegt die „Verfallszeit" von frischen Lebensmitteln bei ein paar Tagen, von Halbleiterelektronik bei wenigen Jahren und bei elektrischen Geräten oder Autos in der Größenordnung eines Jahrzehnts. Qualitativ hochwertige Wohnhäuser und Vollholzmöbel halten vielleicht 100 Jahre, Steinburgen 500 Jahre und Grabpyramiden wenige Jahrtausende – in mehr oder weniger intaktem Zustand.

§1 Abs. (2) StandAG, des „Gesetzes zur Suche und Auswahl eines Standortes für ein Endlager für hochradioaktive Abfälle", schreibt die sichere Lagerung radioaktiver Abfälle für mindestens eine Million Jahre vor (StandAG 2020). Nun, das nenne ich Optimismus.

Bei derartigen Betrachtungen geht mir der wunderschöne, aber tieftraurige Song *Dust in the wind* der US-Rockband *Kansas* aus dem Jahr 1977 nicht aus dem Sinn, in dem es heißt: *„Now don't hang on, nothing lasts forever but the earth and sky. It slips away and all your money won't another minute buy. Dust in the wind, all we are is dust in the wind."* Außer Himmel und Erde wird nichts ewig halten – wir sind alle nur Staub im Wind. All unser Geld kann uns keine zusätzliche Minute kaufen. (Ähnliches hatten Pink Floyd ja in *Time* bereits zuvor besungen; siehe Abschn. 2.6.) Vor diesem Hintergrund erscheinen Religionskriege ebenso krank und anachronistisch wie das Zündeln an Europas Sicherheitsarchitektur und der wirtschaftlichen Globalisierung durch den russischen Machthaber Putin, der sich inzwischen in seiner Parellelwelt aus Expansionspolitik, Fake News und hybrider Kriegsführung nicht mehr auskennt.

Es sieht nicht gut aus

Lassen Sie mich kurz zusammenfassen: *Es sieht nicht gut aus.*

Auf Basis der aktuellen Spielregeln des menschlichen und internationalen Miteinanders werden die bestehenden Systeme längstens bis zum Ende dieses Jahrhunderts funktionieren, so meine Prognose. Spätestens dann, wenn uns das Wasser bis zum Hals steht, droht der Kollaps (wenn nicht bereits früher). Was danach sein wird, liegt momentan komplett im Dunkeln.[1] Doch was hilft das Ausmalen dystopischer Szenarien für die fernere Zukunft, wenn heute, im Hier und Jetzt, Handlungsbedarf besteht?

Der Leitgedanke dieses Buchs – *Der Status quo lässt sich auf Dauer nicht aufrechterhalten* – lässt sich mit all seinen Konsequenzen auf die unterschiedlichsten Bereiche des Lebens anwenden. Ich habe ausgeführt, dass dies das Verhältnis von Individuen zu ihrer Umwelt und den Mitmenschen ebenso betrifft wie komplexere Organisationsformen, etwa Vereine, Unternehmen, Lobbys, Protestbewegungen oder ganze Staaten. Die kritische Auseinandersetzung mit dem Lauf der Dinge fängt bei jedem Einzelnen an, denn je mehr Leute um eine Entscheidung ringen, desto komplizierter wird es – und desto stärker behindern Bürokratie, Korpsgeist und zahlreiche kognitive Irrtümer objektive Analysen und zielgerichtetes Handeln zugunsten eines Gesamtvorteils.

Angesichts der Tatsache, dass weltweit die liberale demokratische Regierungsform auf dem Rückzug ist und Despoten, Diktatoren und Autokraten, Juntas und totalitäre Regime in immer mehr Staaten – darunter mit China und Russland zwei nicht ganz unbedeutenden – das Sagen

[1] Wie in Abschn. 6.2 erwähnt, hat sich der Homo sapiens vor gerade einmal 10.000 Jahren als alleinige Menschenart durchgesetzt; alle anderen Vertreter der Gattung Homo starben aus. Dann wurden und werden immer noch durch den modernen Menschen unzählige Tierarten ausgerottet. Ich möchte außerdem an den bitterbösen Spruch von Håkan Nesser in Abschn. 7.4 erinnern.

haben, bleibt zu bezweifeln, ob die Weltgemeinschaft jemals die Chance hat, hinsichtlich der mittelfristigen, z. B. klimatischen Bedrohungen an einem Strang zu ziehen. Eine Gruppe von Staaten steckt seine finanziellen Mittel in Energiewende und Umweltschutz, die anderen betrachten dies als Torheit und nutzen die Situation schamlos und bar jeglicher Moral aus – so würden sich die meisten pubertierenden Jugendlichen nicht verhalten. Letztlich schert, wie der militärische Einfall von Russland in die Ukraine gezeigt hat, immer wieder ein Land oder eine Führung aus. Gier, Paranoia und Machtausübung sind archaische Motive, gegen die Ratio, Globalisierung und wirtschaftliche Vernetzung in den Hintergrund treten und die UN sowie der Sicherheitsrat ebenso machtlos sind wie Wirtschaftssanktionen. Stärke und Gewalt sind das Maß der Dinge und setzen sich durch, Diplomatie und Kooperationswille werden als Schwäche angesehen.

Falls Putin unter massiver Gefährdung der globalen Sicherheitsarchitektur in der Ukraine erfolgreich wäre, dürfte es nur eine Frage der Zeit sein, bis Xi das dabei gewonnene Wissen über die Reaktionen der NATO und der Weltgemeinschaft nutzt und dasselbe in Taiwan veranstaltet. Innerhalb der BRICS-Staatengemeinschaft dürfte er dafür Gleichgültigkeit oder sogar Zustimmung finden. Die kurzfristige Corona-Pandemie wird dann ebenso wie Klimawandel, langfristiges Artensterben und der Anstieg des Meeresspiegels erst einmal wieder in den Hintergrund treten müssen.

Zum Schluss ein letzter Griff ins Archiv. Angesichts der heutigen Lage der Welt und insbesondere mit Blick auf die Bedrohung durch das Entstehen totalitärer Systeme lohnt es sich, einen 1940 gedrehten US-amerikanischen Spielfilm nochmals anzusehen. „Der große Diktator“ ist eine Satire auf Adolf Hitler und den Faschismus von und mit Charlie Chaplin. Der auch heute noch sehenswerte Streifen führte der Welt bereits fünf Jahre vor Kriegsende zwar pointiert, aber dennoch drastisch vor Augen, was in Deutschland damals los war.

Insbesondere die Endszene (die an verschiedenen Stellen im Internet verfügbar ist) sollte uns alle aufrütteln, in welcher der jüdische Friseur, der dem Diktator Hynkel (beide gespielt von Chaplin) wie ein Ei dem anderen gleicht, einen eindringlichen Appell für Demokratie, Frieden und Menschlichkeit an die Soldaten und an die ganze Welt richtet.

- *„Jeder Mensch sollte dem anderen helfen, nur so verbessern wir die Welt",*
- *„Die Habgier hat das Gute im Menschen verschüttet"* und
- *„Die Klugheit hat uns hochmütig werden lassen, und unser Wissen kalt und hart"*

heißt es darin unter anderem. Worte, die auch nach über 80 Jahren ihre Gültigkeit nicht verloren haben.

▶ **Tipps**

- Fangen Sie – mit Augenmaß – in Ihrem persönlichen Umfeld an, Ordnung zu schaffen, denn die Welt können Sie allein nicht retten.
- Hinterfragen Sie den Status quo und streben Sie Veränderungen an oder treten ihnen entgegentreten, wo dies gerechtfertigt erscheint.
- Stehen Sie sich dabei nicht selbst im Weg.
- Bleiben Sie dabei jedoch optimistisch und vergessen Sie auch nicht, das Leben zu genießen, denn Sie haben nur dieses eine.

7.7 Literatur

Aßmann T (2017) Öko-Katastrophe: Wassermangel im Toten Meer. Deutschlandfunk Nova, Internet-Veröffentlichung 28. April. https://www.deutschlandfunknova.de/beitrag/oeko-katastrophe-wassermangel-im-toten-meer. Zugegriffen: 26. Januar 2022

Baumgarten R (2022) USA: Der Great Salt Lake trocknet aus. tagesschau.de, Internet-Veröffentlichung 09. Juli. https://www.tagesschau.de/ausland/amerika/usa-salt-lake-austrocknung-101.html. Zugegriffen: 09. Juli 2022

Billig S (2021) Klimawandel und Corona-Pandemie: Warum handeln wir oft zu spät? Deutschlandfunk, Internet-Veröffentlichung 15. November. https://www.deutschlandfunk.de/corona-veraenderungen-100.html. Zugegriffen: 31. Januar 2022

Blawat K (2014) 30.000 Jahre alte Erreger: Riesenviren aus der Arktis erwachen. Süddeutsche Zeitung, Internet-Veröffentlichung 04. März. https://www.sueddeutsche.de/wissen/30-000-jahre-alte-erreger-riesenviren-aus-der-arktis-erwachen-1.1903550. Zugegriffen: 04. Februar 2022

Bronner M, Unger C (2022) Klimakrise: Manche Gegenden sollten nicht besiedelt werden. Westdeutsche Allgemeine Zeitung, Internet-Veröffentlichung 12. Juli. https://www.waz.de/politik/flutkatastrophe-ahrtal-jahrestag-krieg-krise-bevoelkerungsschutz-id235872103.html. Zugegriffen: 13. Juli 2022

BVG (2021) Verfassungsbeschwerden gegen das Klimaschutzgesetz teilweise erfolgreich. Bundesverfassungsgericht, Pressemitteilung Nr. 31/2021 vom 29. April. Internet-Veröffentlichung. https://www.bundesverfassungsgericht.de/SharedDocs/Pressemitteilungen/DE/2021/bvg21-031.html. Zugegriffen: 25. Juli 2021

Chatzoudis G (2015) „Und das ist wohl erst der Anfang..." Interview mit Klaus J. Bade über Flucht nach Europa und Deutschland. Wissenschaftsportal L.I.S.A., Internet-Veröffentlichung 13. Oktober. https://lisa.gerda-henkel-stiftung.de/klaus_j_bade?focus_comments=1. Zugegriffen: 04. Februar 2022

Clarysse A (2022) Mindestalter 30 Jahre: Auf dem Weg zur Oldtimer-Inflation. tagesschau.de, Internet-Veröffentlichung 24. Januar. https://www.tagesschau.de/wirtschaft/verbraucher/oldtimer-zahlen-wachsen-101.html. Zugegriffen: 04. Februar 2022

countrymeters (2022) Weltbevölkerung. countrymeters, Internet-Veröffentlichung. https://countrymeters.info/de/World. Zugegriffen: 22.02.2022

Eckert W (2022) Folgen des Klimawandels: Deutschland trocknet langsam aus. tagesschau.de, Internet-Veröffentlichung 15. März. https://www.tagesschau.de/inland/gesellschaft/wasserknappheit-deutschland-101.html. Zugegriffen: 16. März 2022

Eyssel B (2022) Weniger Smog in Peking: Blauer Himmel, gute Luft. tagesschau.de, Internet-Veröffentlichung 10. Februar. https://www.tagesschau.de/ausland/asien/china-luftqualitaet-101.html. Zugegriffen: 12. Februar 2022

Friess D (2022) Ölbohrungen im Regenwald: Ecuador gibt weiteres Gebiet im Yasuní-Nationalpark frei. Frankfurter Rundschau, Internet-Veröffentlichung 23. April. https://www.fr.de/politik/ecuador-yasuni-nationalpark-oelbohrungen-im-regenwald-ecuador-oelindustrie-klimawandel-biodiversitaet-91484262.html. Zugegriffen: 15. Juli 2022

GEO (2022) Earth Overshoot Day: Die Ressourcen für dieses Jahr sind aufgebraucht. Internet-Veröffentlichung 27. Juli. https://www.geo.de/natur/nachhaltigkeit/earth-overshoot-day-2022-erneut-frueher-32577304.html. Zugegriffen: 28. Juli 2022

Gerst A, Abromeit L (2021) Horizonte – Warum wir entdecken. Gruner + Jahr, Hamburg

Göttler F (2016) Raumpatrouille Orion: Das Traumschiff. Eine Würdigung zum 50. Geburtstag. süddeutsche.de, Internet-Veröffentlichung 15. September. https://

www.sueddeutsche.de/medien/jubilaeum-das-traumschiff-1.3163438. Zugegriffen: 12. Februar 2022

Guérot U (2017) EU: „Der Nationalstaat wird verschwinden". Interview mit Politikwissenschaftlerin Ulrike Guérot mit Steffen Dobbert und Benjamin Breitegger. zeit.de, Internetveröffentlichung 03. Januar. https://www.zeit.de/politik/ausland/2016-12/eu-demokratie-populismus-2016-europaeische-republik-guerot/komplettansicht. Zugegriffen: 12. Februar 2022

Hardin G (1968) The Tragedy of the Commons. Science 162–3859, 1243–1248. https://doi.org/10.1126/science.162.3859.1243

Haule E (2013) Präsident Correa: Yasuní-Initiative ist gescheitert. amerika21, Internet-Veröffentlichung 16. August. https://amerika21.de/2013/08/84515/yasuni-initiative-beendet. Zugegriffen: 10. Februar 2022

IPCC (2022) Sechster IPCC-Sachstandsbericht – AR6. DLR Projektträger / Deutsche IPCC-Koordinierungsstelle. Internet-Veröffentlichung 04. April. https://www.de-ipcc.de/250.php. Zugegriffen: 27. Juni 2022

Jehle C (2018) Die Folgen der Enzyklika Humanae Vitae. Telepolis, heise.online, Internet-Veröffentlichung 29. Juli. https://www.heise.de/tp/features/Die-Folgen-der-Enzyklika-Humanae-Vitae-4122485.html. Zugegriffen: 23. Februar 2022

Keller G, Schader N (2022) EU-Lieferkettengesetz: Wie Lobbyisten „mitgearbeitet" haben. tagesschau.de, Internet-Veröffentlichung 22. Februar. https://www.tagesschau.de/investigativ/swr/eu-lieferketten-lobbyisten-101.html. Zugegriffen: 22. Februar 2022

Kishon E (1971) Pardon, wir haben gewonnen. Sammlung von Satiren. Deutsch von Friedrich Torberg. dtv, München. Zitat siehe auch http://www.ephraimkishon.de/Satire_Politik.htm. Zugegriffen: 26. Januar 2022

Körner BM (2019) „We Have to Watch ou[t] for [the] Propaganda Effect" – Ephraim Kishon und Friedrich Torberg publizieren „israelischen Humor" zum Sechstagekrieg 1967. Aus der Zeitschrift Naharaim. de Gruyter, Berlin/Boston. https://doi.org/10.1515/naha-2019-0001

Kuhlemann K (2019) Complexity, creeping normalcy, and conceit: sexy and unsexy catastrophic risks. Foresight 21–1, 35–52. https://doi.org/10.1108/FS-05-2018-0047

Meadows DH, Meadows DL, Randers J, Behrens WW III (1972) The Limits to Growth. Universe Books, New York. http://www.donellameadows.org/wp-content/userfiles/Limits-to-Growth-digital-scan-version.pdf. Zugegriffen: 02. März 2020

Nesser H (2021) Der Verein der Linkshänder. Roman, btb, München

Orwell G (1949) Nineteen eighty-four. Secker & Warburg, London. Zahlreiche Nachdrucke

Pfeifenberger J (2021) Weltklimagipfel: Ecuador kündigt neues Schutzgebiet um Galapagos-Inseln an. amerika21, Internet-Veröffentlichung 02. November. https://amerika21.de/2021/11/255288/weltklimagipfel-schutzgebiet-galapagos. Zugegriffen: 10. Februar 2022

Reich S (2022) „Wir sind selbst der Vulkan." Stefan Reich im Interview mit Nick Longrich, University of Bath. Süddeutsche Zeitung Magazin, 19. August, 30–33

Reichardt L, Weiss M (2022) „Der westliche Lebensstil wird nicht mehr lange fortbestehen". Interview mit dem US-Ökonomen Dennis Meadows 50 Jahre nach „Die Grenzen des Wachstums". Süddeutsche Zeitung Magazin, 19. Februar, 20–25

Rockström J et al. *[28 Coautoren]* (2009) A safe operating space for humanity. Nature 461, 472–475. https://doi.org/10.1038/461472a

Shelley M (1826) The Last Man. Henry Colburn, London. Deutscher Titel: Verney, der letzte Mensch. Philipp Reclam jun., Stuttgart 2021

StandAG (2020) Gesetz zur Suche und Auswahl eines Standortes für ein Endlager für hochradioaktive Abfälle in der Fassung vom 12. Dezember. Teil 1 (Allgemeine Vorschriften), § 1 Zweck des Gesetzes. https://www.gesetze-im-internet.de/standag_2017/BJNR107410017.html. Zugegriffen: 13. Februar 2022

Steffen W, Rockström J *[14 Coautoren]* (2018) Trajectories of the Earth System in the Anthropocene. PNAS 115–33, 8252–8259. https://www.pnas.org/doi/full/10.1073/pnas.1810141115

Storch L (2022) Erneuerbare Energien: Solarstrom-Vergütung unter Marktwert. tagesschau.de, Internet-Veröffentlichung 13. Februar. https://www.tagesschau.de/wirtschaft/solaranlagen-foerderung-strom-101.html. Zugegriffen: 13. Februar 2022

StudySmarter (o. J.) Britische Mandatszeit Palästina. StudySmarter, die Lernapp für Studenten & Schüler. Internet-Veröffentlichung. https://www.studysmarter.de/schule/geschichte/nahostkonflikt/britische-mandatszeit-palaestina/. Zugegriffen: 04. Februar 2022

Trepl L (2014) Ist anthropozentrisches Denken die Ursache der Naturzerstörung? SciLogs, Landschaft & Oekologie, Blog 21. März. https://scilogs.spektrum.de/landschaft-oekologie/ist-anthropozentrisches-denken-die-ursache-der-naturzerstoerung/2/. Zugegriffen: 29. Juni 2022

TS (2022) Nachrichten zum Thema „Klima". tagesschau.de, laufend aktualisierte Internet-Veröffentlichung. https://www.tagesschau.de/thema/klima/. Zugegriffen: 07. August 2022

UN (2019) World Population Prospects 2019, File POP/1–1. Vereinten Nationen, Internet-Veröffentlichung August. https://population.un.org/wpp/Download/Files/1_Indicators%20(Standard)/EXCEL_FILES/1_Population/WPP2019_POP

_F01_1_TOTAL_POPULATION_BOTH_SEXES.xlsx. Zugegriffen: 24. Februar 2022

UN (2022) Bericht zum Weltbevölkerungstag. Vereinten Nationen. Zitiert in: UN-Bericht – Weltbevölkerung wächst langsamer. tagesschau.de, Internet-Veröffentlichung 11. Juli. https://www.tagesschau.de/ausland/europa/weltbevoelkerung-139.html. Zugegriffen: 11. Juli 2022

US Census Bureau (2011) Historical Estimates of World Population. US Census Bureau, International Programs. Internet-Veröffentlichung. https://web.archive.org/web/20110623122056/http://www.census.gov/ipc/www/worldhis.html. Zugegriffen: 24. Februar 2022

Weisflog C (2021) Terror in Ägypten: Der IS warnt die Christen mit einer Hinrichtung. Neue Zürcher Zeitung, Internet-Veröffentlichung 21. April. https://www.nzz.ch/international/terror-in-aegypten-der-is-warnt-die-christen-auf-dem-sinai-ld.1612943. Zugegriffen: 16. Februar 2022

Wells HG (1895) The Time Machine. Nachdruck 2003, Barnes & Noble Classics, New York. Siehe auch: https://www.fourmilab.ch/etexts/www/wells/timemach/timemach.pdf. Zugegriffen: 13. Februar 2022

Wenski G (2022) Das kleine Handbuch kognitiver Irrtümer. Denkfehler vermeiden – mit Psychologie & Verhaltensökonomik. Springer, Berlin, Heidelberg. https://doi.org/10.1007/978-3-662-64776-9

Wetzel H (2022) Gewalt in den USA: Bis an die Zähne bewaffnet – und eine Lösung ist nicht in Sicht. Süddeutsche Zeitung, Internet-Veröffentlichung 06. Juni. https://www.sueddeutsche.de/meinung/usa-waffengewalt-amoklauf-waffengesetze-1.5598060. Zugegriffen: 14. Juni 2022

Wikipedia (2022a) Alija. https://de.wikipedia.org/wiki/Alija. Zugegriffen: 04. Februar 2022

Wikipedia (2022b) Aralsee. https://de.wikipedia.org/wiki/Aralsee. Zugegriffen: 26. Januar 2022

Wikipedia (2022c) Artikel 20a des Grundgesetzes für die Bundesrepublik Deutschland. https://de.wikipedia.org/wiki/Artikel_20a_des_Grundgesetzes_für_die_Bundesrepublik_Deutschland. Zugegriffen: 04. Februar 2022

Wikipedia (2022d) 2001 Clear Channel Memorandum. https://de.wikipedia.org/wiki/2001_Clear_Channel_Memorandum. Zugegriffen: 22. Februar 2022

Wikipedia (2022e) Dystopie. https://de.wikipedia.org/wiki/Dystopie. Zugegriffen: 22. Februar 2022

Wikipedia (2022f) Estimates of historical world population. https://en.wikipedia.org/wiki/Estimates_of_historical_world_population. Zugegriffen: 24. Februar 2022

Wikipedia (2022g) In the Year 2525. https://de.wikipedia.org/wiki/In_the_Year_2525. Zugegriffen: 22. Februar 2022

Wikipedia (2022h) Kaspisches Meer. https://de.wikipedia.org/wiki/Kaspisches_Meer. Zugegriffen: 26. Januar 2022

Wikipedia (2022i) Libanonkrieg 1982. https://de.wikipedia.org/wiki/Libanonkrieg_1982. Zugegriffen: 04. Februar 2022

Wikipedia (2022j) Planetare Grenzen. https://de.wikipedia.org/wiki/Planetare_Grenzen. Zugegriffen: 16. Februar 2022

Wikipedia (2022k) Totes Meer. https://de.wikipedia.org/wiki/Totes_Meer. Zugegriffen: 26. Januar 2022

Wikipedia (2022l) Tschadsee. https://de.wikipedia.org/wiki/Tschadsee. Zugegriffen: 26. Januar 2022

Wikipedia (2022m) Überbevölkerung. https://de.wikipedia.org/wiki/Überbevölkerung. Zugegriffen: 22. Februar 2022

Wikipedia (2022n) Victoriasee. https://de.wikipedia.org/wiki/Victoriasee. Zugegriffen: 26. Januar 2022

Wikipedia (2022o) Völkerwanderung. https://de.wikipedia.org/wiki/Völkerwanderung. Zugegriffen: 04. Februar 2022

Wikipedia (2022p) Weltbevölkerung. https://de.wikipedia.org/wiki/Weltbevölkerung. Zugegriffen: 22. Februar 2022

Wikipedia (2022q) Weltuntergangsuhr. https://de.wikipedia.org/wiki/Weltuntergangsuhr. Zugegriffen: 10. Februar 2022

Wikipedia (2022r) Yasuní-ITT-Initiative. https://de.wikipedia.org/wiki/Yasuní-Initiative. Zugegriffen: 10. Februar 2022

Wundersee P (2022). Werbeversprechen der Firmen: Die große Lebensmittellüge. tagesschau.de, Internet-Veröffentlichung 29. Januar. https://www.tagesschau.de/wirtschaft/verbraucher/lebensmittel-werbung-industrie-101.html. Zugegriffen: 04. Februar 2022

WWF (2020) Das kann kein Meer mehr schlucken: Unsere Ozeane versinken im Plastikmüll. World Wide Fund For Nature. WWF Deutschland, Internet Veröffentlichung 15. Januar. https://www.wwf.de/themen-projekte/plastik/unsere-ozeane-versinken-im-plastikmuell. Zugegriffen: 10. Februar 2022

8 Anhang

> Während viele Kunden im Buchladen zunächst auf den Klappentext schauen, interessiert andere eine detailliertere Zusammenfassung des Inhalts. Diese folgt hier, und ebenso eine Übersicht über die im Text behandelten Denkfehler sowie – für Experten und ebenso Laien – eine Übersicht über weitere lesenswerte und leicht erhältliche Quellen.

8.1 Zusammenfassung

Im vorliegenden Buch geht es um angewandte Verhaltensökonomie, der immer populärer werdenden Kombinationswissenschaft aus Psychologie und Wirtschaft. Die keineswegs optimale Neigung von Menschen als typische Gewohnheitstiere, am gegenwärtigen Zustand festzuhalten und schleichende Veränderungen der Umstände zu ignorieren, bildet den roten Faden, der durch die sieben Kapitel führt. Dabei werden an sich völlig unterschiedliche Themen angerissen, die sich allerdings durchweg unter die Status-quo-Affinität bündeln lassen: Zeit und Geld, Politik und Religion, Wutbürger und Rechtsradikale, Verschwörungstheoretiker und Geschichtsverfälscher ebenso wie Sprache und deren Entwicklung und potenzieller Missbrauch. Der technische Fortschritt wird unter dem Blickwinkel des Veränderungsmanagement analysiert; Völkerwanderungen, Bevölkerungswachstum und die Tragik der Allmende runden mit einem – nicht sehr optimistischen – Blick in die Zukunft den Reigen der erörterten Themen ab.

Wie in zahlreichen anderen Werken, die sich mit Gegenwartsthemen beschäftigen, geht es an verschiedenen Stellen natürlich auch um die Corona-Pandemie und den Ukraine-Krieg. Als Autor scheue ich mich dabei nicht, den Finger in die verschiedenen Wunden zu legen. Wie der Frosch, der in langsam wärmer werdendem Wasser – angeblich – den Absprung verpasst, übersehen Menschen gerne und wiederholt schleichende Veränderungen. Vor allem dann, wenn diese Verschlechterungen zur Folge haben. War der russische Angriff auf die Ukraine und damit auf die Werte des Westens nicht absehbar? (Doch, war er!) Musste man die katholische Kirche mit ihrem systematischen Missbrauch Schutzbedürftiger nicht viel früher einbremsen? (Das historisch hohe Ansehen von Priestern ist inzwischen komplett ruiniert.) Sollte man sprachliche Tabubrüche der AfD und ihre völkische Politik durch seine Wählerstimme unterstützen und zum Demokratieabbau beitragen? (Nein! Das hatten wir bereits.) Wäre ein frühzeitiger Verzicht auf fossile Energieträger zugunsten regenerativer Energie nicht nur ökologisch, sondern auch ökonomisch sinnvoll gewesen? (Mit Sicherheit! Gäbe es da nicht diverse Lobbys ...) Doch bei diesen und weiteren Themen haben bisher starke Beharrungskräfte gesiegt.

Für den eiligen Leser hier noch einmal das Wichtigste:

1. Zwei kognitive Effekte werden in Theorie und Praxis beleuchtet, mit einer Zusammenfassung wissenschaftlicher Untersuchungen sowie aktuellen Beispielen aus dem Leben: *Status-quo-Verzerrung* und *Boiling-Frog-Syndrom*. Die erstgenannte Fehleinschätzung besteht darin, den gegenwärtigen Zustand jeglicher Veränderung vorzuziehen; der zweite Denkfehler bedingt, allmählich auftretende signifikante Veränderungen zum Schlechteren hin zu übersehen und nicht darauf zu reagieren.
2. Beide Irrtümer leisteten in prähistorischer Vergangenheit einen wertvollen Beitrag zu Erhalt und Weiterentwicklung unserer Art, indem unsere Vorfahren Bedrohungen vordringlicher als Chancen behandelten. Für den modernen Menschen bedeuten sie inzwischen jedoch einen evolutionären Webfehler, dem wir bewusst und aktiv entgegentreten sollten.

3. Den Dualismus von Status-quo-Verzerrung und Boiling-Frog-Syndrom findet man in unterschiedlichsten Konstellationen, Lebenslagen und Umständen: Radikalisierung und Demokratiegefährdung, sprachliche Entwicklung und technischer Fortschritt, Bevölkerungswachstum und Übernutzung der Erde. Dabei lassen sich manche Probleme wie die aktuelle Popularität der AfD durchaus überwinden, der Klimawandel jedoch nach momentaner Einschätzung eher nicht.
4. Für dieses Spannungsfeld habe ich vor dem Hintergrund der rasanten, anscheinend immer schneller ablaufenden Entwicklung einen Leitgedanken formuliert, der durch den Text hinweg verfolgt wird: *Der Status quo lässt sich auf Dauer nicht aufrechterhalten.* Mit zahlreichen Erläuterungen, Hinweisen und Tipps argumentiere ich dafür, *nicht* die üblichen kognitiven Fehler zu machen, sondern sich Veränderungen konsequent und ergebnisoffen zu stellen und das eigene Leben somit aktiv und selbstbestimmt zu gestalten.

8.2 Glossar kognitiver Irrtümer

Kernelemente dieser Betrachtungen sind *Status quo Bias* und *Boiling Frog Syndrome.* Nachfolgend finden Sie daneben knapp 100 weitere psychologische und verhaltensökonomische Denkfehler mit ihren Definitionen sowie den englisch- und deutschsprachigen Bezeichnungen zusammen mit einigen synonymen Begriffen. Sie alle stehen in direkter oder indirekter Beziehung zu den im Buch behandelten Themen und werden im Text in den angegebenen Abschnitten diskutiert. Für eine nähere Diskussion einzelner Effekte darf ich Sie auf das erwähnte *Kleine Handbuch kognitiver Irrtümer* verweisen.

Action Bias ***(Handlungsneigung, „Fehleinschätzung zu handeln")*** Trugschluss, aktiv werden zu müssen, auch wenn es nichts nützt oder sogar schadet (Abschn. 1.5, 2.6)

Adaptive Attitudes ***(Anpassungsfähige Haltungen)*** Annehmen derselben Haltungen wie die der Menschen, die uns umgeben, etwa in derselben sozialen Gruppe oder dem Arbeitsumfeld (Abschn. 3.5)

Age-related Positivity Effect ***(Altersabhängiger Positivitätseffekt)*** → *Positivity Effect*

Alternative Paths ***(Alternative Pfade)*** alternative Handlungsmöglichkeiten, die bei der Bewertung einer Situation übersehen werden; → *Hindsight Bias* (Abschn. 7.5)

Ambiguity Aversion ***(Aversion gegen Mehrdeutigkeit)*** Tendenz, bekannte Risiken gegenüber unbekannten Risiken zu bevorzugen (Abschn. 7.4)

Ambiguity Bias ***(Mehrdeutigkeitsverzerrung)*** kognitiver Irrtum bei einer Entscheidungsfindung unter Informationsmangel: Auswahl von Optionen, die bekanntermaßen zu einem positiven Ergebnis führen, und Vernachlässigung solcher mit unbekannter Erfolgswahrscheinlichkeit

Anchoring Bias ***(Ankereffekt)*** Fehlschluss, dass Menschen bei bewusst gewählten Zahlenwerten von momentan vorhandenen (auch irrelevanten) Umgebungsinformationen beeinflusst werden mit der Folge einer systematischen Verzerrung in Richtung des Ankers (Abschn. 1.6, 2.6)

Anthropocentric Thinking ***(Anthropozentrisches Denken)*** Selbstverständnis des Menschen als Mittelpunkt der weltlichen Realität; als Folge davon Tendenz, andere biologische Spezies über Analogien zum Menschen zu charakterisieren (Abschn. 7.4)

Arbitrary Coherence ***(Willkürliche Kohärenz)*** → *Anchoring Bias*

Attraction Effect ***(Attraktionseffekt)*** → *Decoy Effect* (Abschn. 5.1)

Availability Bias ***(Verfügbarkeitsverzerrung)*** systematischer Urteilsfehler, der entsteht, wenn die Bewertung der Wahrscheinlichkeit eines Ereignisses von leicht verfügbaren Beispielen geprägt ist (Abschn. 1.3)

Backfire Effect ***(Backfire-Effekt)*** Neigung, Fakten, die der eigenen Überzeugung widersprechen, als Bestätigung der eigenen Überzeugung zu betrachten und diese noch vehementer zu vertreten (Abschn. 4.6)

Backlash Effect ***(Rückschlag-Effekt, Gegenbewegung)*** Rückkehr zu konservativen Werten und damit weg von fortschrittlichen Idealen; → *Gender Bias* (Abschn. 1.3)

Bandwagon Effect ***(Mitläufereffekt, Nachahmungseffekt, Herdentrieb)*** durch wahrgenommenen Erfolg erhöhte Bereitschaft, sich voraussichtlich erfolgreichen Handlungsweisen anzuschließen (Abschn. 3.5)

Belief Bias ***(Überzeugungsirrtum)*** Tendenz, glaubwürdige Schlussfolgerungen zu akzeptieren, unabhängig davon, ob sie logisch korrekt aus den Prämissen hergeleitet werden können (Abschn. 4.2)

Belief Perseverance ***(Beharren auf Überzeugungen)*** Unfähigkeit, eine erste Hypothese anzupassen oder zu revidieren, obwohl neue Informationen vorliegen, die dieser Überzeugung widersprechen (können) (Abschn. 4.2)

Belief Revision ***(Ändern von Überzeugungen)*** Änderung oder Anpassung von Überzeugungen auf der Basis neuer Informationen (Abschn. 4.2)

Bizarreness Effect ***(Bizarrheitseffekt)*** Umstand, dass bizarre Sachverhalte und Objekte besser im Gedächtnis behalten werden als gewöhnliche (Abschn. 4.2)

Black Swan Theory ***(„Schwarzer-Schwan-Theorie")*** Theorie der verzerrten Denkweise hinsichtlich unwahrscheinlicher Ereignisse (Black-Swan-Ereignisse), wonach das, was man nicht weiß, viel wichtiger ist als das, was man weiß (Abschn. 2.4, 2.6, 7.5)

Blind Spot Bias ***(Verzerrungsblindheit)*** Tendenz, sich für unbeeinflussbar zu halten und für kognitive Verzerrungen nicht zugänglich zu sein

Boiling Frog Syndrome ***(Boiling-Frog-Syndrom, „Syndrom des gekochten Froschs")*** Metapher für die Unfähigkeit von Menschen, auf signifikante Veränderungen, die allmählich auftreten, richtig zu reagieren; → *Status quo Bias* (Abschn. 2.2 sowie viele weitere Abschnitte)

Brinkmanship ***(„Spiel mit dem Feuer", „Politik am Rande des Abgrunds")*** unsaubere und riskante Verhandlungstaktik, mit seinem Widersacher zur Klärung einer Streitfrage sinnbildlich bis an den Rand einer Felsklippe *(Brink)* zu gehen, wodurch der andere zum Nachgeben gebracht werden soll, bevor am Ende beide in den Abgrund fallen (Abschn. 5.4)

Broken Windows Theory ***(Broken-Windows-Theorie; „Auswirkung zerbrochener Scheiben")*** Mutmaßung des Zusammenhangs zwischen dem Verfall von Stadtgebieten und Kriminalität: Eine zerbrochene Fensterscheibe müsse demnach schnell repariert werden, um weitere Zerstörungen in der Umgebung zu verhindern; → *Boiling Frog Syndrome;* → *Status quo Bias* (Abschn. 2.5, 2.6)

Catch-22 Dilemma ***(Catch-22-Zwickmühle)*** geflügeltes Wort aus dem Englischen für einen Zirkelschluss, aus dem ein Individuum aufgrund widersprüchlicher Regeln nicht entkommen kann (Abschn. 7.3)

Camel's Nose ***(Camel's Nose; „Jemandem den kleinen Finger reichen")*** Metapher für Situationen, in denen kleine, scheinbar harmlose Aktionen die Tür für größere, klar schädliche Folgeaktionen öffnen; → *Boiling Frog Syndrome* (Abschn. 2.3, 2.6)

Cobra Effect ***(Kobra-Effekt)*** Phänomen, dass Maßnahmen, die getroffen werden, um ein bestimmtes Problem zu lösen, dieses auch verschärfen können; der Name bezieht sich auf die Entwicklung in Indien, wo zunächst von der britischen Kolonialverwaltung Prämien für erlegte (wilde) Kobras gezahlt, dann die Tiere zur Profitsteigerung von den Indern gezielt gezüchtet und nach Abschaffung der somit nutzlosen Vergütungsregelung freigelassen wurden; → *Jevons Paradox*

Confirmation Bias ***(Bestätigungsfehler)*** Neigung, Informationen so auszuwählen, zu ermitteln und zu interpretieren, dass sie die eigenen Erwartungen bestätigen (Abschn. 4.2)

Conjunction Fallacy ***(Verknüpfungstäuschung, Konjunktionsfehlschluss; Linda-Problem)*** → *Linda Problem*

Conservatism Bias ***(Konservatismus-Fehlschluss)*** Tendenz, bei Vorliegen neuer Erkenntnisse die eigene Position und Sichtweise nur unzureichend daran anzupassen; → *Belief Revision* (Abschn. 1.3, 2.6)

Continued Influence Effect ***(Nachwirkung von Falschinformation)*** Tendenz, eine Falschinformation weiterhin zu glauben, obwohl eine Richtigstellung erfolgt ist

Creeping Normalcy (Normality) ***(„Kriechender Normalzustand")*** Prozess, durch den anfänglich nicht akzeptable gravierende Veränderungen in der Lebensweise der Menschen dann toleriert werden, wenn ihre Einführung graduell in inkrementalen, oft zunächst unmerklichen Schritten erfolgt (Abschn. 2.3, 2.6)

Decision Avoidance ***(Vermeidung von Entscheidungen)*** Tendenz, Entscheidungen aufzuschieben oder ihnen aus dem Weg gehen; → *Default Effect* (Abschn. 1.4)

Decision Fatigue ***(„Entscheidungsmüdigkeit")*** → *Decision Avoidance* (Abschn. 1.4)

Declinism ***(Declinism; „Auf dem absteigenden Ast")*** Glaube, dass es mit einer Gesellschaft oder Institution abwärts geht; → *Rosy Retrospection Bias*

Decoy Effect ***(Köder-Effekt)*** Bevorzugung einer von zwei Optionen, wenn eine dritte Option (Köder) hinzugefügt wird, die einer der beiden Optionen in allen Belangen unterlegen ist (Abschn. 1.6)

Default Effect ***(Default-Effekt; „Auswirkung der Vorgabe")*** übermäßige Bevorzugung derjenigen Option, die in Kraft tritt, wenn ein Akteur keine aktive Entscheidung trifft; → *Nudging*, → *Status quo Bias* (Abschn. 1.4, 2.6)

Defensive Decision Making ***(Defensives Entscheiden)*** Bevorzugung einer Entscheidung, die man besser rechtfertigen und verteidigen kann, gegenüber einer Entscheidung, die am besten für einen selbst ist oder (bei Managern) für das vertretene Unternehmen (Abschn. 1.2)

Disaster Myopia ***(Desaster-Myopie, „Kurzsichtigkeit für Katastrophen")*** Tendenz, Erinnerungen an schlimme Vorfälle und Unglücke auszublenden, nachdem diese ausgestanden sind; systematische Unterschätzung von Schockwahrscheinlichkeiten (Abschn. 6.4)

Disjunction Effect ***(„Effekt der Oder-Verknüpfung")*** Beobachtung, dass Entscheidungen unter Unsicherheit zum gegenwärtigen Zeitpunkt durch ein in der Zukunft liegendes Geschehnis oder eine Entwicklung erschwert oder sogar gänzlich verhindert werden

Dread Aversion ***(Furchtaversion)*** analog zur Verlustaversion (→ *Loss Aversion)* etwa doppelt so starke Bewertung der Furcht vor einem negativen Resultat im Vergleich zum Genießen eines positiven Ergebnisses

Emperor's New Clothes Syndrome ***(Des-Kaisers-neue-Kleider-Syndrom)*** Beobachtung, dass ein Denkmodell oder eine Glaubensstruktur ohne Grundlage und unterstützende Fakten nur dann bestehen und überleben kann, wenn jeder gewillt ist, daran zu glauben (Abschn. 3.4)

Endowment Effect ***(Besitztumseffekt)*** Tendenz, ein Gut allein deshalb als wertvoller einzuschätzen, weil man es besitzt; → *Status quo Bias* (Abschn. 1.4, 2.6)

Equity Premium Puzzle ***(Aktienprämienrätsel)*** Paradox im Anlegerverhalten auf Finanzmärkten, sichtbar durch einen übermäßig hohen Unterschied zwischen den Renditen aus risikobehafteten Anlageformen und als relativ sicher geltenden Wertpapieren; → *Loss Aversion*

Escalation of Commitment ***(Eskalierende Hingabe)*** → *Irrational Escalation*

Exaggeration ***(Übertriebene Erwartungen, Katastrophisierung)*** Tendenz zu extremeren Erwartungen an zukünftige Entwicklungen, als in Wirklichkeit auftreten oder als nach vorliegenden Informationen gerechtfertigt wäre

Exponential Growth ***(Exponentielles Wachstum)*** mathematisches Prinzip, im Alltagsleben zwangsläufig verbunden mit der Beobachtung, dass die meisten

Menschen kein intuitiv korrektes Gefühl für Wachstumsraten haben (Abschn. 2.2, 6.2, 7.2)

Fading Affect Bias ***(FAB; „Verzerrung wegen verblassender Gemütsregung")*** Verzerrung, der zufolge mit negativen Emotionen belastete Erinnerungen schneller verblassen als solche mit positiven Eindrücken (Abschn. 1.4)

False Memory Syndrome ***(False-Memory-Syndrom, FMS; „Syndrom falschen Erinnerns")*** Feststellung, dass etwas, selbst wenn man davon zutiefst überzeugt ist, nicht zwingend auch wahr ist (Abschn. 1.4)

Framing Effect ***(Präsentationseffekt; „Rahmensetzungseffekt")*** Folge davon, einen Sachverhalt durch ein Narrativ (= sinnstiftende Erzählung) so hervorzuheben und emotional zu belegen, dass eine Handlungsempfehlung gefördert wird (Abschn. 5.1)

Gender Bias ***(Gender-Bias; „Geschlechtsbezogener Verzerrungseffekt")*** Satz von Vorurteilen, die einzelne Geschlechter systematisch benachteiligen; → *Prejudice* (Abschn. 5.2)

Gradualism ***(Gradualism)*** → *Landscape Amnesia* (Abschn. 2.3)

Groupthink ***(Gruppendenken)*** → *Social Proof*

Herding ***(Herdentrieb)*** → *Bandwagon Effect*

Hindsight Bias ***(Rückschaufehler)*** verfälschte Erinnerung an eigene Vorhersagen, die bezüglich eines Ereignisses getroffen wurden, nach dem Eintreten des Ereignisses (Abschn. 4.5)

Inertia Effect ***(Trägheitseffekt)*** psychologisches Phänomen, wonach einmal getroffene Entscheidungen auch gegen widersprechende Informationen weitgehend unverändert bleiben (Abschn. 1.5)

Ingroup Favoritism Bias ***(Eigengruppenbevorzugung)*** Tendenz von Menschen, denjenigen anderen eine bevorzugte Behandlung zu gewähren, die sie zu ihrer eigenen Gruppe zählen (Abschn. 3.5)

Irrational Escalation ***(„Eskalierende Hingabe")*** Tendenz, sich gegenüber einer früher getroffenen Entscheidung verpflichtet zu fühlen und diese über die Bereitstellung zusätzlicher Ressourcen zu stützen, obwohl sich diese Entscheidung bisher als ineffektiv oder falsch erwiesen hat; → *Sunk Cost Fallacy*

Jevons Paradox ***(Jevons-Paradox)*** ökonomische Beobachtung, der zufolge technischer Fortschritt, der die effizientere Nutzung eines Rohstoffes erlaubt, letztlich zu einer erhöhten Nutzung dieses Rohstoffes führt, anstatt sie zu senken (Abschn. 6.2)

Landscape Amnesia ***(Landschaftsamnesie, „Störung des Landschaftsgedächtnisses")*** Tendenz zu vergessen, wie eine Landschaft 50 Jahre oder eine ganze Lebensspanne zuvor aussah, da die Veränderungen von Jahr zu Jahr so gering ausgefallen sind → *Creeping Normalcy* (Abschn. 2.3, 2.6)

Linda Problem ***(Linda-Problem)*** fehlerhafte Annahme, dass ein Resultat, das gleichzeitig mehrere Bedingungen erfüllt, wahrscheinlicher ist als eines, das nur eine Bedingung erfüllt; → *Conjunction Fallacy* (Abschn. 5.1)

Loss Aversion ***(Verlustaversion)*** Tendenz, ausgehend von einem bestimmten individuellen Referenzpunkt Verluste höher (meist um einen Faktor von etwa zwei) zu gewichten als Gewinne, wobei der Referenzpunkt entweder einen Istzustand *(→ Status quo Bias)* oder einen Sollzustand darstellt (Abschn. 1.4, 2.6)

Magnification ***(Magnification; Überhöhung des Negativen)*** falsche Annahme, dass das Schlimmste, weil es vorstellbar ist, mit hoher Wahrscheinlichkeit auch tatsächlich eintreten wird; auch „Aus einer Mücke einen Elefanten machen"; → *Exaggeration*

Memory Implantation ***(Erinnerungsverfälschung)*** Technik in kognitiver Psychologie zur Untersuchung menschlichen Erinnerungsvermögens, bei der suggeriert wird, dass sie sich an ein Ereignis erinnern, das nie stattgefunden hat (Abschn. 1.4)

Mere Ownership Effect ***(Besitztumseffekt)*** → *Endowment Effect*

Money Illusion ***(Geldwertillusion)*** Nichtwahrnehmung oder Unterschätzung des Risikos der Geldentwertung durch Wirtschaftssubjekte (Überraschungsinflation) (Abschn. 1.3)

Myopic Loss Aversion ***(„Kurzsichtige" Verlustaversion)*** Verlustangst vor allem von Aktienanlegern, die ihr Anlageportfolio zu häufig überprüfen mit der möglichen Folge, Verluste zu schnell zu realisieren und damit zu wenig Mittel in Aktien zu investieren; erklärt das Aktienprämienrätsel; → *Action Bias*, → *Equity premium puzzle*, → *Loss Aversion*

Negativity Bias ***(Negativitätsverzerrung)*** Verzerrung, dass jemandem negative Erinnerungen leichter wieder einfallen als positive

Neglect of Probability ***(Vernachlässigung von Wahrscheinlichkeiten)*** Tendenz, die Eintrittswahrscheinlichkeiten vor allem kleiner Risiken falsch einzuschätzen, die entweder komplett ignoriert oder aber maßlos überschätzt werden

Nudging ***(„Anstubsen")*** Methode, das Verhalten von Menschen zu beeinflussen, ohne auf Verbote und Gebote zurückgreifen oder ökonomische Anreize bieten bzw. verändern zu müssen (Abschn. 1.4)

Omission Bias ***(Unterlassungsfehler)*** Überschätzung der Risiken bei Handlungen im Vergleich zu Nicht-Handlungen; Gegenstück zum → *Action Bias* (Abschn. 1.5, 2.6, 4.4)

Opportunity Costs Effect ***(Opportunitätskosteneffekt)*** Tendenz, dass bei Entscheidungen Opportunitätskosten systematisch tiefer bewertet werden als direkte Geldkosten gleicher Größe (Abschn. 6.4)

Ostrich Effect ***(Vogel-Strauß-Effekt; „Kopf in den Sand stecken")*** Allegorie, die ausdrückt, eine drohende Gefahr nicht sehen zu wollen, die Augen vor unangenehmen Realitäten zu verschließen oder bestimmte Tatsachen einfach nicht zur Kenntnis nehmen zu wollen (Abschn. 1.4, 2.2, 2.6)

Outcome Bias ***(Historikerirrtum)*** Fehler bei der Bewertung der Qualität einer Entscheidung, nachdem die Auswirkungen dieser Entscheidung bereits bekannt sind; → *Hindsight Bias* (Abschn. 4.5)

Outgroup Bias ***(Fremdgruppenabwertung)*** Effekt, dass willkürliche Unterscheidungsmerkmale binnen Minuten zu Vorurteilen, Stereotypen und Diskriminierung gegenüber einer Fremdgruppe führen können; → *Prejudice* (Abschn. 3.5)

Overconfidence Effect ***(Selbstüberschätzungseffekt)*** deutsch auch Vermessenheitsverzerrung, überschätztes Selbstvertrauen bzw. Kompetenzillusion: Überschätzung des eigenen Könnens und eigener Kompetenzen (Abschn. 2.1, 7.5)

Parkinson's Law of Inertia ***(Parkinsons Trägheitsgesetz)*** „Verzögerung ist die tödlichste Form der Ablehnung." (Abschn. 1.6)

Persuasion Bias ***(„Überredungsverzerrung")*** durch soziales Umfeld und vor allem Meinungsmacher befeuerter Fehlschluss, neue Information als wahr und korrekt einzuordnen, ohne ihren Ursprung und Wahrheitsgehalt näher zu überprüfen bzw. zu hinterfragen; relevant z. B. in Zusammenhang mit Propaganda, Zensur und Marketing

Positivity Effect ***(Positivitätseffekt)*** Effekt, dass ältere Personen positive Erinnerungen in ihrem Gedächtnis bevorzugen (Abschn. 1.4)

Preference Reversal ***(Präferenzumkehr)*** Tendenz bei der Wahl zwischen Alternativen, z. B. zwei Lotterien, einmal die eine und einmal die andere Alternative zu wählen, wenn die Entscheidungssituation anders dargestellt, logisch jedoch absolut identisch ist; → *Framing*

Prejudice ***(Vorurteil)*** Urteil, das einer Person, einer Gruppe, einem Sachverhalt oder einer Situation vor einer gründlichen und umfassenden Untersuchung, Abklärung und Abwägung zuteilwird; meist negativ gemeint und verstanden (Abschn. 3.5)

Priming Effect ***(Bahnungseffekt)*** Vorbereitung und Konditionierung, in eine bestimmte Richtung zu denken und zu handeln, die Menschen in der Regel nicht bewusst wahrnehmen, z. B. durch Körpersprache, Schlüsselwörter oder → *Framing*

Procrastination ***(Verschleppung)*** → *Parkinson's Law of Inertia* (Abschn. 1.6)

Prospective Cost Fallacy ***(Angst vor erwarteten Kosten)*** Scheu bzw. Abneigung vor erwarteten zukünftigen (evtl. zusätzlichen) Kosten, wenn eine Aktivität durchgeführt wird; → *Sunk Cost Fallacy*

Pseudocertainty Effect ***(Effekt der Pseudosicherheit)*** Tendenz zu risikoscheuem Verhalten bei erwartetem positivem Resultat und risikobehafteten Entscheidungen, falls negative Ergebnisse erwartet werden (Abschn. 7.5)

Rebound Effect ***(Rebound-Effekt)*** → *Jevons Paradox*

Recognition Heuristic ***(Wiedererkennungsheuristik)*** Urteilsheuristik der Kognitionspsychologie, die besagt, dass bei der Beurteilung von mehreren Objekten hinsichtlich eines Kriteriums unter bestimmten Umständen deren Wiedererkennung als alleinige Entscheidungshilfe genutzt wird

Reflection Effect ***(Reflektionseffekt)*** Tendenz von Anlegern, sich im Gewinn- und Verlustfall unterschiedlich zu verhalten: in Verlustsituationen risikofreudig und in Gewinnsituationen risikoscheu; → *Risk Aversion*

Reminiscence Bump ***(„Erinnerungsbuckel")*** autobiografischer Effekt, der beschreibt, dass, je älter Menschen werden, sie sich desto mehr an Begebenheiten aus Jugend und jungem Erwachsenenleben erinnern

Risk Aversion ***(Risikoscheu)*** Risikoeinstellung in der Entscheidungstheorie, die die Tendenz eines Marktteilnehmers oder Entscheidungsträgers (z. B. eines Investors) angesichts der Wahl zwischen mehreren Alternativen gleichen Erwartungswerts wiedergibt, die Alternative mit dem geringeren Risiko hinsichtlich des Ergebnisses – und damit auch dem geringstmöglichen Verlust – zu bevorzugen; → *Loss Aversion* (Abschn. 1.4, 2.6)

Rosy Retrospection Bias ***(Rosige-Vergangenheit-Verzerrung)*** psychologisches Phänomen, wonach Menschen die Vergangenheit unverhältnismäßig positiver beurteilen als die Gegenwart (Abschn. 1.4)

Salami Technique ***(Salamitaktik)*** Verhandlungstaktik, mit der die Verhandlungsziele durch kleinere Forderungen und entsprechende Zugeständnisse der Gegenseite erreicht werden sollen. Bestreben, bei der Suche nach einem Kompromiss stets nur minimale Zugeständnisse zu machen, um so die Verhandlung in die Länge zu ziehen und dadurch die andere Seite zu zermürben (Abschn. 2.4)

Selective Perception ***(Selektive Wahrnehmung)*** Einschränkung der Wahrnehmung durch begrenzte, unterschiedliche oder einseitige Aufmerksamkeit im Hinblick auf die angebotenen Informationen oder Reize (Abschn. 5.5)

Semmelweis Reflex ***(Semmelweis-Reflex)*** Vorgehen des wissenschaftlichen Establishments, eine neue Entdeckung quasi „reflexhaft“ ohne ausreichende Überprüfung erst einmal abzulehnen und den Urheber eher zu bekämpfen als zu unterstützen, wenn sie verbreiteten Normen oder Überzeugungen widerspricht (Abschn. 1.4, 2.6)

[Inadequate] Sensitivity to Probability ***(Mangelnde Empfindlichkeit für Wahrscheinlichkeiten)*** grundlegende Erkenntnis der Verhaltensökonomik, dass Menschen vielfach ein gestörtes Verhältnis zu Wahrscheinlichkeiten haben; → *Neglect of probability*

Shifting Baseline ***(Shifting-Baseline-Syndrom; „langsam wegdriftende Basislinie“)*** Phänomen verzerrter und eingeschränkter Wahrnehmung von Wandel; → *Boiling Frog Syndrome* (Abschn. 2.3, 2.6)

Slippery Slope Argument ***(Dammbruchargument, Argument der schiefen Ebene)*** korrekte oder inkorrekte Argumentationsweise, vor bestimmten Schritten oder Handlungen zu warnen, indem geltend gemacht wird, dass diese Handlung zwangsläufig weitere negative Konsequenzen zur Folge habe; → *Boiling Frog Syndrome;* → *Status quo Bias* (Abschn. 1.5, 2.4, 2.6)

Social Proof ***(„Sozialer Beweis“)*** Orientierung des Verhaltens an dem anderer (Abschn. 3.5)

Status quo Bias ***(Status-quo-Verzerrung)*** starke Neigung von Menschen und Organisationen, den gegenwärtigen Zustand jeglicher Veränderung vorzuziehen;

Folge von → *Endowment Effect* und → *Loss Aversion* (Abschn. 1.3 sowie zahlreiche weitere Abschnitte)

Stereotypical Bias ***(Stereotypische Verzerrung)*** Einordnung anderer Personen oder Gruppen in relativ starre, verbreitete Vorstellungsbilder, die meist einfach, einprägsam und bildhaft sind; → *Prejudice*

Story Bias ***(Verdrehte Geschichten)*** Verdrehung von Geschichten zur Vereinfachung der Wirklichkeit, wobei alles verdrängt wird, was nicht in das Bild hineinpasst; → *Conjunction Fallacy* (Abschn. 5.1)

Sunk Cost Fallacy ***(Angst vor versunkenen, irreversiblen Kosten)*** Scheu bzw. Abneigung vor der Abschreibung irreversibler Kosten, wenn eine Aktivität z. B. zur Geschäftsanbahnung ergebnislos abgebrochen wird oder werden sollte; → *Prospective Cost Fallacy* (Abschn. 4.5)

System Justification ***(„Rechtfertigung des Systems")*** → *Status quo Bias* (Abschn. 1.3, 2.6)

Too-much-invested-to-quit Syndrome ***(„Kein Zurück mehr")*** → *Sunk Cost Fallacy;* → *Irrational Escalation*

Tragedy of the Commons ***(Tragik der Allmende)*** Modell, nach dem frei verfügbare, aber begrenzte Ressourcen nicht effizient genutzt werden und durch Übernutzung bedroht sind, was auch die Nutzer selbst bedroht (Allmende = Gemeindeflur) (Abschn. 7.4)

Travis Syndrome ***(Travis-Syndrom)*** Tendenz, die Signifikanz der Gegenwart überzubewerten (Abschn. 1.4)

Truth Effect ***(„Wahrheitseffekt")*** Tendenz, Aussagen, die zuvor bereits gehört oder gelesen wurden, einen größeren Wahrheitsgehalt zuzusprechen als solchen, die erstmals gehört werden

Turkey Illusion ***(Truthahn-Illusion, Induktionsfehlschluss)*** Neigung, einen Trend zu extrapolieren, ohne ihn zu hinterfragen; der Name bezieht sich auf den bislang gut gefütterten Truthahn, der dies an Thanksgiving zu seinem Bedauern feststellen musste

Tyranny of Small Decisions ***(Tyrannei der kleinen Entscheidungen)*** Situation, in der eine Reihe von Entscheidungen, individuell klein und unbedeutend in Größe und Zeitperspektive, kumulativ zu einem größeren und signifikanten Ergebnis führen, das weder optimal noch erwünscht ist; → *Boiling Frog Syndrome* (Abschn. 2.5, 2.6)

8.3 Weitere Leseempfehlungen

Bücher

Beyme Kv (2018) Rechtspopulismus – Ein Element der Neodemokratie? Springer, Wiesbaden. https://doi.org/10.1007/978-3-658-19767-4

Butter M (2020) Nichts ist, wie es scheint. Suhrkamp, Berlin

Harari YN (2013) Eine kurze Geschichte der Menschheit. Pantheon, München

Harari YN (2017) Homo deus: eine Geschichte von Morgen. C. H. Beck, München

Kahneman D (2011) Thinking, Fast and Slow. Farrar, Straus and Giroux, New York. http://dspace.vnbrims.org:13000/jspui/bitstream/123456789/2224/1/Daniel-Kahneman-Thinking-Fast-and-Slow-.pdf. Zugegriffen: 21. April 2021

Kahneman D, Sibony O, Sunstein CR (2021) Noise. Was unsere Entscheidungen verzerrt – und wie wir sie verbessern können. Siedler, München

Klimczak P, Zoglauer T (Hrsg) (2021) Wahrheit und Fake im postfaktisch-digitalen Zeitalter. Distinktionen in den Geistes- und IT-Wissenschaften. Springer Vieweg, Wiesbaden. https://doi.org/10.1007/978-3-658-32957-0

Müller M, Precht J (Hrsg) (2019) Narrative des Populismus. Springer, Wiesbaden. https://doi.org/10.1007/978-3-658-22374-8

Nöller T (2021) Verschwörungstheorien und Fake News. Untersuchungen unter dem Fokus systemischen Denkens und Handelns. Springer, Wiesbaden. https://doi.org/10.1007/978-3-658-35748-1

Pinker S (2021) Mehr Rationalität. Eine Anleitung zum bessern Gebrauch des Verstandes. S. Fischer, Frankfurt a. M.

Ransiek AC (2019) Rassismus in Deutschland. Springer, Wiesbaden. https://doi.org/10.1007/978-3-658-24056-1

Schink A (2020) Verschwörungstheorie und Konspiration. Dissertation Universität Salzburg, 2019. Springer, Wiesbaden. https://doi.org/10.1007/978-3-658-31689-1

Schmid E, Pröll T (Hrsg) (2020) Umwelt- und Bioressourcenmanagement für eine nachhaltige Zukunftsgestaltung. Springer Spektrum, Berlin. https://doi.org/10.1007/978-3-662-60435-9

Sturm B, Vogt C (2018) Umweltökonomik. Eine anwendungsorientierte Einführung. Springer Gabler, Berlin, Heidelberg. https://doi.org/10.1007/978-3-662-54127-2

Thaler R (2019) Misbehaving: Was uns die Verhaltensökonomik über unsere Entscheidungen verrät. Pantheon, München

Udalov V (2019) Behavioural Economics of Climate Change. Springer, Cham. https://doi.org/10.1007/978-3-030-03532-7

Vogt T (2020) Against Fake. Wie Wissenschaft die Welt erklärt. Springer, Berlin. https://doi.org/10.1007/978-3-662-58354-8

von Holle V (2019) Eine ökonomische Revolution – Wie Verhaltensökonomie die Welt verändert. Springer, Wiesbaden. https://doi.org/10.1007/978-3-658-26358-4

Vorländer H, Herold M, Schäller S (2017) PEGIDA – Entwicklung, Zusammensetzung und Deutung einer Empörungsbewegung. Springer, Wiesbaden. https://doi.org/10.1007/978-3-658-10982-0

Wolf T (2017) Rechtspopulismus – Überblick über Theorie und Praxis. Springer, Wiesbaden. https://doi.org/10.1007/978-3-658-16971-8

Artikel

Bach M (2021) Nationalpopulismus und Faschismus im historischen Vergleich. Zur Aktualität von Max Webers Herrschaftssoziologie. Berliner J Soziologie 31, 81–100. https://doi.org/10.1007/s11609-021-00436-8

Barreiro-Hurle J, Espinosa-Goded M, Martínez-Paz JM, Perni A (2018) Choosing not to choose: A meta-analysis of *status quo* effects in environmental valuations using choice experiments. Economía Agraria y Recursos Naturales 18–1, 79–109. https://doi.org/10.7201/earn.2018.01.04

Baron J, Hershey JC (1988) Outcome bias in decision evaluation. J Personality and Social Psychology 54–4, 569–579. https://doi.org/10.1037/0022-3514.54.4.569

Baron J Ritov I (2004) Omission bias, individual differences, and normality. Organizational Behavior and Human Decision Processes 94, 74–85. https://doi.org/10.1016/j.obhdp.2004.03.003

Baron J Ritov I (2009) Protected Values and Omission Bias as Deontological Judgments. Psychology of Learning and Motivation 50, 133–167. https://doi.org/10.1016/S0079-7421(08)00404-0

Bergers D (2022) The status quo bias and its individual differences from a price management perspective. J Retailing and Consumer Services 64. https://doi.org/10.1016/j.jretconser.2021.102793

Blake D, Cannon E, Wright D (2021) Quantifying loss aversion: Evidence from a UK population survey. J Risk and Uncertainty 63, 27–57. https://doi.org/10.1007/s11166-021-09356-7

Camillerie AR, Sah S (2021) Amplification of the status quo bias among physicians making medical decisions. Applied Cognitive Psychology 35–6, 1374–1386. https://doi.org/10.1002/acp.3868

Cearreta A, Fairchild I, Gałuszka A, Summerhayes C, Wagreich M (2022) The Anthropocene Signal Amidst the Noise. Anthropocene Curriculum, Haus der Kulturen der Welt (HKW, Berlin) und Max Planck Institute for the History of

Science (MPIWG, Berlin), 22. April. https://www.anthropocene-curriculum.org/contribution/the-anthropocene-signal-amidst-the-noise. Zugegriffen: 06. Juni 2022

Decision Lab (o. J.) Why do we tend to leave things as they are? Status Quo Bias, explained. The Decision Lab, Internet-Veröffentlichung. https://thedecisionlab.com/biases/status-quo-bias. Zugegriffen: 15. Juli 2022

Duminil A (2012) Links- und Rechtsterror in Deutschland. Eine Nebenwirkung der ungenügenden Aufarbeitung der deutschen Vergangenheit. Von der RAF bis zum NSU. Seminararbeit, Internet-Veröffentlichung. https://www.grin.com/document/306827. Zugegriffen: 14. März 2022

Dupont DY, Lee GS (2002) The Endowment Effect, Status Quo Bias and Loss Aversion: Rational Alternative Explanation. J Risk and Uncertainty 25, 87–101. https://doi.org/10.1023/A:1016371414952

Eidelman S, Crandall CS (2012) Bias in Favor of the Status Quo. Social and Personality Psychology Compass 6/3, 270–281. https://doi.org/10.1111/j.1751-9004.2012.00427.x

Folkers A (2021) Preventing the Unpreparable. Catastrophe Thresholds from Covid to Climate. Sociologica 15–3, 85–106. https://doi.org/10.6092/issn.1971-8853/13564

Gal D (2006) A psychological law of inertia and the illusion of loss aversion. Judgment and Decision Making 1–1, 23–32. http://journal.sjdm.org/jdm06002.pdf. Zugegriffen: 06. Juni 2022

Gal D, Rucker DD (2018) The Loss of Loss Aversion: Will It Loom Larger Than Its Gain? J Consumer Psychology 28–3, 497–516. https://doi.org/10.1002/jcpy.1047

Herrberg N (2021) Durch Gott legitimiert, das „Reich" zu befreien. Religiöse Semantiken in der Reichsbürgerszene. Zeitschrift für Religion, Gesellschaft und Politik 5, 503–529. https://doi.org/10.1007/s41682-021-00072-2

Ho C, Josen B (2022) Challenging the Status Quo. What makes a new product succeed. IPSOS Views, March. https://www.ipsos.com/sites/default/files/ct/publication/documents/2022-03/Ipsos-Views-Challenging-the-status-quo.pdf. Zugegriffen: 06. Juni 2022

Hofmann B (2021) Internal barriers to efficiency: why disinvestments are so difficult. Identifying and addressing internal barriers to disinvestment of health technologies. Health Economics, Policy and Law 16, 473–488. https://doi.org/10.1017/S1744133121000037

Jianbiao LI, Guangqian REN, Qiuhua MA, Lüke LIU (2009) An experimental study on investors' status quo bias and its determinants. Frontiers of Business Research in China 3–4, 543–565. https://doi.org/10.1007/s11782-009-0026-y

Kovach M (2020) Twisting the truth: Foundations of wishful thinking. Theoretical Economics 15, 989–1022. https://doi.org/10.3982/TE2744

Launius RD (2010) Denying the Apollo Moon Landings: Conspiracy and Questioning in Modern American History. 48th AIAA Aerospace Science Meeting. January 4–7, American Institute of Aeronautics and Astronautics, Orlando, FL. https://doi.org/10.2514/6.2010-1131

Lee K, Joshi K (2017) Examining the Use of Status Quo Bias Perspective in IS Research: Need for Re-Conceptualizing and Incorporating Biases. Information Systems J 27–6, 733–752. https://doi.org/10.1111/isj.12118

Pfahl-Traughber A (2020) Die AfD ist (mittlerweile) eine rechtsextremistische Partei. Eine Einschätzung aus demokratietheoretischer Sicht. Sozial Extra 2, 87–91. https://doi.org/10.1007/s12054-020-00264-9

Philippe A (2022) 5 Awareness Tools to Avoid the Boiling Frog Syndrome. How to detect and address vicious circles in your life. Internet-Veröffentlichung 23. März. https://betterhumans.pub/5-awareness-tools-to-avoid-the-boiling-frog-syndrome-a0596c85cc3https://betterhumans.pub/5-awareness-tools-to-avoid-the-boiling-frog-syndrome-a0596c85cc3. Zugegriffen: 15. Juli 2022

Quiggin D, De Meyer K, Hubble-Rose L, Froggatt A (2021) Climate change risk assessment 2021. The risks are compounding, and without immediate action the impacts will be devastating. Research Paper, Environment and Society Programme, September. Chatham House, London. https://www.chathamhouse.org/sites/default/files/2021-09/2021-09-14-climate-change-risk-assessment-quiggin-et-al.pdf. Zugegriffen: 06. Juni 2022

Rius A (2021) What Is Status Quo Bias in Sales and Marketing? Internet-Veröffentlichung 26. Oktober. https://corporatevisions.com/status-quo-bias/. Zugegriffen: 15. Juli 2022

Roca M, Hogarth RM, Maule AJ (2006) Ambiguity Seeking as a Result of the Status Quo Bias. J Risk and Uncertainty 32, 175–194. https://doi.org/10.1007/s11166-006-9518-8

Römer D (2021) Verschwörungstheorien als argumentative Narrative. Zeitschrift für Literaturwissenschaft und Linguistik 51, 281–298. https://doi.org/10.1007/s41244-021-00202-6

Schäfer R, Frei N (2021) Rationalismus und Mystifikation: Zur formalen Pathetik des Dagegenseins. Z Religion, Gesellschaft und Politik 5, 391–410. https://doi.org/10.1007/s41682-021-00095-9

Schirrmacher N, Ondrus J, Hardoon D, Loh Y, Tan FTC (2019). Overcoming Status Quo Bias: Nudging in a Government-Led Digital Transformation Initiative Short Paper. Conference Paper · December. https://www.researchgate.net/publication/336577294_Overcoming_Status_Quo_Bias_Nudging_in_a_Government-Led_Digital_Transformation_Initiative_Short_Paper. Zugegriffen: 15. Juli 2022

Shahsavari S, Holur P, Wang T, Tangherlini TR, Roychowdhury V (2020) Conspiracy in the time of corona: automatic detection of emerging COVID-19 conspiracy theories in social media and the news. J Computational Social Science 3, 279–317. https://doi.org/10.1007/s42001-020-00086-5

Sharpe S (2019) Telling the boiling frog what he needs to know: why climate change risks should be plotted as probability over time. Geosci Commun 2–1, 95–100. https://doi.org/10.5194/gc-2-95-2019